범죄심리학

범죄심리학

| 김성진 지음 |

도서출판 동인

제3판 머리말

범죄는 세상사에서 필요악일까? 언론에서 보면 범죄가 등장하지 않은 날이 거의 없을 정도이다. 즉 살인범죄, 폭력범죄, 성범죄, 방화범죄, 기업이나 정치인의 부정한 행위 등 그야말로 우리 주변이 범죄로 둘러싸여 있다고 느낄 정드이다. 이러한 현실에서 우리들은 범죄자를 비범죄자와 다른 특별한 인간으로 생각하곤 한다. 그렇다면 범죄자와 비범죄자를 구별 짓는 경계선은 무엇인가? 범죄심리학은 이러한 질문에 대한 답을 얻고자 범죄자의 심리를 연구하는 학문이다. 즉 범죄자의 특성이나 환경요인을 해명하고 이를 기초로 하여 범죄예방이나 범죄수사 또는 범죄자의 갱생 등에 도움을 주는 것을 목적으로 하는 심리학의 한 분야라고 할 수 있다.

범죄심리학은 범죄자와 피해자의 특성을 비롯하여 그들에 대한 상담과 치료, 심리진단과 평가 등을 다루는 임상심리학 및 상담심리학, 이상행동·정신이상·성격장애 및 생물학적으로 타고난 성향이나 환경의 변화에 따른 발달이상 등과 범죄의 관련성을 다루는 이상심리학·발달심리학·성격심리학, 범죄의 사회문화적 요인을 다루는 사회심리학 등 다양한 분야에서 연구되고 있다. 최근에 이르러 범죄심리학은 형사사법체계의 각 단계에서도 활용되고 있는 추세이다. 예컨대 수사단계에서는 수사기법, 목격자 진술, 인터뷰기법, 정신감정 등에서, 재판단계에서는 정신장애 증상이 있는 피고인의 책임능력 감정, 피학대 여성들이 저지른 범죄의 형사책임 여부, 강력범죄 전과자들의 성격적 문제, 비행소년들의 발달심리적 특성, 상습성범죄자들의 성인지적(性認知的)특성 등에서, 교정단계에서는 분류심사나 재범예측 교정치료프로그램 등에서 범죄심리학적 연구가 활용되고 있다.

제3판이 출간되기까지 2001년 초판 이래 2009년 제2판을 거쳐 많은 시간이 흘렀다. 그동안 범죄심리학에 관한 상당수의 저서와 연구논문들이 출간되었는데, 특히 주목할 만한 것은 실제 형사사법체계에서 범죄심리학을 응용한 논의가 활발히 진행되고 있다는 것이다. 그러나 본서에서는 형사사법체계에서 활용되고 있는 분야에 대한 서술은 차후에 미루고, 그동안 출간된 저서와 연구논문들을 검토하여 범죄원인론에 대하여 보다 구체적이고 쉽게 서술하는 데 중점을 두었다. 또한 범죄행위에 근거한 살인범죄, 성폭력범죄, 방화범죄, 마약류범죄, 조직폭력범죄 등의 범죄자 심리, 그리고 행위주체에 근거한 여성, 소년, 고령자의 범죄심리를 서술하는 데 있어 최근의 범죄통계와 법률을 반영하였다.

　본서를 출간함에 있어 저자에게 큰 힘이 되어주신 모든 분들께 깊은 감사를 드리는 바이다. 특히 바쁜 강의 일정에도 불구하고 헌신적인 도움을 주신 최대호 박사의 앞날에 좋은 일만 있기를 축원한다. 또한 항상 긍정적으로 도움을 주시는 도서출판 동인의 이성모 사장님께도 사업의 무궁한 발전이 있기를 기원한다.

2014년 3월
저자

제2판 머리말

흐르는 세월 속에서 사람의 마음은 변화무쌍한 세상사와 호흡을 함께 하면서 시시각각 변화·적응해 가는 것 같다. 즉 변화하는 세상사는 인간의 일상생활과 심리상태에 지대한 영향을 끼친다고 할 것이다. 어떻든 시간의 흐름 속에서는 세상사도 다양해지고, 이에 따른 인간의 행동양식도 복잡다기해 지면서 파생되는 일탈행위－범죄행위－도 천차만별이라 할 수 있다. 실로 세상이 변화하면 인간의 마음도 변화하는 것이다.

저자가 본서를 2001년 처음 출간한 후 어느덧 8년이란 세월이 흘렀다. 그동안 우리 사회는 과학화·고령화·도시화 등이 급속히 진행되었으며, 인간의 행동양식도 여러 형태로 변화해 왔다. 특히 범죄와 관련해서는 인터넷의 발달로 인한 사이버범죄, 인구의 고령화로 인한 노인범죄, 최근의 연쇄살인과 같은 정신병질적인 범죄 등이 심각한 사회문제로 부각되고 있는 실정이다. 이러한 상황에서 범죄에 대한 사람들의 관심이 증대되었음은 물론 국가기관이나 각 대학들에서도 범죄의 원인을 탐구하려는 실증적인 연구가 활발히 진행되어 왔다. 그 결과 범죄심리학적 측면에서 범죄의 다양한 원인을 밝히려는 저서 및 연구논문들이 상당수 출간되었다. 이에 저자는 그 동안 틈틈이 모아둔 자료와 강의 경험을 토대로 변화된 현실에 맞게 범죄이론들을 정돈하고 범죄에 관한 최신 통계들을 분석·정리하여 전정판을 출간하기에 이르렀다.

전정판에서는 우선 제1편에서 인간에 대한 이해와 범죄원인에 관한 심리학적 이론들을 총론적으로 기술하였다. 이에 제1장에서는 인간의 본성과 범죄란을 토대로 범죄와 범죄자를 조명하고 나아가 범죄피해자의 심리상태를 유형별르 살펴보았으며, 제2장에서는 범죄생물학적 이론 및 정신분석학적 이론들을 추가·보강하였다. 다음으로 제2편에서는 제1편의 이론을 바탕으로 각종 범죄자에 대한 심리를 구체적으로 기술하였다. 특히 살인범죄에서 특수한 형태의 살인으로서 연쇄살인범 등의 심리나 성범죄에 대한 내용을 보충하였으며, 또한 최근 고령화 사회로 접어든 실정에서 노인범죄에 대한 현황·원인·대책 등을 새로이 추가하였다.

　본서를 개정함에 있어 저자에게 큰 힘이 되어주신 모든 분들께 깊은 감사를 드리는 바이다. 특히 중앙대·대진대의 바쁜 강의 일정에도 불구하고 자료수집 단계에서부터 분석·정리에 이르기까지 헌신적으로 애써 주신 최대호 선생의 앞날에 좋은 일만 있기를 축원한다. 또한 항상 긍정적으로 도움을 주시는 도서출판 동인의 이성모 사장님께도 사업의 무궁한 발전이 있기를 기원한다.

2009년 2월
저자

머리말

범죄심리학(Criminal Psychology)은 범죄나 범죄자를 심리적으로 이해하려는 학문이다. 즉 심리학의 분야인 지각·인지·학습·기억·지능·정동 등의 기초적 영역을 기반으로 하여 인류학, 생물학, 생리학, 사회학, 정신의학, 통계학 등의 광범위한 지식의 도움을 얻어 범죄나 범죄자(비행자)의 행동을 규명하려는 학문이다. 그러나 범죄심리학을 정의하는 문제는 그리 간단한 것이 아니다.

범죄문제는 인류사회가 존속하는 한 계속해서 제기되는 문제이고, 범죄행동이 언뜻 보기에는 단순한 것 같이 보이지만 실제로는 매우 복잡해서 범죄와 관련된 여러 요인을 제대로 이해할 수 있어야 하기 때문이다. 또한 범죄심리학의 연구범위가 매우 넓고, 범죄학자들간에도 관점의 차이가 크기 때문이다. 따라서 범죄심리학은 다른 영역의 심리학에 비하면 아직도 미미한 단계에 있고, 범죄에 관한 체계적인 이론을 아직도 명확히 확립하지 못하였다.

범죄심리학에 대한 연구가 활발히 진행된 것은 19세기말이며, 이 때를 기점으로 범죄심리학에 관한 저서들이 출간되기 시작하였다. 1872년 K. Ebing의 범죄심리학요강을 시작으로 하여 1889년 H. Gross의 범죄심리학, 1902년 E. Wulffen의 범죄심리학, 1903년 T. Kovelensky의 범죄심리학, 1904년 K. Sommer의 범죄심리학, 1904년 G. Aschaffenburg의 범죄심리학 등을 볼 수 있다. 이러한 범죄심리학은 범죄와 관련된 개인과 그 개인이 처한 환경과의 상호작용에 초점을 두고 있다.

범죄에 대한 심리학적 접근은 크게 두 가지로 구분되는데, 먼저 범죄행동을 야기하는 개인의 성격특성이나 이상심리 또는 정신병리에 관심을 두는 입장이다. 이러한 개인 심리적 입장에서는 범죄를 개인의 정신병리나 이상행동 또는 성격의 문제로 보고 이러한 요인을 밝혀 내고자 한다. 또 다른 하나는 범죄행동은 다른 행동과 마찬가지로 개인이 환경과의 상호작용에서 습득하는 것으로 보는 사회학습 이론적 입장이 있다. 우리나라에서 범죄심리학에 대한 연구는 주로 개인의 심리적 입장에 초점을 두고 있다.

이에 따라 본서 제1편에서는 범죄자의 정신을 중심으로 범죄의 원인을 규명하려는 정신의학적 또는 정신분석적 접근, 인간의 인격특성의 차이에서 범인성을 찾으려는 인성이론, 범죄자의 인지발달정도에 따라 범죄자를 밝히고자 하는 인지발달이론, 범죄를 범죄자의 과거학습경험의 자연적인 발전으로 파악하는 학습 및 행동이론, 심리학적 관점과 생물학적 관점을 동시에 고려하는 심리생물학적 접근 등을 구체적으로 살펴보아 범죄심리학이론에 대한 체계를 세우고자 하였다.

그리고 제2편 각론분야에서 이들 이론들을 기초로 하여 범죄심리학에서 중점이 되고 있는 범죄, 즉 살인범죄자, 여성범죄자, 소년범죄자, 조직폭력범죄자, 방화범죄자, 성폭력범죄자, 그리고 마지막으로 마약범죄자의 심리를 다루었다. 20세기초부터 재판심리학이나 교정심리학 분야를 제외하고는 범죄를 심리학적으로 통합 체계화한 저서는 그리 많지 않다. 우리나라의 현실에서도 마찬가지이며, 이에 대한 논문도 역시 마찬가지이다. 본 저서는 대학에서 범죄심리학을 탐구하려는 학생들을 대상으로 서술한 것이다. 따라서 전문연구기관에서 연구한 심도 있는 부분까지는 세세하게 기술하지 못하였다. 이점 앞으로 더 많은 조사·연구를 하기로 하며, 독자제현의 많은 충고 있기를 기대한다.

2001년 1월

저자

제1편　인간과 범죄

제1장

범죄의 개념

제1절　범죄란 무엇인가?

범죄(Verbrechen; Delikt; Crime)라는 용어는 언어상으로 죄(罪), 악(惡) 또는 부덕(不德)이라는 의미로 사용된다. 즉 죄(罪)라는 말은 종교적 의미이며 영어의 Sin, 독일어의 Sünd, 불어의 Péché라고 한다. 이에 대해 도덕상으로는 범죄에 상당한 것을 악(vice) 또는 부덕(Laster)이라고 한다. 여기에서 부덕은 폭식(暴食)과 같은 것으로 해석하거나 또는 자연에 위반한 자기 자신에 대한 상해라고도 한다. 종교상의 죄는 신에 대한 죄(offence against God) 또는 신법에 대한 위반(transgression of divine law)으로서 신앙을 대상으로 함에 반하여, 도덕상의 악 또는 부덕은 자기에 대한 죄(offence against one's self)로서 양심을 대상으로 한다.1)

일반적으로는 "사회질서를 파괴하고 타인에게 육체적 또는 정신적 고통을 안겨주거나 다른 사람의 재산 또는 명예를 손상시키는 일체의 행위"를 범죄라고 부른다. 그리고 이론상으로는 각자 생각과 입장이 다른 무수한 사람들의 행동을 계도하는 사회규범들 가운데 "법규범에 위배되는 행위"가 범죄에 속한다고 이해

---

1) 진계호, 신고 형법총론, 전정판, 대왕사, 1993, 153면 이하.

하는 것이 가장 합리적일 것이다. 더 나아가 법학자들은 범죄의 개념을 구체적으로 구분하여 정의하는 경우가 많다.

오래 전부터 사람들은 처벌할 수 있는 행동양식의 내용과 범위를 정하려고 노력해 왔으며, 그 결과 범죄를 효과적으로 통제함으로써 사회에 봉사하여 왔다. 비록 일정한 행위를 범죄로 처벌하기 위한 기본요소 또는 핵심요소가 역사의 흐름에 따라 매우 완만하고 미세하게 변화하고 있지만 특히 최근에는 범죄로 평가되는 행동양식의 내용과 범위가 중대하게 변화하고 있다. 그 중대한 변화의 원인은 사회구조의 변화, 시민의식이나 윤리관의 변화 그리고 이에 따른 현대형 범죄 예컨대 교통범죄, 경제범죄, 환경범죄 등이 등장했기 때문이다. 이처럼 사회가 발전함에 따라 행동양식들 중에는 범죄의 범주에 새롭게 추가되기도 하고 제외되기도 한다.

이처럼 '범죄는 시간·공간에 따라 양적·질적으로 변화될 수밖에 없다'는 의미의 상대적 범죄개념이 전개되어 왔으며, 19세기부터는 실질적 또는 범죄학적 범죄개념을 찾으려는 노력이 이루어져 왔다. 그래서 현재까지는 다음과 같은 각기 다른 의미의 범죄개념이 나타났다.

I. 실질적 의미의 범죄와 형식적 의미의 범죄

'실질적 의미의 범죄'란, 넓은 의미로는 사회공동생활의 존립이나 기능 기타 사회생활상의 이익 내지 가치를 현저히 침해하는 것, 즉 '사회적 유해성(soziale Schädlichkeit)'을 지닌 행위[2] 또는 '문화규범(Kulturnormen)'에 반한 행위라고 할 수 있다.[3] 그리고 좁은 의미로는 법적으로 보호되는 생활이익 또는 가치라고 하는 법익을 침해 또는 위협하는 반사회적 행위(gemeinge-fährliche Handlung)[4] 또는 형벌을 과할 필요가 있는 불법(Strafwürdiges Unrecht)만을 말한다.[5]

---

2) Reinhart Maurach/Heinz Zipf, Strafrecht, Allgemeiner Teil, 5.Aufl., 1978, S.175.

3) Max Ernst Mayer, Der Allgemeiner Teil des Deutschen Strafrechts, 1915, S.44.

4) Franz von Listzt/Eberhard Schmidt, Lehrbuch des deutschen Strafrechts, Band 1, 26.Aufl., S.147.

　실질적 개념의 범죄는 형법이 단순한 도덕이나 윤리를 강제하는 기능을 가져서는 안 된다는 점을 이해시키고, 어떤 행위를 범죄로 할 것인가에 관한 형사입법의 한 기준을 제시하며, 범죄의 본질과 불법의 실질을 파악함에 있어 주요한 의미를 가질 수 있다는 점 등에서 그 가치가 인정될 수 있다.

　이와 관련하여 등장하는 개념이 '과범죄화', '신범죄화', '비범죄화'이다. ① '과범죄화'란 가정이나 사회공동체와 같은 비공식적인 사회통제기능이 점차 약해짐으로 인하여 그 통제기능을 법이 담당하게 되는 경향을 말한다. 예를 들어 교통위반범죄, 경범죄 등을 들 수 있다. ② '신범죄화'란 사회구조가 산업화되고 시민의식이나 윤리관이 변화함에 따라 종래에는 범죄로 규정되어 있지 않았던 행동양식이 새로운 범죄로 규정되는 것을 말한다. 즉 산업화와 도시화 그리고 과학기술의 발달 등으로 인하여 사회구조에 변화가 생김에 따라 지금까지 예상하지 못했던 행위에 형법이 관여하고 적용되는 경향을 말한다. 예를 들어 환경범죄, 경제범죄, 컴퓨터범죄, 문화·예술범죄 등이 있다. ③ '비범죄화'란 종래 범죄로 규정하였던 행위양식이 더 이상 형벌로써 처벌할 필요가 없게 되거나 오랫동안 범죄로 낙인찍혀왔던 행위가 어떠한 사회적 계기로 인하여 범죄의 범주에서 배제시키는 경향을 말한다. 예를 들어 낙태죄, 혼인빙자간음죄, 간통죄 등이 있다.

　'형식적 개념의 범죄'란 형벌법규 소정의 사실에 해당하는 위법·유책한 행위를 말한다. 보통 범죄의 성립요건을 구비한 행위에 대하여는 형벌법규에 으한 형벌이 과하여지므로 이런 의미의 범죄개념은 형법해석과 죄형법정주의에 으한 형법의 보장적 기능의 기준이 되는 개념이라고 할 수 있다.

　그럼에도 불구하고 형식적 범죄개념은 범죄에 관한 실질적 내용을 밝히지 못한 채 형벌법규에 의하여 형벌이 부과되는 행위만을 범죄라고 할 뿐 어떤 행위를 범죄로 할 것인가에 관하여는 아무런 기준을 제시하지 못하고 있다는 비판이 가해지고 있다.

---

5) Hans-Heinrich Jescheck, Lehrbuch des Strafrechts, Allgemeiner Teil, 4.Aufl., 1988, S.38; R. Maurach/H. Zipf, AT. S.174; Peter Noll, Strafrecht, Allgemeiner Teil 1, 1981, S.22.

II. 절대적 범죄개념과 상대적 범죄개념

'절대적 범죄'란 시간과 공간을 초월해서 타당하고 일정한 국가의 법질서와 무관한 자연적 개념의 범죄를 말한다. 이러한 개념의 범죄는 인간의 절대성추구에 대한 관심으로부터 비롯된다. 그러나 세속화된 세계 속에서 절대적 기준이란 존재하기 어렵다. 절대적인 존재를 확인할 수 없는 인간의 인식론적 한계와 절대적으로 범죄가 되는 행위란 존재하지 않는다는 존재론적 한계 때문이다. 각국의 형법전 내용이 일치되지 않은 것은 바로 절대적 범죄개념을 구명하지 못하였다는 간접적 증거이기도 하다. 국가형벌권의 절대성에 대한 믿음이 흔들리게 된 것도 절대적 범죄기준을 규명할 수 없다는 사실이 계기가 된 것이다.[6]

'상대적 범죄'란 일정한 규범이나 국가의 법질서와 관련해서만 내릴 수 있는 범죄의 개념이다. 예컨대 살인의 경우 일반인이 이러한 범죄를 저지르면 살인죄가 되어 형벌을 받게 되지만, 전쟁 중에 적군을 사살한 것은 오히려 훈장을 받을 일이다.

III. 개별적 현상으로서 범죄개념과 집단현상으로서 범죄개념

'개별적 현상으로서 범죄개념(Crime, Verbrechen)'은 특정한 개인에 의해 이루어지는 구체적 범죄행위로서 규범이 금지하고 사회가 용납하지 않는 행위의 개념을 가리킨다. '집단현상으로서의 범죄개념(Criminality, Kriminalität)'은 사회 내에서 자연스러운 사회현상으로 발생하는 범죄개념을 가리킨다. 이러한 구분은 범죄원인을 소질에 의한 범죄, 환경에 의한 범죄 그리고 사회적 원인에 의한 범죄로 구분할 때 사용하는 기준이 되며, 형사사법정책과 범죄통제정책의 작용영역을 구분하는 기준이 되기도 한다.

개별현상으로서의 범죄가 개인에 대하여 비정상적인 현상인데 반하여, 집단현상으로서의 범죄는 사회생활 가운데 나타나는 질병과 같은 자연적인 현상이며 일정한 유형성과 경향성을 나타낸다. 따라서 범죄가 발생한 장소, 시간 및 범위,

---

6) 배종대, 형사정책, 홍문사, 2008, 53면.

구조 그리고 발달형태 등을 고려하여 그 특징을 파악해 나갈 필요가 있다. 그러므로 집단현상으로서의 범죄에 대하여는 각 사회집단의 범죄통계 등을 기초로 사회학적 연구방법을 통해 접근해야 한다.[7]

IV. 범죄학에서의 일탈과 범죄

1. 일 탈

일탈(逸脫)이란 공동체나 사회에서 보편적으로 인정되는 규범에 의해 승인되지 않는 행위를 의미한다. 즉 형법의 범죄에 해당되는 것을 사회학에서는 일탈이라고 표현한다. 이러한 일탈개념의 범위는 범죄의 개념보다 포괄적인 개념으로서 공동체에서 통용되는 모든 규범에 대한 침해, 예컨대 부정·사기·속임수·불공평·범죄·비열·꾀병부리기·부도덕·부정직·배반·부패·사악 및 죄·불손한 행동 등을 말하며, 그 본질은 어떤 유형의 행동이 특정한 시대 및 사회의 규범에 어긋나는 것이라고 정의할 수 있다.

사회학에서 범죄라는 말 대신 일탈이라는 개념을 사용하는 이유는 범죄학의 시각과 연구범위를 넓혀주기 위해서다. 즉 범죄라는 말은 일정한 행위가 실정법에 위반된다는 것을 의미할 뿐이기 때문에 실정법이 합의된 가치를 반영하지 못할 뿐만 아니라 모든 일탈행위를 망라하지 못하는 등의 문제점이 있다. 더 나아가 실정법은 자유의지나 고의와 같은 형이상학적·비과학적·비실증적 개념에 기초를 두고 있기 때문에 사회의 모든 범죄현상을 설명하지 못하는 한계가 있다.[8]

2. 범 죄

범죄학에서는 일탈이라는 용어와 범죄라는 용어를 함께 사용한다. 대개 일탈 가운데 법규범을 위반한 유형을 범죄라고 부른다.[9] 그러나 이 같은 범죄와 일탈

---

7) A. Mergen, Kriminologie, 2.Aufl., 1978, S.26ff.

8) Günther Kaiser, Kriminologie, 8.Aufl., 1989, S.167.

의 구별방법은 법규범에 얽매이는 것이며, 법규범을 기준으로 하는 범죄개념은 입법의지에 종속하는 것이기 때문에 법규범이 일탈과 범죄를 구별하는 실질적인 기준이 되기는 어렵다. 따라서 범죄학에서 말하는 범죄란 사회학적 일탈을 포함하는 넓은 개념이며, 또한 소년범죄에서 흔히 사용하는 비행이라는 말도 이에 포함된다.

제2절 범죄자

I. 범죄자의 의의

　범죄학에서 대상으로 하는 범죄자는 형법상의 범죄인과는 달리 반드시 형사주체에 한하지 않고 널리 범죄적 위험성을 가진 자, 즉 범죄자는 형법규범을 위반한 자뿐만 아니라 공동사회에서 일탈행위가 구성원들이 용납할 수 없을 정도에 이른 자, 잠재적인 일탈자 등을 포괄하는 개념이다. 그 이유는 범죄란 인적 현상으로서 일정한 사람을 떠나서는 존재할 수 없고, 또한 형사사법의 마지막 단계가 이러한 범죄인을 어떻게 처우할 것인가 하는 점에 있음을 고려한다면 범죄현상을 직접·간접으로 연구대상으로 하는 일체의 과학은 이러한 범죄행위의 주체인 인간으로부터 출발점을 삼아야 하기 때문이다.[10] 따라서 범죄개념과 마찬가지로 여기에서도 범죄자는 실정법규를 위반한 자뿐만 아니라 일탈행위자, 비행자 등을 모두 포함하는 넓은 개념으로 사용하기로 한다.

II. 범죄자의 분류

　범죄자에 관한 대부분의 연구는 범죄자를 분류하는 데 중점을 두고 있다. 범

---

9) Bernd-Rüdiger Sonnen, Kriminalität und Strafgewalt, 1978, S.15; Heinz Zipf, Kriminalpolitik, 1980, S.147.

10) Günther Kaiser, Kriminologie, 8.Aufl., 1989, S.236ff.

죄자를 과학적으로 분류하는 것은 범죄의 원인을 규명하는 데 유용한 정보가 될 뿐만 아니라 범죄자 개인에게 맞는 효과적 재사회화프로그램을 마련하는 데에도 도움이 되기 때문이다.

그런데 범죄자를 분류함에 있어서는 범죄원인과 범죄대책에 대한 과학적인 분류가 동시에 이루어져야 한다. 즉 범죄자에 적합한 형벌과 처우를 위해서는 범죄에 대한 예방의 필요성과 제재의 가능성에 대한 정확한 인식이 필요한데, 이는 결국 범죄자를 분류함에 있어서 정밀한 병리학적 진단 및 치료적 예측진단이 결합되어야 한다. 따라서 분류기준의 과학적 정확성이 무엇보다 중요하고 만약 그 기준이 부정확할 경우에는 심각한 문제가 발생할 수도 있다.

학자들에 따라 범죄자를 분류하는 기준은 다양하고 차이가 있다. 이를 크게 두 가지로 분류하면 하나의 관점에서 범죄자를 분류하는 '일원적 방법'과 법률학적·심리학적·사회학적·정신의학적 등 다양한 관점에서 범죄자를 분류하는 '다원적 방법'[11]이 있다. 이하에서는 지금까지 논의된 범죄자의 분류기준들 중에서 중요한 것을 살펴보고자 한다.

1. 일원적 분류방법

(1) 롬브르조의 범죄자분류

롬브르조(C. Lombroso)는 범죄인류학적 입장에서 범죄자를 다음과 같이 분류하였다.[12]

① **생래성범죄자** 선천적으로 범죄자가 될 수밖에 없는 생물학적 구조를 타고난 범죄자를 말한다.

② **정신적(간질)범죄자** 정신적인 질병이 원인이 되어 범행하는 자를 말한다. 생래성범죄자와 더불어 전형적인 범죄자에 속하며, 이들에 일어나는 범죄가 대

---

11) 다원적으로 범죄자를 분류한 대표적인 사람이 F. Exner이다. 그는 범죄자를 성격학적 범죄자분류, 유전생물학적 범죄자분류, 범죄심리학적 범죄자분류, 체질학적 범죄자분류, 범죄사회학적 범죄자분류, 형사정책학적 범죄자분류 등으로 나누어 분류하고 있다.

12) C. Lombroso, L'uomo Delinquente, 1876.

부분이다.

③ **격정범죄자**   범죄성향의 소질을 가진 것이 아니면서 우발적으로 범행하는 자를 말한다.

④ **기회범죄자**   이것은 다시 사이비범죄자(似而非犯罪者)와 준범죄자(準犯罪者)로 나뉜다. 사이비범죄자는 범죄에 대한 일반적인 위험성은 없지만 경우에 따라 자신의 명예나 생존을 위해 범행을 할 수 있는 자를 말한다. 준범죄자는 생래적 범죄자로 분류할 정도에 이르지는 않았지만 어느 정도 선천적인 범죄원인이 작용하는 자를 말한다.

⑤ **관습범죄자**   좋지 못한 환경 때문에 관습적으로 죄를 저지르는 자를 말한다.

⑥ **잠재적 범죄자**   평소에는 범죄를 저지를 만한 소질이 드러나지 않지만 술을 마시거나, 기타 다른 이유로 격한 감정이 생기는 경우에 범죄적 특징이 나타날 수 있는 자를 말한다.

(2) 페리의 범죄자분류

페리(E. Ferri)는 롬브르조의 범죄자분류를 생물학적 범죄원인에 집중한 나머지 범죄자의 사회적 영향을 무시한 것이라 비판하면서 범죄사회학적 요인을 고려하여 다음과 같이 분류하였다.

① **생래성범죄자**   타고난 범죄자로서 개선이 불가능한 자를 말한다. 이러한 자는 사회와 무기한 격리시키거나 사형에 처해야 한다.

② **정신병범죄자**   정신병에 의해 범죄를 저지르는 자를 말한다. 이러한 범죄자는 정신병원에 수용해야 한다.

③ **격정범죄자**   격정에 의해 범죄를 저지르는 자를 말한다. 이러한 범죄자는 손해배상이나 강제이주를 시켜야 한다.

④ **기회(우발)범죄자**   범죄자의 대다수를 이루며 주로 가정환경 또는 사회환경의 장애에 기인한 범죄자를 말한다. 이러한 범죄자중 중한 범죄자는 훈련과 치료를, 경한 범죄자는 격정범에 준하여 처벌해야 한다.

⑤ **상습(관습)범죄자**   습득된 습관의 결과로 범죄자가 된 경우로 가족으로부터의 버림, 무학력, 빈곤, 불량교우 등 사회적 환경의 산물이다. 이러한 범죄자 중 개선가능한 자는 훈련조치를 하여 개선하도록 하며, 개선불가능한 자는 무기한 격리해야 한다.

(3) 가로팔로의 범죄자분류

가로팔로(G. Garofalo)는 생물학적 요인에 사회심리학적 요인을 가미하여 범죄자를 크게 자연범과 법정범으로 구별하고 죄종의 특징에 따라 다른 조치를 취해야 한다고 말하고 있다.

① **자연범**   연민과 성실의 정이 침해되었거나 결여됨으로써 범죄를 저지르는 자이다. 이들은 사회메커니즘에 순응할 수 있는 애타심이 없기 때문에 어떠한 사회정책이나 제도도 효과가 없다. 가로팔로는 자연범을 처우방법에 따라 4가지로 나누었다. 즉 모살범죄자(모살범죄자 가운데 개선이 불가능한 자는 사형에 처함), 폭력범죄자(본능적 살인이나 상해범은 무기자유형을, 기타 폭력범죄자는 부정기자유형을 처함), 재산범죄자(본능적·상습적 재산범은 무기자유형에 처하며, 소년은 수용훈련을, 성인은 강제노동을 시킴), 풍속범죄자(성적 편향이 고쳐질 때까지 부정기자유형을 처함) 등이다.

② **법정범**   이는 자연범 이외의 범죄자로서 실정법규정에 따라 범죄자가 된 경우이다. 이러한 자는 법정형에 맞게 정기구금을 처한다.

③ **과실범**   처벌하지 않는다.

(4) 리스트의 범죄자분류

리스트(F. von Liszt)는 범죄심리학의 연구결과에 따라 범죄자를 분류할 것을 주장하여 주관주의(主觀主義)·목적형주의(目的刑主義)의 입장에 서서 행위자의 반사회성의 종류 및 성질을 표준으로 하여 다음과 같이 분류하였다.

① **법익침해의식(法益侵害意識)이 결여되었거나 희박한 범죄자**   이들은 과실, 안일함에 의해 범죄를 저지른 자들이다.

② 다른 사람에 대한 동정에 의한 범죄자   이들은 애정, 연민에 의해 범죄를 저지른 자들이다.

③ 긴급범죄자(緊急犯罪者)

④ 성욕범죄자(性慾犯罪者)

⑤ 격정범죄자(激情犯罪者)

⑥ 명예심 · 지배심 등에 의한 범죄자

⑦ 특정한 주의(主義)의 고집으로 인한 범죄자

⑧ 이욕 · 쾌락욕 등에 의한 범죄자

이처럼 범죄자를 분류하고 다시 형벌의 목적, 즉 개선 · 위하 · 무해화에 따라 세 가지 집단으로 분류하였다. 첫째 선천적 · 후천적으로 범죄성향이 있으나, 개선이 불가능한 상태에 이르지 않은 자에게는 개선을 위한 형벌을 부과하여야 한다는 것이다. 다만 단기자유형은 오히려 불합리한 결과를 초래할 수 있기 때문에 피해야 한다. 둘째 일시적인 행위로 범죄를 저지른 자에 대한 형벌은 손상된 법률의 권위를 회복시키는 것으로 충분하기 때문에 위하(威嚇)를 목적으로 부과하여야 한다는 것이다. 다만 형벌의 종류로는 벌금형 정도가 적합하고 단기자유형은 오히려 역효과를 일으킬 수 있기 때문에 피해야 한다. 셋째 사회는 개선이 불가능한 자로부터 스스로 방위해야 하기 때문에 이러한 자는 종신형에 처해야 한다. 즉 사회에 대한 '무해화 조치'를 해야 한다.

한편, 국제형사학협회(IKV)는 리스트의 범죄자분류를 토대로 1897년 제7회 대회에서 개선가능성을 기준으로 하여, ① 순간적(기회적) 범죄자, ② 사회생활 적응능력이 현저하게 약화된 범죄자, ③ 합법적 사회생활적응을 이미 기대할 수 없는 범죄자 등으로 분류하였다.

(5) 아샤펜부르그의 범죄자분류

아샤펜부르그(G. Aschaffenburg)는 개인적 요인과 환경적 요인을 결합하여 범죄자로부터 생겨나는 법적 위험성을 기준으로 다음과 같이 분류하였다.

① 우발범죄자   부주의로 인한 범죄자로서 법적 안정성을 해칠 의도는 없지

만, 사회방위차원에서 적절한 조치를 취해야 한다.

② **격정범죄자** 순간적 격정의 폭발로 범죄를 저지르는 자이며, 이러한 자는 범죄자 스스로 위험한 특성을 가지고 있기 때문에 처벌해야 한다.

③ **기회범죄자** 우연한 기회가 범행의 동기가 되어 범죄를 저지르는 자이며, 이러한 자는 사려가 부족하고 유혹에 약한 특징을 지니고 있다.

④ **예모범죄자** 범행의 기회를 노리고 찾는 자로서 公衆에 대한 고도의 위험요소가 되는 자이며, 경우에 따라서는 범행에 흉기를 사용하기도 하고 목적달성을 위해 공범을 구하기도 한다.

⑤ **누범자** 형법적 의미가 아닌 심리학적 의미에서 수형의 유무를 불문하고 범죄를 반복하는 자이며, 이러한 자는 그 인격과 결부해서만 이해된다.

⑥ **관습범죄자** 범죄생활이 상습화된 자이며, 대부분이 소극적 성격자이며, 범죄환경에서 자라나 형벌을 불명예스러운 것이라고 생각하지 않고 나태와 무기력 속에서 살아간다.

⑦ **직업범죄자** 일반적인 관습범죄자에 비해 높은 의지와 지성을 가지고 있고, 고등사기·조직적인 부녀매매·대규모의 절도 등과 같은 적극적 범죄욕구를 가지고 있다. 이러한 자는 환경보다는 특이한 성격으로 인해 직업범죄자가 되는 것이 대부분이며, 개선이 불가능하다.

(6) 마이호퍼의 범죄자분류

마이호퍼(Maihofer)는 재사회화이념에 따라 다음과 같이 범죄자를 분류하였다.

① **속죄용의가 있는 기회범** 이러한 자에게는 속죄의 기회를 부여한다. 예컨대 사회봉사활동을 시키거나 자신의 노력으로 얻은 수입을 공공목적에 사용하도록 한다.

② **속죄용의가 없는 기회범** 이러한 자에게는 형벌로서 위하를 한다. 다만 자유형은 사회로부터 격리를 전제로 하는 것이기 때문에 행위자가 비사회화 내지 반사회화 될 수 있는 조건이 형성되므로 배제되어야 한다.

③ **개선가능한 상태범**   이러한 자에게는 교육형을 부과한다. 단순한 자유형은 어떠한 도움도 주지 못하지만 사회 속에서 이루어지는 재사회화 조치는 얼마든지 가능할 수 있기 때문이다.

④ **개선불가능한 상태범**   이러한 자에게는 보안형(保安刑)을 부과한다. 사회를 보호해야 하기 때문이다.

(7) 그룰레의 범죄자분류

그룰레(H. W. Gruhle)는, 범죄는 일정한 성격의 발현이 아니라 여러 가지 동기로부터 일어나는 인간의 행동양식이라고 하고, 동기를 심리학적으로 분석하여 다음과 같이 범죄자를 분류하였다.

① **경향범죄자**   여기에는 다시 능동적 범죄자와 수동적 범죄자가 있다. 전자는 직업적 범죄자의 유형으로서 범죄를 직업으로 하고 있으며, 후자는 일반적으로 범죄행위를 거부하지는 않지만 자발적으로 범죄를 저지르지도 않는다.

② **박약범죄자**   대부분이 누범자이며 범죄를 행한 때에는 그때마다 범죄의 반복을 뉘우치고 자기의 약점을 호소한다. 유혹되기 쉬운 매춘부, 정신박약자 등이 이에 속한다.

③ **격정범죄자**   순간적인 감정폭발로 인해 범죄를 저지르는 자이다. 예컨대 순간적인 성욕을 억제할 수 없어 저지른 성적 범행, 질투로 인한 애정살해, 절망으로 인한 정사(情死) 또는 가족살해, 분노로 인한 상해와 폭행 등을 들 수 있다. 이러한 범죄는 주로 명정상태에서 저지르는 것이 일반적이다.

④ **명예·확신범죄자**   정치범·사상범 등이 여기에 속한다.

⑤ **곤궁(困窮)범죄자**   대부분 기회범죄자이다.

(8) 슈툼플의 범죄자분류

슈툼플(F. Stumpfl)은 범죄에 대한 범죄자의 성격적 태도를 기준으로 하여 ① 외적 사정이나 내적 갈등으로 인하여 범죄를 범한 경범죄자(갈등범죄자), ② 이러한 외적 사정이나 내적 갈등 없이 이상한 퇴화가 결정적인 원인이 되어 범죄를 범한 중범죄자로 분류하였다. 그리고 다시 이를 세분하여 그 범행에서 인정되는 범죄자의 장래에 대한 징후를 기준으로 하여 25세 이전에 처음 범죄를 범한 조발성범죄자(早發性犯罪者)와 그 이후에 처음 범죄를 범한 지발성범죄자(遲發性犯罪者)로 분류하였다.

2. 다원적 분류방법

(1) 성격학적 범죄자분류

이는 범죄자의 성격을 기초로 한 분류이다. 여기에는 두 가지 방법이 있는데 하나는 범죄자의 유사한 성격적 특징에 따른 분류로서 크렛치머(E. Kretschmer)의 분류가 있다. 그는 신체구조와 성격의 내적 관련성에 착안하여 인간의 신체구조를 비만형·세장형·투사형·발육부전형·혼합형으로 나누고, 각 유형과 범죄의 관련성을 설명하였다.

또 다른 하나는 범죄자의 성격적 태도를 기준으로 하여 범죄자를 '상태범죄자'와 '기회범죄자'로 구분하는 것이다. ① 상태범죄자는 범죄자의 성격적 경향에서 범죄가 유래하며, 반드시 누범자일 필요는 없고 초범자라도 일정한 성향이 있으면 상태범죄자이다. 성격범죄자 또는 성향범죄자라고도 한다. 상태범죄자는 다신 외계(外界)에 대한 태도에 따라 적극적 상태범죄자[13])와 소극적 상태범죄자[14])로 분류된다. ② 기회범죄자는 외적 사정에 의해 범죄가 유래하며, 낙태범죄·공무원범죄·인플레나 전쟁 등에 의한 범죄 등이 여기에 속한다. 기희범죄자도 적극적 기회범죄자[15])와 소극적 기회범죄자[16])로 분류된다.

---

13) 외계에 대하여 능동적으로 활동하고 스스로 생활관계를 형성하며 외계에 저항할 능력도 있다. 이러한 유형가운데는 무정성·발양성·과장성·폭발성·광신성 등의 정신병질자들이 있다. 누범·직업범·기회범죄자 아닌 강도·살인범 등이 여기에 속한다.

14) 소극적 성격을 가진 자로서 외계에 의해 지배되고 저항력이 약하다. 이들은 의식적인 반사회성을 가지고 있는 자가 아니고 생활곤란으로 인해 아무런 저항 없이 범죄를 저지른다. 이러한 유형가운데는 의지박약성·무력성·자신결핍성 등의 정신병질자들이 있다. 대부분의 관습범죄자들이 여기에 속한다.

15) 대부분의 격정범·확신범이 여기에 속하고, 자부심과 모험심으로 범죄를 저지르는 소년범도

(2) 유전생물학적 범죄자분류

이는 유전생물학적 인격연구의 성과를 기초로 범죄자의 성격이 어떻게 형성되었는가를 기준으로 하는 분류이다. 여기에는 내인성범죄자(內因性犯罪者)와 외인성범죄자(外人性犯罪者)가 있다. 전자는 주로 소질에 의한 경우이며, 후자는 주로 환경에 의한 경우이다.[17]

(3) 범죄심리학적 범죄자분류

이는 범죄자의 범행동기에 의한 분류이다. 예컨대 이욕·성욕·복수·정치적 확신 등의 동기로 인한 범죄가 여기에 속한다. 이러한 분류는 죄질이 같은 범죄라도 동기에 따라 범죄자분류가 나누어지기 때문에 행위동기로부터 귀납적으로 행해진 분류라고 할 수 있다. 따라서 이 분류방법은 행위로부터 연역된 것이 아니라는 결함을 가지고 있다.

(4) 체질학적 범죄자분류

이는 체질학적 유형과 범죄의 연관성을 밝히려는 분류이다. 이러한 방법은 크렛치머(E. Kretschmer)의 체질분류방법에 따라 체질을 분류한 다음 기질유형과의 관계를 설명한 것이다. 그러나 이 분류는 외부적으로 드러난 체형만으로 기질을 파악하고 이를 통해 범죄와의 관련성을 단정한다는 점에서 과학적이지 못하다는 비판을 받고 있다.

여기에 속한다.

16) 대부분의 기회범이 여기에 속하고, 범죄적 경향은 없지만 쉽게 외적 사정에 지배되는 범죄자이다. 영아살해·낙태 등을 하는 여성범죄자와 기타 과실범죄자들이 여기에 속한다.

17) H. W. Gruhle의 연구에 의하면 소년비행자 중 환경에 의해 범죄를 저지른 경우는 전체 소년비행자 중 18%였고, 소질에 의한 경우는 41%였으며, 환경과 소질로 인한 경우는 41%였다고 한다. 그리고 K. Schneider의 연구에 의하면 公娼의 경우 환경으로 인한 경우는 0%, 소질에 의한 경우는 74.3%, 두 요소를 포함한 경우는 25.7%였다고 한다. 결국 두 소년비행과 매춘의 경우는 주로 소질에 의해서 야기된다고 볼 수 있다(정영석·신양균, 형사정책, 255면).

(5) 범죄사회학적 범죄자분류

이는 범죄자 개인의 성격적 특질보다 범죄자 경력의 외적 특징, 즉 죄질·범죄당시의 연령·범죄빈도 등에 따라 분류하는 방법이다. 여기에는 다음과 같이 세 가지 기준에 따라 분류된다.

① **범죄의 특질을 기초로 하는 경우**　이는 일정한 행위의 인격특성이 서로 관련되어 있음을 전제로 외적 태도의 유형보다 범죄자의 인격을 유형화하려는 것이다. 이러한 방법은 상태범에 타당한 분류이다.[18] 그러나 죄종을 달리하는 누범, 수개의 죄종에 걸친 누범, 특히 기회범죄자의 경우에는 관련성이 없다.

② **범행연령을 기초로 하는 경우**　이는 범죄자의 최초의 범행시기가 25세 내지 30세를 기준으로 조발성범죄자(早發性犯罪者)인가 지발성범죄자(遲發性犯罪者)인가로 분류한다. 전자는 25세 내지 30세 이전에 소질이나 기타 인격에 뿌리박힌 범죄경향으로 범죄를 저지른다. 전과가 많은 누범이나 관습범이 대부분이다. 후자는 30세 이후에 거의 환경의 영향으로 범죄를 저지르는 경우이다.

③ **직업범죄자**　이는 일반적으로 계획적·지속적으로 같은 죄종의 범죄를 함으로써 그 생계의 전부 또는 일부를 마련하는 경우이다. 이러한 자는 일을 하기 싫어하고 이욕적이며 범죄를 갑자기 지속하며, 적극적이고 지능적으로 범죄를 저지른다.

(6) 형사정책적 범죄자분류

이는 현존하는 범죄대책을 기준으로 분류하는 것이다. 여기에는 병원학적 분류, 예후진단적 분류, 연령계층적 분류가 있다. 즉 ① 병원학적 범죄자는 범죄원인을 중심으로 하여 내인적 상태범죄자[19], 외인적 상태범죄자[20], 발달범죄자[21],

---

18) 상태범(狀態犯, Zustandsdelikte)이란 위법상태의 일정한 시간계속을 필요로 하는 계속범과는 달리 행위자의 행위가 위법상태를 한 번 야기함으로써 기수가 되는 범죄를 말한다. 즉시 범이라고도 한다. 예컨대 살인죄·상해죄·절도죄·횡령죄·재물손괴죄 등이다.

19) 이러한 자는 범죄성향이 소질적으로 설정되어 있다.

20) 이러한 자는 범죄성향이 환경적으로 설정되어 있다.

21) 이러한 자는 인격의 고유한 발달로부터 범죄성이 유래한다. 예컨대 사춘기범죄나 노년기범죄

일탈인격범죄자22) 등으로 분류하고, ② 예후진단적 범죄자는 범죄대책을 통해 범죄자에게 영향을 줄 수 있는가를 기준으로 하여 '개선 가능한 범죄자'와 '개선 불가능한 범죄자' 등으로 분류하고, ③ 연령계층적 범죄자는 범죄자의 연령을 기준으로 하여 소년범죄자, 청년범죄자, 성인범죄자, 고령범죄자 등으로 분류한다.

3. 우리나라 형사사법에서의 범죄자분류

우리나라 형사제도의 운영상 범죄자분류는 1950년 일본의 마사끼(正木亮)교수가 분류한 기준을 거의 그대로 답습하여 우발범죄자, 상습범죄자, 심신장애범죄자, 확신범죄자, 소년범죄자 등으로 분류하고 있다.

① **우발범죄자**　　범죄를 사전에 계획하지 않은 상황에서 우발적인 기회에 범죄를 저지르게 되는 자이며, 이들은 범죄소질이 약하며 재범위험성이 비교적 낮다. 따라서 범행 당시의 정황 등을 고려하여 위험성이 없는 경우에는 유예제도 등을 충분히 활용하여 행형단계에서 초범자로서의 특수한 분류와 처우가 요구된다.

② **상습범죄자**　　개인의 소질로 인한 성격 때문에 반복해서 범행하는 경향이 있는 자이다. 행위자의 인격적 특성을 기초로 하는 점에서 단순하게 일정한 범죄를 반복하는 누범과 구별된다.

③ **심신장애범죄자**　　행위자가 심신장애로 인하여 반사회적 행동을 하는 경우를 말한다. 현행형법은 심신장애정도에 따라 책임무능력자, 한정책임능력자로 구분하고 있으며, 치료감호법의 규정에 따라 치료감호처분 등을 하여야 한다.

④ **확신범죄자**　　범죄의 동기나 원인이 정치적·종교적·사상적 신념에 의해 행한 행위가 법규범에 반하는 경우이다. 사상범죄자 또는 양심범죄자라고도 한다. 이러한 범죄자는 주로 현행 법률, 정치, 경제제도에 대하여 불만을 품고 이를

가 이에 속한다.

22) 이러한 자는 일상적 상황에서는 범죄경향을 전혀 보이지 않다가 일정한 기회가 주어지면 범죄를 저지른다. 예컨대 기회범죄자가 이에 속한다.

개혁하는 것이 옳다고 믿고서 이에 기해 불법한 행위로 나가는 경우와 같이 범죄의 동기나 원인이 사상적·종교적 또는 정치적 신념에 있다. 이러한 확신범죄자를 처벌하는 법률로는 국가보안법, 반국가행위자처벌에 관한 특별조치법, 보안관찰법 등이다.

⑤ **소년범죄자**　범죄자의 연령에 의한 구별로서 범죄자의 현재 성장발육과정에 있다는 점을 특징으로 하고 있다. 이러한 범죄자는 성인보다 불법의식이 낮고 개선가능성이 높으며, 높은 우발성과 전염성을 가지고 있기 때문에 신중한 처리가 요구된다. 현행법은 소년보호의 관점에서 14세 이상 20세 미만의 소년범죄자 이외에도 형벌법규에 저촉되는 행위를 하였으나 12세 이상 14세 미만인 경우는 촉법소년(觸法少年), 보호자의 정당한 감독에 복종하지 않는 성벽, 정당한 이유 없이 가정에서 이탈하거나 범죄성이 있는 자, 범죄성이 있는 자 또는 부도덕한 자와 교제하거나 자기 또는 타인의 덕성을 해롭게 하는 성벽이 있는 자로서 그의 성격인 환경에 비추어 장래 형벌법령에 저촉되는 행위를 할 우려가 있는 12세 이상의 자인 경우는 우범소년(虞犯少年)으로 규정하여 보호처분의 대상으로 하고 있다(소년법 제4조 ① 참조).

제3절　피해자

I. 개 관

일반적으로 사람들은 범죄 피해자들을 동정한다. 상식적으로도 가해자는 나쁜 사람이고, 반면 피해자는 동정을 받는 것이 당연한 것이다. 또한 피해자를 의미하는 victim이라는 용어 자체가 원래 신에 대한 무조건적인 희생을 의미한다는 것을 생각한다면 피해자는 자신의 고통을 초래할 잘못이 없음에도 고통을 받는 사람이라는 것을 알 수 있다.23)

---

23) Daniel S. Claster, Bad Guys and Good Guys: Moral Polarization and Crime, Greenwood Press, Westport, CN, 1993, p.159.

한편, 범죄에 있어서 모든 피해자가 자신의 고통에 대해 아무런 책임이 없는 것으로 간주되지는 않는다. 범죄를 직접적으로 유인하거나 조장하고, 간접적으로 주의하지 않는 사람들이 범죄행위의 주요 표적이 되는 것이다. 또한 그들의 행위는 도덕적 책임성이나 비난의 정도를 나타내는 지표이기도 하며, 그 정도에 따라 범죄행위의 비난이 가해자로부터 피해자로 옮겨갈 수도 있다. 따라서 범죄에 있어서 피해자의 역할을 명확히 인식하기 위해서는 먼저 피해자에 대한 분류가 있어야 한다.

II. 피해자 유형론

피해자를 분류하는 것은 내적·외적 요인 또는 시간적·장소적 선택과정에서 발생한 피해자유형을 나눔으로써 범죄원인연구에 도움을 주기 위한 목적을 가지고 있다. 피해자에 대한 유형화는 복잡한 배경을 갖는 현실을 지나치게 단순화하는 경향이 있다는 비판도 있다. 그러나 다양한 형태로 나타나는 피해 현상을 계통적으로 설명할 수 있다면 피해자화의 학문적 분석에 충분히 도움이 될 것이라 본다.

1. 멘델슨의 유형론

멘델슨(Mendelsohn)은 피해자가 범죄상황에서 어떠한 역할을 하고 있는가를 파악하기 위해 유책(有責)의 개념을 제시하였다. 이 개념은 범죄가 발생하는 원인에 관한 책임성의 정도를 나타내고 있으며, 범죄상황에 있어서 피해자의 역할을 유책성의 관점에서 다섯 가지로 분류하고 있다.24) 첫째로 완전히 유책성이 없는 피해자로서 이러한 유형은 범죄발생에 책임이 없는 경우이다. 예컨대 미성년자나 판단력·저항력이 결여되어 있는 자이다. 둘째로 유책성이 적은 피해자로서 이러한 유형은 대부분 무지(無知)로 인해 피해를 입은 경우이다. 예컨대 경

---

24) B. Mendelsohn, The Victimology, Studies Internationales de Psycho-Sociologie Criminelle, 1956, 1956, 1: pp.25~36; 坂本英雄, 被害者學槪說, 高文堂, 1979, 16면 참조.

험만을 근거로 인공유산을 시도하다가 사망한 여성 등이다. 셋째로 가해자와 동등한 유책성이 있는 피해자로서 이러한 유형은 자발적으로 피해자가 된 경우이다. 예컨대 촉탁살인의 피해자, 동반자살의 피해자이다. 넷째로 가해자보다 더 유책성이 인정되는 피해자로서 범죄자의 가해를 유발시킨 경우이다. 예컨대 모친에게 살해된 패륜아 등이다. 다섯째로 가장 유책성이 높은 피해자로서 자기의 이욕적인 동기에 의해 다른 사람을 공격하다가 도리어 공격을 당한 피해자이다. 예컨대 정당방위의 상대방(공격적 피해자), 무고죄의 범인(기만적 피해자), 피해망상으로 인한 가해자 등이다.

2. 헨티그의 유형론

헨티그(Hentig)는 피해자의 유형을 일반적 유형과 심리학적 유형으로 구분하고 있다.[25] 일반적 유형은 육체적·정신적·사회적으로 약한 피해자들로서 여기에는 소년, 여성, 고령자, 정신박약, 정신장애, 이민, 소수민족, 정상범우의 저능력자 등을 들고 있다. 심리학적 유형에는 ① 의기소침한 자 또는 무관심한 자[26], ② 탐욕스러운 자,[27] ③ 방종 또는 호색가, ④ 고독과 비탄에 젖은 자,[28] ⑤ 학대한 자,[29] ⑥ 파멸된 자[30] 등이 있다고 한다.

---

25) H. Hentig, The Criminal and His Victim, pp.420~433; 坂本英雄, 被害者學槪說, 26면 이하 참조.

26) 이들은 경계지주(警戒支柱)를 상실한 채 누구에게나 쉽게 압도되고, 장래의 위험에 대한 관심이 결여되어 있다.

27) 이들은 탐욕에 눈이 어두워 순간적으로 쉽게 속는다.

28) 이들은 고독한 상태에서 지내기만 하여 비판능력이 상실 또는 위축되고 비탄에 젖어 있어 저항력이 약하다.

29) 평소 가까운 사이에서 학대하던 자는 학대받던 사람이 보복하는 입장에 서게 될 때 쉽게 이를 감수한다.

30) 이들은 파산선고를 받은 자로서 파멸적인 상황에 몰려 자신의 저항능력도 약하고 도와주는 사람도 없다. 범죄자에게 가장 쉬운 대상이 된다.

3. 카르멘의 유형론

카르멘(Karmen)은 현대사회의 규범과 연계하여 피해자의 책임을 기준으로 피해자를 분류하였다.[31] 그는 비행적 피해자, 유인피해자, 조심성 없는 피해자, 보호받을 가치 없는 피해자로 분류하였다.

(1) 비행적 피해자

비행적 피해자(非行的 被害者, misbehaving victim)는 피해자의 행위가 불법적이거나 사회적으로 해로운 행동 이였기 때문에 그로 인해 범죄가 유발된 경우이다. 예컨대 일확천금이나 부당한 이득 등을 노리다가 사기를 당한 경우이다. 그리고 피해자의 잘못된 행위에 대한 자연스러운 반응, 즉 자신이 일탈행위의 표적이라고 판단한 합리적·이성적인 사람에게서 기대되는 반응으로서 보복을 불러일으키는 경우에도 이에 속한다. 예컨대 자신을 지속적으로 성폭행 한 의붓아버지를 살해한 여대생과 그의 남자친구나 자신을 지속적으로 구타한 남편을 살해한 아내 등이다.

(2) 유인피해자

유인피해자(誘引被害者, enticing victim)는 피해자가 스스로 범죄자를 유인하거나 유혹하여 피해를 당한 경우이다. 이러한 유형에 해당하는 가장 보편적인 범죄피해자는 강간피해자라고 할 수 있다. 이러한 생각은 지극히 남성 지배적인 사고에 기인할 수도 있지만, 대부분의 강간범죄자가 자신의 피해자가 자신을 유인 내지는 유혹하였기 때문이었다고 자신의 범죄를 정당화하는 데서 찾을 수 있다. 실제로 보머(C. Bohmer)는 적지 않은 강간피해자들이 술집에서 만난 낯선 남자의 차를 타고 따라가는 등 스스로 요청한 경우라는 것을 발견하였다.[32] 이러한

---

31) Andrew Karmen, Crime Victims: An Introduction to Victimology, 2nd ed., Brooks/Cole, Pacific Grove, CA, 1990, pp.113~120; 이윤호, 형사정책, 412면 이하.

32) Carol Bohmer, "Judicial attitudes toward rape victims", Judicature, 1974, 57: 303~307; Carol Bohmer and Audrey Blumberg, "Twice traumatized: The rape victim and the court",

관점을 브라운밀러(Brownmiller)는 강간의 남성통념(男性通念, the male myths of rape), 즉 모든 여성은 강간당하기를 원한다 또는 자신의 의지에 반해서는 강간당할 수 없다는 등의 표현에서 찾을 수 있는 입장이라고 지적하고 있다.33)

(3) 조심성 없는 피해자

조심성 없는 피해자(操心性 없는 被害者, the careless victim)는 조심성이 없어서 강도를 선동하거나 빈정대다가 폭행을 당하는 등 범죄피해자가 될 가능성을 스스로 자초하는 경우이다. 다수의 피해자는 사실 아무런 잘못이 없으며 책임도 없다. 그럼에도 불구하고 피해자의 부주의한 편만을 강조한다면 이들 죄 없는 피해자들은 당연한 동정조차도 받지 못하게 되는 문제가 생긴다. 그렇지만 현대사회에서 자신의 신체와 재산의 보호를 경찰 등 공권력에만 의존할 수는 없다. 적어도 약간만 조심한다면 쓸데없이 범죄를 불러들이지는 않을 것이다. 즉 아무런 사전주의를 하지 않는 데 대한 일말의 책임은 피해자에게 돌아갈 수 있다는 것이다.

실제로 많은 재산범죄가 피해자의 부주의로 인하여 범죄자를 유혹하게 되었고 그래서 기회를 제공했다는 이른바 '피해자 촉진적 범죄'라는 사실이 이를 입증하고 있다.34) 예컨대, 직업적인 소매치기는 그 특유의 동물적 감각으로 피해가능자를 고르는데, 그 피해자들 대부분이 과거에 소매치기를 당했던 반복피해자라는 것이다. 그리고 일본의 과학경찰연구소에서 침입절도 피의자들에게 몇 장의 주택 사진을 보여주고 어느 집이 범행하는데 적당한가하고 물었을 때, 대부분의 피의자가 가끔 피해를 당하는 집을 가리켰다고 한다. 이를 볼 때 피해자들은 피해를 당할 수밖에 없는 허점을 가지고 있다고 볼 수 있다.

이러한 경우 피해자의 부주의로 인한 범죄피해에 대한 책임뿐만 아니라 피해

Judicature, 1975, 58: 390~399.

33) Susan Brownmiller, Against Our Will: Men, Women, and Rape, Bantam, New York, 1976, p.346.

34) Lynn A. Curtis, Criminal Violence, Lexington Books/Heath, Lexington, MA, 1974. p.92.

자의 부주의가 범죄자를 유혹하게 되어 심지어는 선량한 사람을 범죄자로 만들게 된다는 책임까지 논하는 사람도 있다.[35] 이러한 주장이 피해자에 대한 책임을 지나치게 묻는다는 점도 간과할 수 없다. 그러나 일상적으로 상당한 설득력을 가지고 있는 것도 사실이다. 실제로 자동차의 시동을 걸어둔 채 자리를 비어 자동차를 도난당한 피해자에 대해서 보험회사가 보상을 거부하는 것은 이러한 예라고 할 수 있다.

(4) 보호받을 가치가 없는 피해자

보호받을 가치가 없는 피해자(victims who are undeservedly advantaged)라는 용어는 대부분 범죄자들이 자신을 대변하기 위해 사용한다. 그러나 정상인 중에서도 적지 않은 사람들이 부의 축적과정이나 방법에서 도덕적으로 부정한 부유층이나 정치집단의 재산은 약탈적 범죄에 대한 정당한 표적이 될 수 있다는 생각을 가지고 있다는 것이다.[36] 더구나 범죄의 피해자가 개인이 아닌 기업의 경우에는 피해자에 대한 동정이 더욱 적어지며, 오히려 피해자의 도덕성과 윤리성을 비난하는 소리가 더 커진다. 이것은 이들 기업들이 근로자를 착취하고 소비자를 약취하며 공정경쟁을 방해하는 등 부정한 기업활동을 통해서 이윤을 축적하였기 때문이라고 한다.

4. 미야자와의 유형론

미야자와(宮澤浩一)은 피해자 행동의 특징·반응·가해자의 공격에 대응한 피해자의 기여형태를 그 특징에 주목해서 분류하고, 가해자와 피해자의 관계, 양자의 책임관계를 명확히 하기 위한 단서를 부여하고자 하는 의도에서 피해자를 분류하였다. 그는 피해자를 평균적(전형적) 피해자, 동정 받는 피해자와 동정 받지 못하는 피해자, 투쟁하는 피해자와 침묵하는 피해자로 유형화하였다.[37]

---

35) A. Karmen, Crime Victims, p.130f.

36) D. S. Claster, Bad Guys and Good Guys, pp.169~170.

37) 장규원 역·宮澤浩一, 피해자학입문, 113면 이하.

(1) 평균적 피해자

이는 흔히 말하는 보통의 피해자를 말한다. 즉 누가 보더라도 불쌍한 피해자, 전형적인 피해자, 의심할 여지가 없는 피해자를 말하며, 피해자와 그 가족에 대한 동정과 공감대가 형성되는 경우이다.

(2) 동정 받는 피해자와 동정 받지 못하는 피해자

이는 가해자와 피해자의 인간관계, 사건의 전개과정, 행위상황 등을 고려하여 유형화한 것이다. 이때 피해자의 연령, 소속계급, 사회적 지위 등이 동정의 크기와 관련되며 이로부터 형성된 평가가 가해자의 책임경중이라는 법적 판단에 영향을 미치게 된다. 동정 받는 피해자는 유아나 소년의 유괴나 변태성욕자의 유아에 대한 성범죄의 피해, 불특정 살인범에 의한 살인사건의 피해자가 이에 속한다. 피해자 중에는 우발적 피해자가 있는데, 예컨대 범인이 갖고 싶어 하는 물건을 갖고 있었기 때문에 그것을 빼앗긴 경우나 범인이 좋아하는 타입이어서 피해를 당한 경우, 범인의 성욕이 높아져 상대가 누구라도 상관없는데 운 나쁘게 그 곳을 지나가다가 피해를 당한 경우가 이에 속하며, 이러한 피해자도 동정 받는 피해자에 속한다.

동정 받지 못하는 피해자는 피해자의 상당한 과실이 인정되거나 피해자를 동정하기보다는 의문을 품게 하는 사건의 피해자이다. 예컨대 여중생·여고생이 물질적인 대가가 있는 교제를 바라거나(원조교제) 가요주점에 출입해서 용돈을 버는 상황에서 예측할 수 없는 피해를 입은 경우이거나, 강간사건의 경우 피해자의 집·여관·모텔 등 실내에서 범행이 이루어진 경우이다.

(3) 투쟁적 피해자와 침묵적 피해자

범죄자의 공격에 대해 피해자가 취하는 태도는 여러 가지이다. 적극적으로 자신을 지키려는 사람이 있는가 하면 쓸데없이 저항을 해도 소용없다는 생각에 반격을 단념하고 가해자의 공격을 당하는 사람도 있다. 피해를 당한 후의 피해자의 태도도 여러 가지이다. 피해사실이 외부로 알려지는 것을 염려하고 신용이나 명예가 손상되지 않기만을 원하여 적극적인 행동에 나서지 않는 침묵하는 피해자도 있지만, 반대로 가해자에게 공적 제재를 가하기 위해 신랄하게 책임을 추궁하는 투쟁하는 피해자도 있다. 이러한 태도의 차이는 피해자의 연령·소속계층·가해자와의 관계·피해자가 받은 피해의 정도·가해자에 대한 개인적 감정 등의 여러 요소에 따라 좌우된다. 특히 성적피해의 경우는 그 사회가 체면에 신경을 쓰는 사회인지 아닌지가 중요한 요소로 작용하며, 정조관념이나 순결사상이 사회를 뿌리 깊게 지배하고 그것이 사회적 편견으로서 행동을 제약하는 사회적 상황에서는 이를 의식한 피해자로 하여금 목숨을 건 저항을 하도록 강요한다.

5. 그 밖의 유형론

이 밖에도 엘렌버거(Ellenberger)는 심리학적 기준에 따라 피해자가 되기 쉬운 경향을 가진 잠재적 피해자성과 일반적 피해자성을 구분하였다. 잠재적 피해자성에는 피학대자, 우울한 자, 자기만족에 빠진 자, 막연하게 불안감을 느끼는 자, 공포증환자, 죄책감에 빠진 자 등이 있다. 일반적 피해자성에는 위와 같은 특수한 원인을 가지고 있지 않는 그 밖의 사람을 가리킨다.[38]

렉크리스(W. C. Reckless)는 피해자가 가해자에게 중대한 도발을 한 결과로 범죄사건이 발생하였느냐 아니냐를 기준으로 순수한 피해자와 도발한 피해자로 구분하였다. 순수한 피해자는 피해자의 어떠한 중대한 도발도 없었음에도 가해자의 악의에 의해 가해행위가 발생한 경우이고, 도발한 피해자는 피해자의 중대한 도발이 있어 범죄행위가 발생한 경우이다.[39]

6. 소 결

이처럼 피해자의 분류는 많은 학자들에 의해 각자의 기준에 따라 다양하게 제

---

38) H. Ellenberger, Relations psychologiques entre le criminel et la victime, Revue internationale de criminologie et police technique, 8: 1954, p.121.

39) W. C. Reckless, The Crime Problem, 4th ed., 1968, pp.141~142.

시되어 왔다. 지금까지의 피해자에 대한 분류를 보면 대체적으로 범죄행위에서 범죄자의 행동에 대해 책임을 묻기 위한 것이 아니라 범죄자가 범죄행위를 할 수밖에 없도록 한 피해자의 역할에 대한 책임을 묻는 경향이 뚜렷하다. 이러한 점을 감안할 때 피해자를 분류하는 것은 범죄학의 관점에서, 즉 범죄자를 이해하는 측면에서 피해자를 바라보아야 한다. 따라서 범죄장면에서 피해자의 역할에 따라 피해자를 분류한 멘델슨(Mendelsohn)의 유형론이 타당하다고 본다.

III. 범죄피해의 유형

1. 의 의

범죄자의 범죄행위로 인하여 범죄자의 상대방이 피해자가 되어 가는 과정을 피해자화(被害者化)라고 말한다. 즉 피해자는 범죄자의 범죄행위로 인한 직접적인 피해뿐만 아니라 경제적·정신적 상태의 악화, 가족 및 이웃 등 대인관계가 순조롭지 못하게 되는 등 다양한 영향을 받는다. 또한 주변의 호기심 어린 눈초리, 터무니없는 중상, 매스컴의 무책임한 보도로 인한 상처 등을 받는다. 범죄피해의 영향은 피해정도, 피해자의 취약성이나 처한 환경에 따라 달라지기 대문에 동일한 범죄피해자라도 피해자에게 나타나는 범죄피해의 영향은 다르다.

이하에서는 범죄피해자와 그 유족이 입는 피해의 영향을 살펴본다.

2. 1차적 피해

(1) 신체적 피해

범죄가 발생한 후 어느 정도의 시간이 지나도 많은 피해자가 상처의 후유증에 시달린다. 퇴원 후 또는 치료 후에도 통증과 자각 증상이 사라지지 않아서 생활에 지장을 받는 피해자도 있다 물론 치료기간은 부상 정도의 기준이 되지만, 치료기간이 지나서도 신체적 피해의 영향이 지속되는 경우도 많다.

(2) 경제적 피해

경제적인 피해는 가정의 기둥을 잃고 피해자가 일을 하지 못하는 직접적인 피해뿐만 아니라, 부담할 치료비와 원활하지 못한 업무로 인한 수입의 감소 등 간접적인 피해도 있다. 치료비는 본인이나 보호자의 보험으로 처리함으로써 자기 부담이 줄어들기도 하지만 추가되는 병실 요금과 간병인 비용, 간병과 통원을 위한 교통비 등은 피해자 자신이 부담할 수밖에 없다. 치료비를 가해자가 부담하기도 하지만 손해배상청구와 같이 가해자가 지불능력이 없는 경우도 많기 때문에 가해자측이 치료비를 부담하지 못하는 경우도 많이 있다.

경제적인 타격의 정도는 피해자의 자산 유무와 보험 유무에 따라 달라지고, 신체의 신체에 부상을 입은 피해자가 회사에 복귀한 후에도 쉽게 사라지지 않는 상처의 고통과 자각 증상으로 업무의 효율이 떨어지며 업무평가에 영향을 주는 경우도 있다. 또한 피해자의 유족은 가족을 부양하기 위하여 슬퍼할 겨를도 없이 일을 하여야 하는 것이 현실이다.

(3) 정신적 피해

범죄피해자와 그 유족이 입은 정신적 피해에 따른 증상은 다양하다. 정신적 피해로 인한 영향은 장기간 지속되며, 그 영향은 특히 피해유족에게서 뚜렷하게 나타난다. 피해자와 그 유족에게서 나타나는 정신적 피해를 살펴보면 다음과 같다. ① 피해자에게는 사건 현장에서의 정신적 충격과 공황상태가 주된 충격이지만, 그 유족은 삶의 보람을 잃는다거나 뒤죽박죽된 생활, 정신적 충격 등을 받는데 대다수의 유족은 그 피해를 평생 회복할 수 없는 것으로 인식한다. ② 피해자와 그 유족 모두에게 사건에 대한 공포가 장기간 지속된다. 그래서 범죄자가 검거되지 않은 경우에는 재차 공격을 당할지도 모른다는 공포를 느끼며, 범죄자가 검거된 경우에는 보복을 당할지도 모른다는 두려움에 시달린다. ③ 피해자와 그 유족은 세상을 부조리하다고 생각하고 분노를 느낀다. 또한 태연하게 사람을 해치고 그 책임을 피해자에게 돌리는 인간이 있다는 사실에 인간에 대한 불신감을 가지게 된다. ④ 피해자의 유족에게는 공허감과 비애감이 나타난다. ⑤ 피해자의 유족은 사건에 대해 잘 아는 친척이나 경찰관 등 극히 제한된 사람을 저 외하고는 타인과의 교류를 차단한다. 또한 상해 사건의 피해자는 또 다시 피해를 입지나 않을까 하는 공포심과 피해경험을 떠올리기 싫다는 마음에서 가해자와 닮은 사람이나 사건 현장을 피하게 된다.

3. 2차적 피해

피해자는 수사 및 재판과정, 언론기관 등을 통하여 2차적 피해를 받게 된다. 즉 참고인으로서의 진술, 법정에서의 피해사실의 증언, 피고인 및 변호인으로부터의 엄격한 반대신문을 통한 개인의 사생활이나 정신적 피해, 과장된 헛소문이나 매스컴의 보도에 의한 피해 등을 받는다.

특히 문제되는 것은 피해를 받은 사실이 피해자 자신은 말할 것도 없고, 그 가족에게도 사회생활에 지장을 초래할 수 있으며, 나아가서는 가해자의 가족도 제2차 피해자화의 악영향에서 벗어나기 힘들다는 것이다. 특히 사건이 일어난 장소가 도시가 아닌 친족사회처럼 작은 지역이면 피해는 더 증대된다. 예컨대, 가해자가 소년인 경우 언론기관은 학교나 소년의 주소, 부모의 직업을 명시함으로써 간접적으로 소년을 지칭하는 기사가 보도되어 학교 및 사회생활에 피해를 주기도 한다. 성인피해자의 경우는 피해자 본인에 따라서는 밝히고 싶지 않은 사실까지도 다루는 사례가 많다.

헛소문이나 매스컴의 보도 중에는 잘못이 있다거나 범행의 빌미를 제공했다고 평가하는 경우도 볼 수 있는데, 사회심리학에서는 범죄의 원인을 범죄피해자에게 찾는 배경에는 정의를 신봉하는 인간의 심리가 있음을 지적한다.[40] 즉 전혀 잘못이 없음에도 피해를 입는다는 것은 자신도 언제 그 피해의 대상이 될지 모르며, 그것은 아무리 노력을 해도 피할 수 없다는 것을 의미한다. 이러한 현실은 노력하면 결실을 맺는다고 배우고 그것을 규범으로 삼고 살아온 사람들에게는 위협이자 받아들이기 힘든 일이다. 이 때문에 인간은 범죄피해자의 잘못이나

---

40) M. J. Lemer, D. T. Miller, & J. G. Holmes, "Deserving and the Emergence of Forms of Justice", Advances in experimental Psychology 9, 1976, pp.133~162.

빌미를 찾아내고 그 때문에 범죄피해를 입었다고 이해함으로써 자신을 안심시키려 한다는 것이다.

4. 3차적 피해

피해자와 그 유족은 1차적·2차적 피해과정을 거치면서 심한 정신적 갈등으로 파멸적인 상황에 이르게 되고, 그로 인하여 반사회적 내지 비사회적 반응을 보인다. 예컨대, 피해자와 그 유족이 법정에서 소란을 피운다거나 피고인에게 폭행을 가하여 피해자가 그 사건을 계기로 가해자가 되는 경우이다.

피해소년은 성격이나 친구들과의 접촉 등으로 평소와는 다른 행동을 보일 수 있고, 심지어는 학교의 무사안일주의, 친구들로부터의 외면 등으로 인해 자살할 수밖에 없는 상황으로 몰리기도 한다. 성범죄의 피해자 역시 피해의식에 사로잡혀 정신질환에 시달리게 된다.

IV. 범죄피해자의 심리

인간의 심리는 질서 있는 세계를 믿으려고 한다. 이로부터 주변사람은 물론 피해자도 자신의 잘못 때문에 피해를 입었다고 생각하는 경향이 있다. 때문에 범죄피해자는 심한 자책감을 느끼고, 스스로도 보호받을 인간이 아니기 때문에 피해자가 되었다고 여긴다. 여기에서는 피해자의 심리를 이해하는 데 중요한 용어인 트라우마(Tranma)와 외상후 스트레스 장애(PTST, Post Traumatic Stress Disorder)에 대하여 살펴본다.

1. 트라우마의 정의

'트라우마(Trauma)'란 충격적인 사건을 경험하고 그 기억이 되살아날 때마다 똑같은 공포와 전율을 체험하는 것으로서 평상시의 처리능력을 넘어서는 것을 말한다. 트라우마는 본래 외상(外傷)을 의미한다. 피해자의 심리를 생각할 때는 마음에 입은 상처를 나타내는 심적 외상(psychological trauma)을 지칭한다. 스트레스의 체험으로부터 매우 심한 충격을 받으면 그 체험이 사라진 후에도 기억에 남아 계속해서 정신적으로 영향을 미치는 경우가 있다. 그 정신적 후우증을 심적 외상이라고 하며, 그로 인한 정신적 변조를 트라우마 반응이라고 부른다.41)

트라우마 반응의 대부분은 일과성에 그치며 증상이 가볍지만, 일부는 증상이 만성화되어 사회부적응을 일으키기도 한다. 미국 정신의학회의 정신장애 진단기준(DSM)에서는 트라우마에 대해, 1980년에는 '대부분의 사람들에게 의미 있는 고민 증상을 일으키는 인식 가능한 스트레스 인자'라고 정의했지만, 1987년에는 '보통 사람이 체험하는 범위를 뛰어넘는 것으로, 대부분의 사람들에게 현저하게 고통이 되는 것'이라고 정의하고 있다. 1994년에는 체험의 질과 주관적 반응의 두 관점에서 정의를 내리고, '외상'으로 인정되기 위해서는 ① 실제로 또는 자칫하면 죽거나 중상을 입을 일을 한 차례 또는 여러 차례, 자신 또는 타인의 신체의 보전에 대한 위험을 체험하거나 직면하였을 뿐만 아니라 ② 그 사람의 반응은 심한 공포, 무력감 또는 전율에 관한 것이어야 한다고 정의하였다.

이러한 정의에 따르면 개인에 따라 아무리 주관적인 고통이 심하더라도 그 고통이 일상적으로 흔히 있는 일이고 그 충격이 많은 사람에게 사소한 일이라면 그 사람이 나타내는 정신적인 징후는 트라우마와 직면한 결과의 영향이 아니라 다른 정신질환의 영향이나 그 이전의 트라우마의 체험에 의해서 발생한 것으로 생각된다.

2. 외상 후 스트레스 장애의 진단 기준

'외상 후 스트레스 장애'는 주로 일상생활에서 경험할 수 있는 사건에서 벗어난 사건들, 예컨대 천재지변, 화재, 전쟁, 신체적 폭행, 고문, 강간, 성폭행, 인질사건, 소아 학대, 자동차, 비행기, 기차 등에 의한 사고, 그 밖의 대형사고 등을 겪은 뒤에 발생한다.

미국 정신의학회의 "전신장애의 진단과 통계 매뉴얼 제4판(DSM-Ⅳ)"에서는

---

41) 高橋三郎・大野裕・染谷俊幸 譯, 「DSM-Ⅳ 精神疾患の診斷・統計マニュアル」, 醫學書院, 1996.

트라우마의 한 형태인 '외상 후 스트레스 장애(PTSD)'를 다음과 같이 정의하고
있다.

A. 환자는 다음의 두 가지를 충족하는 회상적인 사건을 경험한다.

(1) 환자는 실제적인 죽음이나 죽음의 위협에 대한 사건들, 혹은 심한 부상, 자신
　　과 다른 사람의 신체적 온전성에 대한 위협을 경험, 목격하거나 직접 직면한
　　적이 있다.

(2) 환자의 반응은 강한 두려움, 무력감, 혹은 공포를 포함한다.

B. 외상적인 사건은 계속해서 다음 중 적어도 한 개 항목을 지속적으로 경험한다.

(1) 이미지, 사고, 지각에 의한 반복적이고 침습적인 고통스러운 사건의 회상

(2) 그 사건에 대해 반복적이고 고통스러운 꿈을 꾼다.

(3) 마치 그 외상적인 사건이 다시 일어난 것처럼 갑작스러운 행동이나 감정
　　(다시 생생하게 경험하는 감각, 착각, 환각, 해리적인 flash back 삽화, 그리고
　　이것이 각성상태 또는 중독상태에서 일어나는 것도 포함)

(4) 외상적인 사건을 상징하거나 그 한 측면과 유사한 내적 혹은 외적인 계기를
　　만났을 때의 강력한 심리적 고통

(5) 외상적인 사건을 상징하거나 그 한 측면과 유사한 내적 혹은 외적인 계기를
　　만났을 때의 생리적 반응

**C. 그 외상과 연관된 자극으로부터 지속적인 회피 또는 반응성의 둔감과 마비(외상 전
에는 존재하지 않았음)로서 다음 중 적어도 세 가지 항목으로 나타난다.**

(1) 그 외상과 관련된 사고, 감정 또는 대화를 회피하기 위한 노력

(2) 그 외상을 회상하게 하는 활동이나 장소, 사람들을 회피하기 위한 노력

(3) 그 외상의 중요한 측면을 회상할 수 없음

(4) 중요한 활동에 대한 흥미의 현저한 감소

(5) 다른 사람들에서 고립되거나 소원해지는 감각

(6) 감정범위의 축소(예컨대, 사랑의 감정을 갖지 못함)

(7) 미래가 짧게 끊어졌다는 감각(예컨대, 결혼, 자식, 인생에 대한 예측을 기대하
　　지 못함)

**D. 각성의 항진을 나타내는 지속적인 증상(외상 이전에는 존재하지 않았음)으로서 다
음 중 적어도 두 개 항목으로 나타남.**

(1) 잠을 이루지 못하거나 도중에 일어남

(2) 자극에 쉽게 반응하거나 쉽게 화를 냄

(3) 집중을 못함

(4) 과도한 경계심

(5) 과도한 놀람 반응

E. 장애(B, C, D의 증상)가 적어도 1개월간 지속된다.

F. 사회적, 직업적, 또는 기타 중요한 기능에서 장애가 임상적으로 상당한 고통을 일으키며 나쁜 컨디션의 원인이 된다.

PTSD의 진단 기준은 크게 A, B, C, D의 네 그룹으로 나눌 수 있다.

A그룹　　트라우마가 되는 자신의 존재가 압도당하는 듯한 체험.

B그룹　　재체험 증상. 침입이란 수면 중이든 깨어 있든 불문하고 불쾌하고 고통스러운 기억이 생생하게 되살아나는 것을 말하며, 플래시백이나 악몽과 같은 형태로 반복된다. 어떤 사건을 계기로 그 일을 떠올린 경우의 심리적인 동요나 식은땀 등의 신체적 반응도 여기에 포함된다.

C그룹　　회피·마비 증상. 회피는 체험과 관련된 것을 피하려는 노력이다. 사건을 생각나게 하는 장소나 물건은 물론 그 생각과 관계없이 감정이 일어나는 것을 피하려는 행동이 포함된다. 마비는 모든 것에 대해 감정이 마비되는 것을 의미한다. 전에 즐기던 취미나 활동에 흥미와 관심을 잃거나 애정과 행복감을 느끼지 못하게 된다. 장래에 대해서도 생각을 못하게 되는데, 우울증 환자들이 말하는 곤란한 장래가 아니라 미래가 갑자기 끊어지는 것과 같은 느낌이라고 한다. 또한 타인으로부터 멀어져 고립감을 느끼는 것도 여기에 포함된다.

D그룹　　과도한 각성. 과도한 각성이란 과도한 경계 상태에 있고 정신적 긴장이 고조된 상태를 나타낸다. 수면 장애나 짜증으로 화를 잘 내게 된다. 매사에 집중을 못하고 필요 이상으로 경계를 하며 작은 소리에도 깜짝 놀란다.

A를 체험하고 B, C, D에 대해 각기 지정된 항목의 증상이 한 달 이상 지속되며, 그로 인해 고통을 느끼고 사회생활에 지장이 있다면 PTSD라고 할 수 있다. 만약 그 기간이 한 달 안에 일어나고 지속 기간이 3개월 미만일 경우에는 '급성

스트레스 장애(ASD, Acute Stress Disorder)'로 진단된다. 즉 증상의 지속 기간에 따라 PTSD와 ASD로 구분된다.

3. 다양한 심적 영향과 PTSD

범죄피해가 인간의 심리에 미치는 영향으로서 PTSD가 자주 언급되지만, PTSD는 트라우마 반응의 특수한 형태의 하나에 불과하다. 또한 범죄피해자의 심리에 미치는 영향의 종류와 정도는 체험한 피해의 종류와 성질, 피해자의 특징, 심리적 피해에 대한 지원의 유무 등 피해자가 처한 상황에 따라 다르게 된다.

오치버그(F. M. Ochberg)는 범죄피해자의 PTSD에 따르는 증상으로, ① 수치심, ② 자책감, ③ 복종(무력해져서 왜소해지는 감각), ④ 가해자에 대한 병적 증오, ⑤ 역설적인 감사(스톡홀름 증후군[42])), ⑥ 더러워진 느낌, ⑦ 성적 억제, ⑧ 포기, ⑨ 2차적 상처, ⑩ 사회·경제적 상황의 저하 등을 들고 있다.[43] 또한 가네요시(金吉晴)는 트라우마 반응의 예로서 PTSD 증상 이외에 감정과 대인관계의 변화를 들고 있다. 감정의 변화로는 억울함, 비애, 분노, 무력감, 불안 등의 신체 증상(불면, 식욕 저하, 두근거림, 떨림, 땀, 호흡 곤란, 저림) 등을, 대인관계의 변화로는 사회와 자신에 대한 신뢰의 상실, 체험에 대한 의미 부여의 곤란, 생활기반의 파괴에 의한 활동 범위의 협소화 등을 들 수 있다.[44] 이러한 심리적 반응 이외에 트라우마의 반응을 계기로 하여 우울증과 같은 기분장애나 이미 체험한 정신질환의 재발 및 악화 등을 드는 경우도 있다.

---

42) 스톡홀름 증후군(Stockholm syndrome)이란 인질이 범인에게 동조하고 감화되는 비이성적인 심리 현상을 말하며, 인질이 아니더라도 일부 매맞는 아내, 학대받는 아이들도 이와 비슷한 심리 상태를 나타낸다. 즉 1973년 8월 스톡홀름에서 발생한 은행 강도 인질사건에서 인질이 범인을 감싸거나 경찰에 비협조적인 증언을 하고, 인질 중 한명은 범인에게 사랑을 고백하고 결혼까지 하였다. 이 문제를 조사한 Ochberg 박사는 "사람이 갑자기 사건에 휘말려 인질이 되면 죽을지도 모른다고 생각한다. 범인의 허락이 없으면, 식사는 물론 화장실을 가는 것도 불가능하고 심지어는 대화도 할 수 없게 된다. 이러한 상황에서 범인이 음식을 주거나 화장실에 가는 것을 허락하면 그 인질은 범인에게 감사하는 마음이 생기고 범인을 긍정적으로 생각하게 된다"는 것이다.

43) F. M. Ochberg, "Post traumatic theraphy and victims of violence", Brunner-Routledge, 1998.

44) 金吉晴 編, 心的トラウマの理解とケア, じぽう, 2001.

범죄의 발생원인

제1절 인간의 본성

범죄발생의 구체적인 원인관계를 해명하기 위해서 먼저 고찰해야 될 것은 인간의 본성에 관한 것이다. '인간의 본성'은 사람들의 범죄성 내지 각종 범죄의 원인문제를 고찰함에 있어 가장 기본적이며, 중요한 사항으로서 이것을 잘못 인식하는 경우에는 범죄이론 전체가 잘못 구성되고 동시에 대책이론도 잘못 구성되는 결과에 이르고 말기 때문이다. 따라서 인간본성에 관한 고찰은 범죄연구에 있어 사활적 사항이라고 할 수 있다. 이러한 인간의 본성에 관해서는 종교적인 입장, 진화론자, 정신분석학자, 그리고 범죄학자들의 입장이 있다.[1]

I. 종교적 인간관

1. 유 교

유교(儒敎)에서는 인간의 본성에 관해 성선설(性善說)과 성악설(性惡說)을 취하고 있다. 성선설(性善說)은 맹자(孟子)에 의해서 주장된 것으로서 그의 도덕설

---

[1] 신진규, 범죄학 겸 형사정책, 박영사, 1988, 107면 이하 참조.

의 중심개념을 이루고 있다. 그에 의하면 인간은 본성적으로 선하기 때문에 다른 사람을 불쌍히 여기는 측은지심(惻隱之心)을 갖게 되고, 이 측은지심으로부터 수오지심(羞惡之心)2) · 사양지심(辭讓之心)3) 그리고 시비곡직(是非曲直)을 따지는 정의심 같은 것이 나온다고 보았다. 이에 의해 선이 나오는 네 가지 단서를 규명하고 이를 인 · 의 · 예 · 지라 하였다. 그리고 사람들이 악을 행하는 이유는 현실의 생활조건이 나빠서 그렇게 된다는 것이다. 따라서 생활조건을 개선하면 사람들의 범죄문제는 쉽게 해결될 수 있다고 본다.

이에 대해 성악설(性惡說)은 순자(荀子)에 의해서 주장된 것으로서 인간의 본성은 악(惡)이라는 것이다. 그는 선(善)한 것은 위(僞)라고 보았다. 위란 인위적인 것을 의미하며, 사람들이 선행을 하는 것은 모두 태어난 후에 배워서 하는 것이고, 따라서 가르치고 익혀서 할 수 있게 된다는 것이다. 순자는 인간이 이기적인 존재임을 강조했고, 이기적인 존재이기 때문에 특수한 교육과 훈련이 요구되고 그것을 받지 못하면 악에로 기울게 마련이라고 주장한다. 그러므로 단순한 물질생활의 개선만으로는 그 악성의 발로로서의 범죄행위를 막을 수 없을 뿐만 아니라 교정도 불가능하다고 본다. 즉 인간의 본성은 기본적으로 악하기 때문에 그에게는 특별한 교육과 훈련이 필요하고 그 교육과 훈련이 부족하면 부족한 만큼 범죄행위를 쉽게 범한다고 본다.

2. 불 교

불교(佛敎)에 의하면 인간은 누구나 탐(貪) · 진(嗔) · 치(痴), 즉 탐욕과 노여움과 어리석음의 삼독에 빠져 있어 그 자신의 존재상태와 사물의 진상을 올바로 파악하지 못한 가운데 각종 범죄 등 죄업을 쌓기에 빠르며 선업을 쌓는 일에는 게으르다고 한다. 또한 인간은 네 가지의 전도된 생각, 즉 상전도(常顚倒) · 낙전도(樂顚倒) · 정전도(淨顚倒) · 아전도(我顚倒)의 생각 속에 빠져서 살아가고 있다고 한다. '상전도(常顚倒)'란 이 세상은 무상한 것들뿐인데도 영원불변한 것처

---

2) 의롭지 못함을 부끄러워하고 착하지 못함을 미워하는 마음.

3) 겸손하여 남에게 사양할 줄 아는 마음.

럼 잘못 생각하는 것이다. '낙전도(樂顚倒)'란 이 세상에서의 괴로운 인생을 즐
겁다고 착각하는 것이다. '정전도(淨顚倒)'란 부정한 이 세상을 깨끗하다고 잘못
생각하는 것이다. '아전도(我顚倒)'란 이 세상에서 내 것이라 주장할 만한 것은
하나도 없는데도 내 것을 찾아 헤매는 것이다. 이 같은 무명(無明, 분명하지 않
음)에 덮임으로써 인간은 탐욕과 노여움과 어리석음에 빠져 지내게 되고, 그로
인해서 인간은 선행하기는 힘들고, 악행을 더 즐기는 존재라는 것이다. 이와 같
이 불교의 인간관은 현실의 인간을 비관적·악성향성으로 보며, 인간에게는 상
당한 교육이 요구된다고 보고 그것을 행하지 않으면 쉽게 범죄행위를 저지른다
고 본다.

3. 기독교

기독교(基督敎)에 의하면 인간은 처음에 하느님으로부터 지음을 받을 때에는
완전한 선인(善人)이었는데, 그 원조인 아담과 하와가 하느님의 계명을 어기고
원죄(原罪)를 범한 후로 그 자손인 인간이 현재와 같이 타락한 인간, 즉 악한 인
간으로 화하게 되었다는 것이다. 즉 그 자신의 육체적 욕정에 따라 다른 사람에
게 해 끼치기를 예사로 생각하고 언제나 시기·질투·미움·화냄·욕심의 정
을 발하고 범죄행위를 쉽게 반복하게 된다는 것이다. 이것은 그 육체 안에 함께
하고 있었던 하느님의 신(the holy spirit)이 떠나가고, 그 대신 마귀의 신(the evil
spirit)이 점유하고 있기 때문이다. 따라서 그 마귀의 구속상태에서 완전히 벗어
나기 전에는 그 본성의 타락현상을 벗어날 수 없다고 본다. 이와 같이 기독교의
인간관은 처음부터 악한 것으로 이해하며, 이러한 인간에게는 특수한 종교적 감
화와 훈련이 요구된다. 즉 이러한 감화와 훈련이 없으면 쉽게 범죄를 저지른다고
본다.

II. 진화론적 인간관

현대의 진화론자, 특히 유물론적 진화론자들에 의하면 인간은 수억만 년에 걸

친 진화의 과정을 거쳐 오늘에 이르렀다고 한다. 첫 단계는 미생물계에서 동물 특히 원숭이로 발전한 단계이고, 거기서 다시 이성을 갖춘 이른바 원인류(ape-like man)로 진화하는 데 최소한 1,500만 년은 소용되었다고 보며, 이 원인류로 생존한 것이 50~100만 년으로 계산된다. 이러한 인간이 현대인과 유사한 모습으로 유럽 전역에 흩어져 살게 되었던 것이 약 30만 년 전으로 계산되며, 10만 년 전부터는 극히 우수한 인간으로 나타났고, 1~1.5만 년 전부터는 석기시대(the stone age)로 접어들어 많은 문명생활의 흔적을 남기고, 1만 년 전부터는 銅을 사용함으로써 문명발달에 획기적인 시기를 이루었으며, 비금속·합금 등을 사용하여 농기구와 칼등을 제작한 것이 6,000년 전부터의 일이다. 이때부터 2~3,000년 전까지를 청동기시대(the bronze age)라 부른다.

이러한 진화의 과정에 따라 인간이 현대인처럼 문명사회를 이루고 규범적인 사회생활을 시작한 것은 겨우 6,000~1만 년 전부터의 일로 그 이전에는 원시적인 동굴생활을 주로 하였고, 치열한 동물적인 생존경쟁이 그 기본특징을 이루었다. 이때에는 원시적인 본능충동에 따라 시기·질투·욕심·격정 등을 일삼았다고 한다. 따라서 내심의 법도의식에 의한 자율적인 통제 같은 것은 별반 행사되지 않는 상태라 할 수 있다. 진화론자들은 이러한 본성이 현실의 인간에게 그대로 남아있다는 것이며, 여기에서 벗어나 문명사회에 어울리는 자율적인 자기통제가 가능한 인간으로 발전하기 위해서는 앞으로도 수십, 수백만 년이 더 소요된다고 주장한다. 오늘날 문명사회에서 가진 자와 가지지 못한 자의 갈등 그리고 무자비한 전쟁상태가 끊임없이 각처에서 일어나는 것은 바로 이 때문이라고 한다.

이러한 진화론자들의 인간관은 현대의 인간은 태어날 때부터 악한 것으로 보는 것이라고 말 할 수 있다. 즉 인간은 아직도 자기희생적인 선행위의 생활보다는 타인 희생적인 악행위의 생활에 더 익숙한 존재이며, 따라서 현실사회의 법규범을 쉽게 범할 수 있는 존재라는 것이다. 결국 현실의 규범사회에 적응해서 생활할 수 있는 자가 되게 하기 위해서는 상당한 교육과 훈련을 통해 좋은 습성을 형성하는 데 깊은 관심을 경주하지 않으면 안 되며, 교육과 훈련이 미흡한 만큼 인간은 범죄자가 되기 쉽다는 것이다.

III. 정신분석학적 인간관

정신분석학자들에 의하면 인간은 태어날 때 욕망(id)의 덩어리이며, 그로 인해 그 처음 몇 년간은 그 욕망의 충족에만 급급하여 철저한 쾌락원리(pleasure-pain principle) 아래에 움직인다는 것이다. 즉 자신의 욕망을 기준으로 그 충족에 의한 쾌락의 증진을 도모하는 대신 그에 반하는 고통의 가능성은 최대한 회피하려 하고, 그러한 시기에서는 완전한 범죄자의 특징을 지니게 된다는 것이다. 이것은 그 자신의 이익을 위해서는 어떠한 것도 희생시키고자 하기 때문이다.

그러나 그러한 행동방법은 주위의 사람들이 용납하지 않는다. 부모는 그 잘잘못을 가려서 각종의 상벌(賞罰)을 가한다. 이러한 상벌의 경험을 통하여 인식하게 되는 것이 선악의 관념으로써 선한 행위는 하고, 악한 행위는 해서는 안 된다는 생각을 하게 된다. 이와 같이 하여 형성된 것이 이른바 초자아(super-ego)이다. 즉 자기를 초월하는 어떤 존재에 대한 의식이다. 이것이 이른바 양심이니 도의심이니 하는 것으로 기능 한다. 이것은 본질적으로 내심의 욕망작용을 억제하고 조정하는 기능을 담당한다. 그리하여 이 욕망을 억제·조정하는 기능을 담당하는 초자아가 그 성장의 과정에서 잘 형성된 사람은 그 처음의 범죄경향성(犯罪傾向性)은 억지 되며, 동시에 사회규범생활에도 잘 적응하는 인간으로 발전하게 된다. 그러나 초자아의 형성이 부진한 사람은 처음의 범죄적 경향성이 그대로 지속됨으로써 각종 비행·범죄를 저지르게 된다는 것이다. 그리고 그것이 과도하게 형성된 경우에는 항상 불안감에 떨게 됨으로써 이른바 정신신경증자(노이로제 환자)로 되고, 더 심하면 정신병자가 된다는 것이다. 이처럼 정신분석학은 성장기 환경의 역할을 중요시한다는 점에서 성악설과 비슷하다고 할 수 있다.

IV. 범죄학적 인간관

범죄학자들 간에는 서로 상반되는 견해를 취하고 있다. 한편에서는 범죄행위는 선천적인 조건에 관계없이 성장기의 잘못된 환경 중에서 학습의 결과로 행하게 되는 것이라고 보는 반면, 다른 한편에서는 학습을 받는 것은 범죄행위가 아니고 그런 것은 자연적으로 초래되는 것이며, 실제로 학습을 받는 것은 비범죄적 행동이라는 것이다. 전자는 범죄사회학파의 입장이고, 후자는 범죄생물학파의 입장이다. 범죄사회학파의 한 사람인 서덜랜드(E. H. Sutherland)의 분화적 접촉이론(分化的 接觸理論, differential association theory)에 의하면, 인간의 본성은 처음에는 백지 또는 백묵과 같이 거의 무색한 것으로 태어나며, 성장과정에서 경험하는 환경상의 조건여하에 따라 선하게도 되고 악하게도 된다고 한다. 이것은 철저한 환경설의 입장에서 주장되는 것으로 유전적·선천적 조건은 거의 무시하고 성장과정에서의 환경여하에 따라 그 성격 등 모든 것이 결정된다고 보는 것이다. 이러한 견해는 오늘날 범죄사회학자들 사이에서 거의 절대적인 것으로 인식되고 있다.

한편 범죄생물학파의 한 사람인 글루에크(S. Glueck)에 의하면 분화적 접촉이론은 인간이 갖고 있는 원시적인 충동인 공격성·성욕·취득감 등을 거의 무시한다고 비판하면서 소년들은 실제에 있어서 이러한 원시적 충동 때문에 다른 사람으로부터 어떤 학습을 받기 훨씬 전부터 각종 반사회적 행동을 하게 된다는 것이다. 예컨대 소년들이 거짓말을 하거나, 절도, 싸움, 성적 희롱 등을 하는 것은 반드시 배워서 하는 것이 아니라는 것이다. 따라서 소년들은 길들임과 교양을 받지 않으면 안 된다. 자연적이라 할 수 있는 비사회적·반사회적인 충동이나 욕망은 누구한테도 배운 것이 아니며, 특히 부모로부터 사랑과 칭찬을 받은 만큼 자기의 원시적 경성을 억제하고 순치하는 방법이야말로 학습을 받도록 강요되고 있는 것이라고 한다.[4]

V. 결 어

이상으로 인간의 본성에 관한 각각의 견해를 살펴보았다. 이들의 견해는 결국은 세 가지로 구분된다고 볼 수 있다. 첫째로 인간은 태어날 때부터 악하게 태어

---

4) S. Glueck, 'Theory and Fact in Criminology', British J. of Delinquency, 7: 1956, pp.92~109. Selected in S. Glueck, ed., The Problem of Delinquency, 1959, pp. 240~246.

나기 특별한 교육과 훈련으로 인해 범죄행위를 막아야 한다고 하는 성악설적인 입장과 둘째로 인간은 처음에는 선하게 태어나지만 생활조건이 나빠서 범죄행위를 저지른다는 성선설적 견해로 생활조건을 바꾸어 범죄문제를 해결해야한다고 보는 입장이 있다. 셋째로 인간은 태어날 전혀 백지의 상태로 태어나 환경에 따라 그 성격이 결정된다고 보는 백지설적 입장으로 나누어 볼 수 있겠다. 위에서 보았듯이 어느 견해나 장단점은 있으며, 한 설의 입장만으로는 범죄행위를 충분히 고찰할 수는 없다. 따라서 세 가지 학설을 모두 수용하여 범죄행위를 규명하도록 하여야 할 것이다.

제2절 범죄발생원인의 접근방법

범죄학(犯罪學, Criminology)은 이미 서구 및 미국에서 수십 년 전에 저명한 학자들에 의해서 충분히 실증되어 왔다. 이러한 학자들의 대부분은 범죄성의 문제에 관하여 이미 알려진 모든 사실을 제시하는 데 그 여력을 집중시켰다. 예컨대 사회에서 발생한 범죄행위의 정도 및 분포, 형법 및 형사소송법의 특성, 범죄인의 특성, 형사사법제도의 개혁·구조 및 기능과 같은 문제들을 기술하고 있다. 이들 저서의 대부분은 범죄행위의 원인에 관한 이론들을 검토하고 있고 어떤 것들은 법사회학, 형벌론 또는 교정이론의 이론적 자료를 제시하고 있다.

한편, 종래 범죄학연구는 범죄자의 측면만을 중요시하여 범죄의 원인어 대하여 범죄자의 특징과 성장환경 등에 대한 생물학적·심리학적·사회학적인 면에서만 연구되어 왔다. 그렇기 때문에 범죄로 인한 피해자에 대하여는 거의 관심이 없었음은 물론이고 형사절차에 있어서도 무시되어 사회적인 관심을 갖지 못하였다.5) 그런데 근년에 이르러 학계에서는 이에 대한 대대적인 반성을 하고 피해자 측의 제반특징을 분석하여 이를 범죄피해의 예방책에 응용할 뿐만 아니라 가해자의 행위를 이해하는데 이용하기도 하고, 가해자에 대한 형사책임량을 정확히

---

5) 이상현, 범죄심리학, 박영사, 1997, 154면.

평가하는데 이용하였다.[6]

I. 범죄자 측면에서의 접근방법

범죄자 측면에서의 범죄의 발생원인은 크게 두 가지로 나누어 설명할 수 있다. 하나는 범죄를 초자연적 또는 내세적으로 설명을 하는 것이고, 다른 하나는 자연적 또는 세속적으로 설명하는 것이다. 두 이론은 모두 현대적인 것이며 또한 고대적인 것이지만 초자연적 이론은 증명될 수 없기 때문에 자연적 이론만이 과학적인 이론이라고 할 수 있다.

1. 초자연적 설명

범죄의 초자연적 설명(超自然的 說明, Spiritual explanations)은 대부분의 사건들이 초자연적인 신(神)의 영향에 의해서 비롯된 결과라는 것이다. 예컨대 원시인들은 기아, 홍수 및 질병과 같은 자연적 재해를 그들이 초자연적인 신에 대해 잘못을 저지른 대가로 받는 형벌로 생각하였다.[7] 그들은 신을 진정시키기 위해 종교의식을 행하였다. 중세 유럽에 있어서 세상에 대한 초자연적 관점은 봉건주의의 정치적·사회적 조직과 연결되어 형사재판제도의 발생을 보았다.[8]

원래 범죄는 피해자 및 피해자의 가족이 가해자 및 가해자의 가족에게 동해(同害) 또는 그 이상의 피해를 줌으로써 보복을 하는 주로 사적인 일이었다. 그런데 '사적 복수(private vengeance)'는 어느 한쪽 집안이 완전히 전멸할 때까지 수년동안 계속되는 피의 복수(blood feuds)의 시작이 되는 경향을 띠곤 하였다. 그리하여 봉건영주는 신(神)이 죄 있는 자와 없는 자를 가려낼 수 있는 방법을 만들어 냈다. 그 방법 중 최초의 것은 피해자 또는 그 가족의 한 명이 가해자 또는 그 가족의 한 명과 싸우는 결투재판(決鬪裁判, trial by battle)이었다. 신은 죄

---

6) 신진규, 범죄학 겸 형사정책, 법문사, 1988, 487면.

7) Graeme Newman, The Punishment Response, Lippincott, Philadelphia, 1978, pp.13~25.

8) Harry Elmer Barnes, The Story of Punishment, 2nd ed. revised, Patterson Smith, Montclair, N. J., 1972, pp.7~10.

가 없는 편에 승리를 준다고 믿었기 때문이다. 패배자의 가족은 승리자의 가족에 대해서 복수를 할 수 없으며, 이로써 피의 복수는 끝나는 것이다. 그러나 결투재판의 경우 용사들은 신이 자신은 무죄라는 것을 가려내 준다는 것을 확신하고 원하는 만큼 범죄를 저지를 수 있게 되는 문제점이 있다.

이에 대한 반성으로 이후에는 '시련재판(試鍊裁判, trial by ordeal)'이 실시되었다. 이 방법은 피고인에게 힘들고 고통스러운 시험을 받게 하여, 이 시험에서 죄가 없는 사람은 아무런 상처도 입지 않는 반면에 죄가 있는 사람은 고통스러운 죽음을 당하게 된다는 것이다. 예컨대 한 여인이 마녀인가의 여부를 판단할 때는 그 여자를 끈으로 단단히 묶고 물속에 빠뜨리고,9) 만일 그 여자가 물속에서 떠오르면 그녀는 무죄인 것으로 간주되고 가라앉으면 유죄라는 것이다. 또 다른 형태의 시련재판은 태형(두 줄로 늘어선 사람들 사이를 알몸으로 뛰게 하여 채찍이나 몽둥이로 때리는 것)을 하거나 불 위를 걷게 하는 것이다.

이러한 시련재판은 1215년 교황에 의해서 폐기되었으며, 그 대신 피고인은 자신의 무죄를 선언할 12명의 명망 있는 자를 모아야 하는 '면책선서(免責宣誓, compurgation)'로 대치되었다. 이것은 어떤 사람도 신의 처벌이 두려워서 위증을 하지 않을 것이라는 사고에 기인한 것이다. 그 후 면책선서는 선서에 의한 증언과 배심원에 의한 재판으로 발전되었다.

범죄를 초자연적으로 설명하는 것은 근대까지도 이어졌다. 예컨대 청교도인의 신대륙인 매사추세츠만(Massachusetts Bay)에서 1792년에 나타났다. 처음 60년 동안 이 신대륙에 세 가지 중요 범죄가 일시적으로 증가하였는데 사람들은 이것을 수많은 마녀가 습격해 왔기 때문이라고 생각했었다.10) 한편 미국의 현대적인 교도소도 범죄를 초자연적으로 해석하는 것과 관련하여 시작되었다. 1790년경 필라델피아(Philadelphia)의 퀘이커(Quaker) 교도들은 범죄자들을 독방에 격리시키고, 읽을 것으로 성경만을 주고, 손으로 하는 작업을 시켰다. 그렇게 하면 범죄자들은 자신들의 과거비행을 반성하고 회개하게 될 것이라고 생각했기 대문이

---

9) Newman, op. cit., p.97.

10) Kai T. Erikson, Wayward Puritans, John Wiley, New York, 1966.

다.11) 그들은 이러한 독방을 죄를 참회하는 '고해소(penitentiary)'라 하였다. 오늘날에도 신앙심이 깊은 사람이나 집단들은 범죄를 사탄의 영향에 의한 것으로 보고 있는 경우도 있다. 예컨대 닉슨(Richard M. Nixon) 대통령의 특별법률고문이었으며 워터게이트(Watergate) 사건으로 7개월간 감옥에서 복역한 바 있는 콜슨(Charles Colson)은 범죄를 죄 많은 인간성에 기인한다고 본다.12) 그래서 그는 종교적인 귀의만이 범죄에 대한 유일한 구제책이라고 주장하고 있다.

초자연적인 설명은 범죄를 이해하는 데 있어서 어떤 사람들에게는 만족스러운 한 방법을 제시하고 있지만 그에 따른 문제점은 초자연적인 영향이 관찰될 수 없기 때문에 그 이론은 증명될 수 없다는 데 있다. 따라서 그 이론은 비록 범죄를 가장 명확하게 설명하고 있다고 믿는다 하더라도 과학적인 이론으로 볼 수 없다.

2. 자연적 설명

초자연적 설명은 어떤 사건을 설명하는 데 초세속적인 힘을 사용하였음에 반하여 '자연적 설명(natural explanations)'은 이를 설명하기 위해 물질세계의 물질이나 경험적 사실을 이용한다. 자연적 설명방법은 현대적인 것이지만 초자연적 방법과 마찬가지로 고전적인 것이기도 하다. 즉 먼 옛날의 페니키아인(Phoenicians)과 그리스인(Greeks)들은 역사이전에 이미 현실세계를 설명하는데 있어 자연적인 방법으로 설명하였다. 예컨대 히포크라테스(Hipocrstes, B. C 460)는 뇌를 인간의 마음이라고 주장함으로써 인간의 사고를 생리학적으로 설명하였다. 그리고 데모크리토스(Democritus, B. C 420)는 불혹의 물질단위인 이른바 原子(atom)란 개념을 가지고 자신을 둘러싸고 있는 세계를 설명하였다. 또한 소크라테스(Socrates) · 플라톤(Plato) · 아리스토텔레스(Aristotle)는 단일성(unit

---

11) Harry Elmer Barnes and Negley K. Teeters, New Horizons in Criminology, Prentice-Hall, New York, 1945.

12) Charles Colson, "Toward an Understanding of the Origins of Crime," in John Stott and Nick Miller, eds., Crime and the Responsible Community, Hodder and Stoughton, London, 1980.

-y)과 연속성(continuity)의 개념을 주장함으로써 세상 사람들의 주목을 끌었다.

B. C. 1세기에 이르러 로마의 사조는 철저하게 그리스 학자들의 자연주의(自然主義, naturalism)가 주입되었다. 예컨대 로마법(Roman law)은 히브리(Hebraic)전통의 악마론(demonology)에 그리스의 자연주의를 융합하여 권리뿐만 아니라 형벌의 자연적 기반을 제공하였던 것이다. 법과 질서는 하늘이 내린 제재라고 보는 히브리인들의 교리는 그리스인의 자연주의와 융합되어 사물의 본성(nature of things)에 근거하여 하나의 정화논리로서 로마법에 그 모습을 나타냈다. 그래서 신의 권능으로 주어진 제왕의 지배는 자연의 순리에 주된 정성을 구하는 자연법(natural law)이 되었다. 16, 17세기에는 홉스(Hobbes)・스피노자(Spinoza)・데모크리토스(Descartes)・라이프니쯔(Leibniz)와 같은 저술가들이 물리학자들이 사물의 본성을 비인격적이고 양적으로 연구하는 것과 같은 탕법으로 인간사(human affairs)를 연구하였다. 현대의 사회과학은 계속해서 이 자연적인 것에 중점을 두고 있다. 사회학자들 간의 의견대립은 널리 알려져 있지만, 적어도 그들은 공통적으로 물리적 및 물질적 범위 내에서 설명방법을 추구한다.

이러한 자연적 접근방법에서도 기본적으로 상이한 세 가지 준거기준을 사용하고 있다. 첫째로 범죄행위는 자유로이 선택된 것이라고 하며, 둘째로 범죄행위는 인간의 통제밖에 있는 힘에 의해서 야기된 것이라고 한다. 셋째로는 범죄를 주로 형법이 제정되고 시행되는 방법의 작용으로서 고찰한다. 위의 두 가지는 범죄인의 행위에 초점을 둔 것이며, 세 번째는 형법의 태도에 초점을 둔 것이다.

(1) 자유선택에 의한 범죄행위

자유선택에 의한 범죄행위(criminal behavior as freely chosen)는 지성 및 합리성은 인간의 기본적인 특성이며, 인간의 행위를 설명하는 기초라는 견해이다. 이에 의하면 인간은 스스로를 이해할 수 있는 능력을 가지고 있으며, 자신의 이익을 극대화하기 위해 행동할 수 있다고 한다. 인간이 자신들에게 적당한 것으로 보이는 군주제, 공화제, 전체주의적 독재, 민주제에 따라 이성적으로 사회를 만들기로 했기 때문에 사회는 형성되었다고 한다. 또한 각자는 영혼 또는 악마에게 사로잡혀 있기보다는 '자유의지(自由意志, free will)'를 가지고 있는 자기운명의 지배자라고 한다.

이 준거기준 내에서 범죄 또는 범죄인이라 하는 것은 대개 엄격한 법적 관점으로부터 정의된다.[13] 그리하여 범죄란 형법에 의해서 금지된 어떤 행위의 작위 또는 형법이 요구하는 어떤 행위의 부작위로서 정의되며, 범죄인이란 이러한 범죄를 저지른 사람으로 정의된다. 여기에서는 범죄가 발생하는 원인을 범죄행위로 인한 잠재적 희생과 잠재적 이익을 평가하는 인간의 자유선택의 결과라고 본다. 따라서 사회는 범죄로 인하여 발생되는 이익을 감소시키고 희생을 증가시킴으로써 인간이 범죄행위를 선택하지 않도록 한다. 이 경우 범죄학자들이 해결하려는 문제는 범죄의 발생을 최소화시키는 형벌제도를 고안하고 시험하는 것이다. 따라서 이 관점은 범죄억제 문제에 관한 연구 및 이론과 관련되어 있다.

(2) 운명에 의한 범죄행위

운명(運命)에 의한 범죄행위(criminal behavior as caused)는 범죄행위가 인간의 통제밖에 있는 외부적 요소에 의하여 결정된다는 견해이다. 이에 의하면 인간은 자기가 하고 싶은 대로 또는 자신의 생각대로 자유롭게 행동하는 것이 아니라 이미 결정된 행동양식에 따라 행동할 수 있을 뿐이다. 인간의 사고과정은 실질적으로 인간이 자유롭고 이성적으로 자기가 하고자 하는 바를 선택하는 것이라기보다는 미리 예정된 자신의 행위과정을 정당화하는 합리화과정이다. 인간은 점증적으로 합리적 선택을 하게끔 만든 이성 때문이 아니라 점진적 진화과정(slow process of evolution)을 통해서 변화하고 발달해 왔다는 것이다. 이러한 것들은 실증주의 범죄학의 준거기준이 된다. 그러나 이러한 견해에 의하면 범죄인의 행위는 그가 통제할 수 없는 외부적 요소에 의해서 결정되는 것이므로 형벌은 아무런 효용이 없게 된다는 결론에 이른다.

한편, 이러한 준거기준 내에서 범죄학자들이 해결하고자 하는 것은 범죄행위

---

13) Clarence R. Jeffery, The structure of American Criminological Thinking, Journal of Criminal Law, Criminology and Police Science 46, Jan-Feb. 1956, pp.663~64.

에 대한 모든 원인을 찾는 것이다. 초기 실증주의 범죄학자들은 범죄의 원인을 생물학적 요소에서 찾으려고 시도했으나, 그 뒤의 실증주의 범죄학자들은 심리적 및 사회적 요소에 초점을 두었다.

1) 생물학적 접근

범죄의 원인을 인간이 가지고 있는 인격상의 특징 즉 정신·심리·생리에 근거한 모든 특징에서 찾고자 하는 입장이다. 이러한 인격상 모든 특징들은 어느 부분이 범죄성 또는 범죄행위와 특별한 상관관계를 가지고 있고 또 범죄의 원인으로 작용하는가를 밝히는 데 중요한 의미를 가진다. 인격상의 특징이 범죄성의 발현과 깊은 관련성을 가지고 있다는 점에 중점을 두면서 범죄의 원인을 조상으로부터의 유전조건, 개체가 가지고 있는 신체생리상의 조건이나 정신심리상태에서 찾는 것이다.

2) 사회환경적 접근

인간을 둘러싸고 있는 사회적·문화적·자연적 모든 환경여건은 인간의 인격형성에 영향을 미침과 동시에 인간의 행위에도 간접적인 영향을 미친다. 즉 환경요인은 인간의 심신활동에 직접적인 영향력을 행사하여 범죄행위를 유발 또는 촉진시키는 역할을 하면서도 성장기를 통해 인격의 형성에도 영향을 준다. 이러한 입장에서는 범죄가 발생한 원인을 선천적으로 타고난 유전적 요인이 아니라 사회해체의 결과로 본다는 점에 중요한 의의를 가진다.

그러나 범죄가 발생하는 결정적인 요인을 사회적·문화적 과정을 중시하는 이론들의 문제점은 유사한 환경에 노출되어 있는 개인들이 모두 동일한 형태의 범죄로 나아가지 않는다는 것을 명확히 밝힐 수 없다는 데 있다.

3) 심리학적 접근

인간의 정신·심리적 특징을 형성하는 과정은 3가지로 구분하여 설명할 수 있다. 첫째로 인간이 지니고 있는 생리상의 특징과 연결 짓는 것으로서, 예컨대 정신병자의 경우 그의 뇌신경계의 조직을 분석하거나 뇌손상이나 기질적 변화에 주목하는 것이다. 둘째로 인간의 성장과정이나 생활환경 예컨대 어린 시절 가정생활의 경험이나 학교생활, 직장, 지역사회 등에서의 인간관계에 근거하여 정신 심리상의 특징을 밝히는 것이다. 셋째로 인간의 범죄행위를 생물학적 요소와 환경적 요소를 바탕으로 한 심리적 변화에 주목하여 범죄원인을 밝히는 것이다. 이는 소질과 환경의 관계를 역동적으로 파악하고 이에 근거하여 범죄의 원인을 인식하는 것이다. 조상으로부터 물려받은 유전소질은 태아가 산모의 자궁에 착상되는 순간부터 출산전후에까지의 환경에 영향을 받으며 태아가 출산했을 때의 소질 즉 선천소질로 전환된다. 이 선천소질이 성장기의 환경과 결합하여 상호 복합작용을 하면서 현실의 각 개인이 가지게 되는 인격특징을 이루는 획득소질이 되는데, 이 획득소질이 행위 시의 환경조건과 결합하여 상호 복합작용을 하는 가운데 범죄행위로 나아갈 수 있다는 것이다.

3. 결 어

위에서 살펴본 범죄에 대한 접근방법들은 각각 자족하고 있으며, 어느 방법도 확증 또는 증명을 위해서 다른 방법에 의존하지 않는다. 모든 이론 및 연구는 일반적 관점의 범위로부터 얻을 수 있다. 그 관점을 포기하면 그 이론 및 연구는 쓸모없고 의미 없는 것이 된다. 그래서 자연주의적 접근방법을 취하는 과학은 초자연적 설명을 포기하였다. 초자연적 영향을 믿는 사람들에게는 이것이 그들의 준거기준을 무효화시키는 것은 아니며 그것은 단지 과학자들이 실수를 하고 있으며 과학자들이 범죄에 직면하였을 경우 범죄의 진정한 원인을 인식할 수 없으리라는 것을 지적할 뿐이다. 이런 사람들은 행위의 자연주의적 설명은 불필요하며 관심도 없다.

또한 초자연적 설명을 거부하고 자연주의적 설명을 받아들이지만 다른 준거기준을 가지고 있는 사람들도 위와 아주 흡사하다. 고전범죄학자들은 범죄를 숙고·고의 및 正·不正의 이해라는 관점에서 판단될 수 있다는 견해를 고집한다. 고전범죄학자들에게는 범죄의 원인을 찾고자 하는 연구가 유익한 결과를 가져오지 않는 근본적으로 잘못된 노력이라고 생각한다. 반대로 범죄행위의 원인을 찾고자 하는 범죄학자들은 어떤 종교적 인간들의 초자연주의나 고전범죄학자들의 자유의지 양자 모두를 거부한다. 그러나 이 준거기준 내에서 몇몇 범죄학자들은 사회적 요소에 초점을 두고 범죄행위의 원인에는 생물적 및 심리적 요소들이 별로 없거나 전무하다고 주장한다. 다른 범죄학자들은 생물적 및 심리적 요소들은 상당한 양의 범죄행위를 설명하며 사회적 요소는 생물적 또는 심리적 요소와의 상호작용을 통하여서 중요성을 가진다고 주장한다.

위에서 살펴 본 것처럼 지금까지 범죄행위의 모든 원인을 찾고자 하는 사회학자들은 환경적 요소가 사람에게 강력한 영향력을 미친다고 가정하고, 종종 엄격하게 사회적·환경적 실마리를 찾으려 하였다. 흔히 사회학적 범죄학자들은 사람을 마치 '머리가 빈' 것처럼 다루어 왔다. 한편 심리학자들은 일반적으로 환경변수를 무시하고 분명치 않은 성격변수만을 찾고자 하였다.[14]

생각건대 범죄가 발생하는 원인을 파악하는 데 있어 사람과 환경 중 어느 것이 중요한가? 그 대답은 별로 중요하지는 않다. 왜냐하면 그것은 사람과 환경 둘 다에 의존하기 때문이다. 어떤 경우에 성격은 한 사람이 범죄행위를 하는가 여부의 중요한 결정요소이지만, 반면에 어떤 경우에 있어 환경은 더 강력한 영향력을 미치기 때문이다. 따라서 환경에 자유로운 사람 또는 환경에 구속된 사람을 검토하는 것으로부터 초점을 옮겨서 환경과 인간의 인식, 그리고 행동양식의 특수한 상호작용을 분석하여야 한다.

II. 피해자 측면에서의 접근방법

학문으로서의 피해자학은 두 가지의 서로 다른 관점이 있다. 피해자학을 '독자적인 학문'으로서 이해하려는 것과 '범죄학의 한 영역'으로서 이해하려는 것이다. 이 두 가지의 입장이 어떻든 간에 범죄학과 피해자학은 상호 밀접한 관련을 가질 수밖에 없다. 즉 범죄학을 연구하기 위해서는 피해자에 대한 과학적인

---

14) Bartol, op. cit., p.5.

분류를 기초로 하여야 하고, 피해자학을 연구하기 위해서도 범죄자에 대한 명확한 인식이 있어야 한다.

1. 피해자학

(1) 의 의

피해자학(被害者學, victimology)이란 범죄피해를 받거나 받을 위험이 있는 자에 대하여 그 생물학적·사회학적 특징을 과학적으로 연구하고, 이를 기초로 범죄시 피해자의 역할과 형사사법에서 피해자보호 등을 연구하는 것을 말한다.15) 이러한 피해자학은 가해자와 피해자, 피해자와 공식적·비공식적 사회통제, 즉 형사사법과 사회조직 그리고 제도 사이의 상호작용을 중점적으로 연구한다. 그러나 학문으로서의 피해자학은 두 가지의 서로 다른 관점이 있다. 하나는 범죄행위, 사고 및 자연재해 등에 의한 피해자를 동일시하여 독자적인 학문으로서 피해자학을 이해하려는 견해이다.16) 또 다른 하나는 범죄발생과 범죄통제의 과정들 사이에서 가해자와 피해자의 상호작용으로 범죄학의 한 영역으로서 피해자학을 이해하려는 견해가 있다.17) 양자는 서로 다른 대상을 다루는 것은 아니지만, 상이한 출발점을 가지고 있다. 따라서 부분적으로 서로 구별되는 연구결과가 도출될 수 있다.

피해자학의 연구목표는 각 범죄에 있어서 피해자와 관련된 여러 조건을 수집하여 분석하고, 그 보편성이나 특수성을 파악하여 일정한 법칙을 명백히 하고 체계화하는 것이다. 이렇게 함으로써 범죄, 범죄행동 그리고 범죄현상까지도 해명할 수 있는 것이다.18) 그리고 피해자학의 연구대상은 범죄장면에서 범죄행동의

---

15) 배종대, 형사정책, 91면.

16) B. Mendelsohn, Une nouvelle branche de la science bio-psycho-sociole La victimologie, Revue internationale de Criminologie et police technique, 1956.

17) Hans von Hentig, 'Remarks on the Interaction of Perpetrator and Victim', in: Journal of Criminal Law and Criminology(31) 1941; The Criminal and his Victim, 1948.

18) 이상현, 범죄심리학, 154면 이하.

대상이 된 개인으로서의 피해자이다. 범죄자와 피해자의 관계는 범죄장면어서만 볼 수 있는 특수한 관계이다. 이 양자 사이의 관계는 형사상 대립자의 관계이며, 이 관계는 범죄자의 목표 및 목표도달행동에 의하여 여러 가지의 양상을 나타낸다.

예컨대 절도・사기・강도와 같은 대물범죄(對物犯罪)의 경우에 있어서는 범죄자가 목표로 하는 재물과 그 소유자인 피해자가 동시에 존재한다. 이 같은 경우 범죄자의 입장에 본다면 피해자의 존재는 재물에의 접근을 방해하는 장해물이 된다. 따라서 피해자는 범죄행동을 저지하는 다른 자연적・사회적 조건과 같이 범죄장면에서의 환경적 요인의 일부에 불과하다. 즉 범죄장면에 있어서 범죄자와 피해자는 대립하고 있는 것이 아니고 재물이 범죄의 목표이기 때문에 피해자는 범죄장면의 배경에 존재함에 불과하다. 그러나 폭행・상해・강간・살인과 같은 대인범죄(對人犯罪)에 있어서는 범죄자와 피해자는 형사상의 대립관계가 된다. 범죄피해자는 범죄장면에서 직접적인 역할을 수행하며, 동시에 피해자의 저항 등을 유발하여 범죄자의 행동을 규제한다. 이처럼 두 가지의 피해자, 즉 환경으로서의 피해자와 대립하는 피해자를 연구대상으로 하는 것이 피해자학이다.

또한 범죄는 가해자와 피해자의 상호연관에 의해 성립되는 것이므로 피해자에 대한 연구와 분석도 범죄의 실체를 파악하는 데 반드시 필요하다고 할 수 있다. 따라서 범죄의 올바른 연구는 정신의학, 생물학, 심리학, 사회학 등 관련된 모든 과학의 도움을 받아서 가해자와 피해자의 구체적인 상호관계, 인간관계 등을 과학적으로 연구・분석한다.19)

(2) 피해자학의 발전과정

1) 초기의 피해자학

피해자에 대한 연구는 18세기말 재판사례에 관한 연구가 이루어지면서 빠따

---

19) 宮澤浩一・加藤久雄, 增補 犯罪學二五講, 慶應通信, 1982, 433頁.

발(Pitaval), 포이에르바흐(Feuerbach) 등이 구체적 형사사례에서 범죄의 피해자가 어떤 태도를 보였는가를 소개한 것으로부터 시작되었다. 예컨대 포이에르바흐는 1808년 그의 저서 유명범죄의 사례집(Merkwürdige Kriminalrechtsfälle)에서 다음과 같이 오늘날에도 가해자와 피해자의 관계를 검토할 때 유용한 자료가 되고 있는 '물방앗간 사건'에서 범죄자의 심리를 구체적으로 묘사하고 있다.

> **【물방앗간 사건】** 피해자는 물방앗간 주인이다. 그 남자는 가정의 폭군이라고 할 만한 난폭한 자로 여성편력 때문에 부인과 다툼이 끊이지 않았으며, 부부싸움 끝에는 폭력을 휘두르는 일이 자주 있었다. 이 부부에게는 아들이 있었는데, 부부싸움을 할 때 모친이 폭행을 당하면 그것을 감싸려고 부친에게 대항했지만 오히려 항상 두들겨 맞기만 하였다. 피해자는 평판이 나쁜 매춘부출신 여자에 빠져 아이까지 낳게 하고 재산을 탕진하는 등 한 가정의 파멸이 우려되는 사태가 되었다. 자식들은 그 동안 성장해서 늙은 아버지에 대해 힘으로 대항할 수 있게끔 되었다. 자신의 완력을 믿었던 아버지는 변함없이 제멋대로 생활을 보내고 있었다. 여자 문제로 어머니와 소동이 일어났을 때 처와 자식, 하인이 가세해서 남편을 살해하고 그 시체를 숲에 숨겼으며 얼마동안 사건은 묻혀 있게 되었다. 그러나 사례를 받고 떠났던 하인의 입에서 사건의 비밀이 흘러나와 처와 자식 등 공범 전원이 체포되었다. 이 사건은 가벼운 형벌로 끝났다. 이 사건에 대하여 포이에르바흐는 살해당한 자의 책임이 크다고 논평하고 있다.[20]

그 후 20세기 전반에 가로팔로(Garofalo)는 범죄피해자가 가해자의 공격을 유발하는 측면이 있다는 것을 주목하였고, 다른 몇몇의 학자들도 범죄원인에 대한 분석에서 피해자의 종류나 피해상황 등을 지적하였다.

그러나 피해자에 대한 체계적인 연구는 제2차 세계대전 이후부터 범죄학과 형사사법의 분야를 중심으로 전개되었다. 피해자학에 관하여 과학적 접근을 처음으로 시도한 사람은 독일의 범죄학자인 헨티그(Hentig)라고 할 수 있다. 그는 1948년 '범죄자와 그 피해자'라는 저서를 통해 피해자를 범죄의 발생원인 내지 환경요소로 파악하고자 하였다. 그는 전통적인 범죄학에서는 범죄자에 대한 직

---

20) 장규원 역·宮澤浩一, 피해자학입문, 길안사, 1999, 31면.

접적 또는 간접적인 환경을 중심으로 고찰하여 개인적 특성과 그를 낳게 한 사회적 환경을 분석하는데 그쳤으므로 범죄의 살아있는 동태 내지는 동향을 올바르게 파악할 수 없다고 보았다. 그리하여 현실적으로 범죄자와 피해자가 정신적·심리적 상황이나 사회적 상황에서 서로 밀접하게 관련을 가지면서 생활하는 가운데 범죄라는 사태를 발생시킨다고 보았다.21)

이러한 헨티그의 문제제기를 심리학과 정신의학의 가설을 통해 해명하려고 시도한 것은 엘렌버거(H. Ellenberger)였다. 그는 '범죄자와 피해자의 심리적 관계'라는 논문을 프랑스의 형법학잡지에 발표하면서 범죄자와 피해자의 관계 문제는 밝혀져야 할 문제들이 많으며, 이 새로운 영역은 이론적으로나 실제적으로나 중요성을 가지고 있다고 주장하였다. 그리고 범죄현상에 있어서 피해자에 대한 고찰이 좀 더 많이 이루어져서 범죄자·피해자의 관념은 그 정당한 위치를 회복해야 한다고 하였다. 또한 피해원인(被害原因, Victimogenesis)이라는 개념을 창출하여 범죄원인(犯罪原因, Criminogenesis)에 주는 만큼의 관심을 피해원인에도 주어야 한다고 하였다.22)

한편 피해자문제에 깊은 관심을 가지고 연구를 하고 있던 멘델슨(Mendelsohn)은 엘렌버거가 전술한 논문을 발표하게 되자 이에 자극을 받아서 1956년 '생물·심리·사회학의 새로운 과학분야의 피해자학'이라는 논문을 발표하였다.23) 이때부터 피해자학이라는 새로운 명칭이 제창된 것이며, 범죄학에

---

21) H. Hentig, The Criminal and His Victim, Studies in the Sociology of Crime, Yale Univ. Press, New Haven, 1948.

22) H. Ellenberger, Relations Psychologiques entre le Criminal et la Victime, Revue internationale de Criminologie et police technique 8: 121, 1954, p.121.

23) B. Mendelsohn, Une nouvelle branche de la science bio-psycho-sociole La victimologie; Mendelsohn은 1940년 경 루마니아의 변호사로 있던 중 어느 강간사건의 변호를 담당하는 가운데 그 피해자인 여성의 역할이 정확히 평가되어야 하겠다는 데 관심을 기울이기 시작하여, 여기에서 피해자의 특성에 관한 분석문제를 생각하기 시작했다고 한다. 그리고 1945년 경 두 남녀를 살해한 살인사건의 범인에 관한 재판이 진행되는 중 피해자 측에 대한 과학적 분석의 필요성을 절실히 느꼈다고 한다. 그 때의 사건은 자녀를 둔 여인이 범인과 이혼하고 젊은 남자와 동거하며 월 2회 정도 범인인 전남편을 자기 집으로 초대하였다. 그런데 자녀들을 보기 위해 그녀의 집으로 방문할 때마다 젊은 새 남편은 범인을 조롱하고 가지고 간 돈을 빼앗았다고

서 독립한 피해자학이 탄생한 것이다.24) 그는 종래의 형법학·범죄학의 연구대
상이 범죄자에 집중하고 있는데 대해서 범죄자와 피해자를 동열에 놓고 연구를
진행하였다. 그리고 가해자와 피해자의 관계는 추상적·도식적인 것이 아닌 생
물학적·심리학적·사회학적인 구체적 관련성으로 파악하였다. 그리하여 가해
자와 피해자의 관계는 협력과 조화, 공동관계가 아니고 투쟁과 대립, 대항의 관
계에 있는 것으로 양자 간에는 피해를 받기 전에는 상호의존적이거나 또는 무관
계이지만 피해를 받은 후에는 상호배척하고 대항하는 적대관계에 있는 것으로
보았다.

2) 현대의 피해자학

이렇게 관심을 모은 피해자학은 범죄원인의 과학적 규명에 머무르지 않고 피
해자에 대한 보호 내지 공적 구제라는 차원에서도 논의되었으며, 1963년 드디어
뉴질렌드(New Zealand)에서 범죄피해자보상법을 제정·실시된 이래 영연방국
가들과 미국 그리고 다른 유럽국가의 순서로 범죄피해자에 대한 공적 구제를 위
한 입법이 이루어졌다. 미국에서는 1982년에 '피해자 및 증인보호법'이 제정되
었고, 독일은 1986년 12월 형사소송법을 개정하면서 피해자의 소송법상의 지위
를 강화하였다. 우리나라에서도 1987년 11월 28일 '범죄피해자구조법(1988. 7.
1 시행)', 1990년 '특정강력범죄의 처벌에 관한 특례법', 1993년 '성폭력범죄의
처벌 및 피해자보호 등에 관한 법률'이 제정되었다.

또한 피해자학에 대한 교류도 활발하다. 각종의 국제범죄학회에서 피해자학을
주제로 한 보고대회를 가지다가 마침내 1973년 9월 이스라엘의 예루살렘에서
정식으로 제1회 국제피해자학 심포지움이 열려 3년마다 개최되고 있다. 1975년
7월에는 이탈리아의 베라지오(Berajio)에서 '국제피해자학연구회'가 개최되기도
하였다. 우리나라에서도 1992년 피해자학회가 설립되어 1993년부터 학회지 '피
해자학연구'를 간행하고 있다.

하며, 그러던 중 살인의 결심을 하고 실행하였다고 한다. 재판결과 범인은 12년의 형을 선고받
고 다시 감형되어 5~6년만에 석방되었다.

24) 宮澤浩一, 犯罪と被害者, 第1卷, 成文堂, 1971, 5頁 이하.

2. 범죄피해의 원인론

(1) 개 관

범죄행위는 가해자와 피해자의 상호관계에 의해서 가능해진다. 따라서 범죄현상, 범죄의 원인이나 동기를 파악하기 위해서는 피해자에 대한 과학적 분석이 반드시 필요하다. 이러한 필요성의 제기로 범죄행위에 있어서 피해자의 역할이 적극적으로 파악되기에 이른 것이다. 이에 따라 범죄피해자에 대한 비난론과 옹호론의 공방이 가능케 되었으며, 나아가 범죄피해자가 되기 쉽거나 범죄피해에 대해 저항력이 약한 사람의 파악에까지 그 논의의 범위가 넓혀갔다.

범죄피해자에 대한 이론은 피해자를 중심으로 하여 크게 두 가지로 구분할 수 있는데, 피해자의 옹호론과 비난론이 바로 그것이다. 피해자 비난론은 범죄행위에 있어서 가해자는 무조건 옳지 못하며, 피해자는 좋은 사람이라는 이분법적 구분에서 시작한다. 반면에 피해자 옹호론은 피해자 비난론자들이 주장하는 것처럼 피해자와 일반인 사이에 그렇게 현저한 차이가 없을 뿐만 아니라, 이해와 도움을 필요로 하는 대상이지 결코 비난의 대상이 아니라는 점에서 출발한다. 이러한 피해자 옹호론과 비난론은 범죄피해자학의 발전에 상당한 기여를 하였다. 즉 피해자 옹호론이 피해자에 대한 배려에서 기여하였다면, 피해자 비난론은 범죄현상의 이해와 피해예방을 중심으로 하는 피해자학의 발전에 밑거름이 되었다.

특히 피해자유발(被害者誘發, victim precipitation)이 피해자학의 발전에 많은 영향을 끼쳤다.[25] 그 이유는 피해자유발이 다양한 범죄에 높은 비율을 차지하기 때문이다. 이로 인해 피해자행위의 중요성과 주의소홀, 태만 등 간접적인 피해기여에 관심이 증대되었고, 잠재적 피해자인 시민의 일상생활유형이나 방식이 범죄의 기회를 제공할 수도 있다는 것을 인식하였다.

---

25) 피해자유발이라는 용어는 1950년대 Wolfgang이 사용한 이후 다양한 유형의 범죄에 원용되었다. 예컨대 살인에서는 피해자가 먼저 가해자에게 물리력을 가한 것, 강도에서는 피해자가 재물을 취급함에 있어 합리적 보호와 안전장치를 하지 않은 것, 강간에서는 피해자가 처음에는 말이나 몸짓 등으로 성적 관계를 동의한 것 등이 피해를 유발시켰다는 것이다(이윤호, 형사정책, 박영사, 1997, 396면).

(2) 피해원인에 대한 주요개념

피해자에 대한 이론을 전개하기 위해서는 먼저 이론의 저변에 깔려 있는 주요 개념을 파악할 필요가 있다. 개념에 대한 정의가 명확해야만 이론마다 상이하게 사용될 수 있는 용어의 의미, 형태, 그리고 범위를 한정할 수 있기 때문이다. 따라서 용어의 혼동을 피하기 위해서 범죄피해의 원인론에서 주로 사용되는 개념을 살펴야 한다. 대부분의 피해자이론이 공통적으로 내세우고 있는 용어와 개념은 범죄와의 근접성, 범죄에의 노출, 표적의 매력성, 그리고 보호능력이라고 할 수 있다.

1) 범죄근접성

범죄근접성(犯罪近接性, proximity to crime)이란 범죄다발지역에 가까울수록 피해 위험성이 증대된다는 것을 말한다. 즉 범죄에 대해 물리적으로 근접한 경우에는 피해자가 되기 쉽다는 것이다. 범죄가 빈발하는 지역에 살고 있거나, 상대적으로 범죄가 많은 곳에 자주 출입하는 자는 범죄근접성이 높다고 할 수 있다. 범죄근접성은 범죄가 많이 발생하는 장소의 문제뿐만 아니라 범죄가 일어날 가능성이 높은 경제적·대인적 환경을 포함한다. 범죄근접성과 범죄피해의 상관관계는 도시와 농촌 등 거주지역적 특성, 소득수준이나 실업률 등 사회경제적 특성 등에 따라 범죄피해의 차이가 있다는 것이 실증적으로 증명되고 있다.26)

2) 범죄노출성

범죄노출성(犯罪露出性, exposure to crime)이란 개인의 범죄에 대한 취약성(vulnerability)을 말한다.27) 피해를 당할 위험성이 높은 상태로 노출되어 있는

---

26) Terrance D. Miethe and Robert F. Mierer, "Criminal Opportunity and Victimization Rates: A Structural-Choice Theory of Criminal Victimization", Journal of Research in Crime and Delinquency, 1990, 27: pp.243~266.

27) Lawrence E. Cohen, James R. Kluegel, and Kenneth C. Land, "Social Inequality and Predatory Criminal Victimization: An Exposition and Test of a Formal Theory", American Sociology Review, 1981, 46: pp.505~524.

경우는 범죄피해자가 될 확률이 높다.[28] 예컨대 외딴 곳에 출입하거나 심야 등 위험한 시간에 다니는 경우에는 그렇지 않은 경우보다 강도나 성범죄에 대한 위험성이 높을 수밖에 없다. 이같이 범죄노출은 주로 개인의 일상활동(routine activity)과 생활양식(lifestyle)에 기인한다.

3) 표적의 매력성

표적의 매력성(標的의 魅力性, target attractiveness)이란 범죄피해자로 지목된 자는 가해자에게 일정한 상징적 · 경제적 가치가 있기 때문에 선택된다는 것을 말한다. 매력의 기준은 적극적 이욕가치 뿐만 아니라 소극적으로 표적의 크기나 물리적 저항정도도 될 수 있다. 구체적으로는 재물의 고가성, 이동성, 사회경제적 지위 · 소득수준 등이 표적의 매력을 결정한다고 할 수 있다.

4) 보호능력

보호능력(保護能力, capable guardianship)이란 피해자가 범죄를 방지할 수 있는 능력을 말한다. 보호능력은 사회적, 대인적, 물리적 차원을 전부 포함한다. 사회적 보호능력은 가족 구성원이나 기타 이웃 주민 등 다른 사람들의 협조를 구할 수 있는 경우이고, 물리적 보호능력은 방범시설이나 일정한 장치에 의한 범죄방지기능을 말한다. 최근 우리나라에서 방범이 사회적 관심사로 등장하면서 개인적 또는 집단적 차원의 보호능력 강화조치가 다양하게 시행되고 있다. 예컨대 가스총, 방범창, 각종 도난경보장치, 사설경호 등이 그 예이다.

(3) 생활양식 · 노출이론

생활양식 · 노출이론(生活樣式 · 露出理論, lifestyle · exposure theories)이란 개인의 직업적 활동, 여가활동 등 모든 일상적 활동의 생활양식이 그 사람의 범죄피해위험성을 높이는 중요한 요인이 된다는 견해이다.[29] 사람마다 범죄위험

---

28) Leslie Kennedy and David Forde, "Routine activity and crime: An analysis of victimization in Canada", Criminology, 1990, 28: pp.137~151.

이 높은 상황이나 우범지역, 범죄가 자주 일어나는 시간 등에 노출되는 정도가 다르고, 그 가운데 범죄피해자가 되는 생활양식이 정해진다는 것이다. 이 연구는 사회계층별 폭력범죄 위험성을 밝히려는 시도로 시작되었다가 나중에 재산범죄까지 확대되었다. 연구결과 젊은이, 남자, 미혼자, 저소득층, 저학력층이 다른 계층보다 범죄피해자가 될 확률이 상대적으로 높은 것으로 나타났다. 그 이유는 이 계층이 가족과 보내는 시간이 적은 반면에 외부에서 활동하는 시간은 많으며 따라서 범죄자와 접촉할 기회 또한 증대되기 때문이라고 한다.

(4) 일상활동이론

일상활동이론(日常活動理論, routine activity theory)이란 일상생활이나 생활양식의 일정한 유형이 범죄를 유발하는 데 적합한 사람이 그렇지 않은 사람보다 범죄피해자가 되기 쉽다는 견해이다.[30] 이 이론은 시간의 흐름에 따른 범죄율의 변화를 설명하기 위해 등장하였다. 코헨(Cohen)과 펠슨(Felson)에 따르면 일상활동의 구조적 변화가 동기를 지닌 범죄자, 합당한 표적, 보호능력의 부재라는 세 가지 요소에 시간적·공간적인 영향을 미쳐서 범죄가 발생한다고 한다.[31] 실업, 경제적 불평등 그리고 절대적 빈곤의 퇴치 등 범죄동기를 부여하는 구조적 요인이 감소하더라도 매력적이고 보호능력이 없는 범죄표적이 늘어나는 한 범죄는 꾸준히 증가할 수밖에 없다. 즉 과다한 가정외적 활동 등으로 잠재적 범죄자에 대한 가시성과 접근성이 용이하고 동시에 범죄표적의 매력성이 있으며 나아가서 보호능력의 부재일수록 범죄피해의 위험성은 그만큼 높아지게 된다는 것이다.

---

29) T. D. Miethe and R. F. Mierer, Criminal Opportunity and Victimization Rates: A Structural-Choice Theory of Criminal Victimization, p.466.

30) Lawrence E. Cohen and Marcus Felson, Social Change and Crime Rate Trends: A Routine Activity Approach, American Sociological Review, 1979, 44: pp.588~608.

31) L. E. Cohen and M Felson, Social Change and Crime Rate Trends: A Routine Activity Approach, p.589.

(5) 대안이론

1) 구조적 · 선택모형 이론

구조적 · 선택모형(構造的 · 選擇模型, structural · choice model) 이론이란 일상활동이론과 생활양식 · 노출이론을 통합한 이론으로서 위에서 말한 범죄발생의 네 가지 요인을 '범죄기회'와 '범죄대상의 선택'이라는 두 가지 관점으로 압축한다.[32] 즉 범죄기회는 범죄근접성과 범죄노출성으로 이루어지는데, 이것이 범죄기회의 구조적 특성이다. 여기에 범죄대상의 선택인 표적의 매력성과 보호능력을 가변변수로 둔다. 이러한 방법으로 '일상활동 이론'에 의해 범죄기회구조에 기여하는 거시적인 영향과 생활양식 · 노출에 의한 특정범죄대상의 선택을 결정하는 미시적 과정을 모두 고려할 수 있다고 한다.

2) 표적선택과정 이론

표적선택과정(標的選擇過程, target selection process) 이론 역시 일상활동이론과 생활양식 · 노출이론을 통합한 이론으로서 사고하는 범죄자의 범죄선택이라는 측면에 초점을 두고 있다. 즉 범죄자는 범죄행위를 통해 최소한의 위험과 비용으로 최대의 효과를 얻을 수 있는 피해자를 선택한다는 것을 밝혀내려는 것이다. 이러한 범행대상 선택과정에 영향을 미칠 수 있는 요인으로는 피해자의 특성, 환경, 체포위험, 범행의 용이성, 보상정도 등이 있다. 이에 따라서 허프(Hough)는 선정모형을 만들었다.[33] 인구학적 특성(나이 · 성별 · 사회적 계층 등)이 사람의 생활양식의 구조적 특징(직업 · 소득 · 거주지역 등)을 결정하고 나아가서 이것이 그 사람의 일상생활에도 영향을 미친다. 그리하여 동기 브여된 범죄자에게 쉽게 노출되고(근접성), 범행대상으로서 잠재적 수확가능성이 높으며(보상), 접근 또한 용이하여 범행대상으로 매력이 있을 뿐만 아니라 충분한 방

---

32) T. D. Miethe and R. F. Mierer, Criminal Opportunity and Victimization Rates: A Structural-Choice Theory of Criminal Victimization, p.243.

33) Michael Hough, Offenders' Choice of Targets: Findings from Victim Surveys, Journal of Quantitative Criminology, 1987, 3: pp.355~369.

어수단이 갖추어져 있지 않으면(보호성 부재) 범행대상으로 선정될 위험성이 높다고 한다.

제2편　범죄심리학이론

- 제1장 __ 서 론
- 제2장 __ 범죄생물학 이론
- 제3장 __ 정신의학과 정신분석학적 이론
- 제4장 __ 행동과 학습이론
- 제5장 __ 심리생물학적 이론

서 론

I. 범죄심리학의 개념

범죄심리학(Criminal Psychology)은 범죄자와 범죄행동을 심리학[1]적 관점에서 연구하는 학문으로서 범죄원인을 밝히는 과학이다. 즉 심리학의 분야인 지각·인지·학습·기억·지능·정동 등의 기초적 영역을 기반으로 하고 있는 인류학·생물학·생리학·사회학·정신의학·통계학 등의 광범위한 지식을 가지고 범죄나 범죄자(비행자)의 행동을 규명하려는 학문이다.

한편, 범죄에 대한 심리학적 접근은 법심리학, 법정심리학, 경찰심리학, 수사심리학, 교정심리학 등과 같은 다양한 분야에서 행해지고 있다. 즉 법정심리학(forensic psychology)은 법정과 관련되는 주제들에 대한 심리학 접근을 의미하지만,[2] 범죄심리학에서 다루고 있는 범죄행동의 원인에 대한 이론, 범죄자 유형 분류, 범죄 유형에 따른 범죄 및 범죄자에 대한 설명, 범죄자 치료 등은 다루고

---

1) 심리학이란 마음의 이치를 연구하여 개체의 행동을 보고 예측하는 과학으로서 인간의 행동과 정신과정을 연구하는 학문이다.

2) Dennis Howitt, Forensic and Criminal Psychology, Prentice Hall, London, 2002, p. 2.

있지 않다.3) 반면 수사단계, 재판단계, 교정 단계에서 사용되는 다양한 기법들에 대한 심리학적 접근은 법정심리학의 영역에 포함된다.

결국 실무지향적인 분야는 법정심리학의 영역에 속할 것이고, 학문지향인 분야는 범죄심리학의 분야로 볼 수 있을 것이다. 그러나 실질적으로는 범죄심리학과 법정심리학이 엄격하게 구분되어 사용하고 있지는 않으며 서양에서는 법정심리학이라는 용어를, 우리나라에서는 범죄심리학이라는 용어를 주로 사용하고 있다.

II. 범죄심리학의 연구범위

종래의 연구는 범죄의 원인을 거시적인 사회적 요인이 아닌 개인적 요인 때문이라고 여기고 개인내적 요인을 범죄원인으로 취급하여 왔다. 따라서 범죄를 행한 개인들의 개인적 특수성을 탐구하는 다수의 연구들이 소개되었는데 어떤 이는 외모에서, 어떤 이는 유전적 소양에서 폭력적인 범죄의 원인을 찾고자 시도하였다. 범죄의 원인을 밝히고자 시도하였던 범죄심리학적 연구들은 한동안 실증적으로 입증이 되지 않는다고 하거나, 범죄와 유관하다는 것이 밝혀졌다고 하더라도 그 영향력이 매우 미미하다는 점이 지적되어 한때 범죄원인들 중 주목받지 못하는 이론들이라고 하여 위기를 맞이하기도 하였다.

그러나 최근 인간행동의 원인을 밝히는 연구방법론이 눈부시게 발전함에 따라 범죄의 심리학적 원인론이 다시 빛을 바라게 되는 계기가 되었다. 그 결과 최근 인간의 행동을 뇌의 기능적 원리와 연관시켜 설명하려는 시도들은 범죄에 대한 연구의 주제를 또 다시 인간내적기능의 저하와 손상으로 회귀시켰다.

범죄심리학에 관한 저서들은 19세기말을 기점으로 출간되기 시작하였다. 1872년 에빙(K. Ebing)의 범죄심리학요강을 시작으로 하여 1889년 그로스(H. Gross)의 범죄심리학, 1902년 불펜(E. Wulffen)의 범죄심리학, 1903년 코베렌스키(T. Kovelensky)의 범죄심리학, 1904년 솜머(K. Sommer)의 범죄심리학, 1904

---

3) 김시업, "범죄심리학의 과거", 경기학교 학원 범죄심리학과 춘계세미나 자료집, 2003a, 9면.

년 아샤펜부루흐(G. Aschaffenburg)의 범죄심리학 등을 볼 수 있다. 이 시기에는 심리학자가 범죄자를 직접 접촉할 기회가 없어 법률가, 정신의학자 등이 이런 분야에서 활동을 하였다. 오스트리아의 그로스(Gross)도 예심판사와 검찰관의 경력이 있는 사람으로서 형법운용을 위해 인격문제 등을 통하여 범죄심리학에 접근해 왔다. 아샤펜부루흐(Aschaffenburg)도 독일의 정신의학자로서 실험심리학에 관심을 가지고 있었던 사람이다.

20세기에 들어와서는 심리학적 범죄이론은 범죄사회학과 더불어 가장 활발하게 연구되었다. 심리학적 범죄이론의 연구가 활발한 이유는 범죄의 심리학적 분석이 범죄자 개인을 대상으로 하므로 치료·교정의 개별처우이념에 잘 부합하기 때문이다. 최근의 범죄대책이 범죄자에 대한 처벌위주에서 치료로 그 이념이 바뀌고 있는 것도 상당부분에서 범죄심리학의 도움에 의한 것이다. 범죄심리학은 1920~1950년 사이에 독일이나 오스트리아에서 성황을 이루어 그룰레(H. H. Gruhle)와 같은 정신의학자가 범죄심리학의 연구를 하였고, 미국에서는 아브라함센(D. Abrahamsen) 등 많은 학자들이 범죄심리학에 관심을 가졌다.

1980년대에 이르러서는 주로 범죄행동에 대한 심리적 원인과 범행동기 등을 밝히는 연구들이 상당부분 진척되고 있었으며, 범죄에 대한 심리학 이론의 적용이나 살인·강간·성범죄·아동학대 등 문제되는 행동에 대한 심리학적 분석도 범죄심리학의 주요한 연구주제가 되었다. 또한 미국에서는 범죄심리학적 연구결과들이 재판에서 범행의 심리적 원인이나 범죄자의 심리특성을 증거로 채택하는 절차, 목격자 증언의 정확성 정도, 범죄자의 정신감정 등 사법절차와 연관하여 활발하게 활용되고 있다.

우리나라에서도 초기에 장병림 교수와 이상현 교수가 범죄심리학의 개념을 규정한 이후 최근에는 범죄심리학이 보다 더 광범위하게 활용되면서 2000년부터 경찰에서 공식적으로 사용되고 있는 프로파일링은 범죄수사기법으로서 가장 일반적으로 받아들여지고 있으며, 또한 학자에 따라서는 범죄심리학을 범죄예측 및 범죄자의 교정분야에까지 확대되고 있다.

III. 범죄심리학의 연구목적

범죄심리학의 주된 목적은 범죄행위나 범죄자를 심리학적 측면에서 설명함으로써 범죄발생을 예측·방지할 뿐만 아니라 범죄수사 및 재판을 통한 실체적 진실을 발견하는 데 기여하는 것이다. 그러나 범죄문제는 인류사회가 존속하는 한 계속되는 문제이고, 범죄행동이 언뜻 보기에는 단순한 것 같이 보이지만 실제로는 매우 복잡해서 범죄와 관련되는 여러 요인을 제대로 이해할 수 없다. 또한 범죄심리학은 연구범위가 매우 넓을 뿐만 아니라 범죄에 대한 학자들의 관점도 차이가 크다. 따라서 범죄심리학은 생물학이나 사회학 등 심리학 이외 분야의 연구가 많으며, 실험심리학·교육심리학·임상심리학 등 다른 영역의 심리학에 비하면 아직도 미미한 단계에 있다.

범죄심리학이 가지고 있는 어려움의 하나는 대상의 다양성과 이질성이다. 범죄의 개념은 사회적, 법률적인 것이고 심리학적으로 정의된 것이 아니다. 즉 국가는 일정한 법률이나 규칙을 결정하고, 그 법률이나 규칙에 범죄가 되는 행위를 규정하고 있는데, 이것을 범죄라고 정의하게 된다. 이 범죄개념은 우리 개개인이 마음에 품고 있는 악이나 죄의 이미지와 일치하지 않는다. 예컨대, 차를 운전하다가 제한속도가 50[km/h]인 곳을 51[km/h]로 질주한다면, 도로교통법에 위반하지만 마음에 품고 있는 죄에는 해당하지 않을 것이다. 또한 오늘날 누구나 범죄라고 말하는 것을 절대적으로 범하지 않는다고는 말할 수 없을 것이다. 범죄자라고 부르는 것은 우연히 발각되어 체포된 사람뿐이다. 즉 기본적으로 모든 사람이 잠재적 범죄자이지만 범죄자로서 재판받는 사람은 운이 없는 사람이거나 어리석은 사람일 뿐이라고도 말할 수 있다. 이러한 전제에 따르면, 범죄심리학의 연구대상은 모든 인간이라고 볼 수 있다.

그러나 범죄자라는 단어를 접할 때 우리의 마음속에 떠오르는 이미지는 범죄개념과는 달리 특별한 이미지가 있다는 것이다. 예컨대, 잔인하고 냉혹한 살인마, 일반인처럼 보이는 교활한 사기꾼, 야수와 같은 강간누범자 등이다. 이들 이미지의 토대는 법률에 규정되어 있는지 여부와 관계없이 일정한 행위를 죄나 악으로 파악할 수 있는 인류공통의 인식이라고 말할 수 있다. 이것을 '자연범'이라고 부른다. 그래서 일반 사람들은 이들 범죄자의 존재나 행위 중에서 자신의 시민적 의식에 의해서 억압하고 추방시킬 수 있었던 원시적 충동(공격충동이나 성충동 등)과 같은 것으로 보는 것이다.

따라서 범죄심리학은 범죄자에 대한 과학적 연구를 통하여 그들의 심리를 파악하고, 형사정책이나 사회복지에 공헌한다고 하는 실무적 목적 이외에 우리 인간의 마음속에 숨겨져 있는 이상성이나 본성을 특정 개체를 통하여 연구한다고 하는 이른바 인간학적 목적을 가지고 있다.

IV. 범죄심리학의 접근방법

범죄심리학은 비교적 최근에 시작된 학문으로서 범죄자와 그 범죄자가 처한 환경 간의 상호작용에 초점을 두고 있다. 이러한 범죄심리학적 접근방법에는 인간의 정신활동을 가리키는 것으로서 인간의 정신·심리적 특징의 형성과정과 관련하여 두 가지로 구분할 수 있다. ① 범죄행동을 야기하는 개인의 성격이나 이상심리 또는 정신병리적 측면에서 범죄를 개인의 정신병리나 이상행동 또는 성격의 문제로 보고 그 요인을 밝히고자 하였다.

② 범죄행동은 다른 행동과 마찬가지로 개인이 환경과의 상호작용에서 습득하는 것으로 보는 사회학습 이론적 입장이다. 즉 개인이 경험하는 모든 정신생활은 그 개인의 내면심리에 축척되고 상황에 따라 복합적인 상호작용을 통해서 특징저인 인격이 형성된다는 것이다. 이러한 입장에서는 어린 시절의 가정생활이나, 직장, 지역사회에서의 인간관계 등에 역점을 두고 정신심리상의 특징을 해명하고자 한다.

범죄심리학자들은 인간의 모든 행위를 어떠한 정신적 과정의 기능으로 조망하기 때문에 범죄행위까지도 인격특성의 장애로 파악한다. 물론 모든 범죄자가 정신적인 또는 심리적인 이상이나 결함을 가진 것은 아니지만 범죄심리학자들은 범인성(犯人性)의 원천을 사람들의 정신적 과정에서 추적하고, 범죄를 충동하는 심리학적 과정을 결정하지 않고는 범인성의 원인을 이해할 수 없다고 주장한다.4)

우리나라에서의 범죄심리학에 대한 연구는 주로 개인의 심리적 측면에 초점을 두고 있다. 즉 살인 등의 강력범죄, 소년 비행, 성범죄, 가정폭력, 아동학대 등과 관련하여 심리학적 연구들이 오래 전부터 수행되어 왔으며, 최근에는 형사사법 관련분야에서, 즉 정신장애 증상이 있는 피고인의 책임능력 감정, 피학대 여성들이 저지른 범죄의 형사책임 여부, 강력범죄 전과자들의 성격적 문제, 비행소년들의 발달심리적 특성, 상습성범죄자들의 성인지적(性認知的)특성 등 활발하게 활용되고 있다.

이에 따라 본서에서는 범죄심리학이론을 소개할 때 범죄자의 정신을 중심으로 범죄의 원인을 규명하려는 정신의학적 또는 정신분석적 접근, 인간의 인격특성의 차이에서 범인성(犯人性)을 찾으려는 인성이론, 범죄자의 인지발달정도에 따라 범죄자를 밝히고자 하는 인지발달이론, 범죄를 범죄자의 과거학습경험의 자연적인 발전으로 파악하는 학습 및 행동이론, 심리학적 관점과 생물학적 관점을 동시에 고려하는 심리생물학적 접근 등으로 분류하여 서술하고자 한다.

---

4) Larry J. Siegel, Criminology, 2nd ed., St. Paul, West Publishing Co., MN, 1986, p.161.

제2장

범죄생물학 이론

제1절 초기의 범죄생물학

범죄행동에 대한 생물학적 이론은 개체의 신체구조와 생리작용의 어떤 특징적 부분이 범죄성과 밀접한 관계가 있다는 것이다. 초기의 결정론적 실증주의자들은 자신이 통제할 수 없는 타고난 조건이 그 사람의 행동유형에 지대한 영향을 미치며, 인간의 외양이 그 사람의 특성을 나타내주는 것으로 믿었다. 다라서 이들은 범죄의 원인을 범죄자의 체형에서 찾으려고 하였다. 이들은 고전학파가 일부 사람들은 범행을 선택하지만 대부분의 사람들은 관습적인 가치와 신념을 견지하는 이유를 설명하지 못한다고 비판하면서 일부 범행을 선택하는 사람은 바로 생물학적 결함이 있는 사람들이라고 믿었다.

I. 범죄생물학의 시초

범죄심리학은 이탈리아의 의학자인 롬브로조(Lombroso, 1968)에 의해서 처음 시작되었다. 그는 사형이 집행된 범죄자들을 실제로 진찰하여 그들의 체격이나 신체적·심리적 특징을 조사하고, 그 결과 상습적인 절도나 폭력 범죄자들은 애초부터 범죄자로 태어났으며, 이는 격세유전의 결과라고 주장하였다.[1] 그의 연구방법은 범죄행위의 주체인 범죄자를 대상으로 연구하였기 때문에 '범죄생물학'이라고 부른다.

그러나 이러한 롬브로조의 연구는 오늘날 과학적 사실이라기보다는 일종의 역사적 호기심으로 받아들여지고 있다. 왜냐하면 그의 연구가 통제집단을 활용하지 않았다는 방법론상의 결함을 가지고 있으며, 그가 유전되는 것으로 믿었던 많은 인자들, 예컨대 '범죄자는 털이 많다'라는 것 등은 실제로 유전에 의해서만 결정되는 것이 아니라 사회로부터 격리되어 생활하였던 범죄자들의 환경에 의해서도 야기될 수 있었기 때문이었다.

II. 체형과 범죄

범죄생물학파의 또 다른 관점은 범죄자가 독특한 체형을 가지고 있다고 주장하는 체형학파이다. 독일의 정신의학자 크렛치머(Ernst Kretschmer)는 사람의 체형을 세장형 또는 허약형, 투사형, 비만형 그리고 양육이상형이라고 하는 4가지 체형으로 표현하고 그 체형에 따라 각각 다른 정신적 특질이 나타난다고 한다.[2] 그 이후 크렛치머의 이론을 더욱 발전시킨 학자는 미국의 셸돔(William Sheldom)이다. 그는 비만형, 근육형, 두뇌형이라고 하는 세 가지의 신체형을 구분하고, 비만형(endomorph)은 유쾌한 성격과 사회성을 지닌 경우가 많고, 근육형(mesomorph)은 대담하고 주장이 강한 성격을 가지며, 두뇌형(ectomorph)은 내성적이고 예민한 성격의 소유자들이 많다고 한다.[3]

체 격	기 질
內胚葉型 (내배엽형)	사교적, 먹는 것을 좋아 함.
外胚葉型 (외배엽형)	소극적, 내향성.
中胚葉型 (근육질에 역삼각형)	대담, 경쟁을 좋아 함.
균형형	위의 혼합.

---

1) 김용우 · 최재천, 형사정책, 박영사, 1998, 112면 참조.

2) 김용우 · 최재천, 형사정책, 118면 참조.

3) Sheldom, W. H., Varieties of Delinquent Youth, Harper & Bros, New York, 1949.

III. 유전과 범죄

인간 행동에 대한 유전적 설명은 아이들이 그들의 부모를 닮는다는 사실에서 시작한다. 이러한 유전과 범죄의 관계를 규명하기 위한 노력은 오랫동안 진행되어 왔고, 그 대표적인 연구들로는 범죄자의 가계연구(genealogy), 쌍생아 연구, 입양아 연구 등이 있다.

범죄자의 가계에 대한 연구는 19세기 말 뉴욕의 쥬크(Jukes) 家에 대한 더그데일(Dugdale, 1888)의 연구를 들 수 있다. 이 연구에 의하면 쥬크 家 사람들 중에는 수많은 범죄자와 창녀가 있었고, 이는 유전에 의한 것으로 결론지어졌다. 그러나 초기의 범죄자 가계에 대한 연구결과가 가지는 문제점은 범죄적 기질의 전이가 유전에 의해서만이 아니라 학습이나 사회적 상호작용에 의해서도 설명될 수 있다는 것이었다. 그로 인하여 환경적 요인을 통제하여 유전과 범죄의 관계를 연구하기 위한 방법으로 쌍생아와 입양아에 대한 연구가 시도되었다. 즉 쌍생아 연구는 범죄행동에 있어 유전이 환경보다 더 큰 영향을 미친다고 한다면 범죄행동의 유사성은 일란성 쌍생아가 가장 높고 일반 형제자매간이 가장 낮아야 한다는 것이다. 또한 입양아 연구는 유전이 범죄행동에 영향을 미치는가를 알아보기 위한 방법으로 입양아의 행동이 양부모보다 생부모의 행동과 더 유사하다면 범죄행동에 유전이 영향을 미친다는 것이 지지받을 수 있다는 입장이다.[4]

IV. 염색체와 범죄

인간의 신체구조는 세포로서 이루어져 있고 그 세포의 핵은 인과 염색질이 있다. 염색질은 세포의 분열시 위축하여 명료한 모양을 취한다. 이것을 염색체(染色體, chromosomes)라고 하는데, 이 염색체에는 하나의 유전인자가 포함되어 있다. 그런데 이 세포내에 염색체들의 구성상태가 기본적으로 잘못되어 있을 때 사람들의 성격·체격·기질 등에 상당히 특이한 현상이 나타난다.[5] 즉 일반적

---

4) 이수정, 최신범죄심리학, 북카페, 2008, 39~40면.

5) 이상현, 범죄심리학 제3판, 박영사, 2005, 36면.

으로 사람의 염색체는 2개이고, 남성은 XY, 여성은 XX이다. 그러나 예외적으로 3개의 염색체를 가진 개체도 있는데 여기에는 XXY(클라인펠터증후군: Klinefelter's syndrome)과 XYY의 2종류가 있다. XXY 개체의 범죄는 기분변동이나 노장애에 기인한 것으로 생각되는 충동적인 절도·성범죄·방화 등이 많다. 공격범죄가 많은 이유는 그들의 다수가 지능이 낮고, 성격적으로도 수동적·비활동적이고 여성적이라는 점에서 설명할 수 있다고 한다. XYY 개체의 범죄는 충동적이고 공격적인 것이 많고, 신장이 매우 크고, 신체의 이상을 수반하는 것이 많다. 종래에는 "위험한 타고난 악당" 등으로 불리어졌지만, 좋은 환경의 혜택을 받으면, 범죄에 빠지지 않는 사례가 다수 있다.

제2절   뇌(腦)와 범죄

인간의 두뇌에서 가장 큰 부피를 차지하는 대뇌 반구는 그 위치와 기능에 따라 전두엽(이마엽)·측두엽(관자엽)·두정엽(마루모서리)·후두엽(뒤통수엽) 등으로 구분된다.

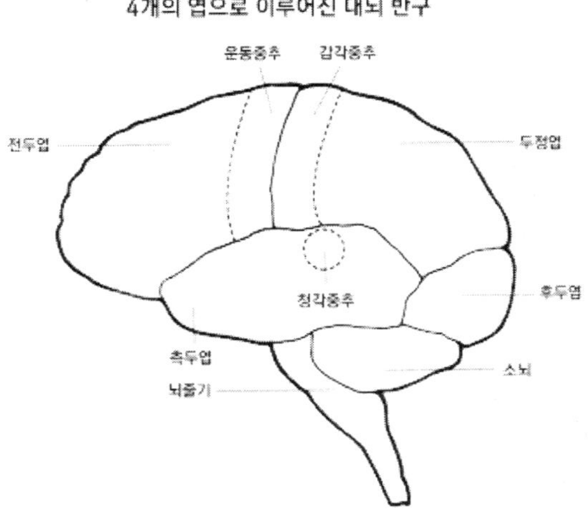

I. 뇌의 기능

후두엽은 눈으로 본 물체의 모양이나 위치, 운동 상태를 분석하고, 측두엽에는 청각, 인지 및 기억 기능을 조절한다. 측두엽이 손상을 입게 되면 환각이나 기억 장애가 나타날 수 있으며, 특히 뇌졸중(중풍)으로 좌측 측두엽 부위에 심한 손상을 받으면, 실어증이 나타난다. 전두엽은 어떤 상황이 위험한지 아닌지의 여부를 결정하는 데 중요한 역할을 하며, 동기를 부여함으로써 주의를 집중하게 하고, 계획을 세우거나 결심을 하는 등의 목표 지향적인 행위를 주관하며, 인간성과 도덕성을 관장한다. 따라서 전두엽이 손상을 받거나 망가지면 계획을 세우고 복잡한 행동을 하거나 아이디어를 구상하는 일이 불가능해질 뿐만 아니라, 새로운 환경에 적응하지 못하고 비합리적인 자극에 예민해지게 된다. 전두엽에 손상이 있더라도 언어나 의식 상태는 지장을 받지 않으며, 단지 적응하고 계획을 세우는 일이 힘들어질 뿐이다.

마지막으로 머리 뒤쪽을 향해 내려가는 두정엽은 외부로부터 오는 정보를 조합하는 곳으로, 문자를 단어로 조합하여 의미가 있는 것으로 만든다. 두정엽에서는 어떤 것을 생각하여 만들어 내기 때문에, 손상되면 무인식증(Agnosia: 알지 못하는 상태) 상태가 되어 공부는 물론 어떤 일도 할 수 없게 된다. 버논 다운트케슬 박사가 자기 몸의 한쪽을 알지 못하는 두정엽 손상 환자에 대해 보고한 것에 의하면, 오른쪽 두정엽이 손상된 이 환자는 자기 몸의 왼쪽을 전혀 알지 못한다.

II. 뇌의 생리학적 결함에 의한 폭력 범죄자

미국 서던 캘리포니아 대학의 아드리안 레인(Adrian Raine) 교수는 남녀 살인범 38명의 뇌를 양전자 방출 단층 촬영(PET)한 연구결과를 「신경정신과학, 신경심리학 및 행동신경학」 잡지를 통해 발표하였다. 즉 그는 PET검사를 통해 이들의 뇌 각 부위의 포도당 흡수치를 측정한 결과, 어린 시절 좋은 가정환경에서 자란 살인범들이 가정에서 학대 받았거나 가난하게 자란 다른 살인범들에 비해 뇌

내 2개 부위의 활동이 미약한 것으로 나타났다고 밝혔다. 포도당은 뇌 세포가 활동할 수 있는 유일한 에너지원으로서, 포도당 흡수치는 뇌 세포의 활동과 상관관계가 있다. 연구 대상이 된 이들 살인범 38명 중에서 26명은 좋은 가정환경에서 성장했으며, 이들은 공격적 행동과 관련이 있는 중간 전두엽피질 등 뇌 내 2개 부위의 활동이 성장환경이 나빴던 다른 살인자들에 비해 뇌 세포의 활동이 약한 것으로 측정됐다.[6]

레인 교수는 "이들이 감정과 분노를 조절할 수 있는 브레이크가 결여되어 있다"고 풀이하면서 이 같은 뇌의 결함은 유전적 요인이나 머리 부상, 출산 과정에서의 사고 또는 임신 기간 중의 음주, 흡연, 마약 복용 등에서 기인한 것일 수 있다고 지적했다. 따라서 머리 부상이나, 출산할 때 아이가 두뇌 손상을 입지 않도록 조심하고, 임신 기간 중에는 음주나 흡연, 마약복용 등을 절대 하지 않는 것이 건강하고 바르게 자라는 아이를 얻는 첩경이라는 사실을 다시 한 번 강조하고 싶다. 그렇다고 폭력 성향과 관련이 있는 뇌 부위가 손상됐다고 해서 너무 낙담할 필요는 없으며, 약물요법 등을 통해 이를 어느 정도 치료할 수 있다.

또한 최근 사회적으로 큰 문제가 되고 있는 반사회적 인격 장애인 사이코패스도 뇌의 두 군데에서 일반인들의 두뇌 스캔 사진과 차이가 난다는 사실을 영국 런던 킹스 칼리지 크레이그(Craig)박사 연구팀들이 분자 정신의학 저널에 보고하였다. 이 두 군데 부위는 인간의 감정 반응에 영향을 미치는 편도핵의 갈고리다발과 고난도의 의사 결정과 관계된 안와 전두엽 피질 부위였다. 범죄학자와 심리학자들은 그간 폭력적 가정환경과 어머니와의 유대부족, 동년배의 영향, 출산 전 영향 등을 폭력 범죄의 주요 원인으로 여겼으며, 이 때문에 좋은 가정환경에서 성장하고도 폭력 범죄자가 되는 현상에 대해서는 설명을 하지 못해 왔다. 하지만 최근 들어서는 폭력의 원인을 신경 생리학적인 측면에서 찾으려는 노력이 시작됐으며 점차 설득력을 얻어가고 있다.

---

6) 뇌의 전두엽은 고등 정신 기능 중에서 동기를 유발하여 주의력을 집중하고, 조화롭고 목적 지향적인 사회적 행동을 하게하며 감정적 긴장을 조절하는 기능을 담당하고 있다.

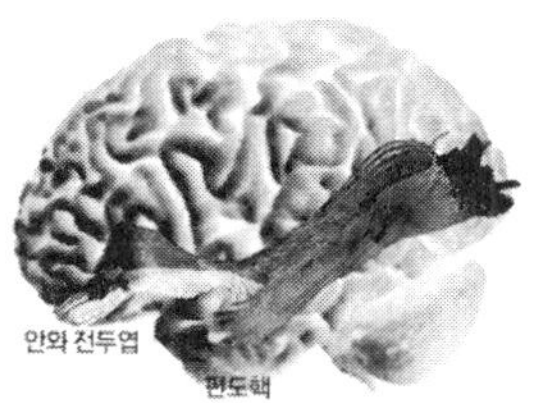

극단적인 폭력성은 전두엽의 기능 장애와 연관이 있을 수 있다(왼쪽).
사이코패스의 뇌는 안와 전두엽과 편도핵에서 정상인과 차이를 보인다(오른쪽).

III. 전두엽과 폭력적 성향

1848년 미국 버몬트에 있는 철도회사의 현장 감독으로 일하고 있던 '피니스 게이지(Phineas Gage, 1823~1860)'는 폭약으로 큰 바위를 제거하기 위해 바위에 구멍을 내고 구멍에 다이너마이트를 채운 후 그 구멍을 긴 쇠막대로 틀어막아야 했다. 그가 구멍을 틀어막고 있을 때 실수로 다이너마이트가 폭발하여 틀어막고 있던 쇠막대가 하늘로 치솟았으며 이어 게이지의 왼쪽 볼을 치고 그의 머리를 관통했다.

쇠막대는 그의 머리뼈에 지름이 10센티미터나 되는 구멍을 내고 왼쪽 눈 뒤의 뇌를 꿰뚫었다. 긴 쇠막대가 제거된 후 신체적으로 일을 하는 데는 별 문제가 없었지만, 더 이상 침착하게 일을 못했으며 버럭화를 내고 이유도 없이 욕을 해댔다. 심한

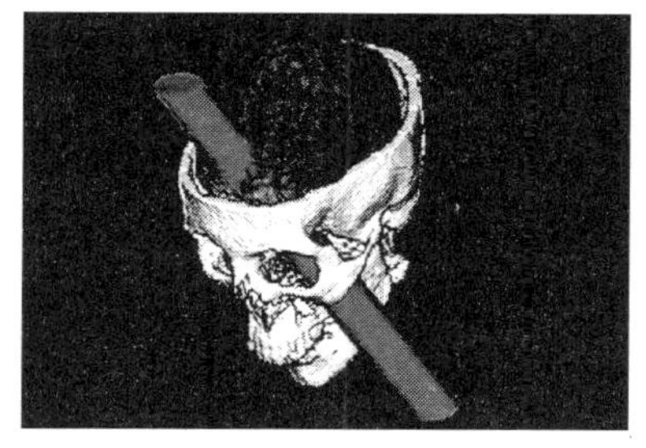

욕을 해대는 것만 제외하면 겉보기에는 큰 문제가 없었다.

전두엽 부위가 제거된 동물은 긴장과 감정조절 능력이 부족하며 이해관계가 있는 주위에 별 관심을 갖지 않는다. 역시 이 부위가 제거된 사람도 주의를 집중하는 능력이 없어지고 무엇을 생각함에 두서가 없어지며, 도덕적으로 문제가 되는 행위를 쉽게 하게 된다.

또한 감정적으로 실망하는 기색이 없어지며 마치 세상만사를 초월한 듯한 행

동을 하기도 한다. 그러나 기본 지능이나 생각하는 능력은 크게 손상 받지 않아서 짧은 물음에 답하거나 쉬운 셈은 잘할 수 있다.

또 다른 실험의 한 결과로 미국 아이오와대 의과대학의 스티븐 앤더슨(Steven W. Anderson) 박사는 전전두엽 피질이 외상이나 수술 등으로 손상되면 비도덕적인 행동이 사회에 미치는 결과를 인식하고 윤리적 판단을 내리는 능력이 결핍되는 것으로 밝혀졌다고 말했다. 앤더슨 박사에 따르면, 신경과학전문지「네이처 뉴로사이언스」에 발표한 연구보고서에서는 생후 15개월 때 얻어맞고 쓰러져 전전두엽을 다친 20세 여자와 생후 3개월 때 뇌수술로 역시 전전두엽이 손상된 23세의 남자를 조사한 결과 이 같은 사실이 밝혀졌다고 했다. 이들 남녀는 당시 뇌 손상에서 완전히 회복되어 교육수준이 높은 부모 밑에서 정상적인 교육을 받으며 정상적으로 성장했다.

그러나 두 사람은 사춘기가 되면서 행동이 변해 습관적인 거짓말, 좀도둑질, 싸움질, 무책임한 성행위를 하기 시작했으며, 자신의 행동에 대해 죄책감을 전혀 보이지 않았다. 두 사람의 정신테스트 결과, 상황에 대한 올바른 판단을 내릴 능력이 없는 것으로 나타났다. 앤더슨 박사는 이렇듯 비정상적인 판단력과 폭력적인 성향의 원인을, 어렸을 때의 전전두엽 손상이 결국 정신병과 유사한 증세를 가져온 것으로 보고 있다. 앤더슨 박사는 "이 연구결과만 가지고 결론을 내리기는 아직 이르며 반사회적인 행동이 반드시 전전두엽 피질의 손상 때문이라고 단정할 수는 없지만 비행의 신경학상 원인과 정신병의 생물학적 원인을 규명하는 데 도움이 될 것"이라고 말했다.

제3장

정신의학과 정신분석학적 이론

제1절 정신의학

I. 고대의 정신의학

범죄행위의 원인에 관한 정신분석적 이론을 검토하기에 앞서 정신의학을 고찰할 필요가 있다. '정신의학(psychiatry)'은 정신병의 기본문제를 다루는 의사들의 경험으로부터 비롯된 것이다. 정신적으로나 정서적으로 신경증세가 있는 사람의 위험하거나 난폭한 행동의 통제에 대한 문제는 사회가 조직된 때부터 이어져 내려왔다.

약 B. C. 600년 고대 그리스에는 객관적이고 자연주의적인 의학사상학파(school of medical thought)가 있었다. 이 의학사상학파에는 피타그라스(Pythagoras, B. C 580~510), 말카메온(Alcmaeon, B. C 550~500) 및 엠페도클레스(Empedocles, B. C 490~430) 등이 있으며, 가장 유명한 사람으로는 의학의 아버지라 불리는 히포크라테스(Hippocrates, B. C 460?~377)가 있다. 지금도 히포크라테스는 히포크라테스 선서(Hippocratic oath)로 모든 의학도들에게 있어 존경을 받는다. 피타고라스와 그의 제자 알카메온(Alcmaeon)은 뇌(brain)를 정신의 기관으로 보고, 정신병(mental illness)을 그 기관의 이상으로 생각하였다. 엠페도클레스(Empedocles)는 현대에 이르기까지 수백 년 동안이나 이용되고 있는 성질에 관한 일정한 원칙, 즉 열기·냉기·습기·건성의 성질과 체액(혈액·점액·흑담즙·황담즙)들을 밝혀냈다. 이들은 정신착란(delirium)이나 다양한 정신적 이상(mental disorders)들을 두뇌의 특수한 기능면에서 설명하였다. 히스테리(Hysteria), 조증(躁症, mania) 및 울증(鬱症, Melancholia)은 상처나 질병을 위해 제시된 약물치료와 마찬가지로 객관적·과학적으로 인식되고 기술되고 처방되었다.[1] 이러한 의미에서 정신의학은 처음부터 의학지식 분야의 중요한 부분을 구성하였다.

II. 근대의 정신의학

의학지식이 서서히 발달함에 따라 일반적으로 정신이상을 병으로서 인식하게 되었다. 프로이드(Sigmund Freud, 1856~1939) 시대 이전까지 비정상적 심리(abnormal psychology)에 관한 모든 통상개념들은 신경증세가 있는 사람을 다루는 경험으로부터 발달되어 왔다. 기질적 이상(organic disorders)에 기인한 장애, 예컨대 마음이 공허하고, 시각 또는 청각을 왜곡하고, 귀울음을 초래하는 머리부상 또는 매독성 진행마비 내지 고령에 의한 노쇠와 같은 질병 또는 변질에 기인하는 장애는 잘 알려져 있다. 이것들은 오랫동안 기이한 행동을 하게 하지만 기질성 질환(organic disease)은 없는 것으로 알려진 기능적 질환(functional disorders)과는 구별되어 왔다. 즉 아무도 말하는 사람이 없는데 목소리를 듣는 사람 또는 누구도 볼 수 없는 것을 볼 수 있는 사람이 항상 존재해 왔으나, 맹인과 같이 보지 못하는 사람들이 육체적으로는 건강한 눈을 분명히 가지고 있는 것이다.

정신분석의 중심개념인 무의식(unconscious)은 프로이드가 등장하기 이전에 그 모습을 드러냈고 유용한 목적에 이용되었다. 무의식의 개념은 하트만

---

1) N. D. C. Lewis, A Short History of Psychiatric Achievement, Norton, New York, 1941, p.35.

(Hartman, 1842~1906)에 의해서 발표되었으며, 의식의 분열과 이중인격현상에 관한 연구는 비프로이드 학파인 프린스(Morton Prince, 1854~1929)에 의해서 더욱 발달되고, 광범위하게 이용되었다.2) 이것이 프로이드학파 이전의 기술적이고 유형적인 정신의학이다.

제2절 프로이드와 정신분석

I. 의 의

정신의학은 의학과 마찬가지로 오랜 역사를 가지고 있었음에 반하여 정신분석(psycho-analysis)은 프로이드(Freud)와 그의 제자들, 특히 아들러(Alfred Adler, 1870~1937)와 융(Carl Jung, 875~1961) 그리고 스테클(Wilhelm Steckel, 1868~1940)에 의해서 비교적 최근에 발달한 것이다. 프로이드는 자신의 환자들의 정신적 문제를 발견하고 치료하기 위하여 자신의 이론과 기법을 설명하려고 '정신분석'이라는 용어를 사용하였다.3) 정신분석학 이론은 개인의 내부에서 범죄의 원인을 찾으려 한다는 점에서 생물학적 이론과 공통점이 있는 반면, 생물학적 과정이나 비정상성에서 원인을 찾는 생물학적 이론과는 달리 개인의 마음속 깊은 곳에서 찾으려 한다.

정신분석이론은 프로이드가 일생동안 그의 가장 기본적인 사상들 몇 가지를 수정했을 뿐만 아니라 그의 추종자들도 프로이드 사후에 계속해서 수정하고 확장하였다는 사실에 입각하여 보면, 통일된 일련의 사상이 아닌 매우 복잡한 이론이기도 하다. 그럼에도 불구하고 정신분석은 철학과 문학은 물론 인간의 범죄행

---

2) Lewis, op. cit., p.134(Morton Prince, The Dissociation of Personality: A Biographical Study in Abnormal Psychology, Longmans, Greens, New York, 1906).

3) 나이젤 C. 벤슨, 윤길순 역, 2003, 52면. 다른 말로 심층심리학이라고도 하는데, 심층이란 정신이 여러 겹으로 이루어져 있다는 의미를 가지며 깊은 층으로 내려갈수록 보다 원초적이고 위험한 요소가 포함되어 있다고 가정한다.

동을 포함한 거의 모든 현대사상에 깊은 영향을 주었다고 할 수 있다.

프로이드는 일생의 대부분을 비엔나(Vienna)에서 살았으며, 20세기 초 40년 동안에 그의 가장 중요한 이론의 대부분을 발표하였다. 그 이전의 다른 정신의학자와 마찬가지로 프로이드 역시 어떤 기질적 원인과는 무관하게 보였던 다양한 기능적 질환의 의학적 치료에 관심을 가지고 있던 의사였다. 그는 대체로 "우리들에게 제시된 여러 사실을 설명하기 위하여 우리는 인간의 성격에 관하여 무엇을 가정해야 하는가?" 라는 질문을 제기하곤 하였다.4)

II. 정신분석이론

1. 무의식

프로이드의 이론은, 인간은 본래 공격적·파괴적 그리고 다른 반사회적 충동이나 본능을 가지고 있다고 가정하고, 이러한 행위는 그릇된 어린 시절의 훈련이나 부모의 무관심 또는 효과적으로 개인을 통제하지 못함으로써 생긴다고 한다. 따라서 범죄나 비행은 이러한 행위를 적절하게 통제하고 조정함으로써 방지할 수 있다고 한다.5)

처음에 Freud는 인간의 마음을 의식(意識, consciousness)6), 전의식(前意識, preconsciousness)7), 무의식(無意識, unconsciousness)8)의 층으로 이루어진다고 생각하고, 특히 무의식의 영역 내에서 충동·격정·억압된 사상 및 감정이 발견될 수 있다는 데에 기인하여 무의식의 개념을 중요시 하였다.9) 이러한 무의식의

---

4) George B. Vold/Thomas J. Bernard, Theoretical Criminology, 3rd ed., Oxford University Press, New York, Oxford, 1986, p.111.

5) Cohen Albert K., Deviance and Control, Prentice-Hall, Inc, New Jersey, 1966, p.54.

6) 의식은 현재 느끼고 식별하는 정신내용으로서 다른 영역보다 비교적 좁고, 작용되는 내용도 항상 변화·교체되는 것이 특징이다.

7) 전의식은 의식된 것이 저장되는 곳으로 연합에 의하여 쉽게 의식상으로 솟아오를 수 있는 내용이 머무는 것이다.

8) 무의식의 영역은 정신내용의 대부분을 형성하고 있으며, 본인 자신은 직접 의식할 수 없는 내용이지만 이것이 은연중에 사고나 활동에 사고나 활동에 영향을 끼친다.

개념을 사용하여, 비록 본인들은 의식적으로 인지하지 못하지만 각자에게 영향을 끼친 어린 시절의 충격적인 사건들이 그에게 흔적(mark)으로 남아있어서 그에 의해서 비정상적인 행위가 유발된다고 주장하면서 잠재의식의 측면에서 비정상적인 행위를 설명하였다.

그는 이 문제들을 다루기 위하여 정신분석기술을 고안하였다. 이 기술은 환자가 완전히 긴장을 풀고서 마음속에 떠오르는 어떤 것을 말하는 기술인 '자유연상(free association)'이라는 개념이다. 이러한 연상을 탐구함으로써 사람은 이전에 일어났던 사건들을 재구성하여 이를 의식할 수 있게 된다. 즉 일단 환자가 이 사건들을 의식하게 되면 그 사건들을 재구성하여 이를 의식할 수 있게 되고, 의식을 하게 되면 그 사건들은 무의식적 힘을 상실하게 되고 환자는 어느 정도의 의식적 통제와 자유를 가지게 된다.

2. 본능적 충동, 자아 및 초자아

그 후에 프로이드는 의식 및 무의식의 개념을 수정하여 의식을 자아(ego)로 다시 정의하고, 무의식을 본능적 충동(Id)과 초자아(superego)로 나누었다.

본능적 충동은 모든 행동에 가로놓인 충동으로 많은 생물적 · 심리적 욕구의 축적을 묘사하는데 이용된 용어이다. 이것은 모든 동물에게서 볼 수 있는 '살고자 하는 의지'와 같이 널리 퍼져있고 인간의 완전한 성욕인 '애욕(libido)'을 포함한다. 또한 본능적 충동은 영구히 무의식적인 것이고, 프로이드가 말한 이른바 쾌락원리(pleasure principle) − 좋다고 느끼면 행하라 − 에만 반응한다.

【쾌락의 원리】 쾌락의 원리는 모든 생물체에서 발견되는 공통된 속성으로 내적 및 외적인 장애가 발생할 때 어떤 평형상태(平衡狀態)를 이룩하기 위해 나타나는 현상의 원칙이다. 이 쾌락의 원리에 의해 지배되는 행동양식은 그 욕망의 해결방식으로, 우선 욕망이 발동하면 그 즉시 욕망이 충족되어야만 하고 그것을 주위환경의 조건에 따라 변형시킨다든지 그 욕망을 충족하지 못하게 되면 참지 못한다.

---

9) S. Freud 저/김성태 역, 정신분석 입문, 삼성출판사, 1982, 22~23면.

대개 어린이들의 요구사항이 어른들에 의해서 설득되지 않고 그 욕구가 즉각적
으로 충족되어야만 하는 것은 이 쾌락의 원리에 의해 지배되기 때문이다.

본능적 충동과는 대조적으로 초자아는 인간의 도덕성·이상·양심·윤리
성·규범행동과 관련되어 있는 정신기능의 하나이다. 초자아의 주요기능은 욕
구의 충동, 특히 성문제나 공격적인 것을 억제하며, 현실적인 목표를 추구하는
자아가 도덕적인 목표를 가지도록 납득시킨다. 그리고 쾌락보다는 완벽을 위해
노력하는 것이다. 이러한 초자아는 어린이가 최초로 경험하는 부모와의 애착심
에서 나타난다. 즉 어린이는 부모를 현명한 자로 체험하고 그 부모들의 가치를
자아이상(ego-ideal), 즉 마땅히 어떤 사람이 되어야 하는가에 대한 이상적 개념
으로써 내면화한다.

결국 프로이드가 말한 자아는 의식적 성격이다. 자아는 본능적 충족과 초자아
를 다스리며 외부세계와 관계를 맺으면서 총체적 인격과 장기적인 욕구충족을
위해서 작용한다. 즉 유기체가 가진 욕구는 객관적인 외계와 접촉하며 살기 위해
'현실원리(現實原理, reality principle)'에 따르게 되는데, 현실원리의 목적은 욕
구충족을 위해서 적합한 대상이 발견될 때가지 에너지의 발산을 유보하는 데에
있다. 자아는 이러한 역할을 효과적으로 수행하기 위하여 인지적이며 지적인 모
든 기능을 통제하며, 본능적 충동의 요구와 초자아의 금지 사이를 중재하려고 시
도한다.10)

3. 본능적 충동과 초자아의 갈등

프로이드는 이러한 성격의 기본조직을 가지고 초자아와 본능적 충동간의 모
든 갈등을 처리하는 방법을 연구하였다. 기본적인 문제는 '죄의식'이다. 즉 인간
은 본능적 충동으로부터 유래하는 모든 종류의 자극이나 충동을 경험하고, 초자

---

10) Eric E. Berne, Games People Play, Grove Press, New York, 1964; Thomas A. Harris, I'm
 OK-You're OK, Harper and Row, New York, 1967; Richard C. Nicholson, "Transactional
 Analysis: A New Method for Helping Offenders," Federal Probation 34(3): Sept. 1970,
 pp.29~38.

아의 금지 때문에 이들에 대하여 죄의식을 느낀다. 그리고 이러한 죄의식을 느끼는 상황을 다루는 여러 방법이 있다. 즉 순화작용(sublimation)에 의하여 본능적 충동을 초자아가 인정하는 행동으로 전환되기도 한다. 예컨대 공격적이고 파괴적인 충동은 운동으로 전환될 수 있다. 순화작용은 자아가 본능적 충동과 츠자아의 금지간의 갈등을 처리하는 정상적이고 건전한 방법이다.

이와는 대조적으로 이러한 충동은 억제(repression)에 의하여 무의식의 세계로 채워지며 자아는 본능적 충동을 의도적으로 부정하고 마치 자신에게는 그 문제된 충동자체가 존재하지 않았던 것처럼 하는 방법이다. 그러나 이 방법은 결국 행위에 관하여 다양하고 이상한 영향을 미치게 될 것이다. 그 영향들 중의 하나로서 반응형성(reaction formation)을 들 수 있는데, 이는 성적 충동이 억제된 인간이 모든 성문제에 관하여 소극적이 되었을 때 일어나는 현상이다. 다른 하나는 주관의 객관화(projection)인데, 예컨대 동성애 충동이 억제된 사람은 종종 타인에게서 동성애 경향을 보이게 된다.

4. 인성발달 단계

프로이드는 기본적 갈등이 주위 환경의 상이함에 따라 상이한 방법으로 소멸된다고 믿었다. 그는 성감대를 인성발달에 매우 중요한 요소로 인식하고 어린 시절의 경험에 특별한 관심을 가졌다. 즉 인간의 생(genital)을 전생식기(pre-genital phase), 잠복기(latency phase), 생식기(genital phase) 등으로 구분하고 어린이는 각 시기마다 구순충동(oral drives), 항문충동(anal drives), 성적충동(genital drives)이라는 기본적 충동들을 단계별로 경험한다는 것이다.

(1) 구순기(약 1세)

이 시기에는 젖을 빠는 것 외에 여러 가지 구순기 욕구가 있다고 생각되며, 이 시기의 후반에는 구순가학적(口脣加虐的)인 것이나 잔인한 것이 나타나기도 한다.11) 어머니의 젖을 빠는 것은 배를 불리는 행위일 뿐만 아니라 어머니의 체온과 촉감을 통하여 안정감과 만족감을 추구한다. 만약 유아가 어머니의 젖을 제대로 빨지 못하게 된다면 개체의 내부에 불만이 조금씩 쌓이게 된다. 따라서 젖을 너무 빨리 떼게 되어 구강자극이 부족하면 그 사람은 비판적이고 불안하며 냉소적이고 공격적인 성격을 가지게 된다.

(2) 항문기(약 8개월~3 · 4세)

이 시기의 전반기는 대변을 배설할 때 쾌감을 느끼고 후반기에는 배설하지 않고 보류하고 있을 때 쾌감을 느낀다고 한다. 이러한 행동은 어린이의 반항심과 적개심의 표현으로서 전반기에는 배설물을 배설하면서 파괴되는 것이며, 후반기에는 이를 보류하는 것이 거절 혹은 파괴인데, 이런 행동은 대변훈련을 시키는 부모에 대한 반항과 파괴를 의미한다.[12] 이 때 부모 특히 어머니는 아이에게 서서히 대소변을 가리도록 유도하게 되는데 만약 대소변을 잘 가리면 칭찬하고 잘 가리지 못하면 질책 혹은 벌을 주는 과정을 통하여 아이에게 규율 혹은 외부의 권위를 깨닫게 하는 최초의 경험을 부여하는 단계이다.

(3) 성적단계(약 3 · 4세)

이 시기에 어린이는 성적으로 반대되는 성을 가진 부모에게 매력을 느끼게 되며 동성의 부모를 경쟁자로 생각한다. 이것이 소년들의 오이디푸스 콤플렉스(Oedipus complex)이고,[13] 이에 대하여 소녀들은 일렉트라 콤플렉스(Electra

---

11) Camille B. Wortman & Elizabeth F. Loftus/이종숙 · 변은희 역, 심리학, 법문사, 1981, 333면.

12) Camille B. Wortman & Elizabeth F. Loftus/이종숙 · 변은희 역, 심리학, 법문사, 1981, 333면.

13) 그리스 신화에 기인하는 것인데 테베의 왕자 오이디푸스가 태어날 때 아버지를 결혼할 운명이라는 예언에 따라 태어나자마자 살해당할 처지에 놓이게 된다. 새로 태어난 아이를 살해할 것을 지시받은 신하는 차마 왕자를 살해할 수 없어서 양치기에게 맡긴 후 양의 내장을 들고 와서 살해하였다고 보고한다. 그 후 청년으로 자란 오이디푸스는 길을 가다가 우연히 마주친 자신의 아버지를 살해한 후 스핑크스의 수수께끼를 풀고 왕이 되면서 아버지의 부인인 어머니와 결혼하게 된다. 그러나 그 이후 자신의 비밀을 알게 된 오이디푸스는 자신의 눈을 스스로 찔러 밝은 세상을 모지 못하게 한 후 자신이 낳은 두 딸이자 동생과 함께 평생을 방랑하면서 자신의 저주스러운 삶을 마쳤다.

complex)를 가지고 있다.14) 남자아이의 경우 아버지에 대한 자신의 욕망과 질투, 미움을 들킬까봐 아버지를 두려워하는 즉 아버지와 경쟁하다가 실패하였을 경우 아버지에 의해 자신의 성기가 거세되지는 않을까 하는 거세불안(去勢不安)이 형성되고, 이러한 불안이 있으면 자연히 어머니를 가까이 하려는 의욕을 억압하고 아버지에 대한 적개심도 억압하여 부모와 새로운 관계를 형성하게 된다. 반면 여자아이는 아버지에 대한 무의식적 사랑과 어머니에 대한 미움이나 두려움으로 발전되는데 이는 남자아이가 아버지에 대해 느끼는 질투심에 대한 상대적 개념으로 여자아이가 어머니에 대해 느끼는 질투심을 말한다.

아이들은 자신을 부모와 동일시하고 부모의 가치관, 목표, 습관 등 모두 함께 받아들여 초자아가 확립되는 것이다. 만일 이러한 충동에 의해서 야기된 죄의식이 자아에 의해서 적절하게 다루어지지 않으면 그것은 성격에 영원한 흔적을 남겨서 후의 행동에 영향을 미치게 된다.

이런 문제들을 다루기 위해 프로이드가 이용한 주요 도구 중의 하나가 바로 과거의 중요한 관계가 현재의 중요한 관계 중에 재현되는 '감정전이(Transference)'란 것이다. 즉 정신분석가와 환자의 관계가 깊어짐에 따라 환자는 정신분석가에게 현재 그가 가지고 있는 문제를 초래하고 있는 이전의 생활관계를 재현하려고 할 것이다. 예컨대 만일 환자의 문제가 이전에 있었던 부(父)와의 관계에서 유래한다면 그는 정신분석가와 유사한 관계를 창출하려고 할 것이다. 그러면 정신분석가와 환자간의 현재관계를 해결하는 것이 치료방법이며, 이것은 환자가 그의 부와의 사이에 가지고 있던 이전의 관계를 해결하는 결과를 낳는다.

III. 범죄행위에 대한 정신분석적 설명

정신분석적 관점에서 보면 범죄행위 및 비행은 자아와 초자아의 장애 내지 기능불량에서 기인한다. 즉 초자아의 결함은 충동적인 무의식의 통제를 부적절하

---

14) 위의 책, 334면.

게 하여 범죄나 비행이 발생하고, 자아가 부적절하면 충동을 억제할 수 있는 능력이 없어 범죄나 비행에 빠지게 된다. 본능적 충동은 실질적으로 사람들 사이에서 변화하지 않는다.

프로이드에 의하면 범죄행위는 이드(id)의 반사회적 충동을 자아(ego)와 초자아(super-ego)가 통제하지 못해서 범죄행위를 발생한다고 한다. 그런데 이드의 반사회적 충동은 오이디푸스 콤플렉스로 대표되는 근친상간의 욕구와 그 욕구에 대한 죄책감 및 벌을 받고자 하는 욕구에서 유래한다.

아이들이 겪는 내적갈등의 원인은 비정상적인 성장이나 본능의 통제, 부모에 대한 초기의 잘못된 관계, 정서적 발달단계에서의 고착, 억압된 성과 죄의식이다. 이 중 오이디콤플렉스와 일렉트라 증후군이 가장 대표적이다. 그런데 막상 소년들은 이러한 갈등을 의식하지 못한다. 그 이유는 이러한 갈등을 파악하기 위해서는 자신의 어린 시절로 되돌아가야 하지만 '유아기의 기억상실'에 의해 막혀 있어서 기억하지 못하기 때문이라고 한다.

원초적 자아를 삶의 본능과 범죄 혹은 공격성과 연관이 있는 죽음의 차원에서 살펴보면, 죽음의 본능이 자기 자신에게 향해 있을 때는 주로 자기 파괴나 자살로, 그리고 다른 사람에게 향해 있을 때에는 공격성으로 나타난다고 가정한다. 일반적으로 오이디푸스 콤플렉스를 겪게 되는 출생 후 5세 사이의 경험이 무의식에 잠재되어 있는 심리적 사건에 의해 인간의 심리적 문제가 결정되는데 원초적 자아(id)와 초자아(super-ego)의 끊임없는 갈등의 연속에서 불안과 죄책감이 인간의 기본적 정서로 자리 잡게 된다.

그래서 초자아가 발전하지 못하거나 지체된 경우에 범죄행위를 저지르게 된다. 즉 부모가 없거나 있다고 하더라도 부모의 역할을 제대로 하지 못하는 경우, 예를 들어 부모가 교정시설에 있거나 아이들을 학대하는 경우 그리고 부모가 자식에 대한 애정을 제대로 표시하지 못하거나 냉담한 경우 그 밑에서 성장한 아이들은 해결되지 못한 죄의식을 표출하기 위하여 범죄를 저지른다는 것이다.

뿐만 아니라 항상 죄책감과 불안을 갖게 만드는 과잉 발달한 초자아를 가지게 되는 경우에도 범죄행위를 저지르게 된다.15) 그리고 죄책감을 제거하여 악(惡)

에 대한 선(善)의 적절한 균형을 회복하려고 하는 결과에 대한 처벌욕구가 있다. 무의식적으로 유발된 범죄, 즉 부주의하고 경솔하게 저지른 범죄의 경우 체포나 유죄의 입증을 위한 증거들을 남기게 되는 결과 죄의식을 정화시키기는 데 적절한 형벌이 부과된다.16) 이러한 유형의 범죄행위에 대해서는 정신분석을 통한 치료를 하는 것이 적절하다. 왜냐하면 정신분석을 통한 치료는 죄의식의 무의식적 원인을 밝혀내어 강제적 처벌욕구로부터 사람을 자유롭게 할 수 있기 때문이다.

정신분석적 심리학자인 아이코른(August Aichorn)은 비행소년 수용기관을 다년간 관리한 경험에 근거해서 범죄 혹은 비행의 일반적 원인을 제시하였다.17) 즉 기관에 수용된 많은 어린이들은 초자아의 발달정도가 낮게 나타나고 있는데, 이는 비행 혹은 범죄행위는 주로 규제되지 않은 본능적 충동의 표현이며, 또 부모가 없거나 부모의 사랑을 받지 못했기 때문에 초자아의 적절한 발달에 필요한 친밀한 애착심을 형성하지 못했다는 것이다. 아이코른은 이러한 어린이들을 위한 치료로서 성인과의 동일유형을 증진시키고, 행복하고 즐거운 환경을 제공하였다. 또한 그는 대부분의 소년원들은 "사랑이 없이 처벌의 두려움과 강압을 통해서 비행소년들이 사회를 받아들이도록 만들려고 시도하고 있다. 그들의 대부분 임무는 이러한 유형이기 때문에 그들은 단지 부모가 이미 시작했던 것을 과장했을 따름이며, 이는 결국 실패할 수밖에 없다"고 논평하였다.18) 프로이드는 아이코른의 저서에 대하여 그 기술들을 찬성하였고, 정신분석 그 자체보다는 오히려 이 기술들이 본능에 지배된 성인범죄자와 어린이의 경우에 적절하다고 결론을 내렸다. 또한 아이코른은 수는 많지 않지만 부모의 과잉보호나 방임으로 인한 소년비행자가 존재하며,19) 초자아가 발달되었지만 범죄적 부모와 동일시되

---

15) See Sigmund Freud, Criminals from a Sense of Guilt, in The Standard Edition of the complete Psychological Works of Sigmund Freud, Hograph Press, London, Vol. 14, pp.332~333.

16) 이러한 사고는 후기 프로이드학파에 의해서 광범위하게 발전되었다(G. B. Vold/T. J. Bernard, Theoretical Criminology, p.114).

17) August Aichorn, Wayward Youth, Viking, New York, 1963.

18) A. Aichorn, Wayward Youth, Viking, p.209.

19) Aichorn, op. cit., pp.200~202.

는 소수의 소년비행자도 존재한다고 하였다.[20] 그리고 각각의 비행자에게 요구되는 치료기술이 필요하다고 하였다.

융(C. Jung, 1875~1951)은 원초적 본능(libido)을 성적인 것에 한하지 않고 모든 행동의 기저에 있는 '심적 에네르기'라고 생각하고, 그와 같은 생명의지가 향하는 방향에 따라서 인간의 태도를 외향성과 내향성의 방향으로 정리하고, 비행소년이나 범죄에는 외향성인 자가 많다고 한다.[21]

아들러(A. Adler, 1870~1937)는 인간의 기본적인 욕동은 성이 아니고 열등감의 극복이며, 자기완성을 위한 내적 요구라고 한다.[22] 즉 신체적 결함, 기능적 결함, 과도한 사회적 억압 등의 열등 콤플렉스를 일으켜 범죄·비행을 일으킨다고 한다. 사회적 관심이 결여되어 있는 자는 적절한 준비가 없는 사태에 직면했을 때 열등감을 가지게 되는데, 이 열등감의 원인은 가정에서의 이상한 조건, 즉 응석받기나 무시 등에서 일어난다. 예컨대 응석받기는 일하는 고통 때문에 돈을 빼앗는 것으로 유도하고, 무시는 부모로부터 얻을 수 없는 온정을 동료로부터 얻기 위해 도둑질을 하게 된다는 것이다.[23] 또한 개인적 우월성에 대한 욕구가 강한 범죄자는 정복자가 되는 것을 목표로 하여 모든 활동을 이 목표를 달성하는 데에 집중한다. 그들은 사회적 무관심 때문에 현실을 이탈하여 사회규칙에는 관심이 없고 오직 충동적 행동에 빠져든다.[24]

범죄행위에 관한 정신분석적 이론의 상당부분은 아이호른(Aichorn)이 제시한 소년비행의 유형과 일치된다. 예컨대 헤리(Healy)와 브로너(Bronner)는 한 쪽은 비행소년이고 다른 쪽은 무비행소년 105쌍의 형제를 검토하였다.[25] 그 결과 비행소년은 다양한 환경요소 때문에 부모와 정상적인 애정을 발달시키지 못했다는 것이다. 그리고 '비행(delinquency)'이란 근본적으로 비행소년이 가족에 의해서

---

20) Ibid., pp.224~225.

21) 山根清道, 犯罪心理學, 新曜社, 1981, 10頁.

22) Camille B. Wortman & Elizabeth F. Loftus/이종숙·변은희 역, 심리학, 338면.

23) 森武夫, 犯罪心理學入門, 大成出版社, 1980, 68頁.

24) 이상현, 범죄심리학, 박영사, 2005, 80면.

25) William Healy and Augusta Bronner, New Light on Delinquency and Its Treatment, Yale University Press, New Haven, Ct., 1931.

충족되지 못한 기본적 욕구를 충족시키려고 시도하는 승화의 한 형태라고 주장
하였다. 보올비(Bowlby)도 비행의 원인으로서 어릴 때의 어머니 상실에 츠점을
맞추어서, 기본적 애정인연이 형성되지 못했기 때문이라는 주장을 하였다.26) 레
들(Redl)과 비네만(Wineman)은 '증오심이 있는 어린이'는 소속감, 애정, 격려
받는 느낌, 그리고 안전감이 결여되어 있다는 것을 발견하였다.27) 또한 비행소
년들은 초자아가 결여되어 있을 뿐만 아니라 그들의 자아는 본능적 충동을 무제
한적으로 표현하도록 조직되었다고 한다. 그래서 이 비행소년들에 대해 어린 시
절에 결핍된 부모와의 일체감을 증진시키기 위해서는 무조건적 사랑으로 치료해
야 한다고 권고하였다.

　이러한 정신분석이론은 현대 정신의학에 엄청난 영향력을 행사해 왔으며 또
한 현실세계에 엄청난 충격을 주었다. 하지만 그에 못지않게 정신분석이론에 대
한 비판도 있어왔다. 가장 큰 비판은 이 이론의 실험이 불가능하다는 것이다. 정
신분석 이론은 일련의 상호 관련된 개념이며, 만일 이 체계가 타당하다면 서로
결합되어 범죄행위나 비범죄행위를 설명하게 된다. 비판가들이 제기하는 믄제는
이 체계가 타당한가의 여부를 결정하는 것이 가능한가의 여부이다. 어떤 연구가
들은 프로이드의 사상을 시험 가능한 가설로 단순화시킬 수 있고, 이 가설들은
많은 경험적 연구에서 시험되어 왔으며, 그 연구의 결과는 일반적으로 정신분석
이론을 지지한다고 주장한다.28) 프로이드학파의 개념에 관한 일반적 타당성의
연구에도 불구하고 어떤 특별한 행위를 정신 분석적으로 설명하는 것은 즈관적
인 것으로서 객관적 측정방법과는 거리가 멀다고 주장한다. 예컨대 무의식에 존
재하는 것을 발견한다고 추정되는 지금의 어떤 방법도 징후를 수집하는 믿을 만
한 방법으로 간주될 수 없다는 것이다.29)

---

26) John Bowlby, Child Care and the Growth of Love, Penguin, Baltimore, 1953; J. E. Hall-
　　Williams, Criminology and Criminal Justice, Butterworths, London, 1982, pp.59~68.

27) Fritz Redl and David Wineman, Children Who Hate, The Free Press, New York, 1951. See
　　Redl and Wineman, Controls from Within, Free Press, New York, 1952.

28) Seymour Fisher and Roger P. Greenberg, The Scientific Credibility of Freud's Theories and
　　Therapy, Free Press, New York, 1977; Paul Kline, Fact and Fantasy in Freudian Theory, 2nd
　　ed., Free Press, New York, 1981.

  그리고 행위의 정신분석적 설명은 그 행위가 이미 발생한 후에 시도되고, 무의식적 동기의 설명에 주로 의존한다.[30] 이러한 설명은 많은 의미를 주지만 기존에 승인된 과학적 방법론에 의해서 개별적 사례에 대한 정신분석가의 설명의 정확성을 측정하는 방법은 일반적으로 존재하지 않는다. 사건에 대한 정신분석적 설명이 진실이라고 주장하는 것은 그리 중요하지 한다.[31] 오히려 중요한 점은 정신분석이 인간의 고통을 치료하는 데 도움을 줄 수 있는지의 여부에 있다. 그러나 불행하게도 정신의학적 및 정신분석적 치료를 받은 환자가 전혀 치료를 받지 않은 환자보다 치료될 가능성을 더 많이 가지고 있지는 않다.

제3절 인격이론

I. 의 의

  인격(人格, Personality)이란 성격·기질·지능·지식상태 등을 포괄한 각 개체의 특징을 가리킨다. 여기서 성격(性格, character)은 인격의 세 가지 정신적 측면인 지(知)·의(意)·정(情) 중에서 의지와 감정의 측면에 있어서의 각 개인의 특징을 가리킨다. 기질(氣質, temperament)은 개체의 생리적 조건에 의해 거의 선천적으로 결정되는 감정과 의지의 측면에서의 특징을 가리킨다. 요즘에는 인격과 성격을 엄격히 구별하지 않고 서로 혼용하고 있거나, 인격이란 말로 통일해서 사용하려는 경향이 있어 용어상의 혼란을 가져올 수 있다.

  인격은 어떻게 구성되어 있는가를 연구하는 학자들은 일반적으로 지적능력 이외의 개인의 특성을 상술하려고 노력해 왔다. 공격적·호전적·의심 많은·겁 많은·수줍은·우호적인·협력적인·호감을 주는·까다로운 및 유쾌한 등

---

29) Hervey Cleckley, The Mask of Sanity, Mosby, St. Louis, 1976, pp.406~407.

30) Curt R. Bartol, Criminal Behavior: A Psychosocial Approach, Prentice-Hall, Englewood Cliffs, N. J., 1980, p.7.

31) See Janet Malcolm, In the Freud Archives, Knopf, New York, 1984.

과 같은 단어들은 오랫동안 이러한 특성 중의 어떤 것에 관한 인상을 묘사하거나 표현하는데 이용되어 왔다.

인격차이에 관한 심리학적 검사나 측정은 지능검사와 다소간 병행하여 발전되어 왔다. 또한 필연적으로 지능검사에 있어서와 같이 비행소년이나 범죄자들은 검사성적 내지 표준화 된 양적 척도의 관점에서 비교되었을 때 그들의 인격은 무비행소년과 어떻게 다른가를 발견하기 위하여 성격척도 내지 목록으로써 검사되어 왔다.

II. 쉬슬러와 크레시의 연구

1950년에 쉬슬러(Schuessler)와 크레시(Cressey)는 1925~1950년 동안 미국에서 비행소년과 무비행소년과의 인격검사를 행한 연구결과를 발표하였다. 이 연구는 적어도 30가지의 인격검사가 사용되었다. 그 결과 "113건의 비교 가운데 42%가 비범죄적인 것에 호의적인 차이를 보여 주었으나, 나머지는 불확실하다. 결과의 일관성이 결여되어 있을 뿐만 아니라 수집된 차이 중의 많은 것들의 타당성이 의심스러웠기 때문에 이러한 자료로부터 범죄행위와 성격요소가 관련되어 있다는 결론을 이끌어 낼 수는 없다"고 결론지었다.[32] 만일 이 부정적 결론이 주의 깊게 대조된 여러 연구와 비교하여 이끌어졌다면 더욱 인상적이었을 것인데 그렇지 못했기 때문에 전체적으로 계산된 백분율은 아주 불확실한 의미를 가지게 되었다. 그러나 연구들이 주의 깊게 대조된 경우에 있어서도 그 결과들은 범죄인이나 비범죄인의 인격사이의 명확한 차이를 논증하지 못하였다.

---

32) Karl F. Schuessler and Donald R. Cressey, Personality Characteristics of Criminals, American Journal of Sociology 55, Mar. 1950, pp.476~484.

III. 글루에크 부부의 연구

글루에크(Glueck) 부부(夫婦)는 1950년에 500명의 비행소년과 500명의 무비행소년을 비교 연구한 결과 「소년비행의 해결(Unraveling Juvenile Delinquency)」이란 저서에서 두 집단 간에는 상당한 인격특성의 차이가 있다는 것을 발표하였다. 이에 의하면 비행소년은 첫째로 무비행소년 보다 더욱 외향적이고, 활발하고, 충동적이고, 자제심이 덜하다. 둘째로 무비행소년 보다 더 적대적이며, 화를 잘 내며, 반항적이고, 의심이 많고, 파괴적이다. 셋째로 무비행소년 보다 실패 또는 패배에 대한 두려움이 덜하다. 넷째로 무비행소년들 보다 통상적인 기대를 충족시켜 주는데 관심이 덜하고, 권위에 대하여 더욱 불안하거나 또는 훨씬 덜 복종적이다. 다섯째로 한 집단으로서 비행소년은 사회적으로 더욱 독단적이며, 무비행소년보다 더욱 심하게 그들은 인정받지 못하거나 또는 평가하지 못한다고 느낀다고 한다.[33]

또한 글루에크(Glueck) 부부는 세 가지의 '비행예측표'를 만들었는데, 하나는 사회적 배경에 있어서의 여러 요소에 근거하고, 다른 하나는 '로르샤크(Rorschach) 검사법'에 의해서 결정된 것으로서 인격특성에 근거하였고, 또 다른 하나는 정신병적 면접에서 결정된 것으로서 인격특성에 근거한다. 이 세 가지 표에 따라 비행소년이 될 확률을 예상할 수 있다. 예컨대 비행소년이 될 확률은 가장 성적이 좋은 계급 내에서는 약 10%만이, 최악의 성적계급 내에서는 약 90%가 예상된다는 것이다.[34] 정신병적 진단을 위해 개발된 미네소타 다면성 인격목록검사(minnesota multiphastic personality inventory: MMPI)에서도 이와 비슷한 결과가 나왔다.[35] 이 검사는 550개의 진술항목으로 구성되어 있고, 설문서의 질문에 동의나 반대하도록 함으로써 측정하는 것이다.

---

33) Sheldon Glueck and Eleanor Glueck, Unraveling Juvenile Delinquency, Commonwealth Fund, New York, 1950, p.275.

34) Ibid., pp.257~271.

35) See S. R. Hathaway and P. E. Meehl, An Atlas for the Clinical Use of the MMPI, University of Minnesota Press, Minneapolis, 1951.

IV. 왈도와 디니츠의 연구

왈도(Waldo)와 디니츠(Dinitz)는 쉬슬러(Schussler)와 크레시(Cressey)가 연구한 자료를 이용하여 1950년부터 1965년 사이에 이루어진 94가지의 인격연구를 검토하여 이 연구 중 약 80%가 범죄인과 비범죄인의 통계상 중요한 인격차이가 있다는 것을 밝혀냈다.36) 그리고 비행소년 및 범죄자들은 무비행소년과 티범죄자들보다 더 "정신병적이다"라고 주장하였다.

V. 결 어

위의 여러 가지 인격검사의 유용성에 관한 검토결과 모든 범죄자들은 세 가지 인격유형 중의 하나에 포함된다는 결론을 내리고 있다. 즉 어떤 형태의 정신병으로 특징 지워지는 신경증적 또는 갈등적 범죄자, 전혀 죄책감이 결여된 비사회화된 또는 정신병적 범죄자, 다른 범죄자들과의 긴밀한 사회적 유대관계로부터 범죄행위가 연유된 정상적 범죄자들 중 하나라는 것이다.37)

그러나 이러한 범죄자 분류는 많은 문제점이 있다. 첫 번째의 인격유형에 관하여 보면 어떤 범죄자들은 신경증적이고 갈등적이라는 것은 분명한 사실이지만 비범죄자들도 이와 마찬가지이다. 어떤 연구에 의하면 연령·성·사회계급 및 다른 생활 내력요소들에 대하여 통제가 이루어진다면 범죄자들은 사회 내의 다른 집단과 마찬가지의 정신병을 경험하게 된다고 한다.38) 두 번째 인격유형에 관하여 보면 어떤 범죄자들은 정신병적 성격을 보유하고 있다는 것은 일련의 진술에 대한 그들의 반응이 범죄인과 비행소년 집단의 반응과 유사하다는 것을 의

---

36) Gordon P. Waldo and Simon Dinitz, Personality Attributes of the Criminal: An Analysis of Research Studies. 1950~1965, Journal of Research in Crime and Delinquency 4(2): July 1967, pp.185~202.

37) C. R. Bartol, Criminal Behavior: A Psychosocial Approach, Prentice-Hall, pp.14~15; Daniel Glaser, Crime in Our Changing Society, Holt, Rinehart and Winston, New York. 1978, pp.113~115.

38) Bartol, op. cit., pp.142~177.

미한다. 그러한 진술들이 실제로 검토되었을 때, 다른 반응이 인격차이를 반영하는 것 같지 않았다. 세 번째 인격유형에 관하여 보면 "어떤 범죄자는 정상적이다." 라는 사실은 인격검사에 있어서 범죄자와 비범죄자 사이에 어떠한 차이도 발견되지 않았다는 것을 의미한다. 결국 인격검사에 있어서 범죄자과 비범죄자 간에 나타나는 차이는 범죄발생의 원인을 이해하는 데 어떠한 이론적 관련성도 가지고 있지 않은 것으로 보인다.

제4절 장래위험성의 예측

I. 의 의

반사회적 인간은 일정한 장소에 감금함으로써 미래의 범죄발생을 예방하여야 하는가라는 것이 문제된다. 실제로 위험한 범죄자(dangerous offender), 습관적 범죄자(habitual offender) 및 성적 정신병자(sexual offender) 등을 일정한 장소에 감금하여 사회에서 격리시키는 법률들이 존재한다. 이러한 법률의 대부분은 특정한 인간의 장래 범죄행위를 예측하는 데 정신병적 평가에 의존하며, 그 예측의 기초 위에서 형벌을 확정하고 있다.

II. 모리스(Morris)와 호킨스(Hawkins)의 연구

모리스(Morris)와 호킨스(Hawkins)는 반사회적 위험성이 있는 자를 일정한 장소에 감금할 수 있도록 한 법률들은 완전히 실패하였고 주장한다. 즉 이러한 법률은 무질서하고 불공평한 결과만을 초래하였을 뿐만 아니라 법을 위반한 자나 사회적으로 부적합한 자들을 소탕하기는 하였지만 진정 위험하고 중대한 범죄자들에 대해서는 손도 대지 못했다는 것이다.39)

---

39) Norval Morris and Gordon Hawkins, The Honest Politician's Guide to Crime Control, University of Chicago Press, Chicago, 1970, pp.185~192.

이러한 법률이 실패한 근거는 1966년 연방대법원의 결정으로 형사학적으로 정신이상이라는 이유로 967명의 환자를 New York주 정신병원으로 이동하였을 때 드러났다. 이 환자들 모두는 '위험한' 사람으로 간주되었고, 그 후 5년이 지나 이들 중 단지 26명만이 형사학적으로 정신이상이라는 이유로 정신병원으로 되돌아 왔다. 그 후 1/2은 정신병원에서 쫓겨났는데 이들 중 83%는 더 이상 범죄자로 체포되지 않았다.[40]

비록 사회에 위험성 있는 자를 예측하려는 시도가 범죄를 예방하는 데 매우 중요한 것으로 보일지 모르지만 실제로 위험성 그것은 이득보다 더 많은 해를 야기했다는 것이 드러났다. 브로드스키(Brodsky)는 "위험성이 있는 행위는 실제로 존재하지 않으며", "살인과 같은 어떤 특수한 범죄의 범행가능성을 예측하는 것은 어렵다"고 주장하였다.[41] 샤(Shah)는 위험성(dangerousness)의 정의가 일반적으로 법률상 특정화되지 않은 채로 남아 있고, 어떤 특별한 사회적 문맥 내에서 해석된다고 지적한다.[42] 예컨대 음주 운전자는 과대 망상적 정신분열환자, 정신병자 또는 성적 정신병자 보다 자기 자신이나 타인에게 더욱 위험스럽다는 것은 쉽게 알 수 있으나, 이런 사람들은 결코 위험범죄자법(危險犯罪者法, dangerous offender laws)에서는 고려되고 있지 않다. 반면, 이들 법률에 포함되어 있는 노출증환자(露出症患者, exhibitionist)의 경우는 어느 누구에게도 위험하지 않다는 것이다. 이들 법률에서의 의미하는 위험성은 육체적 위험 자체보다는 오히려 현재권력구조에 대한 사회적 도덕성에 대한 위협을 포함하고 있다는 것이다.[43]

코젤(Kozel)과 그의 동료들은 미국 Massachusetts 주에서 폭력행위를 예측하

---

40) H. J. Steadman, "The Psychiatrist as a Conservative Agent of Social Control," Social Problems 20(2), 1972, pp.263~271.

41) Stanley L. Brodsky, Psychologists in the Criminal Justice System, University of Illinois Press, Urbana, Ill., 1973, p.142.

42) Saleem A. Shah, "Crime and Mental Illness: Some Problems in Defining and Labeling Deviant Behavior," Mental Hygiene 53(1), Jan. 1969, p.31.

43) Theodore R. Sarbin, The Dangerous Individual, British Journal of Criminology 22 1967, pp.285~295.

기 위해서 10년간 연구를 하였는데,[44) 모리스(Morris)는 코젤의 연구 결과를
<표 3-1>에서와 같이 요약하였다.[45)

〈표 3-1〉 Kozel 연구의 결과

예 측	결　　과		합 계
	비폭력범죄	폭력범죄	
안 전	355	31	386
폭력범죄	32	17	49
합 계	387	48	435

　위의 연구결과에 대하여 모리스는 다음과 같이 평가하였다. 즉 비록 코젤과
그의 동료들이 비교적 훌륭한 성적을 냈다고 하더라도 그들은 결국 발생한 폭력
범죄 48개 중 31개의 범죄(폭력범죄 중 약 2/3)를 예측할 수 없었으며, 폭력범죄
자가 될 것으로 예측하였던 49명 중 32명(약 2/3)은 안전하였다는 것이다. 이러
한 실수가 발생할 가능성이 있기 때문에 장래 행위의 예측의 근거에 의해서 특
정한 사람을 감금하는 것은 근본적으로 부당하다는 것이다.[46) 게다가 한 인간이
그가 실제로 저지른 범죄행위가 아니라 저지를 지도 모르는 범죄행위로 인하여
처벌될 수 있다는 사고는 정부의 부당한 통제로 인하여 개인의 자유가 심각하게
위협을 받는다는 것이다.[47)

Ⅲ. 모나한(Monahan)의 연구

　모나한(Monahan)은 폭력행위를 예측하는 임상기술들을 광범위하게 재검토
한 후 그것은 매우 제한된 상황 내에서만 가능하다고 결론을 내렸다.[48) 그는 특

---

44) Harry L. Kozel, Richard J. Boucher, and Ralph F. Garofalo, The Diagnosis and Treatment
　　of Dangerousness, Crime and Delinquency 18, 1972, pp.371~392.

45) Normal Morris, The Future of Imprisonment, University of Chicago Press, Chicago, 1974,
　　p.71.

46) Ibid. p.73.

47) Ibid., pp.83~84.

별히 어떤 상황에 놓일 경우 가까운 장래폭력행위의 가능성을 예측할 수 있다고 결론을 내렸다. 그는 이 가능성을 예측하는데 이용되는 복잡한 절차를 제시하였는데 이 절차는 ① 범죄자가 과거에 폭력행위를 범하였던 상황과 가까운 장래에 직면할 수 있는 상황과의 비교, ② 그 사람이 과거에 범하였던 폭력행위의 새로움, 중대성 및 빈도, ③ 연령·성·인종·계급·마약남용의 경력·주거 및 직업안정성 및 교육정도 상으로 비슷한 폭력가능성에 관한 일반통계를 포함한다.

그는 장기간에 걸쳐 사람이 어떤 환경에서 전혀 다른 환경(즉 교도소로브터의 석방)으로 이동되었을 때 폭력을 예측하는 것은 불가능하다고 말한다. 또한 이러한 유형의 예측은 정신병의 진단과는 전적으로 분리되어 있으며, 만일 정신병 징후가 있다면 별개의 검토가 행하여져야 한다고 주장하였다. 마지막으로 심리학자들은 폭력행위의 가능성을 예측하는 것에 제한하여야 하며, 일정한 경우에 있어서 어떤 공식적 행위를 취해야 하는 것을 권고해서는 안 된다고 주장하였다. 그에 의하면 형사재판에서 법관은 이 공식적 행동을 취하는가의 여부를 결정하는데 책임이 있으며 반면에 심리학자나 정신의학자들의 역할은 그러한 결정들이 근거할 정확한 지식을 제공해야 한다는 것이다.

---

48) John Monahan, Predicting Violent Behavior, Sage, Beverly Hills, Cal., 1981.

제4장

행동과 학습이론

제1절 서 설

I. 의 의

행동과 학습이론은 범죄행위는 비정상적이거나 도덕적으로 미성숙한 반응의 표현이 아니고 일상적으로 그렇게 반응하도록 학습된 내용, 즉 정상적인 학습행위라는 것이다. 여기에서 학습(learning)이란 개개인의 경험의 결과로서 발달된 습관(habits)과 지식(knowledge)을 가리킨다.[1] 이러한 습관 및 지식은 태어날 때부터 개개인에게 존재하는 것처럼 보이고 생태(生態: 생물이 자연계에서 생활하는 모습)에 의해서 규정되는 비학습적 내지 본능적 행위와 구별된다.

학습성(學習性, the nature of learning)에 관한 오랜 공식 중의 하나는 사람들은 연상(聯想, association)에 의해서 학습한다는 것이다.[2] 이러한 연상설은 아리

---

1) Gwynn Nettler, Explaining Crime, 3rd ed., McGraw-Hill, New York, 1984, pp.296~300.

2) J. R. Anderson and Gordon H. Bower, Human Associative Memory, Winston and Sons, Washington, D.C., 1973; Stewart H. Hulse, Howard Egeth, and James Deese, The Psychology of Learning, 5th ed., McGraw-Hill, New York, 1980, pp.2~4; Gordon H. Bower and Ernest R. Hilgard, Theories of Learning, Prentice-Hall, Englewood Cliffs, N.J., 1981, pp.2~4.

스토텔레스(Aristotle, B. C. 384~322)에 의해 주장된 것으로서 그에 의하면 모든 지식은 경험에 의해서 얻어지며 선천적이거나 본능적인 것은 없다고 한다. 기초적인 감각경험은 상호간의 마음속에서 연상되는데, 그것은 목적물과 상호작용을 할 때 어떤 상호관련 속에서 발생하기 때문이다.

아리스토텔레스는 이러한 관계를 묘사하는 네 가지 연상법칙(laws of associat-ion)으로서 유사성법칙(laws of similarty), 대조법칙(laws of contrast), 시간의 연속성법칙(laws of succession in time), 공간의 공존법칙(laws of coexistence in space)을 공식화하였다. 그에 의하면 가장 복잡한 관념은 감각경험들 사이에서 이런 단순한 연상이 형성됨으로써 비롯되는 것이라고 한다. 연상설(associationism)은 오늘에 이르기까지 유력한 학습이론이 되어 왔으며, 홉스(Hobbes)와 로크(Locke) 및 흄(Hume)에 의해서 정교하게 이론화 되었다. 그리고 토른디크(Thorndike)의 동물학습실험뿐만 아니라,3) 에빈하우스(Ebbinhaus)의 인간의 기억에 관한 실험에 기초가 되었다.4)

II. 연상을 통한 학습방법

연상을 통한 학습방법에는 '전통적인 학습(classical conditioning)', '시행착오적 학습(operant conditioning)', '모방학습 또는 사회적 학습(modeling or social learning)' 등이 있다. 첫째로 '전통적인 학습(classical conditioning)'은 파블로브(Pavlov)5)가 연구한 것으로서, 어떤 자극은 어떤 훈련을 받지 않았더라도 일정한 반응을 나타내게 한다는 것이다. 예컨대 격리된 공간 안에 개를 묶어 놓고 그

---

3) E. L. Thorndike, Animal Intelligence, Psychological Review Monograph Supplement 2(8), 1898.

4) H. Ebinghaus, Memory, Teachers College, New York, 1913; reprinted by Dover, New York, 1964.

5) 1904년 개의 타액 분비작용에 관한 실험으로 노벨상을 받은 Pavlov(1849~1936)는 초기에는 심장의 순환작용에 대한 연구를 통해 과학자로서의 길에 입문하였으나, 차츰 개의 타액에 관한 연구를 하다가 우연히 개가 먹이를 보는 것만으로도 타액을 분비한다는 사실을 발견하고 개에게 신호학습을 시키는 실험을 하게 되었다. Pavlov의 고전적 조건형성 원리는 많은 학습 이론가들의 연구에 영향을 주었으며, 무수히 많은 실험연구들을 자극하게 되었다.

개가 외부의 소리를 들을 수 없을 뿐만
아니라 냄새도 맡을 수 없도록 환경을
조성한 후 음식을 줄 때마다 종소리를
울리면 나중에는 음식을 주지 않고 종
소리만 듣게 하더라도 개는 침을 흘리
게 된다.

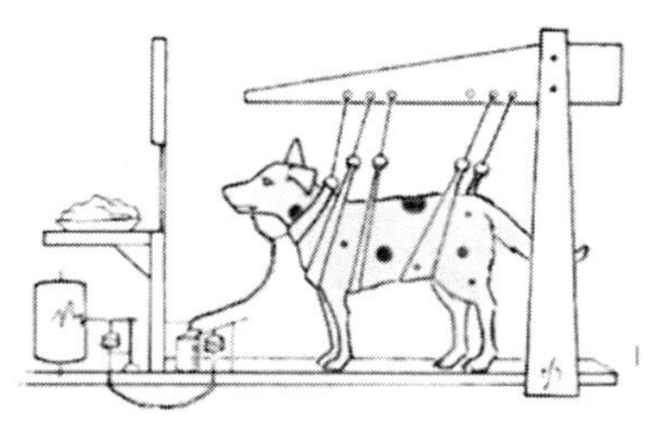

　파블로브가 실증한 것은 행동이란 연상에 의해서 학습될 수 있다는 것이다.
즉 종소리가 음식의 제공과 지속적으로 관련이 있다면 개는 종소리만 듣고도 침
을 흘리는 것을 학습하게 된다. 이러한 전통적인 조건반사에 있어서 그 유기체는
수동적이며 환경으로부터 기대되는 것을 학습하게 된다. 그의 이론은 범죄발생
에 관여하는 심리와 직접적인 관련성은 없으나 이러한 반사작용은 공포나 성행
위와 유사한 흥분된 상태의 표현이므로 공포증이나 이상성욕과 같은 바람직하지
못한 유별난 행동에 관한 설명 등 행동요법의 토대가 되었다.6)

　두 번째로 스키너(B. F. Skinner)가 연구한 '시행착오적 학습(試行錯誤的 學
習, operant conditioning)'으로서 오늘날 심리학에서 가장 유력한 학습이론이다.
시행착오적 학습은 일정한 행동을 하도록 하기 위하여 보상을 이용한다. 예컨대
쥐에게 지레(lever)를 누르면 먹을 것을 주고 지레를 누르지 못하면 전기적 충격
으로 벌함으로써 지레를 누르는 법을 가르치는 것이다. 그 쥐는 자신의 행동과
관련된 보상을 연관시킴으로써 환경에 영향을 받는다.7)

　그에 의하면 인간은 성선설 및 성악설이 아니라 백지상태이다. 인간의 행위는
문화·사회·환경에 의해 좌우되기 때문에 인간의 행위는 문화·사회· 환경
에 따라 여러 가지 낙인이 찍히게 된다. 어떤 사회나 문화 속에서는 옳은 것으로
평가받는 행위가 다른 사회에서는 나쁜 행위로 낙인찍힐 수도 있는 것이다 절도
나 강도와 같은 재산범죄는 물질적 보상을 받기 위한 욕구 때문에 발생하는 것
으로 이해할 수 있지만 단순히 스릴을 즐기거나, 만족감, 자아 존중감 또는 사회

---

6) 나이젤 C. 벤슨, 윤길순 역, 심리학, 김영사, 2003, 65-66면.

7) Lauren Slater, 조중열 역, 2004, 25면.

적·심리학적 강화에 의해서 촉진될 수도 있다. 따라서 범죄행위는 긍정적이든 부정적이든 간에 보상의 강화를 위해서 저지르는 것으로 간주되며 이러한 입장에서 범죄행위를 해석한다면 범죄를 예방하는 것은 강화를 파악하고 강화의 가치를 최소화하거나 강화발생을 방지하는 데 달려있다.

세 번째 학습방법은 시행착오적 학습과 인지심리학(cognitive psychology)[8]을 종합하려는 것으로서 '모방학습 또는 사회적 학습이론(modeling or social learning theory)'이라고 한다. 이 이론에 의하면 행동이란 실제적 보상이나 형벌을 통해서 뿐만 아니라 타인들에게 일어나는 것을 주시함으로써 알게 되는 기대를 통해서도 할 수 있다는 점을 강조한다.[9]

제2절   반두라(Bandura)의 관찰학습이론

반두라(Bandura, 1973)에 의하면, 인간은 주변의 다른 사람들의 행동을 관찰하거나 보기만 하더라도 그 행동을 습득하게 된다. 예컨대 장난감 방안에서 어른이 인형을 폭행하는 장면을 아동에게 보여준 후, 그 아동을 장난감 방에 홀로 남겨두고 카메라를 통해 관찰한 결과 그 아동이 인형을 향해 폭행하는 행동을 보였다. 그러나 어른이 인형을 폭행하다가 벌을 받는 광경을 본 아동은 인형에게 아무런 폭행을 하지 않았다.

범죄의 원인은 부모의 거부나 애정의 박탈 등에 대한 직접적인 반응이 아니고, 그 사람의 사회적 학습생활 속에서 습득되어 온 것이라고 한다. 그러므로 범죄를 억제하기 위해서는 무의식에 잠겨있는 욕구불만이나 갈등해소를 꽤할 것이 아니라 직접 문제가 되고 있는 바람직스럽지 못한 행동형을 학습원리에 따라서 제거

---

8) 인지심리학은 정신과정들이 어떻게 조직되어지고 기능 하는가를 탐구하는 심리학이다. 여기에서 인지란 사람이 지식을 습득하고 문제를 풀고, 장래 계획을 세우는 것과 같은 지각, 기억 및 정보처리의 정신과정들을 가리킨다.

9) Albert Bandura, Principles of Behavior Modification. Holt, Rinehart and Winston, New York, 1979, p.118.

해야 한다는 것이다.10)

사람들은 관찰에 의해 배울 수 있는 능력의 한계로 인하여 시행착오로 인하여 점차적으로 통합된 행위의 패턴을 배우게 된다. 모델이 되는 행위는 필수적으로 동일한 형태 속에서 학습되지만 모델들은 보다 더 많은 일반적인 학습을 가르친다. 즉 다른 사람들의 행위를 관찰하는 것으로부터 사람들이 보거나 들었던 것 이상으로 행동할 수 있도록 일반적인 기술과 전략을 만들 수 있다.11)

현대사회에서의 공격적 행동은 다음 세 가지의 주요원인으로 발생한다. 첫째는 가족들이 그 모델이 되는데, 공격적으로 해결하기를 즐기는 부모는 다른 사람들을 다루는 데 있어서도 유사한 공격적인 수단을 사용한다는 것이다. 둘째는 하위문화에서는 폭력범죄의 공격모델이 많이 있고 또 격투의 용감성이 가치 있는 것으로 여겨지는 경우도 있다. 셋째는 대중매체가 제공하는 상징적인 모델역할, 특히 TV의 출현은 자라나는 어린이나 성인에게 대단히 광범위한 모델이 되고 있다. 즉 과거에는 일상생활 속에서 잔혹한 공격행위를 거의 보지 못했는데 비하여 오늘날의 어린이들과 어른들은 안락한 그들의 가정에서 TV에 의한 모델로부터 모든 폭력행위를 배울 수 있는 무제한의 기회가 주어진다.12)

제3절 모방법칙

I. 개 관

정상적인 학습행위로서의 범죄론을 제시한 초기 범죄학자 중의 하나인 타르드(Gabriel Tarde)는 범죄는 생물학적 비정상(biological abnormality)에 의해서 야기되고, 범죄자는 출생과 더불어 결정된다는 롬브르조(Lombroso)의 이론을

---

10) A. Bandura, Aggregation: A social Learning Analysis, Prentice-Hall, N. J., 1973, p.47.

11) 이상현, 범죄심리학, 120면.

12) M. L. Hoffman, Power Assertion by the Parent and Its Impact on the Child, Child Development, Vol. 31, 1960, pp.127~150.

비판하고, 범죄자란 생활의 한 방법으로서 범죄를 배울 환경에 의해서 양육된 정상인이라고 주장하였다.13) 이것이 '모방법칙(law of imitation)'이다. 이 법칙은 아리스토텔레스(Aristotle)의 학습법칙과 유사하나 한 사람의 지각들 사이의 연상보다는 오히려 사람들 사이의 연상에 초점을 맞추고 있다는 점이 다르다.

II. 모방법칙의 내용

타르드(Tarde)의 모방법칙에는 세 가지가 있다. 첫 번째 모방법칙은 사람들이 얼마나 밀접하게 상호간에 접촉하였는가에 비례하여 상호간에 모방한다는 것이다. 그렇기 때문에 모방은 가장 흔한 것이며, 도시에서 가장 빠르게 변화한다. 유행(fashion)이라는 것이다. 이와는 대조적으로 시골지역에서의 모방은 흔하지 않으며 천천히 변화한다. 관습(custom)이라는 것이다. 그리하여 여타의 사회현상과 마찬가지로 범죄는 유행으로 시작하여 후에 관습이 된다고 한다. 두 번째 모방법칙은 열등한 자는 우월한 자를 모방한다는 것이다. 방랑, 알코올중독이나 살인과 같은 범죄들은 처음에 충성에 의해 저질러졌으나, 후에는 모든 사회계급이 모방하게 되었다는 것이다. 또한 이와 유사한 많은 범죄들이 대도시에서 발생하여 후에 시골지역의 사람들에 의해서 모방되었다고 한다. 세 번째 모방법칙은 신유행은 구 유행을 구축한다는 것이다. 예컨대 총에 의한 살인이 증가하면 칼에 의한 살인은 감소한다는 것이다.

그의 이론은 생물 내지 심리적 결함의 견지에서보다는 정상적 학습의 관점에서 범죄행위를 묘사하려는 최초의 시도였기 때문에 오늘날에도 몇 가지 점에서 중요성이 인정되고 있다. 이러한 그의 이론은 후에 서덜랜드(Sutherland)의 연구에 많은 영향을 미쳤다.

---

13) Margaret S. Wilson Vine, Gabriel Tarde, in Hermann Mannheim, ed., Pioneers in Criminology, 2nd ed., Patterson Smith, Montclair, N. J., 1972, pp.292~304.

제4절 서덜랜드의 접촉이론

I. 분화적 접촉이론

서덜랜드(Edwin. H. Sutherland, 1883~1950)는 1947년 그의 저서 범죄학 (Criminology)에서 범죄학습이 이루어지는 사회심리과정을 다음과 같이 주장하였다.14) ① 범죄행위는 타인과의 교제 접촉과정을 통해 학습된다. 즉 범죄행위 자체는 유전되는 것이 아니다. ② 범죄행위는 의사소통과정에 있는 타인과의 상호작용에서 학습된다. ③ 범죄행위의 학습은 가족, 친구와 같은 친밀한 개인집단과의 접촉에서 가장 큰 영향을 받는다. ④ 범죄행위의 학습은 범죄수행의 방법은 물론 범행동기, 욕구, 합리화 등도 영향을 받는다. 특히 동기와 행동의 구체적 경향은 호의적이다 또는 호의적이지 못하다는 정의를 내리는 것으로부터 학습된다. ⑤ 어떤 사람이 범죄자가 되는 것은 법률위반에 대한 부정적인 정의에 대해 법률위반에 대한 긍정적인 정의가 압도하기 때문이다. ⑥ 분화적 접촉은 빈도, 기간, 우선순위, 강도 등의 측면에서 고찰되어야 한다. 따라서 접촉이 빈번할수록, 기간이 길수록, 어릴 때 시작될수록, 접촉대상의 권위와 설득력의 강약에 따라 그로부터 영향을 받는 정도가 달라지게 된다.

이것이 '분화적 접촉이론(分化的 接觸理論, differential association theory)'이다. 범죄자와 접촉을 통해 범죄를 배우는 과정은 다른 모든 행위의 학습과정과 같다. 범죄자와 비범죄자의 차이는 학습과정의 차이가 아니라 접촉유형의 차이이다. 범죄행위는 일반욕구와 가치표현이지만 그것만으로는 설명될 수 없다. 왜냐하면 비범죄적 행위도 동일한 욕구와 가치의 표현이기 때문이다. 예컨대 절도범은 돈을 벌기 위하여 훔친다. 마찬가지로 정직한 사람도 돈을 벌기 위하여 일한다. 따라서 행복의 원리·사회적 지위의 추구·금전적 동기 내지 좌절과 같은 일반적 욕구와 가치를 가지고 범죄행위를 설명하려는 많은 학자들의 시도는 쓸모없는 것이 되지 않을 수 없다. 왜냐하면 그들은 범죄행위를 설명하는 것과 똑

---

14) Edwin H. Sutherland, Criminology, 4th ed., Lippincott, Philadelphia, 1947, p.607.

같이 적법행위를 설명하기 때문이다. 결국 범죄행위와 비범죄행위는 사람의 호흡작용과 같은 것이다.

서덜랜드(Sutherland)의 이론에는 두 가지 기본요소가 있다. 첫 번째 요소는 학습된 것의 내용(content)을 인식한다. 그 내용에는 범죄실행의 특수기술인 적절한 동기·충동·합리화와 법률위반에 대한 긍정적인 정의 등을 포함한다. 이것은 모두 인식요소이다. 두 번째 요소는 학습이 이루어지는 과정(process)을 인식한다. 학습은 밀접한 인간집단내의 관련성을 통하여 이루어진다고 한다.

이러한 두 가지 요소는 메드(George Herbert Mead, 1863~1931)의 상징적 상호작용이론(象徵的 相互作用理論, Symbolic interactionism)으로부터 도출된 것이다.15)

【Mead의 상징적 상호작용이론】 이 이론에 의하면 "인간이란 사물이 인간에 대하여 가지고 있는 의미의 기반 위에서 사물을 향하여 행위 한다"는 것이다.16) 여기에서 인식요소인 의미(meaning)는 행동을 결정한다. 인간의 생활에 있어서 사회적 내지 경제적 지위·실업·인종차별·동년배 압력·육체의 혹사와 무능력과 같은 구체적 경험은 서로 다른 사람들에게는 서로 다른 것을 의미할 수도 있다. Mead는 의미를 행위설명에 있어서 중심요소로 간주하였고, 그러한 심리적·사회적 조건이 개인에 대하여 가지고 있는 의미의 관점에서 심리적·사회적 조건의 영향을 평가하였다. 또한 사람들은 자신의 경험에서 추론한 의미로부터 자신들의 상황에 관하여 비교적 영속적인 정의(definitions)를 내린다고 한다. 즉 그들은 특정한 경험으로부터 특정한 의미를 추론하지만 그것들은 일반화하여 사물을 바라보는 일련의 방법이 되게 한다. 서로 다른 정의의 기초 위에서 두 사람은 아주 다른 방법으로 비슷한 상황을 향하여 행동 할 수 있다. 예컨대 두 형제가 악조건 속에서 성장하여 하나는 악당이 될 수 있고, 반면에 다른 하나는 성직자가

---

15) 서덜랜드는 Nebraska에서 태어나 Grand Island 대학에서 학사학위를 받았고 Chicago 대학에서 실업문제에 관한 것으로 박사학위를 받았다. 시카고에 가기 전 남부 Dakota의 Baptist 대학에서 몇 년 동안 강의를 하였던 적이 있는데, 그때 그곳에 교수로 있던 Mead에 의해서 발표된 상징적 상호작용에 관한 이론에 영향을 받았고, 이것이 서덜랜드의 범죄행위론에서 주요한 역할을 하게 된다.

16) Bumer, op. cit., pp.2~3.

될 수도 있다.[17]

메드의 이론에 따라 서덜랜드는 살인, 소매치기, 마리화나 흡연, 탈세, 매춘, 횡령 등 모든 범죄행위의 의미는 그 사람이 인간집단 내에서 관계하는 다른 사람들의 행동으로부터 나온다고 한다. 결국 그는 분화적 사회조직과 규범적 갈등의 상황에서 범죄행위를 포함한 행위상의 차이는 분화적 접촉 때문에 발생한다는 것이다. 예컨대 감리교 신자와 관계하는 사람은 감리교 신자가 되기 쉬우며, 공화당원과 관계하는 사람은 공화당원이 되기 쉬우며, 범죄자와 관계하는 사람은 범죄자가 되기 쉽다는 것이다.

서덜랜드의 이론에 의하면 학습은 밀접한 개인적 집단 내에서 이루어진다고 한다. 이 이론이 많은 학자들 사이에 논란을 일으켜 왔던 문제 중의 하나는 범죄자와 접촉하는 사람들 모두가 범죄적 양식을 채택하거나 따르는 것은 아니라는 사실에 있다. 그것이 어떤 경우에는 그 정의를 수락하는 원인이 되지만, 다른 경우에는 수락하지 않는 원인이 된다. 이러한 차이를 가지게 되는 특징은 무엇인가. 서덜랜드는 그 특징을 빈도·기간·우선순위·강도라고 주장하였으며, 범죄적 양식을 추종했던 여러 사람의 사례·유례 및 자아평가적 진술로써 이 주장을 뒷받침하였다.[18] 서덜랜드와 공저자인 그래시(Cressey)는 횡령으로 유죄선고를 받은 사람들에 관한 한 연구에서 그의 주장을 지지하려고 시도했었다.[19] 그러나 그는 이 범죄들을 설명하기 위한 어떤 분화적 접촉이론을 확립할 수 없었다.

II. 사회해체론

서덜랜드는 분화적 접촉과정의 기초를 이루는 일반사회조건을 검토하였는데, 서로 다른 집단은 행동방법에 대하여 서로 다른 생각을 가지고 있다는 '문화갈등(文化葛藤, culture conflict)[20]'의 관점에서 이러한 일반사회조건을 기술하였

---

17) Cf. W. I. Thomas, The Unadjusted Girl, Little, Brown, Boston, 1923, pp.41~53.

18) E. H. Sutherland, White Collar Crime, Dryden, New York, 1949, pp.222~256.

19) Donald R. Cressey, Other People's Money, The Free Press, Glencoe, Ill., 1953.

다.21) 그리하여 시카고의 인간생태학파(人間生態學派, Chicago School of Human Ecology)를 포함하여 일반사회학 이론으로부터 도출된 용어인 사회해체(社會解體, social disorganization)가 사회 내에서의 문화갈등의 존재를 설명하기 위하여 도입되었다. 그래서 범죄행위는 문화갈등이 존재하는 상황에서의 분화적 접촉에 기인하며, 궁극적으로 그 사회내의 사회해체에 기인한다고 하였다.22)

그러나 그 후 Sutherland는 사회해체라는 용어를 포기하고 '분화적 사회해체(分化的 社會解體, differential social disorganization)'라는 용어로 대신하였다. 사회해체란 조직의 와해를 의미한다. 이러한 서로 다른 조건과 분화적 사회해체의 상태 하에서 이 집단 가운데 어떤 집단은 범죄적 행동양식을 지지할 것이고, 어떤 집단은 기본적으로 중간 입장일 것이고, 다른 집단은 비범죄적인 법 준수 단체가 된다는 것이다. 그리고 범죄문화는 법적 문화와 마찬가지로 진실하며 우리가 보통 믿고 있는 것보다 훨씬 더 널리 퍼져 있다고 한다.23)

III. 문화와 하위문화이론

문화와 하위문화이론(文化와 下位文化理論, Cultural and Subcultural Theories)은 규범적 갈등에 관한 서덜랜드(Sutherland)의 이론에 근거하고 있으며, 학습된 것의 내용에 초점을 맞추고 있다. 서덜랜드의 이론에서 범죄행위의 실제원인은 관념(ideas) - 법률위반에 대한 긍정적 정의 - 이다. 문화와 하위문화

---

20) 사회가 점차 복잡해지고 변화의 속도가 빨라지면서 사회적 이질성이 증대하여 새로운 규범과 낡은 규범간의 갈등과 모순현상이 발생한다는 것을 말한다.

21) Sutherland, Criminology, 1939 ed., p.7.

22) Ibid., p.8.

23) Ibid; 문화갈등에 관한 혼동 때문에 D. R. Cressey는 Sutherland 사후 그 용어를 규범적 갈등(normative conflict)으로 대용하였다. 규범이란 특정상황과 환경에서 기대되는 행동방법에 관하여 사회적으로 승인된 규칙을 말한다(Donald R. Cressey, Culture Conflict, Differential Association, and Normative Conflict, in Marvin E. Wolfgang, ed., Crime and Culture, Wiley, New York, 1968, pp.43~54.). 따라서 규범적 갈등은 서로 다른 사회집단이 특정상황과 환경에서 행동해야 하는 방법에 관하여 서로 다른 견해를 가지게 되는 상황을 말한다.

이론도 범죄행위의 야기에 있어서 관념의 역할에 그 초점을 맞추고 있다. 직접적으로 범죄행위를 야기하는 것은 사회적 조건이기 보다는 오히려 그 관념 자체라는 것이다.[24]

1. 문화이론

밀러(Walter B. Miller)는 집단비행의 설명에 초점을 맞추면서 '문화이론(文化理論, Cultural theory)'을 제시하였다. 하층계급은 중류계급문화와 구별되는 독자적이고, 인식가능한 문화를 가지며, 이 문화는 적어도 중류계급문화와 마찬가지로 오랜 전통을 가지고 있다고 한다. 중류계급은 성취 같은 가치(value)를 가지는 반면 하층계급은 곤란(trouble : 곤란과 곤란에서 벗어나는 것은 하층계급 사람들의 주요 관심거리이다.) · 강인성(남자다움 · 인내 · 힘 등은 모두 고도의 가치가 부여된다.) · 스마트함(높은 IQ보다 거리감각(street sense)으로 타인을 압도하는 기술) · 흥분(excitement : 방황하는 것과 정반대되는 것으로 항상 스릴을 찾아다님) · 운명(fate : 사람들에게 일어나는 일들의 대부분은 그들이 어찌할 수 없는 것이며, 그것들에 관해서는 아무 것도 할 수 없다는 생각) · 자율(autcnomy : 권위나 규칙에 대한 분노) 등에 주된 관심(focal Concerns)을 가지고 있다.

이 하층계급문화는 가난한 지역에서 전형적으로 찾아볼 수 있는 몇 가지 사회적 조건과 상호작용하기 때문에 집단비행의 환경이 발생한다고 한다. 즉 하층계급의 가정은 종종 여성이 거느리며 그래서 남자어린이는 가정 내에서 남성역할의 모델을 가지고 있지 못하다. 그래서 이 소년들은 남성다움이 과장된다. 게다가 하층계급가정들의 밀집상태로 인하여 그 소년들은 거리에서 방황하는 경향이 있고 거리에서 집단을 이루게 된다.[25]

---

24) G. B. Vold/T. J. Bernard, Theoretical Criminology, p.214.

25) Walter B. Miller, Lower Class Culture as a Generating Milieu of Gang Delinquency, Journal of Social Issues 14(3): 1958, pp.5~19.

2. 하위문화이론

폭력의 하위문화(暴力의 下位文化, Subculture of violence)라고 불리는 범죄적 폭력의 일반론은 볼프강(Wolfgang)과 페라쿠티(Ferracuti)에 의해서 제시되었다.26) 이 이론은 필라델피아에서 일어난 살인사건에 대한 볼프강(Wolfgang)의 연구에서 비롯되었는데, 그는 하층계급 사람들 사이에서 발생한 대다수의 살인은 아주 사소한 사건에서 비롯된다는 것을 밝혀내었다. 볼프강(Wolfgang)은 이 사건들을 서덜랜드의 이론적 관점에서 다음과 같이 설명하였다.27)

소매치기, 명예를 손상시키는 언어, 적의 손에 있는 무기의 중요성은 흑인과 백인, 남성과 여성에 따라 다르게 인식된다. 따라서 특별한 유형의 사회적 상호작용에 있어서 사회적 기대는 그 상황에 따라 상이한 정의를 낳는다. 즉 남성은 보통 그 어머니의 명예 내지 이름, 여성의 정조를 방어할 것으로 기대되며, 자신의 인종, 나이, 남성다움에 대한 명예손상을 받아들이지 않을 것으로 기대된다. 또한 대담성, 용기, 지위에 대한 방어의 한 방법으로서의 싸움은 양 인종 중 낮은 사회의 경제적 계급의 남성의 문화적 표현이다. 이러한 문화규범반응이 동일한 반응구조를 가진 타인과 사회적 상호작용에 참여하는 사람으로부터 이끌어질 때 살인을 낳게 되는 육체적 폭행, 언쟁, 폭력적인 가정불화는 일상의 일이 되기 쉽다는 것이다.

볼프강(Wolfgang)과 페라쿠티(Ferracuti)는 지배적 문화(dominant culture)와 폭력의 하위문화 사이에 깔려 있는 가치의 갈등을 서술하기도 하였다. 예컨대 폭력의 하위문화에 속한 사람은 지배적 문화에 속한 사람들 보다 명예(honor)에 대해 훨씬 더 높은 가치를 부여하거나 인간생활에 대해 가치 없어하는 경향이 있다는 것이다. 또한 폭력의 하위문화와 지배적 문화 사이에는 규범적 갈등이 있다. 이것은 수많은 살인의 원인인 사소한 싸움이나 비난에 반응하는 행동에 관한 규칙(rules)을 말한다. 이러한 규범은 사회적 보상이나 처벌로 지지된다. 즉 규범

---

26) Marvin E. Wolfgang and Franco Ferracuti, The Subculture of Violence, Sage, Beverly Hills, Cal., 1981.

27) M. E. Wolfgang, Patterns in Criminal Homicide, University of Pennsylvania Press, Philadelphia, 1958, pp.188~189.

을 따르지 않는 자는 하위문화의 사람들에게 비난이나 조롱을 받으며 규범을 따르는 자는 칭찬과 존경을 받는다. 이 규범은 규범을 따르는 사람들의 승인여부와 관계없이 따르게 된다. 왜냐하면 규범에 대한 순응의 실패는 결국 그 사람이 폭력의 희생자로 될 수 있기 때문이다. 따라서 각자는 비록 어느 누구도 폭력을 찬성하지 않을지라도 다른 사람들이 폭력에 반응할 것으로 사람들은 기대하기 때문에 어떤 상황에 격렬하게 반응할지도 모른다. 이러한 의미에서 폭력의 하위문화는 '그 사람 아니면 나'인 전쟁상태와 비슷하다.28)

커티스(Lynn A. Curtis)도 볼프강과 페라쿠티의 이론을 응용하여 미국 흑인들의 하위문화적 폭력론을 제시하였다. 그에 의하면 폭력의 하위문화에 깔려있는 중심적 충동구조(Central impulse mechanism)는 남자다움(Manliness)에 관한 과장된 견해라고 한다.29) 어떤 사람은 말재주가 있어서 다른 사람과의 대결(Confrontation)에서 물리적 힘에 호소하지 않을 수 있다. 그러나 말재주가 없는 사람은 그 유일한 선택이 물리적 폭력일 수밖에 없다. 이것이 친구와 가족 사이의 많은 살인과 폭력의 원인이다.30) 남성다움에 관한 과장된 견해는 여성에 대한 성적 요구를 하게 될 때도 나타난다. 말재주가 있는 남자는 성행위를 하기 위하여 말을 이용하여 여자를 다룰 것이나, 말재주가 없는 남자는 단순히 물리적 힘에 호소하여 결국 강간의 빈도가 높아지게 될 것이다.31)

IV. 서덜랜드 이론의 평가

서덜랜드의 이론은 범죄학에 지대한 영향을 미쳤다. 그의 이론이 나올 당시 범죄학은 생물적 및 심리적 이상성에서 범죄행위의 제 원인을 탐구하였던 의사 및 정신병 학자들의 독무대였다. 다른 어떤 이론보다도 서덜랜드의 이론은 의사나 정신병학자의 견해를 쇠퇴시켰고, 범죄란 생물학적으로나 심리학적으로 정상

---

28) Ibid., p.156.

29) Lynn A. Curtis, Violence, Race, and Culture, Heath, Lexington, Mass., 1975, p.37.

30) Ibid., pp.49~67.

31) Ibid., pp.69~86.

인 사람에게 작용하는 환경영향의 결과라는 견해를 융성하게 하는데 결정적인 역할을 하였다.

학습은 전적으로 지식에 있으며 학습의 주요부분은 밀접한 개인집단에서의 분화적 접촉 속에서 이루어진다는 그의 주장은 인간의 학습성에 관한 일반적 연구의 관점에서 평가되어야 한다. 범죄학에 대하여 서덜랜드가 남긴 것은 그의 특수한 학습이론이 아니라 범죄행위는 정상적으로 학습된 행위라는 주장인바, 그가 초점을 맞추었고, 오늘날의 범죄학자들도 여전히 직면하고 있는 당면 과제는 범죄학에 대한 이 주장의 관련성을 고찰하는 것이다.

서덜랜드는 자신의 이론에서 어떤 유사한 관련성을 이끌어 내는 것 같다. 1939년에 그 이론에 관하여 최초의 체계적 발표를 한 연후에, 그는 관심을 '고급범죄(高級犯罪, white-collar crime)'로 돌렸고 그가 세상을 떠날 때까지 계속되었다.[32] 그는 고급범죄는 정상적 학습행위이며 인과관계의 관점에서 비추어 볼 때 이러한 행위와 하층계급 출신의 범죄자가 저지른 행위 사이에는 근본적인 차이가 없다고 주장하였다. 상류계급과 하층계급 사이에서의 공식적 범죄율 상의 차이는 상류계급 사람들이 형법의 제정이나 시행을 통제하는 충분한 정치권력을 가지고 있기 때문이라고 한다. 그들의 반사회적 행위는 어떤 잘못으로 규정되지 않거나 또는 민사적 비행으로 규정된다. 이와 대조적으로 하층계급인의 반사회적 행위는 범죄로 규정되거나 처리되며, 그리하여 그들은 고도의 공식범죄율을 기록한다. 고급 범죄인들은 국가의 경찰권을 지배하고 통제할 수 있는 다수집단으로 될 수 있다. 따라서 그들은 범죄자로 규정되는데 대한 두려움 없이 정상적 학습행위에 자유로이 참여한다. 이것이 바로 그들의 공식범죄율이 낮은 이유이다. 이와 대조적으로 보통 범죄인들은 정치권력을 결여한 소수집단으로 간주될 수 있다. 그들의 정상적 학습행위의 대다수는 범죄로 규정되고 처리되기 때문에 공식범죄율이 높다.

---

32) E. H. Sutherland, White Collar Criminality, American Sociological Review 5: 1-12(Feb. 1940); "Is 'White Collar Crime' Crime?" American Sociological Review 10: April. 1945, pp.132~139.

제5장

심리생물학적 이론

제1절   서 설

　범죄자의 심리생물학적 연구는 대개 임상실무에 종사하는 사람들이 흔히 취하는 입장이다. 인간의 정신심리상태에 관한 연구에는 크게 두 가지가 있다. 하나는 각종 정신심리상 특징의 발생·변동의 원인을 그 개체의 신체생리적 조건에 대한 해부학적·생리학적·병리학적 분석을 통하여 밝히는 것이다. 다른 하나는 개체의 성장·생활과정에서의 정신상호간의 역동적 관계, 예컨대 어린 시절의 가정생활경험, 성장해서의 직장·학교·지역사회 등에서의 인간관계 등에 역점을 두고 그 정신심리상의 특징을 설명하는 것이다.

　전자는 기관학파(器官學派)에서 주로 하는 연구방식이고, 후자는 정신분석학파(精神分析學派)에서 주로 하는 연구방식이다. 심리생물학적 연구는 이 두 가지의 연구를 동시에 고려하여 설명하려는 것이다. 정신심리상태(精神心理狀態)란 지(知), 정(情), 의(意) 등 인간의 정신생활의 모든 측면에 있어서의 특징을 가리키는 것으로 심리학자, 정신의학자, 정신분석학자, 사회심리학자들이 주로 하는 연구이다.

　본서에서는 모든 정신심리학상의 특징을 어느 한 가지 형성원인으로 설명하려는 입장을 지양하고, 개개 특징별로 나누어 설명하고자 한다. 그리하여 정신심리상태에 대하여 정신병과 정신신경증으로 크게 둘로 나누어 설명하고, 아울러 지능상태와 범죄와의 관계를 설명하고자 한다.

【정신장애의 분류】 세계보건기구(WHO)의 국제질병분류(ICD)를 기준에 의하면, 정신장애는 크게는 '정신질환'과 '정신지체'로 나누어지고, 정신질환은 다시 '정신병'과 '정신신경증'으로 나누어진다. 정신질환은 과거에는 건강하였는데 나중에 병세가 나타난 것을 의미하고, 정신지체는 출생이나 어려서부터 나타난 지적 능력의 결손을 의미한다.

제2절   정신병과 범죄

I. 정신병의 개념

정신병자(精神病者, psychopath)란 용어는 일정한 일단의 행위와 태도를 나타내는 사람들을 묘사하기 위하여 정신의학자(精神醫學者, psychiatrists)들에 의해서 사용되고 있다. 정신병자란 용어는 반사회인(反社會人, sociopath)이나 반사회적 성격(反社會的 性格, antisocial personality)과 동의어로 간주된다.[1]

그러나 현재, 사이코패스(psychopath)라는 용어는 'DSM-Ⅳ(미국 정신의학회의 분류매뉴얼)'에서도 삭제되고, '반사회적 인격장애(APD)'라는 명칭으로 변경·통일되어 있다. "이상(異常)이 병은 아니다"라고 하는 것은 형벌을 부과할 때에는 사이코패스인지 여부에 따라 양형에 영향을 미치는 것은 아니라는 것을 의미한다.

---

1) Diagnostic and Statistical Manual of Mental Disorders, 2nd ed., American Psychiatric Association, Washington, D. C., 1968, p.41.

II. 기능성 정신병의 종류와 범죄

정신병의 종류는 크게 '기질성 혹은 내인성 정신병(器質性 혹은 內因性 精神病)'과 '기능성 혹은 심인성(機能性 혹은 心因性 精神病)'으로 나눌 수 있다. '기질성 정신병'이란 뇌를 침해하는 각종 상해, 질병 또는 기관의 손상으로 읽어나는 것으로 대표적인 것으로는 노인성치매, 매독감염에 의한 진행마비, 간질, 뇌 손상에 의한 외상성정신병, 알코올·마약·수은 등에 의한 중독성정신병 등이 이에 포함된다. '기능성 정신병'이란 뇌의 기질적 장애 없이 거의 순전히 심인성(心因性)으로 일어나는 것으로 대표적인 것으로는 정신분열증, 양극성장애, 망상증, 편집증 등이 있다.

1. 정신분열증과 범죄

(1) 정신분열증의 의의

'정신분열증(精神分裂症, schizophrenia)'이란 감정의 둔화, 외부세계와의 융화성 상실 등의 특징을 가진 정신병으로서 정신병을 가진 사람들 중 가장 많은 부분을 차지하고 있을 뿐만 아니라 정신병에 기인한 범죄자들에게서도 가장 많이 발견되고 있다.[2] 이는 자폐증(自閉症, autism) 또는 그 발병연령이 대개 20세 전후라는 점에 근거하여 조발광(早發狂)이라고도 한다. 정신분열증은 세장형의 신체형을 가진 사람이 잘 걸리는데, 평소 성격이 내향성을 띠고 과민한 성격을 가진 사람에게 많이 발생한다.[3]

---

2) 정신분열증은 스위스의 정신병학자 Eugen Bleuler(1857~1930)가 정신분석학과 정신병분류를 연합시킨 Jung의 개념을 발전시켜, 그 일반형의 병에서 볼 수 있는 분열형 인격에 대해 이름을 붙인 것이다.

3) 크레쉬머(Ernst Kretschmer)의 체격형분류에 의하면 체격에는 비만형, 투사형, 세장형으르 분류하고, 그 혼합형과 발육부전형(발육이상형)을 인정하고 있다. 비만형은 대체로 소화기관이 크게 발달하고, 살이 찐 편이고, 전신부위가 부드럽고 둥근 편이고 끝이 가늘면서 짧은 사지와 소골격형이며, 피부는 부드럽다. 투사형은 근육 골격활동기관이 우세하고, 동체가 굵고 가슴이 넓으며, 손목과 손이 크다. 여윈 경우에도 사각형의 손목이고 여위지 않으면 살이 찐다. 세장형은 신체표면과 신경계통이 크게 발달하고, 여위고 섬세한 몸집이고 골격은 작고 긴 편이며, 축 쳐진 어깨,

정신분열증의 주된 특성은 첫째로 극단적인 사회적 움츠림, 예측불가능성, 심한 언어장애, 인식과 주의의 장애, 심한 감정불안, 심한 사고불안으로 인한 무리한 행동의 다양성, 비합리적이고 괴이한 사고과정을 들 수 있다. 둘째로 언어불안(speech disturbance), 셋째로 다른 사람을 적대적이고 위협적이며 믿을 수 없는 존재로 간주하며, 넷째로 부적절한 감정적 반응을 한다는 것이다.[4] 정신분열자들은 외계와의 융화가 거의 상실된 채 자기 자신의 특수한 관념 또는 생각에 집착하면서 대부분의 하루를 지낸다. 이러한 증세가 계속되면 점차 치매에 걸리거나 합병증으로 인하여 단명하기 쉽다. 우리나라의 정신장애인구는 전체의 약 2.75%(1백20만 7천여 명)이고 그중 정신분열증은 전체인구의 0.2%(정신장애의 7.5%인 9만 명)라고 한다.[5]

(2) 정신분열증의 종류와 범죄

정신분열증은 그 증상에 따라 단순형, 파과형, 긴장형, 편집형, 급성미분류형, 만성미분류형 및 가신경증형, 분열정도형, 아동형, 잔재형으로 나눌 수 있다.[6]

① 단순형(單純型, simple type)　　이들은 무기력·무관심 상태에서 하루 종일 방황을 한다. 부랑자나 창녀로 발견되는 경우가 많지만 중대한 범죄는 저지르지 않는다.

② 파과형(破瓜型, hebephrenic type)　　사춘기 등을 비교적 일찍 시작하며, 특수위인에 대한 환상 속으로 급격히 빠져 들어가서 자기의 건강상태나 현실여건을 무시한 채, 그 환상 속에서 하루를 보낸다. 그러다가 간혹 살상 등 중대범죄를

뾰족한 코, 가는 머리카락을 하고 있다.

4) 이윤호, 형사정책, 박영사, 1997, 175면; D. C. Rimm · J. W. Sommervill, Abnormal Psychology, Academic Press, New York, 1977. 정신분열증으로 진단받기 위해서는 이 같은 증상 중 2개 이상이 있어야 하며, 이 증세는 상당기간 동안 존재해야 한다. 발병 이후 직업이나 대인관계, 자기관리 같은 하나 또는 그 이상의 주요 생활영역의 기능 수준이 발병이전과 비교하여 현저히 감소되는 경우가 많다. 또한 이러한 장애의 징후가 적어도 6개월 이상 지속되어야 하는데, 6개월 동안에는 위에서 언급한 특징적 증상이 나타나는 활동기를 적어도 1개월 정도 포함하고 있어야 한다.

5) 권목상, 정신건강론, 유풍출판사, 1998, 96면.

6) 송광섭, 형사정책, 대왕사, 1996, 182면.

저지른다.

③ 긴장형(緊張型, catatonic type)   15~25세 사이에 발병하며, 대개 정신적 외상 후 급성으로 발병한다. 환자의 상태는 자신의 의지는 파괴된 채 기능하지 않고 타인의 지시 등에 시키는 대로 추종하여 움직이기만 한다. 예컨대 손을 들고 있으라고 하면 하루 종일 그 상태로 버티고 있다.[7] 이러한 증세에서는 범죄보다는 자살의 위험이 있다. 이 유형의 사람은 말하기를 거부하고, 움직이지 않고, 뻣뻣하게 있거나 극도로 안절부절 못할 수 있다. 또한 얼굴 찡그림, 다른 사람의 행동이나 버릇, 말 등의 반복적인 모방 등의 수의적인 운동을 보이기도 하고, 초조성 긴장행동이 있는 사람은 극단적인 흥분, 계속적으로 말하고 고함지르기 등을 보이기도 한다.

④ 편집형(偏執型, paranoid type)   박해(피해)망상, 관계망상 또는 환청 등이 심하여 공포나 불안을 느낀다.[8] 이들은 자신의 주변세계를 잘못 해석하는데, 비록 상황을 정확하게 평가할 능력이 있더라도 대부분의 사람들이 나타내는 반응들을 저항적으로 받아들이게 된다. 알코올 중독자가 술을 끊었을 때 나타나는 경우도 있다. 이 형은 예측불가능한 감수성, 증오심, 종교집착 등의 행동상의 특징을 지니고 있다. 어떤 사람이 분명한 이유 없이 다른 사람을 살상하는 이른바 동기 없는 범죄들은 때때로 이런 편집증에 걸린 사람들에 의해 저질러진다.

⑤ 급성미분류형(急性未分類型, acute undifferentiated type)   소년기에 나타나는 것으

---

7) 1990년 1월 27세의 남성이 피해자가 설거지를 하고 자려는 것을 그냥 자자고 우겨대다가 피해자가 회초리로 때리려 하자 빈 막걸리 병으로 그녀의 머리를 1회 때리고 헌 삽을 들어 그녀의 머리를 힘껏 내리쳐 즉사하게 하였던 사건이 발생하였다. 가해자는 똑같은 자세를 오랫동안 취하는 증상을 보여 질환이 상당히 진행된 정신분열증 긴장형으로 판명되었다(전주지방법원 1990.6.1, 90 감고 2).

8) 피해망상(delusion persecution)은 누군가 자신을 해치려 한다는 망상으로 대개 자신에 대한 증오, 공격성이 투사된 결과이다. 추적당하고 있다는 추적망상, 감시 내지 관찰당하고 있다는 망상, 독약이 들어 있다는 피독망상 등도 이에 속한다. 관계망상(idea of reference)은 자기와는 아무런 관계가 없는 다른 사람들의 행동이나 말을 마치 자기와 중요한 관계가 있는 것으로 더욱이 자기를 비난하고 업신여기는 것같이 잘못 해석 또는 생각하는 경우를 말한다. 환청(auditory hallucination)은 실제로 없는 소리를 의미 있는 소리나 말소리로 듣는 것으로 의식이 명료한 상태에서 환청이 있는 경우에는 정신분열증이나 정동장애에서 흔히 볼 수 있다.

로 사고의 혼미, 감정의 혼란, 관계망상, 몽유상태 등의 증세를 보인다. 이들은 예상치 않은 공격, 갑작스런 자살기도, 감정의 급격한 폭발 등을 일으킨다.

⑥ 만성미분류형과 가신경증형(慢性未分類型과 假神經症型, chronic undifferentiated and pseudoneurotic type)   이 유형은 시간이 경과함에 따라 정신분열증의 임상형에서 볼 수 있는 특징의 대부분이 없어지고 만성화됨으로써 모든 임상형에서 나타날 수 있는 요소들이 여러 가지로 배합되어 존재한다. 이들은 사고의 모호성, 세상에서 일어나는 문제나 건강에 대한 불합리한 염려, 활동의 전반적인 붕괴, 공부·작업·자기 몸의 관리에 필요한 기본적 활동의 수행불능, 소외감, 의심감 등을 가지고 있다.

⑦ 분열정동형(分裂情動型, schizo-affective type)   정신분열증과 조울정신병이 혼합된 양상을 보인다. 즉 사고내용이 명확히 정신분열증이면서 조증 내지 울증의 상태가 같이 나타나기도 한다.9)

⑧ 아동형(兒童型, childhood type)   사춘기 이전에 발병하는 것으로 주로 자폐증(autism)으로 나타나는 어린이에게서 발생하는 정신병적 반응을 여기에 포함시키기도 한다.

⑨ 잔재형(殘在型, residual type)   위의 여러 가지 임상형태를 가졌던 환자의 사회생활이 다시 호전되고 나서도 계속해서 사고나 정서면에서 인지될 수 있는 잔류증상들을 나타낸다.

(3) 검 토

정신분열증과 범죄의 상관관계에 대해서는 여전히 논쟁 중이다. 독일의 헤프너(Häfner)와 베커(Böker)는 중범죄에 대한 경찰기록조사를 통해 정신분열증 환

---

9) 1990년 2월 28세의 남자가 그의 어머니에게 약 사먹을 돈을 달라고 하였으나 피해자가 돈을 주지 않고, 너는 나가 죽어라고 하였다는 이유로 텔레비전 위에 있던 과도로 자상의 상해를 입힌 사건이 발생하였다. 가해자는 17,8세부터 발병하여 사건 당시까지 4차례에 걸쳐 국립정신병원에서 입원치료를 받았으며, 어머니의 얼굴을 찌른 행위는 무계획·무목적·무분별한 행위로 추정되며, 분열증적 사고, 즉 수동현상의 지배를 당한 것으로 정신분열증 정동형의 판명을 받았다(인천지방법원 1990. 6. 22. 선고 90감고6 판결).

자와 일반인의 범죄가능성에는 거의 차이가 없다는 결과를 얻었다. 그러나 한편
으로 정신분열증 환자들의 전형적인 유형은 대부분 남자이고, 만성 망상증상에
시달리며, 인격과 사회적응은 부분적으로 정상이고, 배우자나 가까운 사람들과
의 관계는 긴장으로 가득 차 있고, 폭력행위의 방향이 가까운 사람에게로 향하는
경향이 있다는 것을 밝혀냈다.[10)]

이에 대해 영국의 타일러(Taylor)는 정신분열증과 범죄의 관계에 대하여 상관
관계가 있다고 주장하였다. 그에 의하면 전체적인 숫자는 적지만 정신분열증은
폭력성향을 가져다주고, 폭력은 질병초기보다는 수개월 내지 수년이 경과한 후
에 나타나며, 지속적인 질병상태환자보다는 재발이 반복되는 환자의 경우가 더
흔하며, 범행 시 주로 정신병적 상태에 있다는 것이다.[11)]

우리나라에서도 범죄로 치료감호처분을 받은 정신분열증환자와 일반범죄인을
비교·연구하였는데 그 결과 정신분열증환자 100,000명당 40명 정도가 강력범
죄, 13명 정도가 살인을 1년 동안 저지른다고 나타났다. 반면, 일반인의 강력범
죄율은 100,000명당 155명 정도, 살인율은 2.4명 정도로 나타났다. 결국 정신분
열증 환자들은 일반인에 비해 전체적인 강력범죄비율은 낮으나 살인비율은 5~6
배 정도 높은 것으로 나타났다.[12)]

가정 내에서 발생하는 살인 및 상해사건은 정신분열증환자의 폭발적 공격행
위로 발생하는 경우가 많으며, 이 경우에는 어릴 때 갖기 쉬운 특정 가족원에 대
한 증오감정을 적절히 해소하지 못한 채 성장하다가 분열증심리에 빠져 그렇게
행동하게 된다고 한다. 정신분열증의 치료 및 처치에 대하여는 보호치료, 정신요
법, 인슐린(insulin)혼수요법, 전기충격, 메트라졸(metrazol)치료, 뇌엽절제, 크롤
프로마진(chlorpromazine)·페노시아진(phenothiazine)계의 약물 및 정온제(靜
穩劑)의 약물치료 등이 있다.

---

10) H. Häfner · W. Böker, Mentally Disordered Violent Offender, Social Psychiaty 8, 1973,
   pp.220~229.

11) P. Taylor, Schizophrenia and Violence in Abnormal Offenders, Delinquency and The
   Criminal Justice System, 1982.

12) 장동원, '정신질환자의 범죄성에 관한 연구', 한국형사정책연구원, 1991, 29면 이하.

2. 양극성장애와 범죄

(1) 양극성장애의 의의

'양극성장애(兩極性障碍, bipolar disorder)'는 간헐적으로 정상적인 기간을 가지면서 정력적이며 감성적인 정서의 한 극단에서 다른 극단으로 이동하며, 병적인 조증상태(躁症狀態)와 울증상태(憂鬱症狀態)가 일정한 간격을 두고 반복되거나, 동시에 나타나거나 또는 어느 한 쪽으로만 치우치는 정신병이다. 이전에는 '조울증(manic-depressive psychosis)'으로 불렀다. 이 정신병은 몸이 둥글고 비만하거나 거대한 신체를 가진 비만형의 사람들에게 잘 나타나며, 청년기에 흔히 시작되며, 감당하기 어려운 외적 조건이나 정서적 갈등에 기인하는 경우가 많다. 가계의 유전적 조건에 의해 더 쉽게 발병하며, 여성의 경우가 더 많다.

조증은 그 정도에 따라 경조증(輕躁症, hypomania)과 급성조증(急性躁症, acute mania)으로 나뉘는데, 경조증은 환자의 모든 행동이나 반응이 더욱 활발하고 말소리도 커지고, 말도 많아지고 논쟁적인 경향을 띠게 되거나 신체적으로 활동이 증가되기 때문에 가만히 있지를 못하고 서성거리거나 잠을 자지 않는다. 분별력이 약해져 낯선 사람 앞에서도 자기 일신상의 문제들을 거리낌 없이 떠들어대고 만약 자기 의견에 반대라도 하면 화를 내고 싸우려 덤벼든다. 특히 이러한 환자는 비교적 병에 대한 인식을 가지고 있지 않음이 상례이고, 치료나 입원을 시키려는 시도에 대해서 저항을 하며, 자신이 저지른 행동에 대해 그럴듯한 임기응변과 논리정연한 해명을 한다. 경조증보다 심한 급성조증의 경우 환자는 누가 보아도 알 수 있는 뚜렷한 이상행동을 보이며, 급성조증의 가장 심한 상태인 '정신찬란성 조증(delirious mania)'의 경우 환자는 완전히 조절할 수 없는 상태에 놓이게 된다.

울증은 다른 사람에 대한 관심을 상실하고, 자기 자신을 무가치하다고 생각하는 증상이다. 울증 환자들은 종종 다양한 신체적 증상들을 보인다. 예컨대 식욕부진과 체중감소, 허약함, 피로, 장기능 저하, 수면장애, 성에 대한 관심상실 등이다.

(2) 양극성장애와 범죄의 관계

조(躁) 또는 울상태(鬱狀態)에서는 인식이나 판단력에 중대한 장애를 일으키고, 어떤 환상·환각·망상에 빠져 이상행동을 자행한다. 조상태(躁狀態)에서는 극단적인 기분상쾌·의상분방(意想奔放)·행위의 촉박감(促迫感)을 느끼고 자극에 민감하며, 격노성·투쟁성을 나타내게 됨으로써 대인범죄(對人犯罪)를 저지르게 된다.13) 조증 범죄자들 중에는 가벼운 인명에 대한 범죄와 재산죄를 저지른 사람이 많다고 한다. 또한 대인범죄는 대부분 큰 손상을 입히지 않은 일과성의 공격이나 위협이었고, 재산죄는 창문을 파손하거나 주거침입이나 절도였다고 한다. 조증 범죄자들은 대부분 독신이었으며, 전과가 있는 경우보다 없는 경우가 더 많았다. 이들에 의한 피해자를 보면 공공질서교란, 인명, 재산범죄 등의 경우는 다수가 낯선 사람이었고, 성범죄의 경우는 면식이 있는 경우가 많았다고 한다.14)

울상태(鬱狀態)에서는 주로 절도나15) 가족살인을 저지르거나,16) 동정심을 이

---

13) 1992년 7월 67세의 남자가 피해자와 당근밭 매각대금 관계로 서로 다투던 중 근처에 있던 막대기로 팔, 다리, 머리 등을 때리고 그곳 방바닥에 놓여 있던 날이 무딘 쇠칼로 그의 좌측 턱, 가슴 다리부위 등을 수회 찌르고 좌측 귀를 절단하여 현장에서 사망케 한 사건이 발생하였다. 가해자는 사고당시 조증의 상태에 있었다고 판명되었다(대전지방밥원 서산지원 1992. 10. 9. 선고 92감고9 판결).

14) J. S. Wulach, Mania and Crime: a study of 100 manic defendants, Bulletin of the AAPL 11, 1983, pp.69~75.

15) 울증은 절도죄를 범하는 정신질환자 중 가장 흔한 진단이라고 한다. 절도죄를 범하는 우울증환자에는 네 가지 유형이 있는데, 스트레스 하에 있는 소외된 젊은 여성, 만성울증을 가진 중년여성, 가족의 죽음 등과 같은 급성상실과 연관된 우울을 가진 사람, 울 증상을 경험하는 인격장애를 가진 사람 등이다(장동원, 정신질환과 범죄, 103면).

16) 1992년 2월 32세 여성이 자신의 여동생 집을 방문하여 동생을 보자 친정가족들이 자기보다 동생을 더 잘 대해 주었고, 자기의 생활에 비해 더 행복한 가정을 꾸리고 생활하는 것에 심한 질투심을 느껴 충동적으로 살해하기로 마음먹고 이틀 후에 청산염이 든 콜라를 마시게 하여 죽게 하였다. 그리고 같은 달 81세의 노인(여) 집에 놀러가 이야기하던 중 피해자가 끼고 있던 금팔찌와 금반지 등을 보고 순간적으로 살해하고 강취 하고자 위 청산염이 든 물을 마시게 했으나 실패하였다. 가해자는 당시 어려서부터 소아마비로 인한 열등감과 따돌림, 잦은 성적 폭행, 첫아이의 사망, 자궁적출수술, 남편의 폭행 등 많은 상실감을 경험하면서 우울증으로 인해 두 번의 자살 시도를 하였고, 자살사고가 지배되어 오면서 이에 대한 과보호대상으로 충동조절

유로 타인을 살해하며, 상당수가 자살을 기도한다. 흥미로운 것은 자살의 경우에는 실패할 확률이 높지만 살인의 경우에는 성공률이 높다는 것이다.[17] 울증에 걸린 사람들 중 자살을 시도하는 경향은 여성이 남성보다 세배나 많다. 그러나 자살의 성공률은 남성이 여성보다 네 배나 많은데 그 이유는 자살방법의 선택에 있다. 즉 여성들은 대부분 동맥을 끊거나 수면제를 먹는 방법을 택하는 반면 남성은 총을 사용한다거나 지붕 위에서 뛰어내리는 등 되돌릴 수 없는 방법을 사용하기 때문이다.[18] 특이한 것은 환자가 심한 울증에 있는 무력증(無力症, inertia) 상태에는 자살의 위험이 상대적으로 낮고, 환자가 울증에서 벗어남에 따라 활동할 수 있는 에너지와 능력을 어느 정도 되찾게 되는 시점에서 자살의 위험이 증가한다는 것이다.[19]

울증의 치료에는 정신요법과 약물요법이 있는데, 정신요법으로는 안도감을 갖게 해주고, 병의 성질이나 경과에 대한 교육이나 생활에 대한 긍정적인 가치관을 발견하도록 도와주는 방법이 있다. 또한 전두엽이나 다른 형태의 뇌엽절재를 하는 신경외과적 치료법도 있다. 조증의 치료는 일반적으로 급성조증이나 경조증의 상태들을 울증으로 전화시켜 치료하는 것이 바람직하다고 알려지고 있다.

3. 망상증과 범죄

(1) 망상증의 개념

'망상증(妄想症, paranoia)'은 다른 사람들의 동기에 대한 부당한 의심과 의혹이 중요한 요소인 행동유형을 고수하는 것이다.[20] 망상체계가 기괴한지, 기괴하지 않은지에 대한 판단은 망상증과 정신분열증을 결정하는 데에 특히 중요하게

장애를 보이고 있었다(창원지방법원 진주지원 1992. 7. 1. 선고 92고합75, 92감고5 판결).

17) R. Cavan, Criminology, 3rd ed., 1962, p.227.

18) W. J. Fremouw · M. De Perczel · T. E. Ellis, Suicide risk, Assessment and response guidelines, Elmsford, N. Y., Pergamon, 1990.

19) A. T. Beck, Depression: Causes and treatment, Philadelphia, University of Pennsylvania Press, 1967.

20) Batol, op. cit., p.153.

고려된다. 또한 망상증은 정신분열증, 편집증 성격장애, 우울증을 동반하기 때문에 분명한 경계선을 가지고 있지 않다. 모든 망상증의 필수적인 특징은 망상체계가 있다는 것인데, 이는 자신을 위협하는 스파이가 있다거나, 자신을 속이고, 음모를 꾸미고, 괴롭히고, 원한을 갖고 있다는 믿음을 가장 빈번하게 포함하고 있다.

(2) 망상증의 특징

망상증은 망상이 기괴하거나 큰 해체가 필요 없다는 것이다. 망상적 정신분열증과 마찬가지로 엄격한 의미에서 정신병상태라고는 할 수 없지만 고정된 망상을 중심으로 한 의식을 가지고 있어서 사물에 대한 객관적인 관찰판단을 하지 못한다는 특징이 있다.

일반적으로 피해망상은 분노, 원한, 때로는 폭력들과 함께 나타난다. 이 때 의심은 한 개인이나 그 이상의 사람들에게 막연하게 나타나거나, 직접적으로 나타나는 것이 일반적이다. 망상의 주된 증상으로는 현실과는 다른 잘못된 강한 믿음으로 피해망상·과대망상·신체망상·색정망상·관계망상 등의 다양한 내용으로 구성되어 있으며, 피해망상은 폭력적인 범죄행동과 밀접한 관련을 가지고 있다. 또한 의처증이나 의부증이 있는 환자는 배우자를 살해하는 범죄행동을 나타낼 수 있다.

이러한 망상증은 정신분열증의 일반적 발병연령보다 10년쯤 늦게 나타나기 때문에 20대 후반에서 나타나는 율이 높다. 대개 겁이 많고 긴장감이 심하며, 자기중심적인 사고방식에 쉽게 빠지는 사람들에게 그 발병률이 높고, 남성보다는 여성의 경우가 그 발병률이 높다.[21]

(3) 망상증과 범죄의 관계

박해망상을 가진 사람을 '편집증(偏執症)'이라고 부르는데, 망상증 중에서도

---

21) 신진규, 형사정책, 210면 이하.

범죄와 가장 많은 관련성을 가지고 있으므로 범죄학에 있어서 가장 위험시되고 있다. 이러한 사람은 친구나 친척을 의심하게 되고, 독살되는 것을 두려워하거나, 감시 받고, 추적되고, 이야깃거리가 되는 것을 불평하게 된다. 이러한 사람의 태도는 자신의 망상과 맥을 같이 하여 종종 공격적이고 적대적이게 된다. 즉 다른 사람이 자신의 생존을 위협하려고 음모하고 있다고 의심하게 되어 나를 해치기 전에 해치울 수밖에 없다고 판단하게 되는 매우 위험한 상태가 된다.[22] 예컨대 미국 어느 27세의 여인이 과거에 자기를 잘 돌봐주던 구호협회 회장이 자기를 비방하는 말을 하게 하기 위해 한 여비서를 채용했다는 망상에 빠져 헤매다가 마침내 호신목적으로 총을 구입하고, 그 후에 협회장을 사살한 사건이 있었다.[23] 국내에서도 농업을 하는 39세의 남자가 1990년도 6월에 자기와 자기 가족들이 거주하는 집 안방에 처가 가출하여 화가 난다는 이유로 가지고 있던 라이터로 불을 질러 전소케 한 사건이 발생하였는데, 가해자는 당시 처에 대한 극심한 부정망상과 처와 자식들에 대한 박해망상에 빠져 있었다고 한다.[24]

4. 간질과 범죄

(1) 간질의 의의

'간질(癎疾, epilepsy)'은 발작(seizure) 현상이 장기간에 걸쳐 반복적으로 발생하는 상태를 말하며, 대개 뇌기관의 기질적 장애로 인하여 발생한다고 본다. 간질에는 선천적인 진성간질(眞性癎疾)과 뇌종양, 뇌외상, 기생충의 뇌침입, 중

---

22) Bartol, op. cit., pp.153~154.

23) 신진규, 형사정책, 211면; Cavan, Criminology, p.228.

24) 부산고등법원 1991. 1. 24, 90노1078, 90감노101 판결; 또한 1990년 9월 29세의 선원이 평소 자신을 따라 다니며 괴롭힌다는 환상에 빠져 함께 승선하여 잠을 자고 있던 사람을 약 29센티미터의 식칼로 정흉부에 힘껏 찔러 살해한 사건도 있다. 가해자는 당시 정서불안, 대인관계회피, 죄의식결여, 박해망상증상을 보이는 편집장애의 병을 가지고 있었다(제주지방밥원 1991. 2. 1. 선고 90감고4 판결). 그리고 1989년 8월 27세의 남자가 요양원에 재원 중 불규칙적인 투약과 투약중지 상태에서 지속적인 정신병증세의 악화로 인해 잠재의식 속에 내재된 어머니를 괴롭히는 남자에 대한 복수심의 병적 발현으로 길가는 행인을 악마로 생각하고 도루코 면도날로 목을 4회 찔러 살인한 사건도 있었다(대구지방법원 1989. 12. 13. 선고 89감고44 판결).

독 등으로 인한 후천적인 증후성간질(症候性癎疾)이 있다.

간질은 일정주기를 두고 발작을 하며, 그 발작의 형태에는 대발작, 소발작, 잭슨형, 정신운동성 등 네 가지가 있다. 대발작은 발작 전 얼마간 불쾌·고심· 두통 등 전구증세(前驅症勢)를 보이다가 갑자기 외마디 소리를 지르며 졸도하고 전신적인 경련을 일으킨다. 대발작 자체로는 다른 사람에게 범죄행위를 일으키는 경우는 없다. 소발작은 일상업무를 하다가 갑자기 수 초간 의식의 상실을 일으킨다. 예컨대 자동차운전 중에 발작이 있으면 사고발생의 원인이 되기 때문에 교통사고의 중요원인으로 간질이 자주 거론되고, 운전자의 적성검사에서 이 부분이 중요시되고 있다. 잭슨형은 일시 사지의 일부에 경련을 일으키는 정도에서 그친다. '정신운동성발작(精神運動性發作)'은 갑자기 수 시간 또는 수 일간 의식의 혼탁상태에 빠져 판별력을 상실하거나 심한 불안상태에 빠지고, 때로는 극도로 흥분해서 공격적인 행동을 취하게 된다. 이때 어떤 환각 또는 망상에 지배되는 것이 보통이며, 깨어나서는 아무 것도 기억하지 못한다.25)

(2) 간질과 범죄의 관계

간질과 범죄의 관계에 대해 많은 연구를 한 사람은 영국의 사법정신의학자 J. C. Gunn으로 알려져 있다. 그는 영국 교도소에 수용되어 있는 사람들에 대한 연구에서 이들 1,000명당 7~8명이 간질환자라는 것을 밝혀냈다. 이는 일탄인의 1,000명당 4~5명보다 다소 높은 비율을 차지하는 것이다. 그리고 그는 그 연구결과에 대해 발표하였는데 그를 보면 ① 범죄행위는 매우 드물게 발작의 직접적인 결과인 환각상태에서 일어날 수도 있다. ② 범죄행위와 발작은 동시에 발생

---

25) 어느 강간범의 경우 8세 때 간질로 약 1년간 입원치료를 받은 적이 있었으나 그 후에는 학교도 잘 다니고 처음 몇 년간은 성적도 좋았다. 그러나 차츰 싸움질이 잦고, 부모의 말도 잘 듣지 않고, 돈을 함부로 쓰는 등 판단력 없는 행동을 반복하다가 어느 날 여자 친구와 데이트를 하다가 갑자기 강간행위를 한 것이다. 재판을 기다리는 동안 몇 가지 간질증세를 나타내었으나, 진단을 받을 때 간혹 혼란을 일으키는 것 외에는 전후 모순 없이 이야기를 잘 진행시켰다. 그러나 범행시각의 전후에 이르러서는 전혀 아무 것도 기억하지 못하고, 그 일의 앞뒤만을 연결지을 뿐이었다. 그는 간질발작에 의한 심신상실 중의 범행으로 판결되었다(P. Tappan, Crime, Justice and Correction, 1960, p.130).

할 수도 있으나 이것도 매우 드물다. ③ 간질로 인한 뇌손상이 인격장애를 일으
켜서 반사회적 행동을 일으키게 할 수 있다. ④ 환자는 질병으로 인해 생활에서
겪는 어려움으로 강한 반사회적 태도를 지속적으로 가질 수 있다. ⑤ 성장초기
의 박탈된 환경이 반사회적 태도를 갖게 만들뿐만 아니라 간질을 얻기 쉬운 상
황에 노출시킬 가능성을 높인다. ⑥ 반사회적 인격장애자는 그들 자신을 위험한
상황에 더 잘 노출시키며 그리하여 간질을 일으키게 하는 두부손상을 정상인보
다 더 많이 당할 수 있다는 것이다.[26]

그리고 이러한 지속적인 의지박약성으로 인해 부랑, 걸식, 매춘 등에 빠지는
수도 있다. 또한 간질이 어릴 때부터 시작된 경우에는 주위 사람들로부터의 냉대
내지 멸시에 대한 심리적 열등감에서 폭발적 흥분, 고집불통, 너무 꼼꼼한 것 등,
이른바 간질성인격(癎疾性人格)을 형성하여 각종 문제를 일으키게 된다. 따라서
간질병자에 대해서는 의학적인 치료와 더불어 심리적 치료를 병행하여 인격의
왜곡화방지를 하여야 한다.

제3절 정신신경증과 범죄

I. 개 관

'정신신경증(精神神經症, psychoneuroses)'은 뇌나 기타 기관에 어떤 병리적
장애가 발생하여 나타나는 현상이 아니라 심리적 장애 때문에 정신생활이나 신
체생활에 상당한 장애가 일어나는 것을 말한다.[27] 정신신경증은 현실과 차단된
상태에서의 환상·망상·환각·의식장애 등이 없으며, 그 지각작용과 사고생
활에 있어서 정당성이 유지되고 있다는 점에서 정신병과 구별된다. 또한 단순한

---

26) J. C. Gunn, The prevalence of epilepsy among prisoners, Proceedings of the Royal Society
    of Med 62, 1969, pp.60~63; 장동원, 정신질환자의 범죄성에 관한 연구, 한국형사정책연구원,
    1991, 33면 이하.
27) 신진규, 형사정책, 213면.

‘성격장애(性格障碍, personality disorder)’ 정도로 볼 수도 있으나, 그 원인이 기질성이지 않고 심인성이라는 것과 단순한 정신상의 장애에 그치지 않고 신체상에도 상당한 장애가 수반되는 경우가 많다는 점에서 구별된다.

정신신경증의 발생양상에 있어서 그 심리의 기본구조는 언제나 두 가지의 상반된 요구로 심리심층내면(心理深層內面)에서 갈등을 일으키고 있다는 것이다. 예컨대 한편으로는 강력한 성욕의 충동을 의식하면서 다른 한편으로는 사회적 금기의식을 강력히 의식하는 것이다. 이러한 상반된 요구가 갈등하고 있는 가운데 사회적·외부적 금기의식으로서의 초자아가 과도하게 작용하고 있으면 그는 이렇게도 저렇게도 못하는 딜레마에 빠지게 된다. 이러한 심리적 딜레마 내지 갈등이 지속되다 보면 결국 어떤 욕구불만감과 함께 불안감, 나아가서 열등감·죄의식·긴장감 등이 얽혀 각종 신경증의 형태로 발전하게 된다.

이러한 정신신경증은 주로 내심의 욕구를 너무 과도하게 억제하는 데서 초래되는 것이기 때문에 원칙적으로 범죄 등 반사회적 행위와는 관계가 적은 것으로 본다. 그러나 그것이 심할 때에는 각종 정신병적 징후를 나태 내고, 반사회적 범죄행위를 저지르는 수가 있다. 정신의학자 구트마허(M. Guttmacher)에 의하면 모든 범죄자에 대하여 그 정신상태를 엄격히 조사한다면 그중 최소한 10%는 정신신경증원인의 범죄자라는 것이다.28) 이러한 신경증에는 여러 가지 종류가 있는데 범죄와 관련된 것으로는 강박신경증, 불안신경증, 히스테리(전환신경증) 등이 있다.

II. 강박신경증과 범죄

1. 강박신경증의 의의

‘강박신경증(强迫神經症, obsessive-compulsive neuroses)’은 자기의 이성적 판단으로는 불합리하다는 것을 알면서도 그래서 생각하지 않으려고 노력하지만 계속해서 머리에 떠오르는 어떤 관념 또는 감정 때문에 괴로워하며, 그 때문에

---

28) Manfred Guttmacher, Psychiatry and the law, 1952, p.395.

일정한 행동을 반복하게 되고, 그 관념 또는 감정을 떨쳐버리고 그런 행동을 하지 않으려 하면 할수록 더욱 심하게 긴박감과 불안감에 휩싸이게 되어 견딜 수 없는 정신적 장애인 경우를 말한다. 예컨대 문단속이 잘못되지 않았나 하는 생각 때문에 몇 번이고 반복해서 확인을 하고 다시 가볼 필요가 없다고 생각하면서도 또 다시 한 번 더 가보지 않고는 안 되어 또 다시 가보는 경우이다. 강박신경증에 걸리기 쉬운 사람은 감정의 양극성(兩極性)이 심한 사람이다. 예컨대 애정과 증오, 선과 악에 대한 의식이 강한 사람, 근면하지만 의심이 많고 자기 반성적이고 자기에 대해 가혹하리만큼 비판적이고 이 때문에 열등감을 느끼기 쉽고 자제심이 많고 모든 일을 조화와 균형을 맞추고자 하는 사람, 지나치게 완고하고 융통성이 없는 사람 등이다.

2. 강박신경증과 범죄의 관계

강박신경증은 대개 하나의 개인적 곤란으로 그친다. 그러나 어떤 경우에는 극도의 위험성을 지니고 때로는 범죄행위를 반복케 한다. 대표적인 것이 도벽(盜癖, kleptomania), 방화광(放火狂, pyromania), 음주광(飮酒狂, dipsomania)이다. 도벽의 경우에는 끈임 없이 반복해서 각종 물건을 훔쳐서 자기 방에 진열하게 된다. 이들은 성적 욕구의 상징적 충족방법으로 이러한 행위를 하는 경우가 많은 바, 이들의 절취행위의 대상은 성기(性器)를 상징하는 것이다. 직접적인 성욕충족행위는 금기의식 때문에 못하고 이런 방법을 선택한다는 것이다. 방화광의 경우에도 이와 비슷하여 성욕 등 내적 긴장감 내지 불안감의 상징적인 발산방법으로 이러한 행위를 반복한다는 것이다. 즉 절도나 방화 그 자체가 목적이 아니고 이러한 행위를 통하여 간접적·상징적으로 성욕 등 내적 불만상태 또는 긴장감을 해소시키고자 하는 강박적 충동에 못 이겨 그것을 자행하게 된다는 것이다.

어떤 방화범의 경우 언제나 그 행위 전에 강한 죄책감과 불안감이 있었다고 한다. 그는 그때마다 허약감(虛弱感)을 느끼고 식은땀을 흘리며 벌벌 떨게 되었다. 때로는 현기증을 느끼고 토하기도 하였다. 그리고 방화의 충동에 따라 불을 질렀을 때는 신비로운 쾌감을 느꼈고, 강열한 반응이 후퇴하면 집에 돌아와서 조

용히 잠에 들었다는 것이다. 그는 이런 방화행위를 4년간 계속하였다고 한다. 또 17세의 살인범의 경우도 이와 비슷한 '저항할 수 없는 충동(irresistible impulse)'에 따라 범행을 반복한 것으로 진단되었는데, 일반적인 광폭한 살인범과는 달리 얌전한 생김새였으며, 부모도 신앙심이 깊은 사람이고 가계(家系)에도 정신병의 예가 없었다고 한다. 그는 어릴 때부터 여성의 내의를 훔쳐 성적 쾌감을 즐겨오다가 차츰 침입절도형식으로 여성의 옷을 훔쳐 왔으며, 17세가 되기까지 25건의 침입절도, 1건의 강도, 1건의 살인미수상해, 3건의 살인을 자행하였다는 것이다.[29]

그 밖에도 강박신경증은 음주벽(飮酒癖, dipsomania), 살인강박(殺人强迫, homicidal compulsion) 등의 범죄행위를 반복케 한다. 성도착자(性倒錯者)의 경우도 강박신경증과 깊은 관련을 갖는 것으로 인식되는데 이들은 억압된 성적 충동 또는 기억을 이러한 이상행동으로 나타내게 된다. 이러한 강박신경증 환자의 치료방법에는 체계적 감도항법(體系的 感度降法이)나 사고중단법(思考中斷法) 등이 있고, 강박적·의례적 행동을 치료하기 위해서는 반응예방법(反應豫防法), 전기충격요법, 인슐린치료, 정온제투여(靜隱劑投與) 등의 방법을 쓰기도 한다.

III. 불안신경증과 범죄

1. 불안신경증의 의의

'불안신경증(不安神經症, anxiety neurosis)'은 알 수 없는 심한 불안감에 사로잡혀 있으면서 정신·신체상에 여러 가지 장애를 호소하는 경우를 말한다. 이 증상은 건강했던 사람에게도 나타날 수 있으며, 가끔 수초 도는 수분 정도의 발작을 일으키는 경우가 있다. 불안신경증은 정신신경증의 가장 기본형이라 할 수 있고, 어느 신경증이나 이것을 거치고, 또 이것을 겹쳐 가지고 있는 것이 브통이다. 불안신경증의 증상은 심장·혈관·호흡기능에 대한 장애를 느끼고, 식욕의 감퇴, 변비증, 피로감, 두통, 수면장애 등 여러 가지 증세를 호소하고 주의집중이

---

29) Tappan, Crime, Justice and Correction, 1960, p.133f.

되지 않는 것 등이 나타난다. 그러나 그것은 모두 정신기능의 장애에 의한 심리적 현상으로 판단된다. 불안신경증에는 급성 불안신경증과 만성 불안신경증이 있다.

2. 불안신경증과 범죄의 관계

일반적으로 불안신경증과 범죄의 관련성은 '죄책감 콤플렉스'를 중심으로 논의되고 있다. 즉 Oedipus Complex나 Electra Complex를 적절하게 처리하지 못하면 죄책감(罪責感, guilt-feeling)이 쌓이고,30) 그로부터 불안의 중압감을 계속 느끼다 보면 피학대증적 경향(被虐待症的 傾向)을 띠게 되고, 결국에는 다른 사람으로부터 고통의 괴로움과 형벌을 받음으로써 그 불안감과 죄책감을 해소하고자 하는 충동에 몰리게 된다. 그리고 이에 따라 행하여지는 것이 바로 불안신경증환자의 범죄행위가 된다는 것이다.

로우크(F. L. Rouke)는 상점절도범(shoplifters)에 대한 임상실험에서 절도범 중 생계수단으로 물건을 훔친 경우는 10%미만이고 87%가 각종의 정신장애(특히 정신신경증 장애)에 기인한다고 보고하면서 다음과 같이 상점절도자들을 분류하였다. 첫째로는 상징적 성충족(象徵的 性充足)의 방법으로 절취하는 경우이다. 어느 부인의 경우는 남편이 아닌 다른 남성에 대한 강한 성적 충동이 거절된 데서 비롯되는 긴장감을 해소하기 위한 수단으로 상점절도행위를 저질렀던 것인데, 그 절취물의 가치는 성욕의 강도에 따라 변동된 것 같다고 한다. 둘째로는 죄책감에 따른 처벌을 받고자 하는 무의식적 요구에 따라 절도행위를 자행한 경우이다. 어느 부인은 남편의 출장 중 다른 남성과 간통하였다가 이혼을 당했는데, 그 후 죄책감과 처벌받고자 하는 충동에서 절도행위를 했다는 것이다. 셋째로는 옷을 잘 입음으로써 다른 사람의 수용(受容) 및 지위(地位)를 획득하기 위

---

30) Oedipus Complex는 정신분석학적 개념으로서 남자아이가 사랑과 관심을 어머니 쪽으로 돌리고 어머니의 사랑과 관심을 얻기 위해 아버지와 투쟁하는 것을 말하며, Electra Complex는 반대로 여자아이가 사랑과 관심을 아버지 쪽으로 돌리고 아버지의 사랑과 관심을 얻기 위해 어머니와 투쟁하는 것을 말한다.

해 절취한 자들이다. 넷째로는 부모에게 불명예를 주기 위한 복수심에서 범행한
자들이다.31)

불안신경증 범죄자는 범죄행위 전부터 죄책감을 가지고 있다. 그렇기 때문에
범죄 후 처벌을 받을 때는 해방감을 느끼나 그것은 일시적인 효과일 뿐이고, 또
다시 죄책감의 가중과 함께 형벌을 갈망하게 됨으로써 범죄행위를 반복하게 된
다. 따라서 죄책감을 가지는 심층심리구조의 근본적인 개선 없이는 재범을 막을
수 없다. 그리하여 메닝거(K. Menninger)는 자신의 저서 형벌범죄(The Crime of
Punishment, 1968)에서 형벌제도 특히 교도소제도가 기본적으로 처벌위주의 행
형시설로 운영되는 점을 비판하고, 근본적으로 치료시설로 개혁되어야 한다고
주장하기도 하였다. 그러나 이러한 주장은 지나친 것이라 본다. 범죄자 중의 대
다수가 정신장애로 범죄행위를 저지르는 것이 아니고, 현재 정신분석학파의 가
설 위에서 많은 치료효과를 보고 있음은 사실이나 다른 방법에 의해서도 치료되
고 있는 사실에 미루어 보아 이는 정확한 논거가 되지 못한다.

IV. 전환신경증과 범죄

'전환신경증(轉換神經症, hysterias)'은 의식적으로는 용납할 수 없는 무의식적
충동을 내적으로 억압하고 있는 동안 심층심리내면에서 발생하는 심적 갈등이 신
체적·정신적 장애로 전환되어 변장된 모습으로 나타남으로써 이상 현상을 경험
하게 되는 '심인성 심신장애현상'을 말하며, 여성에게 더 많이 발생한다. 이런 환
자의 증상으로는 신체적으로는 두통·감각둔마(感覺鈍麻 : 시력상실 등)32)·경
련·단마비(短麻痺)·구토33) 등으로 나타나고, 정신적으로는 심한 감동탈작으
로 정신병적 현상을 보이고 다변(多辨)·다동(多動)하고, 때로는 심한 욕질·기
물파괴·폭행을 하게 되고, 또 의식의 혼탁상태에 빠져 그 사이에 각종 범죄를

---

31) F. L. Rouke, J. Soc. Therapy, Vol. 1, 1955, p.95; P. Tappan, Crime, Justice and Correction,
 p.135.

32) 전장에서 군인들이 히스테리성 맹인으로 되는 수가 있는데, 이것은 전장을 떠나고자하는 충동
 에서 생기는 내적 갈등의 한 전환반응이라고 한다.

33) 예컨대 히스테리여성이 방자한 남편 앞에서 기절, 구토 등을 당황케 하는 것이다.

자행하거나 몽유병적 상태에서 헤매기도 한다. 전환신경증 환자는 긴장된 상황 하에서, 즉 감정자극이 큰 조건하에서 흔히 의식의 혼탁과 함께 특이한 격정반응을 나타냄으로써 이성적 조정이 불가능하여 각종 범죄(살인·방화)를 저지르게 된다.

제4절   정신병질와 범죄

I. 정신병질의 개념

일반적으로 인격에 이상이 있는 경우를 인격장애(人格障碍, personality disorder)라고 하는데, 이는 신경증에 따른 장애를 포함한 광범위한 개념으로써 자극과 반응의 부조화, 기능적 협동의 결여 등의 증상을 나타낸다. 그리고 이러한 광범위하게 정의되는 인격장애 가운데 가장 전형적인 것이 정신병질 혹은 반사회적 인격장애라고 할 수 있다. 정신병질(精神病質, psychopathy)은 인격이상이 정상성(正常性)을 크게 벗어나서 거의 병적이라 볼 수 있는 경우를 말하고, 그런 증상을 가진 사람을 정신병질자(精神病質者, psychopath)라 부른다.[34]

원래 정신병질이란 개념은 1976년도 Cleckly에 의해 정리되어 학계에 소개되었다. 그에 따르면 정신병질자들(phychopaths)은 외관상으로는 상당이 정상적으로 보이고 지능도 보통 수준 이상을 지니지만, 극단적으로 이기적이며 타인을 목적달성의 도구로써 이용하며, 무책임하면서 냉담하고 쉽게 거짓말을 하는 특성을 지닌다고 한다.[35]

II. 정신병질의 특징

이들은 개인·집단·사회적 가치에 성실하지 못하고, 대체로 이기주의적이

---

34) 정신을 의미하는 '사이코(psycho)'와 병리상태를 의미하는 '패스(path)'의 합성어인 사이코패스(psychopath)는 반사회적 인격장애의 극단적인 증상을 가진 사람 즉 정신병질자를 의미한다.
35) 이수정, 최신범죄심리학, 82면에서 재인용.

고, 무정하고, 책임감이 없고, 충동적이고, 죄의식을 느낄 수 없고, 경험이나 형벌로도 배우는 것이 없고, 욕구불만은 낮으며, 남을 헐뜯는 경향이 있고, 자신들의 행위를 합리화시킨다.

첫째로 자아의 인격구조가 기본적으로 손상됨과 동시에 주변의 현실상황에 대한 판단이나 상호작용이 정상적으로 행해질 수 없다는 데 있다. 즉 현실과 환상을 구별하는 데 극단적인 어려움을 겪게 되어 현실과의 접촉을 상실한다. 이들은 환상, 환각, 망상, 의식혼탁 등을 경험한다.

둘째로 정신병자들은 정신생활상의 장애로 인하여 자기 또는 타인에게 유해한 행동을 자행하기 쉽다는 것이다. 이들은 공격·시기·질투·절취 등의 충동에 빠져 아무런 생각 없이 각종의 범죄행위 또는 이상행동을 자행한다. 그러나 모든 정신병자가 반드시 범죄자가 되는 것이 아니다.[36]

셋째로 정신병질자의 증상은 일생을 통하여 지속적인 상태이긴 하지만 외적인 생활인자에 의해 여러 방면에서 영향을 받을 뿐만 아니라 연령에 따라 차이가 나타난다. 소아기의 정신병질 현상은 아직 불완전한 요소적 형태를 나타내고 이 시기에는 현저한 인격적 왜곡보다는 감각과 운동의 영역에서의 일반적·요소적 기능장애, 즉 감각과민·야경증·수면장애·야뇨증 등이 나타난다고 한다. 그리고 성인이 되었을 때의 증상은 정서통제의 결함, 충동성, 소아적인 행위의 지속, 경험을 살리는 능력의 결여, 장래에 대하는 배려결여, 자기신뢰의 결여, 집단에의 적응불안, 지루함의 인내능력결여, 무책임 등이다.

넷째로 사랑할 능력이나 타인에 대한 이타심의 부재, 극단적 이기주의, 공감능력 결핍 및 죄책감이나 양심의 가책 결여 등이다. 크렉리(Cleckley, 1976)에 의하면 '자기중심성'은 정신병질자에게 항상 나타나며 본질적으로 변하지 않는다고 한다. 그들은 깊은 정서적 상태인 것처럼 가장하는 기술이 매우 발달되어 있고, 적절한 정서를 효과적으로 흉내 낼 수는 있지만 진실한 충심, 따뜻한 열정은 그들에게는 낯선 것이며, 그들은 정직한 척 보이게 하는 교활한 능력을 가지고 있는 대신 사실상 알맹이가 없다고 한다. 만약 그들이 도움행동을 했다거나 타인

---

36) 신진규, 범죄학 겸 형사정책, 법문사, 1988, 206면.

을 이해하는 반응을 보였다면, 그것은 다른 목표를 위한 일시적인 위장에 지나지 않을 뿐, 사실상 타인의 관점에서 바라보는 능력이 거의 없을 뿐만 아니라 흉악한 범죄를 저지르고도 피해자를 비난하거나 어떠한 행동에 대해서도 양심의 가책이나 죄책감을 느끼지 못한다. 심지어 그들은 범죄행동을 일종의 'Game'으로 여기며 피해자에 대한 이해심이라고는 찾아보기 힘든 특징을 지닌다. 범죄자들 중에서 가장 위험한 정신병질자 집단은 인지행동적 혹은 신경심리적으로 독특한 특성을 지닌다고 알려진다.

또한 위돔(Widom)의 연구에 의하면 정신병질자들은 동일한 상황에 대하여 다른 사람들이 자신과는 다르게 해석을 할 수 있다는 사실을 상상하지 못하며, 자신의 고정된 인지구조를 수정하려고 노력하지도 않는다. 또 다른 연구들에서도 정신병질자들은 대인관계에서 위협적인 상황에 대해 인지적으로 왜곡해서 받아들이고 있다는 사실이 밝혀졌으며, 정상인에 비해 불안 상황을 실재보다 더 많이 분노유발상황으로 지각하는 것으로 나타났다.[37]

다섯째로 이러한 정신병질적 특징이 가장 많이 나타나는 시기는 20세부터 29세 사이이며, 정신병질은 인격이상이므로 질적으로는 일반인과 큰 차이가 없다.

정신병질자의 증상은 일생을 통하여 지속적인 상태이긴 하지만 외적인 생활인자에 의해 여러 방면에서 영향을 받을 뿐만 아니라 연령에 따라 차이가 나타난다. 소아기의 정신병질 현상은 아직 불완전한 요소적 형태를 나타내고 이 시기에는 현저한 인격적 왜곡보다는 감각과 운동의 영역에서의 일반적·요소적 기능장애, 즉 감각과민·야경증·수면장애·야뇨증 등이 나타난다고 한다.

III. 정신병질 유형과 범죄

범죄행위의 원인으로서 정신병질은 일시적·기회적인 범죄보다도 지속적·상습적인 범죄가 더욱 중요하다. 또한 정신병질은 범죄뿐만 아니라 기타 여러 가지 병적인 사회현상, 예컨대 낭비, 가출, 부랑, 매춘, 자살 등과도 밀접한 관련을

---

37) 이수정, 최신범죄심리학, 83~84면에서 재인용.

가지고 있다. 정신병질의 분류에는 시대와 국가와 학자에 따라서 여러 분류법이 있으나, 현재 가장 대표적인 것으로는 쉬나이더(K. Schneider)의 분류방법과 미국의 정신질환 편람(Diagnostic And Statistical Manual of Mental Disorders)에서 분류한 인격장애의 유형을 들 수 있다.

1. 쉬나이더(K. Schneider)의 정신병질 유형과 범죄

그는 다음과 같이 10개의 유형으로 나누어 정신병질자의 특징과 범죄의 관계를 설명하고 있다.[38]

① **발양성정신병질자**　　　발양성정신병질자(發揚性精神病疾者, hyperthyme Psychopathen)는 자기 자신의 능력과 운명에 대하여 지나치게 낙관적이며, 그로 인해 경솔하고 불안정한 면을 갖는 병질자이다. 비만형 체질에 많다. 이들은 다혈질적이고 활동적이어서 어디서나 떠들고 야단법석을 떨며 실현가능성이 없는 약속도 깊은 생각 없이 남발함으로써 상습사기범이 되기 쉽다. 무전취식자로 돌아다니기도 하며 이때 자동차 같은 것을 닥치는 대로 훔쳐 돌아다닌다. 그리고 무반성적이고 찰나적인 충동에 따라 움직이며, 누구와도 쉽게 흉금을 털어놓고 이야기를 나누다가 범죄의 유혹에 쉽게 빠지기도 한다. 이러한 유형의 범죄자는 다른 유형과 결합하는 경우가 많으며, F. Stumpfl에 의하면 상습누범자 중에 상당수가 있다고 한다.

② **우울성정신병질자**　　　우울성정신병질자(憂鬱性精神病質者, depessive Psychopathen)는 염세적·비관적인 생각으로 항상 우울하게 지내며 자책적이다. 비만형 체질에 많다. 그들은 항상 최악의 사태를 생각하고 과거를 후회하며 장래를 걱정하는 일로 소일한다. 발기제지성(發起制止性)이 강하여 무슨 일에 있어서나 자칫하면 다음 날로 미룬다. 불평이 심하며, 적극적으로 범죄에 가담하지 않는 편이고 자살에 잘 빠진다. 그러나 어떤 강박증상으로 살인, 상해, 성범죄를 저지르는 수가 있다.

---

38) 신진규, 형사정책, 242면 이하; K. Schneider, Die Psychopathischen Persönlichkeit, 9th ed., 1951.

③ **의지박약성정신병질자**　　의지박약성정신병질자(意志薄弱性精神病質者, willenloss Psychopathen)는 적극적으로 어떤 목표를 추진하는 능력이나 외부로부터의 공격·유혹에 자기의 소신을 가지지 못하여 주변 상황과 주변 사람들의 태도에 따라 우왕좌왕한다. 대부분 지능이 낮은 편이며, 인내심이나 저항력이 빈약하다. 이들은 좋은 환경조건하에서는 아무런 일도 저지르지 않고 온순하고 모범적으로 생활한다. 그러나 범죄의 유혹에 직면하게 되면 쉽게 빠지고, 그 후에는 헤어나지를 못한다. 대개 소년범죄와 관련되는 경우가 많으며 절도·사기·횡령 등 재산범죄자가 많다. 누범의 60%를 차지할 만큼 습관성 범죄자, 특히 상습누범자·창녀·알코올중독·마약중독자 중에 많다.

④ **무정성정신병질자**　　무정성정신병질자(無情性精神病質者, gemutlose Psychopathen)는 다른 사람에 대한 동정심이나 연민의 정이 박약하고 수치심, 명예심, 공동의식, 양심의 가책 등이 결핍되어 방자하게 행동한다. 즉 자기의 목적을 달성하기 위해서는 냉혹·잔인하며 죄책감이 없고 복수심이 강하고 완고하며 교활하다. 범죄학상 가장 주목받는 유형이다. 이들은 시종 자기중심적으로 사고·행동한다. 그렇기 때문에 이들의 범죄행위는 잔인·냉정·대담하고, 가족이나 친지까지도 쉽게 희생시킨다. 상습누범, 범죄단체조직범과 흉악범(살인·강도·강간 등)에서는 이러한 무정성 정신병질자가 많으며, 대량살인을 범하는 경우도 있으며, 성도착증과 같은 치유가 어려운 증상을 갖는 경우도 많다.

⑤ **폭발성정신병질자**　　폭발성정신병질자(爆發性精神病質者, explosive Psy-chopathen)는 사소한 자극에 대해 병적으로 격렬한 반응을 일으키고, 앞뒤를 생각 없이 닥치는 대로 던지고 때리고 폭언하기를 주저하지 않는다. 이때 다른 사람을 향해 공격하는 것 이외에 자상을 할 수도 있다. 이런 경향은 음주 후에 더 잘 나타나며, 살인·상해·폭행·모욕·손괴 등의 범죄를 쉽게 저지르게 된다. 특히 음주할 때나 무정성 내지 의지박약성 정신병질을 병유할 때는 이러한 경향이 더욱 뚜렷하게 나타난다. 그러나 이들은 평소에는 조용하고 친절하며 분별력 있게 지낸다.

⑥ **기분이변성정신병질자**　　기분이변성정신병질자(氣分易變性精神病質者,

Stimmungslabile Psychopathen)는 기분의 동요가 심하여 예측할 수 없으며, 억울한 생각, 기분이 나쁜 상태가 갑자기 나타났다가 곧 사라지는 등의 발작을 반복한다. 이들은 방랑·폭음·낭비를 일삼고 방화범과 상습범 중에서 상당수를 차지하고 있다. 정신병질자의 절반이 이에 속한다.

⑦ **현양성정신병질자**   현양성정신병질자(顯揚性精神病質者, geltungsbedür-ftige Psychopathen)는 자기가 항상 모든 일의 중심에 있다는 태도를 보이고 자기를 실제보다 높게 보이려는 허영심이 강하다. 이들은 다른 사람의 주목과 평판의 대상이 되고자 하여 공상성 허언(호想性 虛言)을 일삼고, 자기를 고위층의 누구라는 식으로 속여 사기행각을 일삼고, 자신도 다른 사람의 사기에 걸려들기 쉽다. 그리고 그 욕구가 좌절되면 흔히 신체적 질환으로 도피하는 히스테리성 반응을 나타내어 주변 사람을 놀라게 하며, 이는 특히 구금된 수형자 중에서 흔히 보인다.

⑧ **자신결핍성정신병질자**   자신결핍성정신병질자(自信缺乏性精神病質者, selbstunsichere Psychopathen)는 자기의 우월성을 나타내고자하는 마음이 가득하나 자기의 능력부족을 늘 의식하여 주변 사정에 민감하거나 강박현상을 일으키기 쉽다. 주변사정에 민감하여 도덕성을 지키기 쉽기 때문에 원래 범죄성과 그다지 관련이 없다. 그러나 강박증상으로 인해 살인, 상해, 성범죄 등을 저지르는 수가 있다.

⑨ **광신성정신병질자**   광신성정신병질자(狂信性精神病質者, fanatische Psychopathen)는 어떤 가치관념에 열중하여 그것을 외부에 대해 적극적으로 선전·주장하고, 그 소신에 따라서 행동하는 강한 인격의 소유자이다. 이들은 정의감에 따라 소송을 즐기고 수형자가 되어서도 호소광으로 말썽을 일으키며, 비현실적인 기괴한 주장을 펴기도 한다. 종교적 광신자, 정치적 광신자에 많으며, 가끔 상습범죄자 중에서도 보인다.

⑩ **무력성정신병질자**   무력성정신병질자(無力性精神病質者, asthenische Psychopathen)는 심신(心身)의 부조화 현상을 늘 호소하면서 관심을 자기에게 돌리고 동정을 바란다. 그렇기 때문에 인격감의 상실에 빠져 번민하기도 하며 신

경질적이다. 그러나 이들은 범죄와는 관계가 적다.

이상과 같이 쉬나이더가 분류한 유형은 모두 범죄와 관계가 있는 것이 아니다. 10가지 정신병질자 유형가운데 범죄와 적극적인 관련을 갖는 형은 발양성, 의지박약성, 폭발성, 기분이변성, 현양성, 광신성, 무정성이며, 우울성, 자신결핍성, 무력성은 소극적으로만 관련이 있을 뿐이다.

2. 미국에서의 정신병질의 유형과 범죄

미국의 정신질환 편람(DSM, Diagnostic And Statistical Manual of Mental Disorders)에서는 인격장애(Personality Disorder)의 유형을 망상성(Paranoid)[39], 분열성(Schizoid)[40], 분열형(Schizotypal)[41], 반사회성(Antisocial), 연극성(His-trionic)[42], 경계선(Borderline)[43], 자기애성(Narcissistic)[44], 회피성(Avoidant)[45],

---

39) 대다수의 가학적 변태성욕자들은 편집증적 공포에 시달리는 경향이 있다. 즉 자신은 억지로 어떤 상황에 엮인 것으로 생각하며 의심이 많고, 타인을 잘 믿지 않으며 경계심이 지나치게 많고, 배신을 당하지는 않을까 끊임없이 경계한다. RoyHazelwood & Stephen G. Michaud, 2002, 104면.

40) 타인과 인간관계를 맺거나 사람을 사귀려는 욕구가 없으며 생활속에서의 즐거움을 느끼지 못하기 때문에 감정표현이 없고 대인관계를 기피하며 주로 고립된 생활을 한다. 이러한 특징은 유아를 유괴하거나 살해하는 범죄에서 보여진다(大村政南, 2001, 211~213면).

41) 기괴한 공상과 마술적 사고를 믿거나 비범한 깨달음을 경험한다. 따라서 특이한 복장을 하고, 사회에 대한 불만을 지나치게 토로하고, 자신의 이익과 쾌락을 위해서 타인을 속이고, 화를 잘 내고 공격성이 강하고, 불별없이 성질이 급하고 양심의 가책이 없다. 이러한 특징은 모두 범죄와 관련된다(大村政南, 2001, 211면).

42) 과도하고 극적으로 감정을 표현하거나 지나치게 타인의 관심과 주의를 끌기 위해서 행동한다. 즉 성적 유혹이나 신체적 외형으로 타인의 관심을 끈다거나, 과장된 표현과 인상적이지만 내용이 없는 말을 잘한다. 이러한 특징은 사기범죄와 관련성이 높다(大村政南, 2001, 212면).

43) 겉으로 보기에는 멀쩡한 사람이 지니고 있는 정신질환으로써 겉으로는 현실에 무관심하고 매우 차갑지만 내면적으로는 강정적인 열정이 폭풍처럼 휘몰아치는데 이러한 감정의 소용돌이는 대부분 자해, 고문, 살인 등 파괴와 공격적인 행동으로 나타난다. 즉 심리적 억압에 대한 분출구를 찾지 못한 채 끝없이 좌절감과 여기에서 비롯되는 불특정 다수에 대한 증오감에 휩싸이고 뚜렷한 이유 없이 누군가를 가해함으로써 돌파구를 찾고자 한다. 간헐적으로 반사회적 행동을 하지만 사회규범을 크게 위반하지 않으며 죄의식이 있고, 외로움을 많이 느낀다는 점 그리고 좌절과 권태에 대한 인내심이 없으며 불안과 죄의식으로 인하여 고통을 받는다는 점에서

의존성(Dependent)[46], 강박성(Obsessive Compulsive)[47] 등으로 분류하고 있다.

이러한 유형들 중에서 범죄와 가장 밀접한 관련성을 가지고 있는 것은 '반사회적 인격장애[48]' 이다. 국내에서는 사이코패스와 반사회적 인격장애가 혼용되어 사용되고 있는데, 엄밀히 말하면 '사이코패스'는 반사회적 인격장애의 극단적인 증상을 가진 사람으로서 범죄행위에 대한 동정심·숭고함·죄책감 등이 매우 부족하다는 점에서 반사회적 인격장애와 구별된다. 따라서 반사회적 인격장애자의 범주 안에 사이코패스들이 모두 포함되지는 않지만 대부분의 사이코패스들은 반사회적 인격장애를 자긴 자들이다.[49]

【지존파 사건】 1994년 9월 20일 추석연휴 기간에 세상에 전모가 드러난 폭력조직의 엽기적인 살인사건이다. 김○○ 등 조직원 6명은 1993년 7월 '지존파'를 결성하여 사업가 부부를 납치 살해한 것을 비롯해 배신한 조직원 1명 등 모두 5명을 잔인하게 살해한 뒤 시체를 암매장하거나 불에 태웠다.

1994년 6월 두목 김기환이 10대 소녀를 성폭행한 혐의로 ○○경찰서 형사들

반사회적 인격장애와 구별된다(오윤성, 범죄 메커니즘의 이해, 178~179면).

44) 자기를 과도하게 평가하거나 간정이입의 결여, 행동이나 사고에 있어서의 과장이 심한 장애이다(Ronald Blackburn, 2003, 77면). 이러한 장애를 가진 범죄자가 자기 중심적 성향을 드러내는 가장 전형적인 방법은 언론에 구애하는 것이며 수많은 가학적 변태성용자들은 자신이 한 행위를 강박적으로 자랑스럽게 떠벌리는 경향이 있다.

45) 소극적이고 위험에 지나친 부담을 느끼며, 어떤 일에 관여하는 것을 피하고 타인의 비관에 대해 쉽게 상처를 입고, 자신에 대한 부정적 평가에 불편함이나 공포를 느끼는 장애를 말한다(Ronald Blackburn, 2003, 77면). 대표적 예로는 무언의 스토커를 들 수 있다.

46) 타인의 보살핌을 받고자 하는 과도한 욕구를 가지고 있기 때문에 이를 위해 타인에게 지나치게 순종적이고 굴종적인 행동을 통해 의존한다. 이러한 유형의 사람은 주도적으로 범죄를 행하지는 않지만 범죄에 쉽게 가담하는 공범이 되는 경우가 있다(大村政南, 2001, 212~213면).

47) 완벽주의와 융통성이 전혀 없는 성격으로서 위험성을 과장되게 인식하고 그 과장된 위험을 피하기 위하여 지나친 노력을 하며, 지나친 책임감, 100%의 확실성 등을 추구한다(장근영, 2004, 149~151면). 이러한 유형의 사람은 주어진 상황을 제멋대로 생각하고 마음에 드는 상대방의 뒤를 쫓아 여벌의 열쇠를 장만하여 주거에 침입하기도 한다(大村政南, 2001, 211~213면).

48) '반사회적 인격장애'라는 용어는 정신의학자가 매우 심각한 범죄자들에 대하여 붙이는 명칭에 불과하고, 중대한 범죄를 저지른 모든 범죄자가 반드시 정신병질에 해당하는 것은 아니다.

49) 김상균, 범죄심리학, 105~106면.

에게 검거되었는데, 체포되었을 때까지 반성이 없었으며, 살인의 이유를 불평등
한 사회 모순이라며 사회로 돌리고 자신들의 가치 전도 현상을 정당화하려고 하
였다. 하지만 체포 직후에는 회개하는 모습을 보이며 진술에도 협조적인 태도를
보였다는 주장도 있다.

(1) 반사회적 인격장애

반사회적 인격장애가 있는 사람은 자기중심적이고 교묘하며 계속해서 사회
규범을 어기는 행위를 한다. 반사회적 인격장애는 20~29세에 가장 많이 나타나
며, 정신병질은 인격이상이므로 질적으로는 일반인과 큰 차이가 없다. 정신병질
자는 전체인구의 약 1%, 그리고 수용되어 있는 범죄자들의 약 15%~25%정도
해당되고, 반면에 중구금시설 재소자들 중 80%~90%는 반사회적 인격장애로 구
분된다고 한다.[50]

이러한 장애를 가진 사람은 정서발달이 없고 사람의 기대나 고통을 이해하지
못한다. 인간의 정서에 관심이 없기 때문에 자신이 체포된 후의 처우에 관하여도
무관심하고, 사형을 선고받더라도 공황상태를 일으키지 않는다. 이는 자신의 죽
음에도 흥미를 가지지 않기 때문이다.

이러한 유형의 인격을 가진 사람은 선천적으로 나쁜 사람이거나, 초기에 절도
나 폭력 등 범죄행위를 저지르고 반성하지 않는다. 다만 반사회적 인격장애를 가
지게 되는 원인이 명확히 밝혀지고 있지 않지만, 소년기인 대개 15세 이전에 나
타난다고 한다. 사회에 물의를 일으키므로 정신과적 진료대상이 되며, 그런 행동
의 반복으로 경찰서나 교도소 출입을 하는 수가 많다. 범죄자의 60%가 반사회적
인격자라는 통계도 있다.

학교에 다닐 때에도 이유 없이 잦은 결석·가출·폭행, 무분별한 성행위, 담
배 및 약물남용, 절도 등을 일삼고, 성인이 된 후에도 직업에 적응하지 못하고
자주 바꾸며, 결혼생활에서도 별거·이혼을 자주 한다. 반사회적 행동에 대해
나빴다고 시인하지 않고 자기행위를 정당화시키려고 변명한다. 성장한 뒤에도

---

50) 이수정, 최신범죄심리학, 83면 참조.

직업에의 적응실패를 거듭하며, 책임감이 없고, 결혼생활에 파탄을 일으키기 쉽다. 이런 자의 반사회적 행동이 정신지체(정신박약)・정신분열병 또는 조병(躁病)에 기인하지 않는 경우만 여기에 속한다.

> **【미국 정신의학회의 진단기준(DSM-IV-TR)】** ① 다른 사람의 권리를 무시하고 침해하는 행태를 전반적・지속적으로 보이며 이러한 특징은 15세 이후에 시작하여 다음 중 세 가지 이상의 항목으로 나타난다.
> a. 반복적인 범법행위로 체포되는 등 법률적 사회규범을 따르지 않음.
> b. 거짓말을 반복하거나 가명을 사용하거나 자신의 이익이나 쾌락을 위해 다른 사람을 속이는 사기성이 있음.
> c. 충동적이거나 미리 계획을 세우지 않고 행동함.
> d. 쉽게 흥분하고 공격적이어서 신체적인 싸움이나 타인을 공격하는 일이 반복됨.
> e. 자신이나 타인의 안전을 무모하게 무시함.
> f. 시종일관 무책임하다. 예컨대 일정한 직업을 꾸준히 유지하지 못하거나 당연히 해야 할 재정적 책임을 다하지 못함.
> g. 다른 사람에게 해를 입히거나 학대하거나 다른 사람의 물건을 훔치는 것에 대해 아무렇지도 않게 느끼거나 합리화하는 등 양심의 가책을 느끼지 않음.
> ② 진단 당시 최소한 만 18세 이상이어야 함.
> ③ 만 15세 이전에 미국정신의학회의 진단기준에 따른 행실장애(품행장애)가 있었다는 증거가 있어야 함.
> ④ 반사회적 행동이 정신분열병이나 조증 삽화 중에 일어난 것이 아니어야 함.

(2) 사이코패스(Psychopath)

이들은 무엇이 옳고 그른지에 관한 사리분별이 있을 뿐만 아니라 정신병자와는 달리 극히 이성적이고, 어떤 경우에는 대단한 매력을 뿜어내기도 한다. 사실상 멀쩡해 보이기 때문에 더욱 위험하다. 즉 인식능력이 부족하거나 현실감각이 떨어지는 것은 아니며 대부분의 정신장애자에게 나타나는 환상이나 망상을 경험하지 않는다. 이들은 자신의 행위에 대한 의미와 원인을 잘 알면서 행우를 한다.[51]

사이코패스는 대부분 선천적 기질을 가지고 태어나며 성장과정에서 불우한 환경 등의 영향을 받으면서 후천적 요소가 결합되어 보다 극대화되거나 폭력성이 증폭되고 고착화된다. 이들은 어릴 때부터 특이한 조짐이 보이는데, 예컨대 우발적으로 뻔한 거짓말을 하고, 타인의 감정·기대·고통 등에 무관심하거나 이해를 못하고, 부모나 선생님 그리고 규칙에 반항하는 경향이 많고 말썽을 잘 부리는데 이에 대한 체벌이나 질책에 별다른 반응이 없고, 남의 물건을 훔치거나 싸움을 일삼고, 일반적인 학교생활에 잘 적응하지 못하거나 무단결석·가출·기물파괴·방화 등을 행하고, 동물을 괴롭히거나 죽이고, 지나치게 성에 대한 호기심이 많다는 것이다.[52]

3. 다중인격장애

(1) 개념 및 특징

'다중인격장애(MPD : multiple personality disorder)'란, 정신의학적으로는 '해리성 정체감장애(DID : dissociative identity disorder)'라고 칭하면서 해리성 장애(dissociative disorder)의 한 유형이다.[53] 즉 의식·기억·정체감·환경에 대한 지각 등의 붕괴현상을 야기하면서 반복적으로 개인의 활동을 조절하는 다수의 각기 구별되는 정체감이나 인격이 존재하는 현상을 말한다.

다중인격장애는 동일인에게 각기 고유한 인격이 둘 이상 출현한다는 점이 가장 두드러진 특징이 있다. 이 경우 개인이 가지고 있는 고유한 인격을 host

---

51) 오윤성, 범죄 메커니즘의 이해, 2011, 356~357면.

52) 오윤성, 범죄 메커니즘의 이해, 2011, 355면.

53) 해리성(解離性) 장애는 해리성 기억상실(중요한 개인적 정보를 상실하며, 단순 기억상실과는 달리 그 망각의 폭이 넓다는 특징을 가진다), 해리성 둔주(개인의 과거에 대한 회상능력의 상실로 정체감이 혼돈되고 새로운 정체감을 형성한다는 특징을 가진다), 해리성 정체감장애, 이인성장애(현실적 판단능력은 가지고 있으나 개인의 정신과정이나 신체로부터 분리되어 있는 특징을 가진다), 기타 해리성 장애를 들고 있다. '해리'란 사전적으로는 풀려 떨어져 나가는 것을 의미하는데, 의식이나 기억, 특히 정체감의 분리나 붕괴현상을 특징으로 하는 정신장애를 총칭하여 '해리성 장애'라고 한다(정신장애의 진단 및 통계연람 제4판(DSM-Ⅳ, 한국어 번역판), American Psychiatric Association, 하나의학사, 617면 이하).

personality(이하 host로 칭함), 그 외의 인격을 alternative personality(이하 alter로 칭함)라고 칭한다. host 및 각 alter들 간에는 상호간의 의존 및 연결관계를 가지고 있지 않으므로 특정 인격하의 행위, 사건 등에 대해 다른 인격하의 등일인은 전혀 기억을 하지 못하는 경우가 발생한다. 그리고 이러한 인격변화는 단순히 정신상태, 심리적 특징만의 변화뿐만 아니라 신체적·행태적 변화가지 야기한다.[54] 예컨대 A이라는 인격 하에서는 내성적이고 술이나 담배를 즐기지 않다가도, B라는 인격 하에서는 쾌활하면서 술이나 담배를 즐긴다거나, allergy탄응을 보인다거나, 옷차림이나 목소리 심지어는 정신적인 연령과 발달단계도 서로 달이 평가되는 경우도 있다고 한다.[55]

(2) 발생원인

다중인격장애는 아동기의 피학대 경험, 특히 성적 또는 기타 폭력적 학대나 성폭행, 전쟁, 기타 재난 등에 따른 '외상후 스트레스 장애(post-traumatic stress disorder)'에서 그 발생한다고 한다. 즉 성적 또는 신체적 학대에 따른 부정적 경험에 노출된 개인은 그에 대한 심리적 방어기재를 확보하여 극복을 하는데, 이러한 방어기재의 확보가 불충분한 경우에는 인격자체를 의식으로부터 분리시켜 부정적 경험에 대처하게 된다. 이로 인하여 마치 제3자의 입장에서 자신이 경험한 부정적 사태(성적 학대, 신체적 학대, 재난 등)를 관망하게 된다고 한다.[56]

그러나 최근에는 다중인격장애는 일종의 꾀병으로 보거나 범죄행위 등과 관련하여 형사면책을 유도하기 위한 정신장애유형의 조작에 불과하다는 견해도 있다. 그 근거는 첫째, 다중인격장애를 긍정하는 견해에서는 그 원인을 아동기의 성적 또는 신체적 학대에서 찾고 있는데, 그러면 성인기보다는 아동기에 다중인격장애가 더 많이 발생하여야 함에도 실재로는 그러하지 못하다는 것이다.[57] 둘

---

54) 권창국, 다중 인격장애자에 의한 범죄행위의 형사면책 기준, 형사정책 제14권 1호, 2002, 153면.

55) 이준석·남정현, 다중인격장애 1례, 정신건강연구 제14집, 한양대학교 정신건강연구소, 1995, 164~167면 참조.

56) 이준석·남정현, 앞의 논문, 168면.

째, 다중인격장애로 심리치료를 받게 되는 대부분의 환자는 처음에는 정신분열증이나 우울증 등에 대한 치료를 위해 정신과 의사나 심리상담사를 접하게 되는데, 이 과정에서 다중인격장애로 판명되는 경우가 많으며, 또한 오히려 치료가 시작됨에 다라 alter가 등장하거나 그 숫자가 늘어나는 경우가 많다는 것이다.[58] 셋째, 현재 한 인격이 완전히 다른 인격을 통제하는 완벽한 해리상태의 다중인격장애가 존재한다는 확실한 증거가 없다는 것이다.[59]

제5절 지능과 범죄

I. 개 관

'지능(知能, intelligence)'은 자기가 경험한 사실을 기억하고 그 안에서의 법칙성을 파악함으로써 장래의 사실을 예측하면서 자기의 목표를 추구해 나가는 능력을 가리킨다.[60] 지능 그 자체에는 도덕적 의미가 없지만 지능이 낮다는 것은 충동적·감정적인 이상(異狀)이 있는 것으로 연결시킴으로써 사회적 가치판단 즉 옳고 그름을 이해하는 데 어려움이 있다는 것을 의미하게 된다. 이러한 지능이 범죄와 관련성이 있는가에 대한 초기이론은 범죄인 또는 투옥된 사람들이 정신적으로 열등하다는 가설 하에 진행되었다.

그러나 그 후에 행해진 연구에서는 대체로 범죄인들이 정상적인 지능을 가지고 있으며 따라서 범죄행위가 지능이 낮다는 것과 아무런 관계가 없다는 주장이 대부분이었다. 그런데 1970년대에는 다시 소년 비행과 관련하여 지능이 범죄와 일정한 관련성을 가진다는 이론들이 우위를 차지하게 되었다.

---

57) M. Vincent & M. R. Pickering, Multiple Personality Disorder in Childhood, Canadian Journal of Psychiatry 33, 1988, pp.524~529.

58) G. Davison & J. M. Neale/이봉건 역, Abnormal Psychology — 이상심리학 —, 시그마프레스, 2000, 137면 참조.

59) 이수정, 최신범죄심리학, 152~153면 참조.

60) 신진규, 형사정책, 223면.

초자연적 설명에 의하면 정신적으로 장애가 있거나 지능이 낮은 사람들은 악마에게 사로잡혀 있다고 생각하였다. 그래서 그들은 종종 추방당하거나 죽음에 처해지기도 하였다. 그러나 이러한 사고는 자연적 설명으로 변천되면서 변경되었다. 즉 범죄를 신의 저주로 이해하는 대신에 자연의 저주로 이해되었는데 이러한 입장에서 범죄의 원인을 설명하는 대표적인 방법이 유전 또는 가계와 범죄의 관련성을 설명하는 방법이다. 이러한 사고는 19세기 후반의 다윈(Charles Darwin)의 진화론 등과 관계가 있는데, 롬브르조(Lombroso)는 진화론적 사고에 기초하여 범죄자는 격세유전으로 인하여 초기의 진화단계로 퇴보한 사람이라고 주장하였다.

더그데일(Richard Dugdale)도 격세유전 이론을 이용하여 쥬크(Jukes)의 가계를 연구하였다.61) 그는 1874년 미국의 한 교도소에서 동시에 수용된 6명의 Jukes 집안의 가족, 즉 그 가계의 200년 전 7대에 걸쳐 총 709명을 조사하였다. 그 결과 음주벽자가 131명(18.5%), 매춘부 174명(24.5%), 정신병자 64명(8.6%), 중범죄자 77명(10.8%) 등을 발견하고 유전조건이 범죄와 밀접한 관련성을 가지고 있다고 주장하였다.

이러한 결과들이 발표되면서 범죄와 정신능력의 관련성을 조사한 연구들이 나타나기 시작하였으며, 이러한 연구는 지능검사의 방법이 발전하면서 더욱 활발하게 진해되었다.

II. 지능검사와 범죄

1. 비넷(Binet)의 지능검사

실험심리학자들은 개인적 차이에 관하여 체계적으로 관찰하고 기록하는 데 주된 관심을 가지고 있었다. 심리학실험에서는 반응시간(反應時間, reaction time)에 대한 개인적 차이를 측정한다거나 암기능력, 문장의 완성·정리능력, 그

---

61) Richard L. Dugdale, The Jukes: A Study in Crime, Pauperism and Heredity, Putnam, New York, p.8.

림완성능력, 단어인식능력, 암산능력 등의 차이를 측정하기 위한 다양한 시도가 있었다. 예컨대 1880년 독일 심리학자 에빙하우스(H. Ebbinghaus, 1850~1909)는 기억력의 차이를 수치척도로 표시할 수 있는 기억력 검사법을 고안하였다.

또한 프랑스 심리학자인 비넷(Binet, 1857~1911)은 최초로 지능검사를 실시하여 이를 파리 공립학교가 안고 있는 고질적인 저능아 문제에 적용하였다. 비넷은 파리 공립학교의 의료관리인 시몬(Theodore Simon)의 도움을 받아 1905년에 첫 번째 검사척도를 발표하였는데 이것은 '비넷-시몬(Binet-Simon)'의 지능검사 척도라는 명칭으로 불려졌다. 이 척도는 1908년에 정신연령(mental age)이란 개념이 추가되었다.[62] 비넷(Binet)은 지능검사의 각 과제에 연령수준을 설정하였다. 예컨대 9살 아이는 9살 또는 그 이하의 등급인 과제를 해결할 수 있으나, 10세나 그 이상의 등급의 과제는 해결할 수 없게 하였다. 따라서 맨 마지막 과제의 연령수준이 정신연령이 되는 것이다.[63]

1912년에는 심리학자 스턴(W. Stern)이 정신연령을 실제연령으로 나눈 다음 그 수치에 100을 곱하는 방법을 제안하였다. 이렇게 해서 나온 수치를 지능지수 또는 IQ라 불렀다. 따라서 9세의 정신연령을 지닌 전형적인 9세의 어린이는 IQ가 100이 될 것이며, 좀 더 재치 있는 어린이는 IQ가 100이상이 되는 반면, 보다 어리석은 어린이는 IQ가 100이하가 될 것이다.

---

62) Lee J. Cronbach, Essentials of Psychological Testing, 3rd ed., Harper & Row, New York, 1970, pp.215~218.

63) 당시 비넷은 그의 검사가 이용될 수 있는 방법에 관하여 여러 제한을 두었다. 그것을 보면 이 검사는 학교에서 성적이 좋지 못한 어린이를 밝혀 내여 그들에게 특별한 도움을 주기 위해 고안된 것이며, 월등한 지능을 가진 어린이를 밝혀내는데 이 검사를 사용하는 것은 그것이 이 검사법을 고안해 낸 원래 목적에 반하기 때문에 안 된다고 역설하였다. 또한 그는 검사를 사용함으로써 지진아들을 가르칠 수 없는 학생으로 낙인찍어서 그들에게 도움을 주지 않고, 학교에서 내쫓아서도 안 된다고 경고했다. Binet는 이러한 지진 학생들에게 적절한 도움을 주게 되면 그들의 성적을 올릴 수 있다는 견해를 강력하게 피력하였으며, 지능검사에서 성적이 좋지 못한 어린이를 위하여 파리학교에 특수반을 만들었다. 그는 이 학생들이 지식을 습득하였을 뿐만 아니라 지능도 높아졌다고 주장하였다. 그리고 Binet는 지능이란 교육을 통해서 변화시킬 수 있는 것이라 보았다(Stephen Jay Gould, The Mismeasure of Man, Norton, New York, 1981, p.154).

2. 고다드(Goddard)의 지능검사척도와 범죄

파리에서 비넷-시몬(Binet-Simon)의 지능검사척도의 성공과 더불어 많은 나라에서 이 척도에 관하여 수많은 수정, 확대, 번안이 있었다. 미국에서는 비넷(Binet)이 행한 검사자료와 논문들이 Vine land에 위치한 뉴저지(New Jersey) 정신박약아 훈련소에 근무하는 굿다드(H. H. Goddard)에 의해서 번역되어 널리 보급되었다. 그 후에 스텐포드 대학의 터맨(Lewis M. Terman)은 'Binet 척도의 Stanford 수정과 확대'를 발표하였다. 그런데 터맨은 비넷과는 달리 미국인들의 지능은 고정적이고 천부적인 것이라고 확신하고 있었고, 그 때문에 터맨이 지능을 검사한 주된 목적은 사람들을 분류하여 그에 적절한 사회적 역할을 수행하게 하는 것이었다.[64] 그에 따르면 IQ 115 또는 120이상의 사람들은 전문직업에 적당하다고 하며, IQ 75부터 85까지의 사람은 반숙련 노동에 적합하다고 한다. 예컨대 이발사에게 IQ 85이상의 지능은 쓸모없는 낭비라는 것이다.[65] 또한 특별히 지능이 정상 이하인 사람들을 확인하는데 관심을 가지고 있었는데, 그 목적은 저능인들을 공공기관에 수용하여 번식을 방지하고자 했던 것이다.

고다드(H. H. Goddard)는 범죄인의 지능에 관하여 많은 연구를 하였다.[66] 이러한 연구에서는 저능으로 분석된 범죄인의 비율이 28%에서부터 89%까지 이르는데, 중간연구에 의하면 범죄인의 70%가 저능인 이었으며, 따라서 대부분의 범죄인들은 저능인인 것으로 결론지었다. 또한 그는 뉴저지(New Jersey)의 불모의 땅에 살고 있는 대규모의 '유결함자들'의 집단을 발견하고 그 가계(家系)를 조사하던 중 다음과 같은 사실을 발견하였다. 미국남북전쟁 중 칼리카크(Kallikak)라는 병사와 저능의 술집 여자 사이에서 사생아를 하나 낳고, 고향으로 돌아와서 퀘이커(Quaker) 교인인 여인과 결혼하여 여러 자녀를 두었다.[67] 그의 조사에 의

---

64) Lewis M. Terman, The Measurement of Intelligence, Houghton Mifflin, Boston, 1916, p.17; Gould, op. cit., p.181.

65) Terman, op. cit., p.288; Gould, op. cit., p.182.

66) H. H. Goddard, Feeblemindedness: Its Causes and Consequences, Macmillan, New York, 1914; Arno, New York, 1972.

67) H. H. Goddard, The Kallikak Family, A Study in the Heredity of Feeble-Mindedness,

하면 전자의 경우에는 480명의 후손 중에 143명이 저능, 36명이 사생아, 24명은 만성적인 알코올중독자, 33명은 성적으로 부도덕자, 3명은 간질환자, 3명은 범죄자, 8명은 매춘굴의 파수꾼이었다는 것이다. 반면, 후자의 경우는 후손 496명 모두 정상적이었다는 것이다. 그래서 고나드는 단 한 번의 분별없는 행동으로 인하여 야기된 대재난이라고 한탄하면서 범죄성과 저능은 동일한 변질상태의 이면이며 따라서 모든 저능인은 잠재적 범죄인이라고 주장하였다.68) 또한 저능은 멘델(Gregor Mendel)의 유전법칙을 어긴 열등유전자에 의해서 야기된 것으로서69) 이러한 저능은 선택적 양육을 통해서 제거될 수 있기 때문에 저능인을 공공기관에 수용시켜서 다시 태어나는 것을 허용해서는 안 된다는 주장하였다.

이러한 견해는 한동안 지능검사자들의 사고를 지배했으나 오래지 않아서 1차 세계대전 중 지원병을 대상으로 실시된 지능검사의 결과들은 이러한 견해와 신빙성을 의심케 만들었다.70) 그래서 고다드는 전쟁이 끝난 직후에 인구의 1%만이 저능인이며71) 이러한 저능은 교육을 통해서 교정될 수 있기 때문에 저능인을 공공기관에 격리시켜 저능인이 다시 탄생하는 것을 방지할 필요가 없다고 하였다.72)

또한 1차 세계대전 중 실시된 지능검사에 관한 모든 결과의 공표는 지능과 범죄의 관련성에 대한 새로운 관점을 제시하였다. 그래서 지능검사에 근거하여 지원병의 성적과 죄수의 성적을 비교한 많은 연구가 행해졌다. 그러나 이러한 연구들은 일반적으로 양 집단 간의 중요한 차이점을 발견하지 못했고,73) 몇몇 연구에 따르면 죄수들의 성적이 지원병의 성적보다 더 높은 것으로 나타났다.74)

Macmillan, New York, 1912; Gould, op. cit., pp.168~171.

68) Goddard, op. cit., p.103.

69) Goddard, Feeblemindedness, p.539, pp.158~164.

70) 피지능검사자인 백인의 37%와 흑인의 89%가 저능이라고 판단되었다.

71) H. H. Goddard, "Feeblemindedness and Delinquency," Journal of Psycho-Asthenics 25, 1921, p.173.

72) H. H. Goddard, "Feeblemindedness: A Question of Definition," Journal of Psycho-Asthenics 33, 1928, p.225.

73) Simon H. Tulchin, Intelligence and Crime, University of Chicago Press, Chicago, 1974.

3. 1970년대 이후의 연구

(1) 연구재개배경

대다수의 범죄인들이 저능인이라는 것이 더 이상 신빙성이 없다고 할지라도 지능과 인종에 관한 논쟁에서 범죄인과 비행인의 IQ는 많은 논란이 되어 왔다. IQ 검사에 의하면 흑인은 백인보다 평균 15점 정도 점수가 낮다. 어떤 학자들은 IQ의 차이를 이용하여 양 인종간의 범죄와 비행의 차이를 설명하기도 하였다. 일반적으로 그들의 주장은 일반범죄보다는 비행의 문제에 초점을 맞추어 왔으며 보다 더 설득력 있는 주장들이 제기된 것도 바로 이 문제에서이다.

IQ와 범죄의 관계에 관한 연구가 다시 제기되기 시작한 것은 트랜지스터 발명에 공헌한 공로로 노벨물리학상의 수상자가 된 쇼클리(William Shockley)가 1961년에 국립과학원(National Study Group)에서 행한 연설에서 비롯되었다.[75] 그는 흑인과 백인 간의 지능적 차이는 오로지 유전적 차이의 결과이며, 유전적 차이는 흑인과 백인 집단의 가난과 범죄율의 차이를 설명할 수 있을 것으로 추측하였다. 그리고 만약 IQ와 가난과 범죄문제가 유전적 차이와 관련이 있는 것으로 밝혀진다면 국립과학원은 이러한 문제를 연구하여야 한다고 주장하였다.[76]

(2) 젠슨의 연구

1969년 젠슨(Arthur Jensen)은 쇼클리(Shockley)가 단지 추측하는데 머물렀던 많은 문제에 관하여 적극적으로 주장하였다.[77] 특히 IQ검사는 산업사회에서 중요한 역할을 하는 요소를 측정하며, IQ점수 상에 나타난 개인적 차이의 80%는

---

74) Carl Murchison, Criminal Intelligence, Clark University Press, Worcester, Mass., 1926, Ch. 4.

75) W. Shockley, A 'Try Simplest Cases' Approach to the Heredity-Poverty-Crime Problem, Proceedings of the National Academy of Sciences 57(6), June 15. 1967, pp.1767~1774.

76) See Herbert C. Kelman, "Privacy and Research with Human Beings," Journal of Social Issues 33(3), 1977, pp.169~195.

77) A. R. Jensen, How Much Can We Boost IQ and Scholastic Achievement?, Harvard Educational Review 39, 1969, pp.1~123.

환경적 차이보다는 유전적 차이에 의해서 결정된다. 그리고 교정교육계획(矯正
敎育計劃)은 정확히 이 이유 때문에 실패했다고 주장하였다. 이러한 발표는 대
대적인 논쟁을 불러일으켰다.

(3) 고든의 연구

고든(R. Gordon)에 의하면 IQ는 어떤 형태의 추상적 추리 내지 문제 해결 능
력을 측정하는 것이고 이 능력은 대부분 유전된다고 가정한다. 그리고 이러한 관
점 하에서 IQ가 낮은 부모에 의한 적절하지 못하고 비효과적인 어린이 양육습관
은 IQ가 낮은 어린이들에 있어서 비행의 원인이 될 수 있다고 하였다.[78]

그는 젠슨(Jensen)의 발표를 이용하여 비행률의 변동은 IQ의 변동에 의해서
가장 잘 설명된다고 하면서 다음과 같이 주장하였다.[79] 첫째로 도시화가 비행의
한 원인이라는 주장과 의견을 달리했다. 도시의 규모가 비행의 자극제로서보다
는 오히려 해소자로서 작용하며, 따라서 비행의 잠재력은 젊은이 자신들의 고유
한 것이다. 소규모이고 연대감이 높은 사회에서는 비행이 억제되나, 대도시에서
는 익명성이 일정한 수준에 오르면 비행은 해소된다. 이것이 도시가 팽창함에 따
라 비행률도 함께 증가하지 않는 이유이다. 둘째로 흑인청년들의 비행률은 일정
규모 이상의 인구를 가진 도시 내에서는 백인청년의 비행률보다 높다. 실제로 몇
몇 연구에서도 같은 결과가 나왔다.[80] 셋째로 IQ 수준이 흑·백인청년 간에 차
이가 있을 뿐만 아니라 백인청년의 비행우위율의 일치를 설명할 수 있을 것이라
고 주장하였다. 그는 IQ란 주로 생물적 요소라는 취지로 젠슨의 논문을 인용하
였고, 비행은 인간의 생물적 요소와 관련이 있다는 몇몇 연구도 인용하였다. 또
한 IQ 점수 분포와 비행의 분포사이의 유사성을 지적하였고, 필라델피아

---

78) Gordon, op. cit., p.269.

79) Robert Gordon, Prevalence: The Rare Datum in Delinquency Measurement and Its
    Implications for the Theory of Delinquency, in Malcolm W. Klein, ed., The Juvenile Justice
    System, Sage Publications, Beverly Hills, Ca., 1976, pp.201~284.

80) John Laub, Urbanism, Race, and Crime, Journal of Research in Crime and Delinquency, July
    1983, pp.183~197.

(Philadelphia) 법원의 기록과 소년원의 수용률을 볼 때, 일정한 수준 이하의 IQ 를 가진 청년은 모두 비행자가 되지만, 그 수준 이상의 IQ를 가진 청년은 단 한 명도 비행자가 되지 않는다는 가정을 증명하는 것이라고 주장하였다. 또한 그는 각 인종의 범죄와 IQ의 관계를 조사하였는데, 그 조사에 따르면 일본인·중국 인·유대인들은 소수집단이고 일반적으로 경제상태가 낮음에도 불구하고 낮은 비행률을 유지해 왔으며 또 이들 집단은 백인보다 IQ가 조금 더 높다고 한다. 또 한 멕시코계 미국인들은 흑·백인과 비슷한 정도의 비행률과 IQ를 가지고 있다 고 한다.

(4) 허쉬와 힌드랑의 연구

허쉬(T. Hirschi)와 힌드랑(M. J. Hindelang)은 비행과 IQ의 관계에 대하여 많 은 연구에 대하여 재검토를 하고서 다음과 같은 사실들을 밝혀냈다.[81] 그들은 낮은 IQ가 공식적으로 인정된 비행을 예견하는데 사회적 계급 또는 인종과 마찬 가지로 중요하며, 자기 보고적 비행의 예견에서는 더욱 중요하다는 것은 발견하 였다. 즉 비행은 인종과 사회계급 내에서 낮은 IQ가 지속적으로 관련되어 있다. 예컨대 하층계급 비행자는 같은 계급의 무비행자보다 낮은 지능을 보유할 가능 성이 있다는 것이다.

또한 IQ검사가 선천적 능력을 측정한다고 믿었으며, IQ가 학업수행에 영향을 끼침으로써 비행에 영향을 끼친다고 주장하였다. 이것은 낮은 IQ는 소년비행과 상호관련이 있을 수 있지만, 성인범죄와는 관련이 없다는 것을 의미한다. 학업이 불량한 학생은 학업 태만자가 되어, 더 많은 시간을 못된 행위에 소비하고 범죄 행위에 휘말리게 되는 일은 있을 수 있다. 그리고 IQ 점수가 낮은 범죄자는 IQ 점수가 높은 범죄자 보다 발각 당할 가능성이 높으며, IQ 점수가 높은 범죄자나 비행소년들은 경찰이나 법원에서 관대한 처우를 받을 수 있을 것이다.[82] 또한

---

81) Travis Hirschi and Micheal J. Hindelang, Intelligence and Delinquency: A Revisionist Review, American Sociological Review 42, 1977, pp.572~587.

82) Hirschi and Hindelang, op. cit., pp.582~583.

일반적으로 IQ가 낮은 사람들의 반사회적 행위, 예컨대 거리의 범죄들은 IQ가 높은 사람들의 반사회적 행위, 예컨대 화이트칼라 범죄보다 범죄로 정의되기가 훨씬 용이하고 엄격하게 기소될 수 있다.

4. 비판적 검토

측정하는 것이 무엇이든 간에 IQ가 소년비행과 관련이 있다는 것은 분명한 것 같다. 그러나 쉼버그(M. E. Shimberg), 레린(Loehlin), 도브(Adrian Dove) 등은 IQ점수를 측정하는 방법에 대해서 의문을 제기하고 있다. 그들은 IQ검사는 문화적으로 편견을 가지고 있다는 것이다. 즉 어린이가 IQ검사를 잘 치르는데 요구되는 지식기술이나 지식 유형은 도시 또는 백인 어린이들이 흑인 또는 시골 어린이보다 훨씬 더 쉽게 배울 수 있다는 것이다.[83] 그리고 머서(Jane Mercer)는 7살 먹은 어린이가 자기 신발을 맬 수 있는 능력과 같은 지능에 관련된 단순한 행위과제의 시험을 고안함으로써 문화적 편견의 의미를 예증했다.[84] 이 실험은 모두가 IQ 70 이상인 하층계급의 흑인 · 멕시코계 미국인 · 중류계급의 백인 표본들에게 행해졌다. 흑인은 91% · 맥시코계 미국인은 61%가 통과하였으나, 백인들은 한 사람도 통과하지 못했다. 이 사실은 많은 흑인과 멕시코계 미국인이 백인보다 훨씬 더 지능적일 수 있다는 것을 가리킨다.

또한 시몬스(R. L. Simons)는 IQ와 비행에 관한 허쉬와 힌드랑의 주장을 신랄하게 비판하였다.[85] 그는 떨어져서 양육된 쌍둥이에 관한 연구를 재검토함으로써 서로 다른 환경에서 자란 쌍둥이의 IQ는 다르다는 것이다. 이는 환경이 IQ에 실질적인 영향을 준다는 것을 시사한다. 그리고 시몬스는 비행소년이란 거의 동

---

83) G. B. Vold/Thomas J. Bernard, Theoretical Criminology, p.79f.

84) Jane Mercer, 'IQ: The Lethal Label,' Psychology Today, Sept. 1972, p.44ff; Robert A. Gordon, 'Examining Labelling Theory: The Case of Mental Retardation,' in Walter R. Gove, ed., the Labelling of Deviance: Evaluating a Perspective, Halsted-Wiley, New York, 1975, pp.35~81.

85) Ronald L. Simons, The Meaning of the IQ-Delinquency Relationship, American Sociological Review 43, April. 1978, pp.268~270.

기부여가 안 된 학생이라고 지적하면서 왜 이 학생들이 다른 때에는 그렇지 않은데 IQ검사가 실시될 때에만 자신들의 능력을 최고로 발휘할 수 있게끔 동기가 부여되었다고 생각하는지 그 이유를 묻고 있다.

우리나라 교도소의 재소자신분장에 기재되어 있는 기록을 보면 강도를 목적으로 남의 집에 들어가 피해여성의 가족이 보는 앞에서 강간을 저지르고 교도소에 수감 중인 재소자들의 지능수준을 보면 보통인 것으로 나왔다. 조사인원 57명 중 IQ가 보통이상(111~120)인 자는 10.5%(6명), 보통(91~110)인 자는 45.6%(26명), 보통이하(80~89)인 자는 43.9%(25명)로 나타났다. 또한 살인혐의로 교도소에 수감 중인 97명의 IQ는 보통이 39.2%(38명)이고 저능(70이하)인 자는 13.4%(13명)로 나타났다.[86] 1994년 시체소각장까지 구비하고 살인행각을 벌였던 지존파의 IQ는 두목 김기환이 102, 강동은 97, 김현양 92, 문상록 97, 백병옥 94, 강문섭 92 등으로 일반인과 크게 다를 것이 없다.

IQ검사는 그 검사방법이 실시된 이후로 어느 정도 비행의 예측으로서 기능해 왔으며, 범죄학에 있어서 많은 영향을 끼쳤다. 지능검사 점수가 낮은 자들은 비행소년이 될 가능성이 높다는 것은 대부분의 연구에서 일관되게 밝히고 있다. 그러나 비행소년이 무비행소년보다 실제로 지능이 낮은가의 여부는 분명치 않다. 그리고 성인범죄자는 확실히 저능이 아니다. 즉 어떤 성인범죄자의 경우 분명히 지능이 낮을 수도 있지만 일반범죄의 설명으로서 低能은 많은 문제를 내도하고 있다. 저능은 대규모 인구 또는 특정집단 내에서의 범죄율변동을 설명하지 못하며, 특히 상당한 지적능력을 요구하는 화이트칼라범죄, 조직범죄, 정치범죄를 고려하지 않았다.

---

86) 김상회 · 이태원, 살인범죄의 실태에 관한 연구, 한국형사정책연구원 연구보고서, 1992, 85면.

제3편   범죄자의 심리

제1장

살인범죄자의 심리

제1절 서 설

I. 개 념

　'살인범죄(殺人犯罪, Tötungsdelikt; homicide)'란 사람의 생명을 침해하는 행위이다. 인간의 생명은 한번 잃으면 영원히 회복할 수 없고, 이 세상에서 무엇과도 바꿀 수 없는 절대적인 것이다. 따라서 한 사람의 생명은 "우주의 무엇과도 바꿀 수 없는 절대적인 것이며, 전(全) 지구보다도 무겁고 존엄한 인간존재의 근원인 것이다."[1] 그런데 살인은 타인을 살해함으로써 피해자를 죽음에 이르게 하는 행위이다. 인간의 가장 존귀한 생명을 영원히 박탈한다는 점에서 강력범죄 중에서 가장 전형적인 침해범일 뿐만 아니라 인간의 가장 원초적인 폭력성 범죄인 것이다.

　살인은 인류의 문화적 현상으로서 구애(求愛)의 풍습과 마찬가지로 사회문화의 변천에 따라 변화하게 된다. 즉 인간성의 순수한 본래적인 부분이었던 시대, 마치 도살자가 돼지를 죽이듯이 인간이 적을 죽이던 시대, 쾌락·가난·불행 등

---

[1] 대법원 1968. 2. 28. 선고 62도241 판결.

으로 인해 사람을 죽이는 시대 등 인간의 문화가 변화함에 따라 살인의 모습도 변화되어 왔다.[2]

II. 형법상 살인의 분류

살인행위가 반드시 불법적인 것만은 아니다. 즉 살인행위에 대한 고의나 과실이 없는 단순한 사고와 같이 '용서할 수 있는 살인행위(excusable homicides)'가 있는가 하면, 경찰관이 도주하는 강도를 사살하거나 시민이 자기방어를 위해 사람을 죽이는 경우와 같이 살인행위에 대한 고의가 있더라도 어쩔 수 없는 것으로 받아들여지고 있는 '정당화할 수 있는 살인행위(justifiable homicides)'도 있다. 따라서 범죄학의 관심대상이 되는 살인은 특정인이 타인을 불법적으로 살해하는 '범죄적 살인행위(criminal homicides)'가 될 것이다.[3]

우리나라의 형법은 살인범죄에 대해서 보통살인죄(제250조 1항)를 기본적 구성요건으로 하고, 존속살해죄(제250조 2항)를 가중적 구성요건으로 규정하고 있다. 또한 영아살해죄(제251조)와 촉탁·승낙살인죄(제252조 1항) 및 자살교사·방조죄(제252조 2항)를 감경적 구성요건으로 하고, 위계·위력에 의한 살인죄(제253조)를 독립된 변형구성요건으로 규정하고 있다. 그리고 과실로 인하여 사람을 사망에 이르게 한 경우는 과실치사(제267조)를, 음주상태에서 식칼을 가지고 달려드는 자를 넘어뜨리고 목을 졸라 사망에 이르게 한 경우는 정당방위(제21조)로서 죄가 되지 않는다.[4]

이 외에도 내란목적 살인죄(제88조)와 강도살인죄(제338조) 그리고 특별법으로 살인죄에 관한 여러 규정을 두고 있다.

---

2) 황동문 역 · Colin Wilson, 살인의 심리, 선영사, 1999, 28면 이하.

3) Henry W. Mannle and J. David Hirschel, Fundamentals of Criminology, 2nd ed., Prentice-Hall, Englewood Cliffs, N.J., 1988, p.109f.

4) 대법원 1986. 11. 11. 선고 86도1862 판결.

III. 살인의 성격에 의한 분류

피해자의 수와 살인이 발생한 현장의 수를 기준으로 살인사건의 성격을 구분하기도 하는데 여기에는 단일살인, 이중살인, 삼중살인, 대량살인, 연속살인, 연쇄살인 등이 있다. 한편, 살인의 성격을 파악하는 데 도움이 되기 위해서는 살인의 동기를 기준으로 분류하기도 하는데 여기에는 살인행위 그 자체는 비정상적이지만 적어도 동기가 어느 정도 명확한지 여부에 따라 정상적인 살인과 비정상적인 살인으로, 살인의 동기가 금전적 이욕인 경우에는 재산범죄 과정에서 발생하는 살인과 납치·유괴·보험·상속 등과 관련된 살인으로, 동기의 내용에 따라 질투살인, 성적동기에 의한 살인, 정신적 이상에 의한 살인, 동기 없는 살인 등으로 구분된다.

제2절 살인범죄에 대한 원인론

I. 생물학적 이론

1. 인종학적 이론

'인종학적 이론(人種學的 理論, ethological theory)'은 사람은 생물학적으로 다른 동물보다 살인본능이 강하다는 것이다. 이 이론은 아무리 위험한 동물이더라도 동족을 살해하는 경우가 거의 없지만 사람은 서로를 죽인다고 하는 사실에 의해서 주장된 것이다.5)

사람은 다른 동물에 비해 동족 간 공격성으로 인하여 다른 사람을 살해한다. 그 이유는 동물은 동족 간에 살해본능을 금하는 본능이 내재되어 있지만 사람은 그렇지 못하기 때문이다. 예컨대 사자는 다른 사자를 죽을 수 있는 신체적 조건과 능력을 무장하고 있기 때문에 그러한 억제본능이 있고, 사람은 그러한 조건과

---

5) 이윤호, 형사정책, 304면 참조.

능력을 갖추지 못했기 때문에 다른 사람을 죽이고자 하는 살해본능을 금하는 제도적 기제가 필요 없다. 따라서 사람은 살해본능이 강하다는 것이다. 이에 따라 사람은 동물보다 약한 신체적 조건을 가지고 있기 때문에 사자와 같은 동물의 신체에 내재된 무기보다 훨씬 위험한 무기를 개발하였다. 그러나 이러한 무기의 개발이 너무나 갑작스럽게 이루어 졌기 때문에 살해본능을 금지하는 기제가 사람에게 개발되지 못하였다. 그래서 사람은 종종 자신이 개발한 무기를 사용하여 다른 사람을 죽이기도 한다는 것이다.

그러나 이 이론에 대해서는 다음과 같은 비판을 받고 있다 즉 모든 사람은 동일한 과거를 경험해 왔고, 동일한 살해본능을 가지고 있으며, 동일하게 살해본능을 억제하는 기제가 부족하다. 그럼에도 불구하고 모든 사람이 전부 사람을 살해하는 것은 아니라는 것이다.[6]

2. 유전학적 이론

'유전학적 이론(遺傳學的 理論, genetic theory)'에 의하면 정상인은 23개씩의 X와 Y 염색체를 가지고 있으나, 극히 일부의 사람은 Y 염색체를 하나 더 가지고 있다. 그런데 이 Y 염색체는 남성을 강인하고 공격적으로 만들기 때문에 X Y Y 염색체를 가진 남성은 통상적으로 공격적인 성향을 가질 확률이 높다. 따라서 X Y Y 남성은 살인과 같은 범죄를 저지를 가능성이 높다는 것이다.

X Y Y 염색체를 가진 사람의 범죄와 관련된 연구를 보면 다음과 같다. Jacobs 등은 1965년 197명의 재소자를 조사한 결과 정상집단의 경우 X Y Y 염색체 소지자는 100명당 1.5명 정도 존재하는데 재소자 중에서는 X Y Y 염색체 소지자가 상당히 많았다고 한다.[7] X Y Y 염색체를 가진 사람의 특징으로는 신체적으로 신장이 크고, 다른 사람보다 먼저 얼굴 전체와 심하면 목 뒤까지 여드름이 나고, 인격적으로 지능이 낮고 반사회적 경향을 나타내며, 성적으로 조숙하

---

6) Alex Thio, Deviant Behavior, 2nd ed., Boston, MA: Houghton Mifflin Co., 1983, pp.116~117.

7) Patricia A. Jacobs, M. Brunton, and M. M. Melville, Aggressive Behavior, Mental Subnormality and the XYY Male, Nature, 1965, pp.1351~1352.

다. 이들은 일반적으로 성범죄·방화·살인 등 강력범죄를 저지르기 쉽다. 조발
성 범죄자가 많으며, 평균 초범연령은 13·4세이다. 예컨대 어떤 경우는 3·4세
때부터 방안에 불을 지르거나 동생을 모질게 때리거나 집밖으로 나가서 어디든
지 돌아다니다가 경찰이 데려 오는 등의 일이 있다. 학교에 가서는 친구들을 갖
가지 방법으로 괴롭히고 그래서 부모나 교사도 어찌할 방도를 모를 정도로 문제
를 계속 일으킨다.

【가학증 성욕이상자】 일반 세인의 관심을 모은 사건이 오스트레일리아의 멜버
른에서 있었는데, 노파의 살해범으로 검거된 Tait라는 범인이 ＸＹＹ 염색체를
가진 것으로 밝혀졌고, 그는 그전에도 노파를 폭행하고 옷을 빼앗아 입고 다니다
가 검거된 일이 있었다. 그리고 그는 가학증 성욕이상자(加虐症 性慾異常者)로
밝혀졌다. 또한 1966년 7월 미국 시카고에서 간호사기숙사를 침입하여 8명의 간
호사를 한 명씩 다른 방에 끌고 가 살해한 R. Speck(당시 25세)라는 자도 ＸＹ
Ｙ 염색체를 가진 자로 밝혀졌다.8) 그는 6세 때 부친과 사별하였고, 21세 때 15세
소녀와 결혼하여 딸 하나를 두었으나 그 후 이혼하였다. Speck은 계부와의 심각
한 불화와 두통에 고민하였고, 학교에서도 친구가 없었고, 웃는 일이 거의 없었다
고 한다. 그리고 절도, 전직 등 불안정한 성장과정을 거쳤고, 뇌장애·약물상용
의 습벽이 있어 정서면의 불안정성과 충동성이 눈에 띄며, 여성에 대한 잠재적인
적의의 감정도 있었다고 한다.

그러나 이 이론에 대해서는 검증의 자료가 시설에 수용된 사람으로 제한되어
있으므로 편견적이라는 비판이 있다. 그리고 일부 살인범은 ＸＹＹ 염색체를 가
지고 있으나 대부분의 살인범은 ＸＹＹ 염색체를 가지고 있지 않으며, ＸＹＹ
염색체가 폭력성의 잠재요인은 될 수 있으나 결정인자는 아니라는 비판도 있
다.9)

---

8) 황동문 역/Colin Wilson, 살인의 철학, 대운당, 1978, 309~312면; 淺香昭雄, 性染色體異常-
　ＸＸＹ個體とＸＹＹ個體, 神經研究の進步, 1962, 66頁.

9) T. R. Sarbin and J. E. Miller, Demonism Revisited: The ＸＹＹ Chromosomal Anomaly,
　Issues in Criminology, 1970. 5(2), p.199.

II. 정신분석학적 이론

　'정신분석학적 이론'은 사람이 살인을 하는 원인에 대하여 세 가지로 설명하고 있다. 첫째로, 사람의 심리상태는 인간의 기본적 욕구인 본능(id), 욕망을 성취하는 방법을 학습한 결과 얻어진 지식이라고 할 수 있는 자아(ego), 그리고 인간의 자기만족 또는 자기희열(self enjoyment)에 대한 한계인 양심이라고 할 수 있는 초자아(superego)로 구성되어 있다고 한다. 그리고 본능과 초자아는 욕구를 만족시키고자 하는 요구와 그것을 제한하는 갈등관계에 있으며, 이러한 갈등관계를 인간 마음의 이성적 부분인 자아가 해결해 준다. 그런데 자아가 이러한 역할을 제대로 하지 못했을 때는 불행해지거나 죄의식을 갖게 되고 나아가 정신적 질병을 앓게 되어 결국 살인과 같은 폭력으로 이끌리게 된다는 것이다.[10]

　둘째로, 인간은 삶의 본능뿐만 아니라 죽음의 본능까지도 가지고 태어나는데, 이 죽음의 본능은 부분적으로 자기 지향적이기 보다는 타인지향적인 특성을 가지고 있다. 초자아는 이러한 본능까지도 억제하고자 하기 때문에 이에 대해서도 자아가 이를 조정하게 된다. 그러나 아동기에 사랑을 박탈당하고 잔인한 공격의 대상이 되었던 사람은 이 공격적 본능이 지나치게 비이성적이기 때문에 자아가 이를 극복하지 못하게 되고 살인을 저지르게 되는 것이다.[11]

　셋째로, 두 번째와는 전혀 반대로 부모가 심지어 자녀의 사소한 공격성의 표현까지도 심하게 처벌하여 선행을 지나치게 강요한다면 너무나 강력한 초자아를 갖게 되어 공격성욕구를 완전히 억제하게 된다. 따라서 정상적인 해소방법이 없을 때 그것을 폭발시키게 되는 것이다. 바로 이 점이 아주 선한 사람이 살인을 하는 이유이다.[12]

　그러나 이 이론에 대해서는 정신질환자에 의한 살인이 전체 살인의 5%에 지나지 않기 때문에 그 적용가능성과 범위에 한계가 있다. 더욱이 거기에서 조차도

---

10) August Aichorn, Wayward Youth, Viking, New York, 1963.

11) S. Freud, Civilization and Its Discontents, trand. and ed. by James Strachey, Norton, New York, 1961, p.66.

12) A. Thio, Deviant Behavior, pp.119~120.

본능과 자아 그리고 초아는 관찰하기 힘든 것이어서 경험적으로 검증하기 어렵다는 비판을 받고 있다.[13]

III. 좌절 · 공격성 이론

다른 사람에게 물리적 · 정신적으로 해를 가하려는 의도를 가진 행동을 공격행동(攻擊行動, aggressive behavior)이라고 한다. '좌절 · 공격성(frustration · aggression theory)이론'은 가장 보편적인 심리학적 이론으로서 공격성은 항상 좌절의 결과라는 것이다.[14] 행동주의 전통을 따르는 견해이다. 여기서 좌절이란 목표성취 시도의 봉쇄를 의미한다. 좌절상태에서 대부분은 불안과 불행을 느끼게 되거나 분노를 일으키고 이것이 공격성을 가지게 되는 원인이 된다. 즉 공격성이 학습 · 조건형성 등의 원리에 의해서 인간내부나 외부의 자극에 대해 자동적으로 일어나는 반응이라고 본다. 목표성취의 좌절을 경험한 사람이나 동물이 그 좌절의 근원에게 공격적 행동을 가하는 것이 그 예이다.[15]

공격성이 좌절을 일으킨 대상에게 직접적인 공격을 하는 것이 억제되고 그와 유사한 사람에게 표현되는 경우도 있는 바[16] 이를 '대리살인(代理殺人)'이라고 한다.[17] 예컨대 직장에서 꾸지람을 들은 사람은 표현하지 못한 분노를 자기 가족에게 터뜨리는 경우나 택시운전수가 자기 아버지와 닮은 통행인을 치여 죽이는 경우이다. 이러한 이유는 비록 좌절을 일으킨 분노가 사람으로 하여금 공격하

---

13) Marvin E. Wolfgang, Patterns in Criminal Homicide, Philadelphia, University of Pensylvania Press, PA, 1958, p.314.

14) John Dollard, Neal E. Miller, Leonard W. Doob, O. H. Mowrer, and Robert R. Sears, Frustration and Aggression, Yale University Press, New Haven, 1939, p.1.

15) N. E. Miller, Theory and experiment relating psychoanalytic displacement to stimulus-response generalization, Journal of Abnormal and Social Psychology, 1948, 43, pp.155~178; L. Berkowitz, Is criminal violence normative behavior? Hostile and instrumental aggression in violent incidents, Journal of Research in Crime and Delinquency, 1962, 15, pp.148~161.

16) L. Berkowitz, Is criminal violence normative behavior? Hostile and instrumental aggression in violent incidents, 15, pp.148~161.

17) 장병림, 범죄심리학, 박영사, 1981, 235면.

도록 자극시킬 수 있으나, 직접적인 공격은 항상 가능한 것은 아니기 때문이다. 그래서 대부분의 경우 직접적인 좌절근원에 대해서 직접적인 공격을 표현할 수가 없다. 그러나 여전히 분노를 느끼기 때문에 공격할 대상을 찾게 되고 이것이 좌절근원과 유사한 사람을 찾아 공격을 하는 이유이다. 이러한 경우 살인은 그 당시 상황에 존재하고 있는 자극의 영향으로 인해 행위자가 원래 의도한 행동보다 훨씬 강한 공격행동을 나타낸 결과라고 볼 수 있다.

그러나 이 이론에 대해서는 공격성이 좌절의 결과라고는 하지만 좌절감이 항상 공격성을 야기하지는 않는다는 비판이 제기되고 있다.[18] 즉 좌절감이 사람을 공격적으로 행동하도록 하는 가능성을 증대시킬지는 모르나 사람이 좌절감을 느낄 때마다 항상 공격적으로 대응하지는 않는다는 것이다. 또한 이 이론은 공격성이 좌절감의 결과라고 주장하였지만 좌절이 어떤 종류의 공격성을 초래하는지, 왜 좌절감이 다른 공격성이 아닌 살인을 유발하는지에 대해서 설명하지 못한다.

IV. 외적 제재론

외적 제재론(外的 制裁論, external restraint theory)에 의하면 약한 외적 제재를 경험한다면 자기지향적 공격성 즉 자살을 택하고, 강력한 외적 제재를 받는다면 타인지향적 공격성, 즉 살인을 선택한다는 것이다. 여기서 외적 제재의 강도는 다른 사람에 대한 기대감과 요구에 동조하는 정도, 즉 자신의 자유와 행동범위를 제한하기 위해서 자신에게 주어진 사회적 통제의 정도이다. 그리하여 사회적 통제를 많이 받는 사람은 그들의 좌절감에 대해 다른 사람을 합법적으로 탓할 수 있기 때문에 자살보다는 살인을 지향하게 된다는 것이다.[19] 즉 좌절감이 다른 사람을 살인하게 하는 원인이라는 것이다. 한편 아동기의 공격적 사회화과정에 있어서 육체적으로 처벌받은 경험이 있는 사람은 좌절되었을 때 살인을 하고, 심리적으로 처벌받은 경험이 있는 사람은 좌절되었을 때 자살을 선택한다고

---

18) 이윤호, 형사정책, 307면 참조.

19) Andrew F. Henry and James F. Short, Jr., Suicide and Homicide, Free Press, New York, 1954, p.17.

한다.[20]

V. 폭력의 하위문화이론

‘폭력의 하위문화이론(暴力의 下位文化理論, subculture of violence theory)’은 폭력의 하위문화에서는 대인적 폭행을 나쁘다거나 반사회적이라고 규정하지 않고, 신체적 공격에 대한 즉각적인 호소가 사회적으로 용인되고, 또한 그것이 어떤 자극에 대해 기대되는 부수물이라는 것이다.[21] 따라서 이 폭력의 하위문화가 빈곤지역에서의 높은 살인율을 발생하게 한다는 것이다. 그리고 폭력성이 그들의 생활의 일부가 되고, 대인간 문제의 해결방법이 되었다는 것이다.[22]

그러나 이 이론에 대해서는 범죄다발지역의 사람과 살인범이 일반인과 비살인범에 비해 훨씬 폭력성에 유착되어 있다는 것을 지나치게 강조하고 있다는 비판이 있다.[23]

제3절 살인범죄의 특징

I. 피해자의 특징

1. 사회적 요인

살인의 발생빈도나 형태는 사회적·문화적인 요인에 의하여 많은 차이가 있

---

20) Martin Gold, ‘Suicide, Homicide, and the Socialization of Aggression’, American Journal of Sociology, 1958, 43: pp.651~661.

21) M. E. Wolfgang, Patterns in Criminal Homicide, p.329.

22) M. E. Wolfgang and Franco Ferracuti, The Subculture of Violence: Towards an Integrated Theory in Criminology, Tavistock, London, 1967, pp.158~161.

23) Sandra J. Ball-Rokeach, ‘Values and Violence: A Test of the Subculture of Violence Thesis’, American Sociological Review, 1973, 38: 739, 743; Howard S. Erlanger, ‘The Empirical Status of the Subculture of Violence Thesis’, Social Problems, 1974, 22: pp.280~292.

다. 아래의 <표 1-1>에서 보는 것처럼 각국의 살인사건의 발생비율은 미국·한국·영국·독일·일본 순으로 나타났다. 다만, 한국의 경우는 다른 국가와 달리 피해자가 사망하지 않았어도, 혹은 살인 예비나 음모로 잡힌 경우에도 모두 포함시키기 때문에 과장된 측면이 있다. 실제 피해자가 사망한 사건만 고려하면 400명 안팎의 피살자가 발생하고, 공식 살인율의 3분의 1을 조금 넘는 정도로 그렇게 심한 편은 아니다. 물론 피해자의 상당수가 여성인 점 등이 문제가 된다. 이러한 살인발생율의 차이는 가치관의 문제, 교육에 의한 사회화의 정도, 종교상의 억제, 대도시에 집중한 빈민가, 인종문제, 하류계층의 소외감이라는 사회적 요인이 작용하고 있기 때문으로 분석하기도 한다.[24]

〈표 1-1〉 각국의 살인발생율(인구 10만 명 당 건수)[25]

구분	한국	일본	미국	영국	독일
2005	2.3	0.50	5.6	1.38	1.06
2006	2.3	0.49	5.7	1.42	0.98
2007	2.3	0.44	5.6	1.46	0.92
2008	2.3	0.46	5.4	1.26	0.88
2009	2.9	0.40	5.0	1.17	0.86
평균율	2.42	0.46	5.46	1.33	0.94

2. 인간적인 현상

위에서 본 것처럼 살인은 사회적 요인에 의해서 발생된다고 볼 수도 있다. 그러나 살인은 사회 속의 인간들 사이에서 발생하는 극히 인간적인 현상이다.

〈표 1-2〉 범죄자와 피해자의 관계별 현황

구분	국가	공무원	고용자	피고용자	직장 동료	친구	애인	동거 친족
2011	–	2	10	3	45	56	123	195
2012	–	4	6	3	57	54	101	208

구분	기타 친족	거래 상대방	이웃	지인	타인	기타	미상	종계
2011	51	9	65	89	264	151	173	1,236
2012	55	5	49	103	252	21	170	1,116

주 : 범죄분석, 대검찰청.

---

24) 安香宏·麥島文夫, 犯罪心理學: 犯罪行動の現代的 理解, 有斐閣, 1975, 325頁.

25) http://en.wikipedia.org/wiki/List_of_countries_by_intentional_homicide_rate.

대부분의 범죄가 낯선 사람에 의해서 가해지지만, 살인의 경우는 <표 1-2>에서 보는 것처럼 오히려 안면이 있는 사람에 의해 이루어진다.[26] 실제로 살인사건의 80% 이상이 안면이 있는 사람에 의해서 저질러지고 있으며, 그 중에서도 상당수가 가족 간의 살인이다. 즉 물질적 취득이 주요 동기인 강도살인과 같은 경우를 제외한 대부분의 살인사건은 가족 등 근친관계에서 저질러지고 있다. 그 이유는 가족 간에 대부분의 시간을 보내고, 이들이 즐거움의 근원인 동시에 때로는 좌절과 상처의 주요근원이기 때문이다.[27]

<표 1-3> 피해자 성별·연령별 현황

구분		계	6세 이하	12세 이하	15세 이하	20세 이하	30세 이하	40세 이하	50세 이하	60세 이하	60세 초과
2011	남	723	10	6	8	15	87	134	216	158	89
	여	477	7	11	2	13	58	83	137	93	73
2012	남	584	15	6	4	15	63	110	171	120	80
	여	413	17	11	5	15	46	63	121	78	57

주 : 범죄분석, 대검찰청.

그리고 살인사건에서 그 피해자를 보면 거의 대부분 피살자가 1명이었고, 여성보다는 남성이 많다. 그리고 남자가 남자를 살해한 경우가 가장 많으며, 다음 순으로는 남자가 여자를 살해한 경우, 여자가 남자를 살해한 경우, 여자가 여자를 살해한 경우 등이다. 피살자의 연령분포는 위의 <표 1-3>에서 보는 것처럼 40대가 가장 많으며, 50대·30대·60대 이상·20대 이상·10대 순으로 나타났다.

---

26) 일반적으로 신체상해가 적은 범죄일수록 낯선 사람에 의해서 행해지는 율이 높고, 신체상해가 높은 범죄일수록 안면 있는 사람에 의해서 저질러질 율이 높다(Alex Thio, Deviant Behavior, 2nd ed., Houghton Mifflin Co., Boston, MA, 1983, p.107).

27) Donald J. Mulvihill · Melivin M. Tumin · Lynn A. Curtis, Crimes of Violence, Staff Report to the National Commission on Causes and Prevention of Violence, vol.11., U.S. Government Printing Office, Washington, D.C., 1969, pp.217~218.

<표 1-4> 피해자 피해 시 상황별 현황

구분	계	취침 중	일하는 중	부재중	담화 중	혼잡 중	보행 중	딴 데 정신 잃어서	속아서	기타	미상
2011	1,207	76	57	14	411	11	29	13	7	498	91
2012	1,029	55	38	11	343	11	33	10	5	411	112

주 : 범죄분석, 대검찰청.

또한 <표 1-4>에서 보는 것처럼 가해자와 피해자는 평소에 잘 알고 있는 경우이어서 담화 중이거나 취침 중에 피해를 당한 경우가 절대적으로 많다. 즉 평소 가해자가 20대와 30대인 경우는 평소에 잘 알고 지내던 사람을 살해한 경우가 많고, 가해자가 40대인 경우는 가족이나 친인척을 살해한 경우가 많다.

3. 피해자의 유발

일반적으로 사람들은 살인사건의 가해자보다 피해자에게 더 많은 동정심을 갖기 마련이다. 이것은 대부분의 피해자들이 연약할 뿐만 아니라 강하고 공격적인 가해자에 의해서 살해되는 것으로 간주되기 때문이다. 그러나 이러한 가정이 항상 옳은 것은 아니다. 왜냐하면 보편적으로 살인사건의 1/4 정도가 피해자가 사건을 유발하였기 때문이다. 실제로 볼프강(Wolfgang)의 조사연구에 의하면 살인사건의 26%가, 럭켄빌(Luckenbill)에 의하면 살인사건의 63%, 일본의 카라키노부(唐木伸)에 의하면 64%가 피해자에 의해서 시작된 것으로 나타났다.28)

II. 범행동기

살인이 가장 빈번하게 발생되는 경우는 가정 내의 싸움이나 술자리에서의 언쟁 등으로 인한 것이다. 즉 살인이란 극단적으로 매우 심각한 인간행동이지만 살인의 동기는 의외로 매우 사소한 것으로서 아래의 <표 1-5>에서 보는 것처럼 우

---

28) M. E. Wolfgang, Patterns in Criminal Homicide, p.254; David F. Luckenbill, Criminal Homicides as a Situated Transaction, Social Problems, 1977, 25, 25: 179; 唐木伸, 殺人動機と被害者の行爲, 犯罪心理學研究, 1967, 1~4頁.

발적으로 일어난다.

〈표 1-5〉 범죄자 범행동기별 현황

구분	이 욕							사행심	보복
	소계	생활비 마련	유흥비 마련	도박비 마련	허영 사치심	치부	기타		
2011	89	6	3	3	–	9	68	3	2
2012	71	1	6	–	2	7	55	–	–

구분	가정 불화	호기심	유혹	우발적	현실 불만	부주의	기타	미상	층계
2011	114	–	1	484	80	7	282	175	1,236
2012	95	–	1	405	53	5	310	176	1,116

주 : 범죄분석, 대검찰청.

이를 볼 때 살인이란 약자로 하여금 사사로운 논쟁을 가장 쉽게 이길 수 있는 빠르고 효과적인 방법이라고 할 수 있다.[29] 예컨대 부유한 사람은 논쟁에 이길 수 있는 많은 능력을 가질 수 있지만 가난한 사람은 부자를 이길 수 있는 수단이 주어지지 않는 것이다. 신체적으로 강인한 사람은 죽이지 않고도 상대를 이길 수 있는 힘이 있지만 약자는 그렇지 못하다. 또한 약자는 자신의 자존심과 명예, 그리고 존중심이 땅에 떨어진 상태에서 더 명예롭게 살기 위해 자신의 명예와 자존심을 중시한다. 따라서 강자로부터 모욕을 받게 되면 곧 자신의 모든 명예를 회복하는 것으로 받아들여 자신의 위협되고 침해된 명예를 회복하고자 살인의 위험까지도 무릅쓰게 되는 것이다.[30]

III. 성별 및 연령

살인범죄를 저지르는 것은 <표 1-6>을 보는 바와 같이 여자보다는 남자가 훨씬 많다. 살인범죄에서 특히 주목되는 것은 가해자의 성별에 따라 범행동기가 다

---

29) 이윤호, 형사정책, 302면.

30) Alex Thio, Deviant Behavior, pp.111~113.

르다는 것이다. 남성의 경우는 격정이나 싸움, 말다툼에 의한 기회적 살인이 많
아 주로 면식이 있는 사람, 친구 등이 피해자로 되기 쉽다. 이에 반해 여성의 경
우는 일시적 감정의 폭발로 범행을 저지르는 것은 적고 어느 정도의 계획적인
살인이 많으며, 피해자와 가까운 관계에 있는 가족 간의 불화, 원한, 분노에 의해
서 많이 발생하기 때문에 남편, 자녀, 애인 등이 피해자로 되기 쉽다.31) 이처럼
여성의 경우는 양적인 면에서는 적으나 동기나 형태면에서 상당한 특징을 지니
고 있다.32)

<표 1-6> 범죄자 성별 현황

구 분	계(A)	남	여(B)	B/A×100	미상
2011	1,236	975	145	11.7	116
2012	1,116	925	173	4.0	622

주 : 범죄분석, 대검찰청.

가해자의 연령은 <표 1-7>을 보는 바와 같이 일반적으로 30~50대가 가장 많
으며, 평균연령은 여성이 높고 분산폭도 넓다. 가해자와 피해자의 연령을 대비해
볼 때 남성의 경우 피해자의 연령이 가해자보다 높다. 그러나 여성의 경우는 여
성에게 특유한 영아살해라는 것이 많기 때문에 피해자의 평균연령이 낮다.33)

<표 1-7> 범죄자 범행시 연령별 현황

구분	계	15세 이하	20세 이하	25세 이하	30세 이하	35세 이하	40세 이하	50세 이하	60세 이하	70세 이하	71세 이상	미상
2011	1,236	4	26	62	101	119	160	400	255	67	27	15
2012	1,116	6	33	58	102	92	136	339	234	64	32	20

주 : 범죄분석, 대검찰청.

---

31) Kaare Svalastoga, Homicide and Social Contact in Denmark, American Journal of Sociology,
     vol. 62, 1956, pp.37~41.

32) 山根淸道, 犯罪心理學, 新曜社, 1981, 325頁 이하.

33) 山根淸道, 犯罪心理學, 196頁.

IV. 살인의 수단 · 장소 · 시간

1. 수 단

살인의 수단으로서 가장 많이 사용하는 것은 도검, 독극물, 총기, 줄, 폭행 등이다. Wolfgang에 의하면 미국의 경우는 도검류가 39%, 총기류가 33%, 독행이 22%, 기타가 6% 순으로 나타났으며,[34] 우리나라의 경우는 <표 1-8>과 같이 칼, 유리병, 공구, 줄, 독극물, 몽둥이, 도끼, 총기류, 돌 등의 순으로 나타났다. 또한 성별에 따라 살인도구에도 차이가 있는데 남성은 주방용 식칼이나 과도와 같은 도검류와 같이 날이 있는 도구를 주로 사용하는 데 비해 여성은 줄이나 독극물을 주로 사용하였다.[35]

〈표 1-8〉 범행도구별 현황

구 분	2011	2012	구분	2011	2012	구분	2011	2012
계	973	814	총기	9	7	모의총기	3	–
칼	643	563	도끼	9	9	낫	5	4
유리병	23	17	돌	5	7	몽둥이	12	12
공 구	84	53	줄(끈)	33	23	마취제	–	1
독극물	17	11	컴퓨터	1	1	기타	130	106
소지무	181	164						

주 : 범죄분석, 대검찰청.

2. 장 소

살인사건의 발생장소를 보면 <표 1-9>와 같이 많은 경우가 집안과 노상에서 발생하며, 골목 · 상점 · 음식점 · 숙박업소 · 유흥장 · 사무실 · 차량 · 야산 · 벌판 · 해상 등지에서도 살인이 발생한다. 즉 살인사건은 사람들의 시선이 미치지 않는 곳에서만 발생하는 것이 아니라 통행인이 많은 대로변에서도 발생한다. 또한 가해자와 피해자가 모두 남자인 경우는 집이 아닌 외부에서 발생하는 경우가

---

34) Marvin E. Wolfgang, Patterns in Criminal Homicide, Patterson Smith, Montclair, N.J., 1975.
35) 岡崎文規, 殺人の硏究, 日本評論新社, 1963, 7頁 이하.

많고, 가해자나 피해자 중에 여자가 들어 있는 경우는 부엌 또는 침실에서 사건이
발생한 경우가 많다.36)

〈표 1-9〉 범죄발생장소별 현황

구 분	아파트연립다세대	단독주택	고속도로	노상	상점	시장노점	숙박업소목욕탕	유흥접객업소	사무실	공장	종교기관	해상	구금장소	기타
2011	220	266	1	218	18	3	40	80	32	8	7	4	2	264
2012	192	165	3	166	12	3	29	65	34	4	4	8	−	284

구분	공사장광산	창고	역대합실	지하철	기타교통수단내	흥행장	유원지	학교	금융기관	의료기관	산야	부대	공지	총계
2011	2	4	−	−	10	2	9	1	−	26	4	−	−	1,221
2012	1	1	3	−	14	−	9	3	1	12	4	−	1	1,029

주 : 범죄분석, 대검찰청.

3. 시 간

살인사건의 요일별 발생상황을 보면 <표 1-10>과 같이 요일별로 특별한 차이
가 보이지 않을 뿐만 아니라 2011년에는 일요일에, 2012년에는 화요일에 발생
빈도가 가장 높게 나타나고 있다. 이는 살인범죄의 발생은 요일과 별다른 관련성
이 없다는 것을 의미한다.

〈표 1-10〉 범죄발생요일별 현황

구분	계	일	월	화	수	목	금	토	미상
2011	1,221	189	180	181	176	150	164	164	17
2012	1,029	145	144	162	146	155	141	136	−

주 : 범죄분석, 대검찰청.

---

36) M. E. Wolfgang, Patterns in Criminal Homicide.

한편, 시간별 발생상황을 보면 <표 1-11>과 같이 오후 6시부터 8시 사이에 발생빈도가 높고, 아침 7시부터 9시 사이에서 빈도가 낮다. 가해자가 남자인 경우는 저녁시간에 발생한 경우가 많고, 여자인 경우는 새벽과 낮시간에 사건이 발생한 경우가 많다.

<표 1-11> 범죄발생시간별 현황

구분	계	새벽	아침	낮	오전	오후	저녁	밤	미상
2011	1,221	105	70	298	93	205	111	448	189
2012	1,029	68	30	310	104	206	99	387	135

주 : 1. 새벽 : 04:00~06:59 아침 : 07:00~08:59 낮 : 09:00~19:59 밤 : 18:00~19:59
　　　 오전 : 09:00~11:59 오후 : 12:00~17:59 저녁 : 20:00~03:59
　　2. 범죄분석.

V. 욕구불만과 공격

공격은 욕구불만에 의하여 유발된다. 심리학적 살인연구가인 팔머(Palmer)는 인간의 성장과정에서 욕구불만을 체험한 살인자가 많은 것에 관심을 가지고 교도소에 복역 중인 살인자에 관하여 출생전과 해산의 조건이 인간의 행동에 미치는 영향에 관하여 조사하였다. 조사결과 이러한 살인자들은 정상적인 형제들과 비교하여 난산, 간질, 신체적 결함이나 질환, 대뇌마비, 지능장애 등 신체적인 욕구불만에 대한 체험율이 높다는 것을 발견하였다.[37]

난산에 의한 어머니의 고통체험과 신체적 결함이나 질환으로 인한 어른이로서 인지된 결과 무의식중에 어머니에 대한 적의가 형성되어 부모의 거부적 태도가 어린이에게 욕구불만을 발생케 하여 공격을 유발하게 된다. 이러한 사람은 평소에 말이 없는 극히 내성적으로 보이면서도 내면에 심한 공격의 형태가 형성되어 분노감정을 표현할 수 없는 채로 허언, 절도, 간벽[38], 동물학대와 같은 사회적으로 용납될 수 없는 형태로 행동화해 간다.[39] 결국 욕구불만에 의해 공격성

---

37) S. A. Palmer, the Psychology of Murder, New York Thomas Y. Crowell, 1962, pp.12~16.
38) 신경질을 잘 부리는 버릇을 말한다.
39) 정채실 역/K. Lovell, 인간발달과 교육, 박영사, 1981, 28면 이하.

이 형성되고, 이러한 공격성을 효과적으로 통제하는 능력이 상실되었을 때는 공격성에 의하여 쉽게 살인을 저지르게 된다.

VI. 알코올의 영향과 살인

1. 알코올의 생리적 영향

(1) 의 의

알코올은 중추신경계에 영향을 주어 지각장애, 사고장애, 행동장애, 의식장애, 기억장애 등을 유발시키는 약물이다. 이러한 알코올은 진정제로 작용하여 두뇌 중추신경의 기능을 억제한다. 알코올의 가장 큰 효과는 자극성(刺戟性, stimulating)이다. 알코올은 긴장과 억제를 감소시켜서 사교적이고 즐거운 기분이 팽만하도록 만들 수 있는 반면 어떤 사람들에게는 의심이 많아지고 심지어는 난폭해지도록 하기도 한다. 특히 많은 양의 알코올은 복잡한 사고과정을 저해한다. 즉 운동조정, 신체균형, 발성 그리고 시력을 손상시키기도 한다.[40] 이처럼 음주의 결과는 단순한 기분전환에서부터 심각한 범죄에 이르기까지 그 정도에 따라서 긍정적인 효과와 부정적인 효과를 일으킬 수 있다.

(2) 알코올과 유전

알코올 중독은 가계(家系)를 통해서 유전되는 것으로 밝혀졌다. 예컨대 1960년 카이(Kaij)의 연구에서는 알코올 중독자의 친척과 자녀들 중 알코올 중독자가 많이 있다는 것을 밝혀내었고, 특히 이란성 쌍생아의 경우는 60%, 일란성 쌍생아의 경우는 20%가 알코올 중독의 일치율을 나타내고 있다.[41] 또한 어렸을 때에 양자로 가서 비알코올 중독자 부모에 의해서 양육된 알코올 중독자 부모를 가진 아동들에 관한 1973년 굿윈(Goodwin)의 연구에 의하면 이들은 20대 후반

---

40) 李奉鍵 역/Gerald C. Davidson and John M. Neale, 이상심리, 성원사, 1988, 261면.
41) 홍대식, 심리학개론, 박영사, 1985, 588면.

에 이르러 생물학적 부모가 알코올 중독자가 아닌 입양된 아동들의 통제집단보다도 거의 두 배나 더 많은 알코올 문제를 갖고 있었다고 한다.42) 그리고 알코올은 공격성을 자극하고 불안을 감소시키며 성적 반응을 증가시킨다고 한다.

2. 알코올 중독의 단계

계속되는 과도한 음주는 결국 알코올 중독(alcoholism)으로 이어진다. 이러한 만성적인 알코올 중독이 생리적 중독으로까지 발전하게 되기 때문에 어떤 이론가들은 사람들이 중독을 가져오는 음주패턴을 갖게 되는 이유로서 생리적 요인들을 지적하고 있다.43) 알코올 중독은 4단계로 다음과 같이 나누어진다.44)

① 1단계는 前알코올성 증후단계(prealcoholic symptomatic phase)로서 사회관계속에서 긴장을 해소하려고 주기적으로 술을 마시고 싶은 욕구가 일어나는 시기이다. 이 시기는 긴장을 음주 이외의 방법으로 해소할 수 없어 결국에는 매일 음주를 하는 단계로 수개월 또는 2년 정도 지속된다.

② 2단계는 전구단계(前驅段階, prodromal phase)로서 알코올에 대한 의존도가 두드러지게 높은 시기이다. 이 시기는 숨어서 술을 마시거나 알코올 확보욕구, 과음, 술을 마시는 것에 대한 적개심, 순간적인 기억상실, 알코올 관련즈언의 회피 등이 빈번하게 나타난다.

③ 3단계는 결정적 중독단계(決定的 中毒段階, crucial phase of addiction)로서 과도한 음주로 통제력이 상실된 시기이다. 이 시기는 술을 마시는 횟수가 많으므로 부모, 형제, 아내의 충고를 듣는 일이 빈번해지고 그로 인해서 일시적으로 금주하는 경우도 있다. 그러나 친구관계와 직장을 잃게 되고, 알코올에 대한 의존은 더 강해지고, 외부세계에 대한 관심은 줄어들며, 자기연민에 빠지고, 신진대사에 장애가 오며, 성욕이 감퇴하며, 이러한 변화를 극복하기 위해 술을 더

---

42) 홍대식, 심리학개론, 588면.

43) N. Segovia Riquelme, A. Varela and J. Mardones, 'Appetite for Alcohol', In Y. Israel and Mardones(eds.), Biological Basis of Alcoholism, New York: Wiley, 1971, p.71.

44) E. M. Jellinek, Phases of Alcohol Addition, in G. D. Shean(ed.), Studies in Abnormal Behavior, 1971, pp.86~98; 송광섭, 형사정책, 202면 이하.

많이 마시게 된다.

④ 4단계는 만성알코올 중독단계(chronic phase of alcohol)로서 술이 생활의 대부분을 차지하며 늘 취한 상태이다. 이 시기는 알코올성 정신병이 발현되어 공포와 떨림, 정신운동의 정지 및 윤리의식의 퇴행이 보인다.

3. 알코올과 살인

(1) 알코올과 살인의 관계

알코올은 직접적으로 범죄촉발원인으로 작용하여 폭력적·충동적인 범죄를 쉽게 범하게 되기도 하며, 간접적으로 실직·가정의 빈곤화 그로 인한 열악한 가정환경과 교육환경 하에서 자란 소년에게는 정서적 장애를 초래하여 비행소년으로 나아가게 한다. 독일의 경우 죄종별로 차이는 있지만 성인의 경우 약 70% 이상이 음주상태에서 범죄를 행한다고 보고되고 있으며, 여성범죄나 소년범죄의 경우도 20%이상으로 증가하는 경향에 있다고 한다.[45]

알코올과 관련된 범죄 중 살인은 매우 중요한 관계를 가지고 있다. 알코올 중독이 살인발생의 중요한 역할을 한다는 것은 의심할 여지가 없기 때문이다. 알코올이 살인에 미치는 작용에는 세 가지 경우로 나누어 볼 수 있다. 첫째로 알코올이 직접 알코올 중독자에 작용하여 살인을 하게 하는 경우이다. 명정범죄(酩酊犯罪)라고도 한다. 둘째로 알코올 중독자 가족에 대하여 간접적으로 작용하여 살인을 하게 하는 경우이다. 셋째로 알코올 중독자의 자손에 대하여 생물학적으로 좋은 않은 영향을 주어 자손이 살인행위를 하는 경우이다.[46]

알코올은 부모의 자녀학대, 성범죄 등과 밀접하게 관련되어 있고, 살인을 저지른 사람들 중 반수 이상이 알코올의 영향에 의한 것으로 추정된다.[47] 알코올이

---

45) G. Kaiser, Kriminologie, 8.Aufl., 1988, S.335.

46) Glueck 부부의 조사에 의하면 비행소년의 경우에 부의 음주벽이 62.8%, 모의 음주벽이 23.0%로 나타나는 데 반하여, 무비행소년의 경우에는 각기 39.0%, 7.0%로 나타났다고 한다(S. Glueck and E. T. Glueck, Unraveling Juvenile Delinquency, 1950, p.101).

47) E. M. Brecher and The Editors of Consumer Reports, Licit and Ilicit Drugs, Consumer Union, N.Y., 1972, p.29.

반드시 살인을 유발하는 것은 아니지만 알코올로 인한 살인이 특히 주말에 많은 것은 싸움, 말다툼과 같은 형태로 발전하여 알코올의 만취영향으로 대인접촉을 우쭐하게 하는 한편 억제력의 저하에 따른 인격과 행동의 이질성과 이상한 관계가 나타나는 것으로 보인다.48)

(2) 알코올과 관련된 살인의 실태

1995년부터 1997년까지 3년 동안 서울지방검찰청, 서울지검 동부지청, 서울지검 남부지청, 서울지검 북부지청, 서울지검 서부지청 등 서울지역 소재 5개 검찰청에서 처리한 사건에 대한 조사에서 범죄자가 범행을 할 당시 술을 마신 상태였는지를 조사하였다.49) 그 조사결과 전체범죄자 545명 가운데 사건 당시 음주 상태였던 경우가 51%이고, 음주하지 않은 상태였던 경우가 49%로 각각 집계되었다. 그 중 아래의 <표 1-12>에서 보는 것처럼 폭행·상해는 52.3%, 살인은 50%가 음주상태에서 일어난 것으로 나타나고 있어 음주와 살인은 관계는 상당하다고 할 수 있다.

<표 1-12> 사건 당시 범죄자의 음주여부

구 분	살 인(%)	폭행상해(%)	전 체(%)
했음	133(50.0)	146(52.3)	279(51.2)
아님	133(50.0)	133(47.7)	266(48.8)
계	266(100.0)	279(100.0)	545(100.0)

한편 전체적으로 볼 때도 아래의 <표 1-13>에서 보는 것처럼 살인범죄자의 범행 시 정상적인 정신상태를 제외하면 음주한 상태에서 살인을 저지르는 비율이 가장 높을 것을 알 수 있다.

---

48) 이봉건 역/Gerald C. Davison and John M. Neale, 이상심리, 57면.

49) 박순진, 범죄자와 피해자의 상호작용에 관한 연구, 형사정책연구보고서, 한국형사정책연구원, 1999, 88면.

<표 1-13> 살인범죄시 범죄자 정신상태별 현황

구분	총계		정상		정신장애						주취		월경 시 이상	미상
	남	여	남	여	정신 이상		정신 박약		기타 정신장애		남	여		
					남	여	남	여	남	여				
2011	975	145	396	67	26	13	4	1	29	11	400	26	−	147
2012	925	173	370	84	22	7	−	2	25	9	386	39	−	154

주 : 범죄분석, 대검찰청.

그리고 범죄자는 범행 당시 음주 상태인 경우가 음주를 하지 않은 경우보다 흉기 또는 도구를 사용하는 경우가 많다. 범죄자가 음주 상태인 경우 흉기를 사용한 비율이 44%이고, 기타 도구를 사용한 비율이 22%, 흉기 또는 도구를 사용하지 않은 비율이 33%이었다. 이에 비해 음주를 하지 않은 상태인 경우에는 흉기를 사용한 비율이 34%, 기타 도구를 사용한 비율이 25%, 흉기 또는 도구를 사용하지 않은 비율이 42%로 나타났다.50) 이것을 볼 때 범죄자가 음주를 하였을 경우에는 흉기를 사용할 가능성이 높아 그만큼 살인이 일어날 가능성이 높은 것을 알 수 있다.

VII. 정신장애와 살인

1. 정신장애자의 범죄 현황

정신장애범죄자에 대한 판례를 검토해 보면, 정신장애자는 주로 타인의 생명을 박탈하거나 신체에 심각한 손상을 초래하는 강력범죄가 대다수를 차지하고 있는 것으로 나타난다. 특히 살인범죄의 경우에는 '정서·사고·지각·동기와 행동·의식 등의 기능이 비정상적인 정신분열증과 주로 2개 이상의 정신과적 증상을 수반하는 정신장애가 약 41%를 차지한다.51)

---

50) 박순진, 범죄자와 피해자의 상호작용에 관한 연구, 116면.

51) 신관우, "정신장애 범죄자와 정신감정 − 정신감정관련 판례 분석을 중심으로−", 자치경찰연구 제4권 제1호, 한국자치경찰학회, 2011. 6, 132~133면.

집배원과 전화교환원을 살해하여 외부와의 통신을 두절시킨 후, 궁류면 내 4개 마을을 돌아다니며 전깃불이 켜진 집을 찾아다니며, 총을 쏘고 수류탄을 터뜨렸다. 자정이 지나자 우범곤은 총기 난사를 멈추고 평촌리 주민 서인수의 집에 들어가 일가족 5명을 깨운 뒤, 4월 27일 새벽 5시경 수류탄 2발을 터뜨려 자폭했다. 이 사건으로 주민 62명이 사망하는 참혹한 사태가 벌어졌으며, 33명이 중경상을 입었다.54) 당시 수사본부는 범인 우범곤의 수법이 너무 잔인해 일반인과 뇌조직이 어떻게 다른지를 가려내기 위해 국립과학수사연구소에 시신을 보내 뇌세포 검사를 하려 했으나 검사가 불가능해 이를 포기했다.55)

이에 우범곤은 직무유기죄로 기소되었으나 법원은 주관적으로 직무를 버린다는 인식이 없고 객관적으로는 직무 또는 직장을 벗어나는 행위가 없다고 보고 무죄판결을 선고했다.

[범죄원인] 낮에 처(전말순, 26세)가 동네 사람들이 지서순경이 결혼식도 않고 동네처녀와 동거하고 있고, 전문대학까지 다니고 서울에서 근무하다가 외딴 시골에서 근무하는 것은 문제가 있었던 것이 아니냐하면서 뒤에서 손가락질하거나 욕을 한다는 소리를 듣고 동네사람들은 모조리 죽이려 했다는 것이다. 우범곤의 학교생활은 평소에 말이 없고, 가까운 친구도 없었으며, 책임의식과 자주성도 결여되어 담임교사의 특별지를 받기도 하였다. 고등학교 시절에는 부가 병사한 후 항상 수심에 잠겨 있었고, 혼자 슬퍼하기도 하였다. 그 후에 가정이 어려워져 전셋집을 전전하게 되자 더욱 소심해져 인격이 비뚤어지기 시작하였다는 것이다.56)

처의 말에 심한 굴욕감을 느꼈으며, 우범곤 자신은 열등하지 않고 우월하다는 보상심리의 대가로 범행을 자행한 것이다. 그의 심리적인 배후에는 억압된 성적 충동이나 주관적인 감정체험에 기인하는 마을 사람들과의 갈등을 기초로 깊은 절망과 고뇌를 책망하면서 형성된 피해망상적 고집성향이 나타나 대량살상을 하

---

54) 세계일보, 2007년 4월 18일 자, "국내 최악의 총기난사 사건은 우범곤 순경 사건."
55) 경향신문, 1982년 4월 29일 자, "우순경 뇌해부포기, 세포이상 밝히려다."
56) 경향신문, 1982년 4월 27일 자, 11면.

게 된 것으로 보인다.

(2) 버지니아 공대 총기 난사 사건(Virginia Tech Massacre)

[사건개요] 미국 버지니아 주 블랙스버그(Blacksburg)에 위치한 버지니아 공대 캠퍼스에서 2007년 4월 16일 오전 7시 15분 사이에서 9시 45분 사이(미국 현지시간, 잠정) 벌어진 총기에 의한 살인 사건이다. 교내의 웨스트 앰블러 존스턴 기숙사(West Ambler Johnston Hall)과 노리스 홀(Norris Hall)에서 두 차례에 걸쳐 발생한 이 사건으로 32명이 총상에 의해 목숨을 잃었으며, 29명이 부상을 입었다.

사건의 범인은 재미 한국인 조승희로, 그는 범행 당시 대한민국 국적을 가진 미국 영주권자였으며 8세(만 7세) 때 미국에 이민을 간 이민 1.5세대였다. 그는 사건 당시 버지니아 공대에서 영어를 전공하는 4학년생으로 재적 중이었으며 사건 직후 난사 하던 총기로 자신의 얼굴을 쏴 자살하였다.

[범죄원인]57) 언론에 밝혀진 내용에 따르면 그의 범죄는 치정 혹은 정신병질에 의한 살인으로 보인다. 그 이유는 다음과 같다.

첫째, 세상을 증오하였다는 것이다. 즉 그는 "너 때문에 이 일을 저질렀다(You caused me to do this)"고 말했는데 여기에서의 'You'는 배신한 여자 친구가 아니라 세상이었다. 또한 벤츠(Benz), 금목걸이, 보드카 등을 언급하며 쾌락주의에 빠진 사람들에 대한 적개심을 드러냈다. 버지니아 대 상담심리학자 듀이 코넬(Cornell)은 "이들은 자신이 상상한 타인의 모습과 실제 모습, 자신이 원하는 대우와 실제 받는 대우의 차이 같은 것을 통해 계속해서 우울감과 분노를 증폭시고, 결국에는 자신과 타인과 세상을 한 번에 끝장내려 하는 심리 상태에 빠진다"고 주장한다.

둘째, 억눌린 자살욕구를 가졌다는 것이다. 즉 인격장애와 살인범에 대한 전문가인 마이클 스톤(Stone)박사는 "모욕당하고, 굴욕을 느끼고, 화가 나는데, 대화

---

57) 조선일보, 4월 19, 20일 자.

의 기술도 모자란 사람이 극단에 몰리면 자살 시도에서 살인 시도로 옮겨 가게 된다. 총격사건 범인들의 궁극적 목표는 자살"이라고 주장한다.

셋째, '스승'을 찾으려고 했다는 것이다. 즉 그는 1999년의 미국 컬럼비-인 고등학교 총기 난사사건의 범인들을 '순교자(martyr)'로 표현했으며, 대학교- 항공사를 잇달아 테러한 시어도어 카친스키(Kaczynsky)를 따라한 것으로 보인다. 클린트 반잔트(Zandt) 전(前) 미국 연방수사국(FBI) 분석관은 "그는 죽음 이후 자신의 생각이 세상에 알려지는 것을 '궁극적 승리'로 여겼을 것"이라고 주장한다.

넷째, 다양한 무기를 동원하였다는 것이다. 즉 범인은 탄창이 주렁주렁 달린 조끼를 입고 있었고, 공개된 사진에서는 야전용 나이프를 목에 대거나 망치를 든 모습도 보였다.

다섯째, 전문킬러처럼 행동하였다는 것이다. 즉 생존자들은 범인이 엄청난 양의 총탄을 쏟아냈으며 감정의 변화를 보이지 않은 상태에서 시종 침착하게 범행을 진행했다고 말한다. 강의실 문을 열고 들어와 "안녕, 잘 지냈니?(Hi, how are you?)"라고 인사 하는 것을 들었다거나, 심지어 "미소를 띠고 있었다"고 하는 증언도 있다. 로빈 코왈스키(Kowalski) 클램슨대 심리학과 교수는 "범인 조승희는 매우 조직적이고 계산적으로 행동했다. 뭘 하고 싶은지 너무도 분명히 알고 있었다"라고 주장한다.

(3) 쓰야마(津山事件) 사건

[사건개요] 1938년 5월 21일 일본 오카야마 현 쓰야마 시에서 일어난 다량 살인 사건이다. 일본범죄사 전대미문의 살인 사건으로 2시간 동안 자살한 범인 자신을 포함하여 31명이 사망하고 3명이 중경상을 입었다.

범인은 20일 저녁에 전기선을 잘라 마을을 어둠에 빠뜨렸다. 21일 새벽 1시 30분, 그는 도끼로 자고 있는 할머니의 목을 잘랐다. 그는 두개의 전기등을 머리에 두르고 '밤놀이'를 하던 때처럼 이웃집을 찾아다니며 살인을 시작했다. 그렇게 그는 1시간 30분 동안 29명(27명 즉사, 2명 부상으로 이후 사망)을 죽이고 3명에게 심각한 부상을 입혔다. 당시 그는 브라우닝 샷건, 일본도, 도끼를 무기로 사용했다. 그가 살았던 마을은 작았기에 이 사건으로 인해 마을 사람의 절반 가까이가 죽었다. 그리고 곧 그도 자기 가슴에 총을 쏘아 자살했다.

　　[범죄원인] 범인은 오카야마 현의 유복한 가정에서 태어났다. 그러나 부모는 그가 어릴 때 폐결핵으로 죽었고, 그와 그의 누나는 할머니의 손에 길러졌다. 원래 그는 외향적인 성격이었으나 1934년에 누나가 결혼하게 되자 은둔형 외톨이가 되어버렸다.

　　그는 창녀인 아베 사다 이야기에 관심이 있었다고 하는데, 그 이야기는 애인을 목 졸라 죽이고 애인의 성기를 자른 사건으로 유명하다. 또한 그는 일본의 전통문화인 '밤놀이(夜這い, 몰래 이웃집에 들어가 성관계를 하는 것)'에 참여하였는데, 그가 죽은 후 발견된 자살 노트에는 그가 이웃의 어린 여자아이에게 성관계를 거절당한 것과 결핵을 앓고 있는 것에서 범행 이유를 추정할 수 있는 기록이 적혀있었다.

II. 연쇄살인

1. 개 념

　　'연쇄살인범(serial killer)'이란 반복적이고 연속적으로 살해하는 자를 말한다. 연쇄살인은 최소한 한 달 이상의 기간에 걸쳐 3명 이상의 피해자를 살해하는 경우이며, 범죄자는 각 사건들 사이에 심리적 냉각기를 갖는다.

　　이러한 연쇄살인에 관한 다양한 연구들은 미국을 중심으로 진행되고 있다. FBI의 국립흉악범죄분석센터(NCAVC : The National Center for the Analysis of Violent Crime)는 연속(spree serial)살인과 연쇄(classic serial)살인을 구분하고 있는바[58] 일반적으로 양자는 개별 살인행위간의 '심리적 냉각기'의 유무에

---

58) 경찰학연구소 범죄심리팀은 다수 살인(multiple killings)을 고의로 사람을 죽이는 범죄인 살인 중에서도 여러 사람을 죽이는 것으로 정의하고, 이 다수 살인을 다시 다중살인(mass murder; 한 번에 한 장소에서 여러 명을 죽이는 것), 연속살인(spree murder; 장소를 옮겨가며 여러 사람을 죽이는 것) 및 연쇄살인(serial murder; 장기간에 걸쳐 여러 사람을 죽이는 것)으로 구분하

의해서 구별된다. 즉 연속살인과 연쇄살인은 살인을 저지르는 데 며칠이 걸리고 아주 먼 거리를 옮겨 다니면서 여러 사람을 살해하되 그 행위들이 서로 단절되지 않고 이어지는 일련의 연속적인 행동이라는 점에서 유사하다. 하지만 연속살인은 살인에 이르게 된 흥분이 계속된 상태라는 점에서 각 살인행위 사이에 시간적 간격이 있어 살인범의 마음이 차분히 가라앉은 후 다시 살인을 저지르는 연쇄살인과 구별된다.59) 즉 연쇄살인범은 평상시 대부분의 시간을 살인에 대한 공상, 계획, 준비, 실행, 회상 등에 사용하며, 살인사건들 사이에는 일정한 기간 동안 심리적 안정을 나타내어 살인행위를 중단하는 잠재기를 가진다고 한다. 보통 잠재기 이후에는 도저히 억제할 수 없는 살인충동에 다시 사로잡히게 되고, 환상과 범행의 수법은 계속하여 진화, 발달된다고 한다.60)

그러나 연쇄살인은 개별 범죄마다 매우 다양한 방식으로 발생하고 범죄의 동기도 매우 다양하기 때문에 그 개념을 정의하기가 쉽지 않다. 대부분의 연구에서는 연쇄살인을 연속살인 및 다중살인과 구별하는 핵심으로 범죄발생장소 및 피해자의 수, 살인의 단계에서 범행에 대한 환상 및 심리적 냉각기의 존재여부, 피해자선택에서의 독특성을 들고 있다.61)

2. Holmes & Holmes의 연쇄살인 단계론

홈즈(Holmes, 1996)는 연쇄살인의 '의식(ritual)'을 단계별로 구분하고 이 살인의 의식절차를 통하여 연쇄살인범의 심리적 특성을 이해할 수 있다고 한다. 그는 연쇄살인의 단계를 다음과 같이 구분하여 설명한다.62) 첫 번째는 환상

고 있다.

59) 이수정, 최신범죄심리학, 북카페, 2008, 292~293면 참조. 연속살인은 192발을 쏘아 32명을 살해한 버지니아 공대 조승희 사건과 같이 냉각기가 없으며 특정한 대상을 표적으로 삼는다. 일반적으로 사람이 살인을 하면 극도의 흥분상태에 놓이게 되는데 이러한 흥분상태에서 살인을 계속하는 경우가 연속살인이다.

60) 이웅혁, 연쇄살인범에 대한 범죄심리학적 분석, 경찰학 연구 제8호, 2005.

61) 이수정 외, 유영철에 관한 몇가지 의문점, 한국법심리학회 추계학술대회자료집, 한국 법심리학회, 2004, 51~52면 참조.

62) 김상균, 범조심리학, 218-220면 참조; 다만 일부학자는 몽상기(The Aura Phase), 탐색기(The

(fantasy)의 단계이다. 연쇄살인범들은 일반적으로 지속적인 상상을 통하여 폭력적인 충동을 키우고 이를 계속 강화시킨다. 즉 상상을 통하여 자신의 피해자를 비인격화시키고, 자신이 만들어 낸 왜곡된 도덕적 잣대를 적용하여 피해자에 대한 폭력을 합리화시킨다. 상상이 계속 정교해지게 되면 이것을 현실에서 행동으로 실천하고자 하는 욕구도 더욱 커지게 되고 상상만으로 얻게 되는 만족감이 점점 감소하여 상상속의 폭력을 현실에서 실행하기 위해서 준비를 하게 된다.

두 번째는 스토킹의 단계이다. 범행하기에 적합한 피해자를 학교, 이웃, 혹은 직장에서 물색하게 되고 적절한 대상이 선택되면 실제로 폭력을 행사하기로 결심하게 된다.

세 번째는 유괴의 단계이다. 범죄자가 이전에 경험했던 환상이 점차 증가되어진다. 따라서 그는 상상속의 피해자를 찾게 된다. 범행을 실행하면서 피해자를 비인격화하고 마치 벌레처럼 여기게 된다. 범죄자는 자신의 범행을 합리화하기 위해 필요한 모든 이유를 자기 자신에게 만들어 낸다. 현실에서의 범행은 단지 범죄자가 상상을 통해서 했던 모든 것들을 재현하는 것에 불과하기 때문에 이에 대한 현실에서의 죄책감은 느끼지 못하게 된다.

네 번째는 살해의 단계이다. 범죄자는 자신이 상상한 것들 중에서 자신의 만족을 가장 크게 해주는 방법을 선택하여 범행을 저지르며, 범죄자에게 피해자의 심한 고통과 절망을 보는 것이 매우 중요한 자극이 된다. 즉 피해자의 사체를 절단하는 행위는 흔히 볼 수 있는 증거들이고, 일반적으로는 유방, 성기, 장기, 복부 등을 절단하는 경우가 많다. 또한 살인의 도구는 망치, 밧줄 등 다양한 도구들이 이용되며 때로는 치흔을 남기고 흡혈을 하거나 인육을 먹는 경우도 가끔 보고되고 있다.

마지막으로 사체처리의 단계이다. 사체를 처리할 때 다른 사람들이 보도록 전시한다든가 혹은 수사관들이 발견하기 어렵도록 은닉하는가의 여부도 범죄자의 심리를 파악하는 중요한 단서가 된다. 즉 피해자의 사체를 전시하는 경우에는 자

Trolling Phase), 구애기(The Wooing Phase), 납치기(The Capture), 살인기(The Murder), 회상기(The Totem Phase), 우울기(The Depression Phase) 등 7단계로 구분하기도 한다(오윤성, 범죄 메커니즘의 이해, 379~382면).

신의 범죄경력을 알리고자 하는 의도가 깔려있다고 볼 수 있다. 사체를 유기하는 단계가 완료되면 일련의 살인의식이 끝나게 되며 범죄자는 만족감에 빠져 심리적인 안정상태에 이르게 되고 이러한 정신상태가 다시 심리적 저하상태로 돌아가서 연쇄살인범은 또 다른 환상을 꿈꾸며 범죄를 물색하게 된다.

3. 연쇄살인의 특성 및 발생원인

연쇄살인범은 살인자만이 알고 있는 동기에 의하여 안면이 없는 희생자를 일대 일로 반복적으로 살해한다. 대량살인과 달리 대부분 사적인 장소에서 목격자 없이 발생하며 대체로 성행위의 흔적을 보이며 가학적 환상이나 백일몽 같은 특성을 보인다.63) 연쇄살인범들은 어린 시절 고통스러운 경험을 갖고 있으며, 장기간의 사회적 박탈 및 심리적 학대상태에 놓여 있는 경우가 많다고 한다.64) 즉 연쇄살인범들은 아동기에 주로 야뇨증(침대위에 오줌을 싸는 행동), 불장난, 동물학대, 성적 학대와 신체적 학대, 버림받음 등을 경험하였다는 것이다. 특히 성적학대는 환상의 세계로 빠져들게 하는 주요한 원인이 되는데 이러한 환상은 힘·지배라는 내용을 포함하고 있으며 이는 학대받고 있는 아동의 현실세계에서는 이룰 수 없는 것들이라고 한다.

특히 연쇄살인범의 연구 중에서도 성적 환상이 많은 관심을 받고 있는바 그 이유는 범죄 프로파일링(criminal profiling)65)에서 성도착증 행동은 범인상을 추적하는 하나의 수법으로서 또는 범행현장이 빈번히 나타나는 서명(Signature) 중의 하나라고 할 수 있기 때문이다.66)

연쇄살인범의 핵심적인 동기는 박탈감이라고 할 수 있다. 불완전한 양육은 아

---

63) 이봉한, 한국의 연쇄살인범죄의 테마와 특성 분석, 형사정책 제21권 제2호, 한국형사정책학회, 2009. 12, 221면 참조.

64) 김상균, 연쇄살인범의 범죄심리학적 분석, 한국범죄심리연구, 2005. 12, 16면 참조.

65) 범죄자 프로파일링은 범죄를 저지른 범죄현장을 분석하고 유형 및 무형의 증거를 통하여 범죄자의 인격유형을 파악해 내고, 다른 범죄자들과의 유사성 혹은 연관성을 밝힘으로써 수사에 공통되는 추리의 선을 설정하고 용의자를 파악해 내기 위한 수사의 한 기법이다.

66) 동아일보, 2004년 7월 29일자.

동의 불안과 정서적 굶주림이라는 결과를 가져오고, 또 유아기의 잘못된 양육으로 인하여 파괴적 공격성을 띠게 되어 적대감과 분노는 행동을 강요하며 통제하기를 원하게 되고 결국은 살인행동으로 표출된다.[67) 또한 연쇄살인의 동기는 sex(64%), 강도(11%), 인종문제(2.5%), 종교적 신념 등 신비적인 이유(1.5%) 등이었는바 이러한 동기의 이면에서 가장 중요한 역할을 하는 것은 밀접한 관계의 상실(sex), 경제적인 궁핍(강도), 민족정체성 상실의 두려움(인종), 인류간의 신뢰상실(신비주의) 등이라고 할 수 있다.[68)

4. 연쇄살인범의 유형

연쇄살인범의 유형에 관해서는 다양한 분류가 있을 수 있다. 그러나 대표적인 분류방법을 소개하면, 피해자의 발견방식과 공격방법에 따라 유형화한 분류[69)과 범죄자의 심리에 따라 유형화한 분류가 있다.

(1) 피해자의 발견방식에 따른 유형

연쇄살인범은 피해자를 찾아 공격하는 독특한 사냥스타일을 가지고 있는데, 그 유형은 사냥꾼형(Hunter), 밀렵자형(Poacher), 산책자형(Troller), 덫사냥꾼형(Trapper) 등으로 구분할 수 있다.[70) ① 사냥꾼형은 자기의 거주지를 기점으로 피해자를 피해자를 탐색한다. 예를 들어 거주지 주변의 대문이 열린 집을 침입한다거나 정류장에서 기다리는 여성을 호의동승[71)하는 것이다. ② 밀렵자형은 거

---

67) Whitman, T. & D. Akutagawa, "Riddles in serial murder: A synthesis", Aggression and Violent Behavior, No. 9, 2004, pp. 699~700.

68) 김상균, 연쇄살인범의 범죄심리학적 분석, 17면 참조.

69) 이봉한, 앞의 논문, 226~229면 참조.(연쇄살인범에게 있어서 공격의 대상은 신체적 공격에 취약한 어린이이나 노인, 여성이라는 점과 가해자의 공격에 무방비 상태로 남아 있게 되는 상황, 즉 혼자 시골길을 걷는다거나 자동차에 편승하거나 특정 장소에 들어가는 것에 착안한 분류이다.)

70) 이봉한, 한국 연쇄살인범죄의 테마와 특성 분석, 형사정책 제21권 제2호, 2009. 12, 226~227면 참조.

71) 미국의 연쇄살인범 캠버는 예쁜 여학생 앞에 차를 세운 뒤 여자에게 어디까지 가는지 묻고는

주지 이외의 지역으로 여행을 하면서 피해자를 탐색하는 것이다. 예를 들어 여자
대학생 기숙사에 침입한다거나 노인이 거주하는 단독주택에 침입하는 것이다.
③ 산책자형은 다른 활동을 하는 중에 전혀 계획 없이 피해자를 포착하는 것이
다. 예를 들어 농로에서 하굣길 여학생을 물색한다거나 방문판매원을 강간살해
하는 것이다. ④ 덫사냥꾼형은 직위나 직종을 이용하여 혹은 피해자가 스스로
걸려들 수 있는 상황을 연출하여 피해자를 포착하는 것이다. 예를 들어 구인구직
란에 모델 오디션 광고를 한다거나 출장마사지 여성을 원룸으로 호출하는 것이
다.

(2) 피해자 공격방법에 따른 유형

연쇄살인범은 피해자 공격방법에 따라 범행대상을 맞닥뜨리는 순간 곧바로
공격하는 '기습형', 범행대상을 포착한 다음 끈질기게 지켜보면서 서서히 다가가
공격할 기회를 기다리는 '스토커형', 자신이 통제할 수 있는 장소, 거주지나 작업
장으로 유인하여 공격하는 '매복형'으로 구분된다. 스토커형의 공격, 살인 그리
고 사체매장의 장소는 피해자의 활동공간과 많은 연관성을 가진다. 스토커형의
공격, 살인 그리고 사체매장 장소는 피해자의 활동공간과 많은 연관을 가지며,
매복형은 일반적으로 자신이 통제할 수 있는 장소, 거주지 또는 작업장에 사체를
숨겨두며, 사회적으로 소외되고 거의 아무런 연고가 없는 사람 또는 행방불명된
것으로 경찰에 신고 된 사람을 범행의 대상으로 선정한다.[72]

(3) 범행동기에 따른 유형

홈즈(R. Holmes, 1996)는 연쇄살인의 유형을 망상형(Visionary), 사명감형
(Missionary), 쾌락형(Power-Control)으로 분류하였다.[73]

마치 시간이 충분한지를 결정해야 하는 사람처럼 시계를 보았는데 이런 행동은 경계심을 풀게
만들었고, 또 테드 번디는 준수한 외모로 가짜 기브스를 하고 피해자의 도움을 요청하는 방식
을 사용하였다.

72) 김상균, "연쇄살인범의 범죄심리학적 특성", 한국범죄심리학회, 2005, 12~13면 참조.

① **망상형**   청각 또는 시각과 관련하여 환청·환상·망상이 주요 원인이 된다. 예컨대 살인을 하라는 소리를 하늘로부터 들었다든지 또는 살인을 안 하면 도시전체에 지진이 일어날 수 있으므로 살인을 했다든지 신의 계시가 있었다고 하면서 살인을 정당화하는 경우가 이에 해당한다.

② **사명감형**   자신의 기준이나 신념체계에 비추어 부도덕하거나 옳지 않은 일을 하는 집단을 선택하여 그 소속원을 범죄의 희생자로 하는 경우를 말한다. 예컨대 현대사회의 근본적인 문제점은 현대문명 즉 기술(technology)이라고 판단하여 과학자 또는 컴퓨터 전문가만을 대상으로 살해하거나, 매춘부는 이 사회에서 살아져야 한다는 사명감으로 매춘부만을 대상으로 범죄를 저지르는 경우이다.

③ **쾌락형**   살인 자체를 즐기면서 희열을 추구하는 유형으로서 살인을 통하여 성적인 쾌락을 느끼거나 또는 스릴감을 맛보거나 위안을 가지려고 하는 것이 주요 동기가 된다. 이것은 다시 스릴형(thrill killer), 쾌락형(lust killer), 이익형(benefit killer) 등으로 나뉜다.

④ **권력형**   대상자의 삶과 죽음 자체를 통제할 수 있다는 정복감과 힘의 우위를 성취하려고 하는 동기가 주가 되며 성적인 가학행위와 환상이 중요한 역할을 한다.

〈참 조: 한국의 연쇄살인범 유형〉

쾌락형	스릴추구	2006년 서울 서남부 연쇄살인 사건 (13명 살해, 20명 살인미수)
	권력추구	2006년 경기 안양·군포 20대 여성 3명 연쇄살인 사건
	성욕추구	2000년 전남 고창 10대 어린이 3명 연쇄살인 사건 2007년 전남 보성 어부 20대 관광객 4명 연쇄살인 사건
	복잡형 (스릴, 권력, 성욕)	2004년 유영철 노약자·윤락여성 20명 연쇄살인 사건
이익추구형	강도살인	1999년 정두영 부산·경남 9명 연쇄살인 사건
	범인은폐	1994년 마약조직 조직원 연쇄살인 사건
	여성 연쇄살인	2005년 보험금 목적 1·2번째 남편 연쇄방화살인 사건
충동·분노형		2004년 울산 동거녀 연쇄살인 사건

---

73) 김상균, 범죄심리학, 22면 참조.

5. 사 례

우리나라에서도 1980년대 화성 연쇄살인사건[74], 1990년대의 대구 동구 연쇄살인 사건, 정두영 사건 등이 있었으나, 2000년대의 유형철 사건[75]이 발상한 이후 연쇄살인에 대한 관심이 증대되었다.

(1) 대구 동구 연쇄살인 사건

[사건개요] 1997년 2월 20일 20대 남자가 대구광역시 동구 지역에서 저지른 살인 사건이다. 범인 이승수(당시 21세)는 1997년 2월 20일 오후 11시 경, 대구광역시 동구 대구역 근처에서 김 모씨(당시 27세)를 만나 술을 마신 뒤 동구 신암동 김씨 집으로 가서 잠을 자던 중, 김씨가 자신의 몸을 더듬는데 대해 격분하여 김씨를 흉기로 살해한 후 8만원을 빼앗았으며, 20여분 뒤 김씨 집에서 약 50여m 정도 떨어진 모 분식점으로 들어가 "식사 되느냐"고 묻자, 분식점 종업원 이 모양(당시 18세)이 "식사 안 된다"라고 말하자 불쾌하다는 이유로 이 양을 살해했다. 이승수는 40여분 뒤인 2월 21일 0시 30분 경, 2차 범행 장소에서 1km정도 떨어진 신암3동 신암교회 앞에서 새벽 기도하러 가는 60대 여성의 가방을 빼앗으려 하다가 반항하자, 흉기로 살해하고 7만원을 탈취하는 등 대구 동구 지역에서 4차례에 걸쳐서 4명을 살해하고 20여만 원을 훔쳤다. 살인죄로 사형이 확정되어 현재도 복역 중이다.

---

74) 1986년부터 1991년까지 대한민국의 경기도 화성군 일대에서 여성 10명이 살해된 미해결 사건이다. 최초 사건은 1986년 9월 15일에 일어났으며, 마지막 사건은 1991년 4월 3일에 일어났다. 현재 모든 사건의 공소시효가 만료되었다. 유일하게 해결된 8차 살인사건은 현장에 남아 있는 모발과 범인의 모발이 일치하여 검거한 사건이나, 다른 사건과의 관련성이 없는 것으로 판명되었다.

75) 2003년 9월부터 2004년 7월까지 노인과 부녀자, 정신지체 장애인 등 21명을 살해하고, 사체 11구를 토막 내 암매장하는 한편 3구는 불에 태운 사건이다. 유영철은 여성을 상대로 한 범행시 주로 초저녁에 여성을 집으로 유인해 밤에 살해했고, 자신의 경제적·가정적 좌절에 대한 비관과 부유층에 대한 적개심으로 부유층 노인들을 무차별 살해했다. 경찰에 붙잡힌 유영철은 "경찰에 잡히지 않았으면 100명까지 살해할 생각이었다"며 "4차례에 걸쳐 피해자의 장기 일부를 먹었다"고 진술해 충격을 주었는데 결국 법원에서 사형선고를 받았다.

[범죄원인] 범인 이승수는 불과 1시간 동안 자신을 언짢게 했다는 것과 불쾌하다는 이유 및 용돈을 마련하기 위해서 3명을 연달아 살해했다고 진술해 충격을 던져줬다. 그리고 어언 8년쯤 지났을 때 대구 화원 교도소에서 범인 이승수를 만났었다. 사형이 집행되지 않은 미결수라 미결수 사동에서 보았는데 정말 밥 잘 먹고 똥 잘 싸고 그러는걸 보니 세금이 아깝다는 생각도 들긴 들었다. 생명이라는 걸 어찌 함부로 할 수 있겠다만, 죄는 죄이고 사람은 사람이라 이자의 생명도 소중하게 보아야 하는지 의문이 들었다. 아무튼 이 사람은 운동시간에 나가 운동도 잘하고 특히나 양말이나 런닝은 필라(FILA) 또는 나이키(NIKE) 같은 고가의 브랜드 제품들만 써오고 그랬었다. 더구나 빨래나 자기의 일을 어린 재소자 또는 하급의 재소자에게 미루는 등 하는걸 보면 반성의 기미가 있는지는 의문이 들었다. 또한 수년 동안 닦은 교도소 장기기술로 장기는 기가 막히게 잘 두는 기술을 습득했다. 장기 하나는 그때 당시 미결사동에서 제일가는 실력을 갖추고 있었다. 그리고 생각 외로 나이에 비해 동안인 것도 특징이다.

(2) 정두영 사건

[사건개요] 1999년 6월부터 2000년 4월까지 9명의 시민을 살해한 연쇄 살인자이다. 정두영은 지난 1999년 6월부터 강도행각을 벌이면서 17명을 살인 및 상해하였다. 정두영은 18세 때인 지난 1988년 불심검문 중인 방범대원 김찬일(43)씨를 살해, 11년간 복역하고 출소한 뒤 곧바로 절도죄로 붙잡혀 다시 6개월 동안 복역한 뒤 1999년 3월 출소했다. 이후 10개월 동안 16번의 강도를 저질렀고 그 과정에서 9명을 무참히 살해했다. 주로 부산, 울산과 경남지역을 활보하며 살인강도 행각을 벌였고 충남 천안에서 인질강도를 저지르다 체포되었다.76)

[범죄원인] 정두영은 1968년 부산직할시에서 3남 1녀 중 막내로 태어났지만 2세 때 아버지가 숨지고 어머니가 재혼하자 삼촌집에 맡겨졌다. 정두영은 늘 자신의 왜소한 외모 탓에 심한 콤플렉스를 가지고 있었는데 1988년 처음으로 살인을

---

76) 동아일보, 2000년 4월 16일자, "열 달 새 9명 죽였다…부산 中企회장부부 살해범 자백."

저질렀을 때의 동기도 단지 그가 자신을 무시한다고 생각했기 때문이라고 밝혔다. 고아원에서 불우한 어린 시절을 보냈던 정두영은 체포 후 진술에서 남들처럼 평범한 가정을 갖고 싶었다고 했다고 한다. 이를 위해 그때까지 절도 및 강도로 모은 돈을 쓰지 않고 통장에 모았고 그 총액은 1억 3천만 원에 달했다. 그는 강도행각으로 총 10억을 모아 결혼도 하고 PC방과 아파트를 마련할 계획이었다고 했다.[77]

(3) 유영철 사건

[사건개요] 2003년 9월 11일 교도소를 출소한 유영철은 13일 후 서울 강남구 신사동에서 숙명여대 명예교수 이씨(72세)와 부인 이씨(67세)를 살해했으며, 그해 10월에는 9일에 종로구 구기동에서 강씨(82세) 등 일가족 3명을, 16일에 강남구 삼성동에서 유씨(60세)를 살해했다. 2003년 11월 18일 화요일에는 종로구 혜화동에서 김씨(87세) 등 2명을 살해했고, 2004년 4월에 노점상 안씨(44세)를 살해하고 시신을 월미도에 버렸다. 이에 앞서 2004년 3월부터 그해 7월까지는 마포구 노고산동의 한 오피스텔에서 총 여성 11명을 살해하여 서울 각지어서 주로 부유층 노인 또는 출장마사지사 여성 등 총 21명을 살해한 혐의를 받았다. 한편 유영철은 2004년 7월 18일 체포되었는데 현장검증에서 26명을 살해하였다고 주장하였다. 이후 8월 13일 구속 기소되어 이문동 살인사건을 제외한 20명 살인범죄의 유죄가 인정되었으나 유영철은 대법원 상고 공판에서 성폭력범죄, 강간살인, 1급살인, 과실치사혐의에 의거에 따라 12월 13일 사형 선고를 받고, 2005년 6월 9일 대법원은 유영철에 대한 상고를 기각하고 사형을 대한 원심을 확정하였다. 유영철에 대한 사형은 아직까지도 집행되지 않고 있으며,[78] 유영철은 미국의 잡지 '라이프'가 2008년 8월 6일에 보도한, 20세기를 대표하는 연쇄 살인자 30인의 한 사람으로 뽑히기도 했다.[79]

---

77) 동아일보, 2000년 4월 16일 자, "연쇄살인범 정두영, 돈 마음껏 쓰고 싶어 범행."

78) 현재 대한민국은 가장 최근인 1997년 12월 30일에 김영삼 전 대통령의 임기 중 23명의 사형을 집행한 이후로도 10년간 사형이 집행되지 않아 2007년 12월 30일부터는 실질적 사형 폐지 국가로 간주되고 있다(동아일보, 2008년 12월 10일 자).

[범죄원인] ① **어린 시절**   유영철은 1970년 4월 전라북도 고창군에서 막노동으로 가난하게 살던 부모 밑에서 3남 1녀 가운데 막내로 태어났다. 초·중·고등학교 시절을 서울특별시 마포구 공덕 2동에서 성장하였다.[80] 집안의 경제적 사정 등 전반적인 가정환경도 좋지 못했다. 14세 때인 1985년 6월 12일, 부친이 사고로 사망한 이후 홀어머니 아래에서 형제들과 함께 살아오면서 초등학교, 중학교 졸업한 후 예고에 진학하려고 하였으나 예고 입학이 좌절되었고 국제공고에 입학하였지만 학교생활을 적응하지 못해 자퇴하였다. 지능은 보통수준 정도이고 성행은 평소 편협한 성격으로 다른 사람들과 융화되지 못하고, 자신의 요구사항이 다른 사람에 의하여 받아들여지지 않으면 참지 못하고 격분하는 반사회성 인격장애 및 경계선 인격장애 성격의 소유자이다. 피고인은 고등학교 2년 중퇴 후 사진기사 1년, 중장비기사 1년, 선원 2년, 대중음식점 종업원 1년 등의 직업을 가졌으나, 1995년 이후에는 지속적으로 일정한 직업이 없이 야간에 경찰관을 사칭하여 불법유흥주점이나 노점상을 상대로 갈취행위를 하였다.[81]

② **성년 이후**   22살 때인 1991년 안마사인 황모씨와 결혼, 11살 된 아들을 두었으나, 이후 14 차례 특수절도 및 성폭력 등으로 입건되는 등 11년을 전국 각지 교도소에서 보내 사회와 철저히 격리되었다. 2000년 3월 특수절도 등으로 교도소에 수감 중이던 2002년 5월에 부인이 이혼소송을 제기하여 하였고 이후 말을 하지 않고 대인기피 현상을 보였던 것으로 알려졌다.[82]

III. 동기 없는 살인

1. 의 의

'동기 없는 살인'이란 가해자가 발견되지 않거나 또는 범죄상황이 복잡한 요소들로 둘러싸여서 그 원인을 결정지을 수 없는 완전히 돌발적으로 발생하는 살

---

79) 일간스포츠, 2009년 8월 11일 자, "류영철, '라이프지' 선정 연쇄 살인범 31위에 뽑혀."

80) 스포츠서울, 2004년 7월 19일 자, "류영철 실체 속속 드러나."

81) 서울중앙지법 2004. 12. 13. 선고 2004고합972,973,1023 판결.

82) 서울경제신문, 2007년 4월 18일 자, "연쇄살인범 류영철은 누구."

인을 말한다.[83] 범죄자의 범행동기와 목적이 불분명하여 '불특정 동기'에 의한 범죄로서, 이른바 '묻지마' 범죄라고 한다. 특별한 원한관계가 없는 대다수의 무고한 시민들이 범행대상이 되고 대부분 살인으로 이어지고 증가추세에 있다는 점에서 사회적 문제가 되고 있다.[84] 범죄자가 연쇄적으로 범죄를 저지른 경우에도 피해자들의 특성과 생활 스타일 등이 너무 다르게 나타나기 때문에 연쇄살인으로 분류되지 않을 수 있다.

이러한 범죄가 발생하는 원인으로는 기온·습도의 증가에 따른 여름철 불쾌지수의 상승, 경제적 상황의 악화·실업증가·양극화 심화 등으로 인한 금전적 스트레스, 사회에 대한 불만이나 고소득층에 대한 저소득층의 적개심 고조, 급격한 사회변화에 대한 부적응, 내면의 불만을 극단적으로 표출하는 이상 심리자들의 증가와 모방범죄 등을 들 수 있다.[85] 주로 공공장소에서 예상치 않게 발생하며 범죄자는 다른 사람들에게 노출되는 경우가 많다. 이러한 범행의 특성상 범죄자는 피해자를 숨기려고 노력하지 않는 경우가 많으며 상황에 따라서는 대량살인으로 이어지는 경우가 많다.

2. 특 징

이러한 살인자들에 대해서는 여러 가지 사회의 구조적 모순·불의·비인간화되는 상황을 배경으로 사회불신이나 소외감, 태만감과 결부하여 발생하는 극히 현대적인 양상을 띤 사회병리현상 내지 정신병리현상의 하나로서 관심을 끌고 있다.[86] 이 같은 살인자들 중에는 자신의 범행에 대하여 냉담하고 무감각적인 태도를 보이는 자가 있다. 예컨대 자기 어머니를 죽이고 그 사체를 여행용 가

---

83) 이상현, 범죄심리학, 321면.

84) 이봉한, 한국 연쇄살인범의 테마와 특성 분석, 229면.

85) 2010년 서울 양천구 신정동에서 발생한 옥탑방 살인사건이 대표적이다. 범인은 "나는 이렇게 절망하고 있는데, 뭐가 그리 행복하다고 웃고 있느냐"는 생각이 들자 화가 치밀어 "깽판 한 번 쳐보자"는 식으로 옥탑방에 들어가 칼과 망치를 들고, 소소한 이야기로 웃음이 가득한 아이들을 바라보며 미소를 짓고 있는 부모를 한 순간에 이유 없이 살해하였다.

86) 宮澤浩一, 犯罪と被害者, 제2권 成文堂, 1974, 284~290頁.

방 속에 넣어 두고 자기 애인과 함께 영화구경을 가는 경우가 있다. 또 다른 경우에는 그의 애인을 낭떠러지 아래로 떠밀어 죽인 후 운동장에서 축구를 하고 있는 경우도 있었다. 이처럼 이러한 종류의 살인자들은 살인을 저지르고도 마치 아무 일도 생기지 않았다는 듯이 그들의 활동을 계속하고, 체포되어 심문을 받을 때도 수사관이 당황할 정도로 너무나 냉담하다.

정신의학자들에 따르면, 이러한 살인범죄자의 태도는 단지 무의식적인 긴장을 해소시키는 병적 방법에 불과한 것이라고 한다.[87) 예컨대, 종신형을 받은 살인범죄자들은 범죄행위에 대한 책임을 거부하는 것을 흔히 볼 수 있는데 이는 범죄에 대한 죄책감에서 해방되기 위한 심리적 수법이라는 것이다. 또한 그들은 겉으로는 다른 재소자들과 차이가 없는 것 같지만 실제로는 모든 희망과 소원을 가지고 과거의 삶을 산다는 것이다. 즉 현재의 감금이라는 부자유 속에서도 범행 이전의 과거에 집착함으로써 자신의 마음의 평온을 유지하는 것이다.

IV. 왜곡된 성적 충동에 의한 살인

1. 질투살인

(1) 의 의

질투살인(嫉妬殺人)에 있어서 질투의 원인은 상대자를 자기의 소유라고 생각할 뿐만 아니라 그 여자를 소유할 권리가 있다고 믿음에서 생긴다. 그리고 질투살인의 배경은 삼각관계에서 생긴 좌절당한 애정으로서 그와 같은 행동의 배후에 있는 심리적 기제는 자신의 자존심과 체면의 손상이다. 따라서 상대자를 죽임으로써 결국 자신의 자존심이 회복되는 것이다.

질투로 인한 살인의 경우는 그 피해자가 철저한 살인방법으로 살해된다는데 그 특징이 있다. 피해자가 죽은 뒤에도 찌르고 또 찌르는 경우가 있으며, 그와 같은 완전한 파괴는 그 피살자를 상징하는 모든 것에까지 확대되는 경우도 있다. 예컨대 살인범이 그 피살자를 살해하고도 그 피살자의 사진에 있는 눈을 찌르고

---

87) 장병림, 범죄심리학, 242면.

얼굴을 칼로 베는 경우이다.

(2) 형 태

질투로 인한 살인의 형태로는 여러 가지를 들 수 있다. 예컨대 며느리가 시어머니를 살해하는 경우인데, 남편이 자기보다 시어머니에게 더 많은 정성을 쏟고, 이로 인해 남편과 처 사이의 원만한 결합이 방해되고 이것을 시어머니 탓으로 돌려 살해하는 것이다. 이와 반대의 현상으로 시어머니가 자기 며느리를 살해하는 경우도 있다. 그리고 애인이 있는 청년이 그 애인이 다른 남자를 좋아하는 것에 질투를 느껴 살해하는 경우가 있다. 또한 나이 많은 남자가 애인을 죽이는 경우도 허다한데, 이러한 경우 그 범인 자신에게 희미하게 의식하는 성적 부적합성이 있거나 또는 성적 무능력이 나타나는 때가 있다.

특히 어머니에 대한 애착심이 살인을 불러일으키는 경우도 있는데, 실제로 50세 된 상당히 지성을 갖춘 교사가 18세 된 소녀를 죽이고 자신도 그 후에 자살하려다가 실패한 사건이 있었다. 그 살해의 원인은 그 자신으로 하여금 그 소녀는 자기 것이라는 믿음을 갖게 하였으며, 이와 동시에 그의 어머니가 항상 그에게 속하여 있었던 것과 마찬가지로 그 여자도 또한 항상 자기에게 속하고 있어야 한다는 무의식적 감정이 있었다. 그런데 그 소녀에게 남자친구가 있는 것을 발견하고 그 소녀를 잃게 될까봐 겁이 났으며, 동시에 그것은 그에게 심리학적 의미에서 어머니를 잃는 것과 마찬가지였다는 것이다.[88]

2. 쾌락살인

'쾌락살인(快樂殺人)'이란 성충동(性衝動, eros)을 기초로 하여 살인행우를 성교 시의 쾌락을 위하거나 성교의 대체로서 행하여지는 것을 말한다.[89] 이러한 살인은 성적인 쾌감을 얻기 위해 범행을 되풀이하기 때문에 대량살인으로 연결

---

88) 장병림, 범죄심리학, 225면.
89) 井上泰宏 역/E. Wuffen, 犯罪と性, 下出書房新社, 1958, 7~20頁.

될 가능성이 높다.

쾌락살인의 유형에는 크게 세 가지가 있다. 첫째로 전형적인 형으로서 피해자를 파괴하는 것으로 성욕을 만족한다. 파괴행위 자체가 성교의 대상이기 때문에 성교를 하지 않는다. 둘째로 성욕과다형으로서 살인이나 사체손상이 성욕을 높여 주는 것이다. 셋째로 고통기애형으로서 피해자의 고통을 보고 성적으로 만족한다.

쾌락살인자들의 가정환경을 보면 대부분 아버지가 폭주자(暴酒者)이며, 성적으로 방종한 이상인격자이다. 가정 내에 알코올중독·범죄·정신장애 등의 요인이 많은 것과 난폭한 행동경향이 강한 것, 불안정한 직장생활과 장기복역 등이 그들 가정 내에 공통점이었다. 그리고 이들 쾌락살인자들은 정신병으로 확인되지 않고 정서결여, 폭발성 등을 중심으로 하는 이상인격자로 진단되고 있다.

V. 암 살

1. 의 의

'암살(暗殺, assassination)'이란 정치적·사상적 입장의 상이·대립에 유래되는 동기에서 일정한 정치적 지위에 있는 사람들을 살해하는 것을 말한다.[90) assassination의 어원은 아라비아어인 Hashishin이며, Assassin은 Hashishin의 음역으로서 대마에서 추출된 일종의 마약을 먹는 사람이라는 뜻이다.

암살은 정치권력과 정치세력관계를 둘러싸고 사회라든가 국가 또는 정의의 명분아래 좌파세력의 신장·강화와 대항세력의 몰락·후퇴를 의도하여 살인을 행하는 점에서 보통 형사사건인 살인과 다르다. 정치적으로 불안한 나라에 암살이 많았고, 강력한 독재국가에서는 독재자 타도의 가장 유효한 방법으로 쓰이기도 하였다.[91) 지금까지의 암살통계를 보면 암살기도 중 약 반 정도가 암살에 성

---

90) 이종기, VIP중앙대백과, 중앙일보사, 1998, 1214면.

91) 이진문, '주요요인 암살의 동기 및 대책에 관한 연구', 경호경비연구 제2호, 1999, 한국경호경비학회, 196면 이하.

공하였다.

2. 동 기

(1) 개인적 동기

이는 피암살자에 대한 원한, 시기심, 증오감 및 복수심으로 암살을 하는 경우이다. 예컨대 1881년 제임스 가필드 미대통령 암살사건이나 스펜서 퍼시벌 영국수상 암살사건을 들 수 있다. 미대통령 암살사건은 암살범 찰스기토가 그가 자발적으로 선거연설을 하였다고 하면서 그 대가로 파리주재 영사로 임명해 줄 것을 요구하였으나 거절당하자 암살하였던 것이다. 영국수상 암살사건에서는 암살범은 수상이 자기의 사정을 들어주지 않았다고 하여 암살을 하였다.

(2) 이념적 · 사상적 동기

이는 피암살자가 자신들의 중요한 사상이나 이념에 방해를 하고 있다고 확신하고 암살을 하는 경우이다. 예컨대 John Wilkes Booth가 남부에서 추구하고 있는 자기의 사상을 링컨 미대통령이 방해한다고 하여 암살한 경우이다. 또한 1947년 북으로부터 월남한 한지근이 남한에서 민족을 분열시키는 장본인들이 여운형과 박헌영이라고 믿고 암살한 것을 들 수 있다. 이외에도 국제적 테러집단들의 각종 테러행위도 이에 포함된다.

(3) 정치적 · 혁명적 동기

이는 현 정부를 전복시키고 새로운 정부를 세우겠다는 정치적 야심으로 현 정부의 수뇌를 제거함으로써 혁명적 목적을 달성하기 위해 암살하는 경우이다. 예컨대 우리나라 중앙정보부장이었던 김재규에 의한 박정희대통령 암살사건을 들 수 있다.

(4) 심리적 동기

이는 정신병적 증세를 가지고 있는 사람에 의해서 암살하는 경우이다. 이 같은 심리적 동기에 의한 암살은 위에서 언급한 동기와 복합적으로 작용되어 나타나는 경우가 대부분이다. 위에서 예를 든 제임스 가필드 미대통령 암살사건의 범인 찰스기토는 정신이상자로 요시찰인물의 명단에 있었고, 링컨 미대통령을 암살한 Booth는 사후 감정한 결과 정신이상자로 밝혀졌다. 또한 1981년 3월 30일 레이건 미대통령을 암살하려했던 존 힝클리(당시 25세)도 정신질환으로 치료를 받은 적이 있고, 신 나치당원이었다가 해임된 적이 있고, 가정에서의 소외·대학중퇴·실직 등으로 심한 열등감에 쌓여 있었다고 한다.

(5) 순교자적 동기

이는 절대적 권력을 가지고 잔인하고 포악하게 군림하는 절대적 지배자나 식민지 통치자를 제거하면 대의를 달성할 수 있다고 생각하고 암살을 하는 경우이다. 예컨대 1909년 10월 만주 하얼빈 역에서 안중근 의사가 伊藤博文을 암살한 것을 들 수 있다.

(6) 적대적 동기

이는 전쟁 중이거나 상호 적대관계에 있는 적국의 지도자를 제거함으로써 승전으로 이끌 수 있거나 사회혼란을 조성 전쟁발발의 호기를 포착할 수 있다는 전략적 판단 아래에 국가지도자를 암살하는 경우이다. 예컨대 제2차 세계대전 중에 연합군이 세웠던 히틀러 암살계획, 북한에 의해 자행된 1968년 청와대습격 기도사건, 1974년 8월 15일 한국청년동맹원인 문세광(당시 23세)의 육영수 여사 저격사건, 1983년 미얀마 랑군 아웅산 묘소 폭파사건 등을 들 수 있다.

(7) 경제적 동기

이는 민족·특수집단·암살자 자신 또는 그의 가족에게 영향을 미치는 악조

건의 경제적 불황타개 및 금전적 보상을 위하여 희생이 지불되어야 한다는 신념
에 의해 암살하는 경우이다. 예컨대 돈을 받고 대신 살인해 주는 청부살인을 들
수 있다.

제5절 살인범죄에 대한 대책

살인은 2002년 983건에서 2011년 1,221건으로 증가하였는데, 대체로 증가하
는 추세에 있다가 2010년 128건, 2011년 41건이 감소하였다. 그럼에도 불구하
고 2012년 발생한 살인 범죄는 총 1,029건(미수, 예비, 음모 포함)으로, 평균적으
로 살인 범죄가 하루에 2.8건, 한 시간에 0.1건이 발생하고 있다.

이러한 살인사건은 계획적이거나 순간적인 흥분에 의해 발생하는 것이다. 계
획적인 살인의 주요원인은 인명경시풍조에 의한 것이고, 순간적인 흥분에 의한
살인은 인내심이 약하거나 자기 통제력이 약하기 때문에 발생한다고 볼 수 있을
것이다. 따라서 살인범죄에 대한 대책을 세우기 위해서는 크게 두 가지, 즉 계획
적인 살인과 순간적인 흥분에 의한 살인을 고려하여 검토되어야 한다. 이하에서
는 가정, 교육과 사회, 국가적인 차원에서 살인에 대한 대책을 강구하고자 한다.

I. 가정에서의 대책

앞에서 살펴 본 것처럼 정상적인 가정에서 생활하는 사람과 비정상적인 가정
에서 생활하는 사람과의 살인율을 비교해 볼 때 정상적인 가정에서 생활하는 사
람이 그 비율이 낮다는 것을 알 수 있을 것이다. 또한 아래 <표 1-14>에서 보는
것처럼 살인범죄자의 생활정도에서는 하류층이, 혼인관계에서는 배우자있는 자
와 이혼자가, 부모관계에서는 부모 모두 없는 자와 모만 있고 부가 없는 자 등이
많은 비율을 차지하고 있다. 또한 앞의 <표 1-2>에서 보는 것처럼 가족 간에서
의 살인이 가장 많이 발생하는 것으로 나타났다.

<표 1-14> 범죄자 생활정도 · 혼인관계 및 부모관계

구분	생활정도				혼인관계					
	하류	중류	상류	미상	소계	유배우자	동거	이혼	사별	미상
2011	844	209	9	174	843	381	57	207	21	177
2012	709	225	10	172	793	371	38	182	28	174

구분	미혼자 부모관계											총계
	소계	실(양)부모	계부모	실부계모	실부무모	실모계부	실모무부	계부무모	계모무부	무부모	미상	
2011	393	188	4	4	25	4	81	1	2	84	–	2,472
2012	323	166	–	7	25	3	60	–	–	62	–	2,232

주 : 범죄분석, 대검찰청.

이를 볼 때 가족의 화목이 얼마나 중요한 것인가는 너무도 자명한 것이다. 특히 범행장소가 집안인 경우가 가장 많고, 피해자도 대부분이 가족인 점으로 미루어 보아 가정에서의 가족 간의 긴밀한 유대관계는 절대적으로 필요하다. 따라서 계획적인 살인이나 순간적인 격정에 의한 살인에 대한 가정적인 대책에 있어서는 무엇보다도 유아초기에 있어서 건전한 가정환경 속에서 적절한 사회화를 시킬 필요가 절실하다. 건강한 자기 통제력을 몸에 익힌 사람은 어떠한 위기에 처해도 공격적인 행위를 회피할 수 있는 것이다. 특히 여기에서 주목해야 할 점은 모만 있는 자가 부만 있는 자보다 더 많은 살인율을 가지고 있다. 사람은 태어났을 때 단순히 생물학적 존재에서 성장한 후 사회적 존재로 되어 간다. 어린이는 사회화과정에 있어서 부와의 동일화과정을 겪으면서 행위의 외적 제재자로서 부의 상(像)이 어린이의 의식 속에 내면화하며 모든 행위를 감시하는 제적 제재를 전이함으로써 초자아가 형성되고, 그 결과 개인은 제재자의 유무에 관계없이 준법행위를 하게 된다.92) 즉 부가 없이 모만 있는 가정에서 자란 어린이는 이러한 동일화과정을 겪지 못하였기 때문에 부만 있는 가정에서 자란 어린이보다 더 많은 반사회적 행위를 하게 된다. 따라서 어린이의 사회화 과정 속에서 부의 역할을 대신할 수 있는 방법을 찾아야 한다.

---

92) 山根淸道, 犯罪心理學, 新曜社, 1981, 9頁.

또한 근대화의 물결을 타고 젊은 부모 층에서 가족계획에 따라 자녀를 하나나 둘만 낳고 애지중지 키우다보니 내 자녀만 귀하고 다른 사람의 자식은 경시하는 풍조가 심하게 되었다. 그러다 보니 그 자녀도 자연히 이기적이 되고, 다른 사람의 아픔에 대해서는 전혀 무감각해져 버렸다. 이렇게 길러진 인성은 자연히 성년이 되어 극대화되어 나타나게 되고, 이것이 계획적인 살인의 원인을 발생시키게 된 것 중의 하나가 된다. 따라서 가족이 소중한 만큼 다른 사람도 소중하다는 것을 삶의 실천을 통해서 읽히도록 하여야 할 것이다. 예컨대 자원봉사활동이나 소년 수련활동 등은 그 좋은 예가 될 수 있을 것이다.

II. 교육과 사회에서의 대책

해방이후 우리 사회의 가장 큰 특징들 중의 하나는 급속한 도시화라 할 수 있다. 도시화의 가장 기본적인 요소는 도시인구의 성장이다. 해방이후 도시의 급속한 성장과 도시로의 인구집중은 우리 사회의 구조적 변화와 맞물려 우리의 삶의 모습을 급속하게 변모시켜 왔다. 1970년대 초반까지는 농촌의 만성적인 과잉인구에 의한 배출요인이 대규모 이촌향도의 인구이동을 초래하였고, 1975~80년대의 인구이동요인은 도시의 흡인요인이 중요한 의미를 가지게 되었다. 그리고 1980년대 이후에는 도시로의 인구이입이 차지하는 비중이 도시인구의 자연증가율에 미치지 못하게 되었다. 이처럼 도시로의 인구이입현상의 주요원인은 산업구조의 변화에 있다. 즉 종래 농수산업중심에서 상공업중심으로 변화한 것이 주요원인이다.

상공업중심으로 변천하면서 공업화에 따른 인구의 도시집중현상과 더불어 도시화를 촉진하고 생산수단은 물론 생활도구가 기계화되고 자동화되면서 발달된 통신망 및 도로망으로 전국이 일일생활권화하며 생산성의 극대화를 위하여 분업화되고 이에 따라 사회구조도 복잡화·능률화되었다. 따라서 전통사회의 구조가 쇠퇴하고, 개방화·민주화된 사회가 등장하였고, 누구든지 개인의 능력에 따라 평등하게 지위를 획득할 수 있어 자기의 자유로운 의사에 의해 사회참여가 이루어지고 있다. 그러나 이러한 장점이 있는 반면 사회의 구조적인 병리현상도 나타나고 있다. 즉 개인이 겪는 불안과 긴장은 도덕관념이나 윤리관을 변천하게 하여 가치관이 상실되었고, 현대인은 쾌락을 추구하는 경향으로 변모하였던 것이다. 좀 더 구체적으로 급격한 경제의 발전은 인간관계의 정서를 메마르게 하였고, 경제생활에 따른 가족제도의 핵가족화는 이기주의를 팽배하게 하였고, 고도의 물질문명의 발달은 정신적 가치관의 혼란과 변화를 가져오는 현상을 낳았다.

이러한 현상은 자기의 살인범죄에 대한 죄책감을 약화시키는 결과를 초래한다. 즉 살인범죄자들은 높은 차원의 윤리생활규범에 대한 동경심이나 가치관 없이 현실의 향락생활만 추구하는 생활습성과 인명경시의 풍조와 잔인성으로 인해 살인범죄의 충동을 쉽게 극복하지 못하는 것이다. 즉 앞에서 본 것처럼 살인범죄자의 대부분의 범행동기가 경제적인 것과는 상관없는 보복·가정불화이거나 우발적인 것으로 나타난 것이 이를 뒷받침하고 있다.

따라서 이러한 사회적 환경과 사회적 풍조를 변화시킬 수 있는 사회단체들의 장기적인 활동이 필요하다. 그리고 사회의 저변에 있거나 주변인으로부터 열등감이나 소외감에 시달리는 사람들은 삶의 보람이나 사회와의 연대감을 회복시켜 주는 것이 필요하며 그러기 위해서는 사회제도가 정비되어야 할 것이다.

또한 범죄문제는 교육의 문제이기도 하다. 학교교육에서 올바른 인성을 확립시켜 주지 못하면 이것이 원인이 되어 범죄에 쉽게 빠져들게 되는 것이다. 지금과 같이 입시위주의 교육이나 기술교육만을 강조한다면 올바른 인성이 확립된다는 것을 기대하는 것은 어려울 것이다. 한편 학교는 장래 사회생활을 위한 기초로서 사회법칙에 잘 적응할 수 있도록 가르치는 곳이기도 하다. <표 1-15>에서 보는 것처럼 대부분의 살인범죄자가 고등학교 이하의 교육을 받은 사람이다. 따라서 중학교 또는 농어촌고등학교에 한해서만 실시하고 있는 현행 의무교육제도를 최대한 대학·대학교까지 활용하는 방안을 검토해야 할 것이다.

〈표 1-15〉 범죄자 교육정도별 현황

구분	불취학	초등학교			중학교			고등학교		
		재중	중퇴	졸업	재중	중퇴	졸업	재중	중퇴	졸업
2011	17	–	29	97	1	53	115	7	67	40
2012	14	–	34	74	1	47	107	13	84	349

구분	전문대학			일반대학			대학원	기타	미상	총계
	재중	중퇴	졸업	재중	중퇴	졸업				
2011	1	11	37	13	21	49	21	74	222	1,235
2012	4	7	26	10	22	63	5	31	225	1,116

주 : 범죄분석, 대검찰청.

III. 국가에서의 대책

살인은 억제되지 않은 열정(undeterred passion)으로 특징 지워진다. 왜냐하면 대부분의 살인범죄는 계산된 행동의 산물이 아닌 폭발적인 감정의 압박에 의해 저질러지기 때문이다.[93] 따라서 살인범죄는 극단적인 조치, 즉 생명형으로도 근절시킬 수 없다. 예컨대 미국의 경우 사형제도가 폐지된 주의 살인사건이 사형제도가 존치된 주보다 오히려 낮거나 동일한 주에서 사형제도 존치된 때와 폐지된 때, 그리고 다시 존치된 시기별로도 사건의 발생률에는 큰 차이가 없었다. 따라서 국가차원에서의 살인범죄에 대한 대책으로는 첫째, 살인행위와 결부되기 쉬운 총기, 도검류, 독극물 등의 단속을 강화하는 것이 중요하다. 둘째, 살인범죄는 인명경시의 풍조가 주요원인이기 때문에 생명은 한번 잃으면 영원히 회복할 수 없는 이 세상에서 무엇과도 바꿀 수 없는 절대적인 것이라는 생각을 가질 수 있도록 정책적인 홍보가 필요하다. 셋째, 아래의 <표 1-16>에서 보는 것처럼 살인범죄자 중 2/3 정도가 전과가 있는 자들이다.

〈표 1-16〉 범죄자 전과별 현황

구분	계	전과없음	1범	2범	3범	4범	5범	6범	7범	8범	9범이상	미상
2011	1,236	289	139	82	80	60	63	62	39	43	218	161
2012	1,116	289	109	82	73	43	47	50	28	35	199	161

주 : 범죄분석, 대검찰청.

---

93) William J. Chambliss, Crime and the Legal Process, McGraw-Hill, New York, 1969, pp.360~378.

따라서 교도소 수용자들에게 장래에 살인범죄를 저지르지 않도록 교화·개선시킬 수 있는 방안을 모색하여야 한다. 또한 알코올로 인한 살인의 경우가 많기 때문에 금주법을 제정하여 알코올에 대한 판매를 제한시키는 것도 생각해 볼 수 있다. 그러나 이 방법은 이미 미국에서 실패한 경험이 있고, 오히려 밀주가 늘어나게 할 수 있는 전근대적인 방법이다. 따라서 알코올에 대한 금주법보다는 음주의 악습에 빠지지 않도록 선도하는 기관의 설립이 필요하다고 본다. 그리고 살인에 대한 공격행위의 주요원인으로서 매스컴의 영향을 들고 있는 경우도 있다.[94] 그러나 이에 대해서는 반론을 제기하는 이론도 많이 있으며, 오히려 그러한 행위를 보면서 스스로 반성하는 계기를 갖게 되고 범죄를 억제하는 효과도 있다고 한다. 따라서 여기에 대해서는 더 많은 연구가 있어야 된다고 본다.

---

94) Hans Toch, Psychology of Crime and Criminal Justice Ⅲ, Waveland Press Inc., 1986, p.204.

성폭력범죄자의 심리

제1절 서 설

'성폭력(性暴力, sexual violence)'이란 법적 개념뿐만 아니라 여성학적, 사회학적 개념을 포함하는 것으로서 심리적, 물리적, 법적으로 성(性)과 관련되어 사람에게 해를 가하는 모든 폭력적 행위를 말한다. 그 대표적인 유형으로는 강간이나 강간미수, 강제추행, 사람의 심신상실 또는 항거불능의 상태를 이용한 준강간·준강제추행, 위계 또는 위력에 의한 아동·소년이나 장애인 등을 대상으로 하는 간음이나 추행[1], 업무상 위계 또는 위력에 의한 간음·추행 등이 있으며, 이외에도 음란메시지[2], 성기노출[3], 훔쳐보기[4], 성희롱[5], 성매매 등을 생각해 볼

---

[1] 추행이란 강간이나 그와 유사한 행동을 의미하지만 아동을 상대로 한 대표적인 추행으로는 강제성이 수반되지 않은 상태에서 성기를 만지거나 만지도록 하는 것, 성기를 보여주거나 보는 것, 음란물 보여주기 등이 있다.

[2] 전화 등 통신매체를 이용해 음란한 말을 했을 경우는 성폭력법상 통신매체를 이용한 음란행위로 처벌이 가능하다. 통신매체를 이용한 음란행위는 2년 이하의 징역 또는 500만 원 이하의 벌금에 처한다.

[3] 성기노출이란 여러 사람들 특히 여성들 앞에서 성기를 일부러 노출시키는 행위를 말한다.

[4] 체육시설·백화점 등 대규모 점포에 설치된 목욕실 또는 탈의실, 찜질방, 모유수유실 등에 침입해 몰래 엿보거나 몰래카메라로 촬영하는 행위도 성폭력 범죄로 처벌될 수 있다.

수 있다. 성범죄 관련 특별법에서는 '성폭력범죄'라는 개념을 사용하여 현실적으로 성적 침해를 내용으로 하는 범죄를 포괄적으로 지칭하고 있다.

최근 성폭력범죄의 심각성에 대한 인식이 강화되면서 신상공개, 전자감시, 성충동약물 치료 등 새로운 제도들이 도입되고 법정형을 높이는 등 성폭력범죄자들에 대한 처벌과 감시를 더욱더 강화하는 정책들이 마련되고 있다. 그럼에도 불구하고 성범죄피해의 특징 중 피해대상자의 연령대가 낮아지고, 성폭행의 방법의 다양성, 범행시간대, 범행 장소 등에 있어서도 대담해지면서 잔혹한 현상을 보이고 있다는 점에서 여러 가지 예방대책에도 불구하고 감소하기 보다는 오히려 증가하고 있다.6)

현행법상 성범죄 관련 법률은 형법, 성폭력범죄의 처벌에 관한 특례법, 아동·청소년의 성보호에 관한 법률, 성폭력 방지 및 피해자보호 등에 관한 법률, 특정 범죄자에 대한 보호관찰 및 전자장치 부착 등에 관한 법률, 성폭력 범죄자의 성충동 약물치료에 관한 법률 등이 있다.

현대사회에 있어 성문제를 범죄와 관련해서 생각해 보면 현재처럼 성에 대한 정보가 범람하고 매스미디어를 통해서 가정에 깊이 스며든 시대는 일찍이 없었다.7) 범죄의 양상이나 그 가시성은 기본적으로 나라와 문화에 따라 다르다. 범죄나 비행은 사회 나름의 독특한 역사적·문화적 및 사회적 환경과 밀접한 관계가 있으며, 각 사회의 다양한 모습을 반영한다.

주요범죄의 발생비율을 국제적 수준에서 비교해 보면 우리나라는 범죄 발생

---

5) 성희롱은 고용관계에서 이루어지는 일체의 성적 행위로서 폭행, 협박, 위계, 위력에 의한 경우는 물론 인간으로서의 존엄을 침해하는 중대하고 철저한 성적행위를 모두 포함한다(서울고등법원 1995. 7. 25. 선고 94나15358 판결). 한편, 얼굴을 대면하고 있는 상태에서 성희롱 발언을 했다면 형법상 모욕죄, 명예훼손죄가 적용되는 경우도 있다. 스토킹으로 간주되면 경범죄로 처벌받게 된다. 상대방이 명백하게 거절했는데도 세 번 이상 만남을 요구하면 스토킹이 되고 범칙금 8만 원이 부과될 수 있다.

6) 성폭력범죄의 발생건수 <2012년 12월 경찰청 자료>

구분	2007년	2008년	2009년	2010년	2011년	2012년
전체	14,229	15,970	17,242	20,375	21,912	22,933
13세미만(비율)	1,054(7.4%)	1,207(7.6%)	1,007(5.8%)	1,179(5.8%)	1,054(4.8%)	1,123(4.9%)
장애인(비율)	199(1.4%)	228(1.4%)	293(1.7%)	321(1.6%)	494(2.3%)	661(2.9%)

7) 이상현, 범죄심리학, 255면.

비율이 상당히 낮은 나라에 해당한다. 그러나 성폭력(강간) 범죄의 발생비율은 미국을 제외한 다른 주요 선진국에 비해서 상당히 높다. 이처럼 전체적인 범죄율이 낮음에도 불구하고 성범죄 특히 강간범죄의 발생비율은 매우 높다는 것은 한국 사회만의 매우 독특한 범죄양상이라고 볼 수 있다.[8]

여기에서 범죄학적 입장에서 성폭력범죄의 발생원인에 관하여 일반론을 고찰하고, 아울러 사회적으로 가장 문제되고 있는 강간범죄와 아동성폭력범죄에 대하여 논의하고자 한다.

제2절 성폭력범죄에 대한 원인론

I. 생물학적 이론

생물학적 연구들은 생물학적 이상이 인간의 공격적 행동의 여러 단계에 걸쳐 영향을 준다고 한다. 즉 뇌의 이상이나 호르몬의 이상이 인간의 공격적 행동에 여러 단계에 걸쳐 영향을 준다고 한다. 볼펜덴(Wolfenden)의 연구를 보면 뇌의 부분을 자극하면 공격성을 유발할 수 있다는 것이다. 이런 경우는 뇌의 어느 부위가 손상을 받게 되면 인격변화를 일으킨다든지 강한 성적 경향이나 공격이 촉진되어진다는 것이다. 또 뇌염의 후유증에서는 충동성의 억제력이 상실되며 동정심을 잃어 잔인하게 되는 등 반사회적 행동이나 성적공격의 가능성이 높아진다는 것이다.[9]

또한 남성호르몬인 안드로겐(androgen)은 성욕과 깊은 관계가 있다고 한다. 호르몬의 이상은 강한 성적 경향이나 공격적인 행동과 직접적인 관계가 있다. 예컨대 거세된 쥐는 원래 가지고 있던 성적 행동이나 공격성을 상실하지만 이 쥐

---

8) 김은경, 성폭력범죄의 사회적 의미, 형사정책연구소식 1999. 11 · 12호, 한국형사정책연구원, 17면.

9) J. Wolfenden, Report of the Committee on Homosexual Offence and Prostitution, London, Her Majesty's Stationary Office, 1957, p.37.

에 안드로겐을 투여하면 공격성을 회복하며, 반대로 숫쥐에 여성호르몬인 에스트로겐(estrogen)을 주입하면 성적 충동이나 공격성이 억제되거나 없어져 버린다는 것이다.

이와 같이 인간의 경우에도 선천적으로 비정상적인 호르몬분비가 여성태아에서 존재하는 경우가 있는데, 이는 여성태아가 출생이전에 보통보다 많은 양의 안드로겐이 존재하기 때문이다. 특히 하등동물에서는 성호르몬의 지배가 크다.[10]

또 다른 연구에 의하면 내분비이상, 혈당이나 칼슘의 결핍은 범죄와 관련이 있다고 한다. 혈당결핍(血糖缺乏)은 흥분하여 공격을 강화, 성적 앙진을 일으켜 의지력이나 도덕성을 약화시킨다고 한다. 칼슘결핍은 정서불안정으로 심한 짜증을 일으킨다. 여성에게는 배란기나 월경개시 전에 황체호르몬이 적어 다른 호르몬과의 불균형 때문에 정신이상증상, 자율신경이상증상, 정신신체이상증상을 일으킨다고 한다.

성적 경향은 신체내부인자와 신체외부인자에 의하여 지배 된다 신체내부인자인 뇌의 시마하부(視床下部)의 성중추신경이 성행동을 지배한다. 가령 고양이의 성중추신경을 파괴하면 숫고양이에 대하는 전형적인 애정행위를 나타내지 못한다. 편도핵이나 이 성중추신경과 대항하는 작용을 가지고 성행위를 억제한다. 일반적으로 양자는 특정한 자극이 없는 한 평형상태이다. 따라서 편도핵을 파괴하면 성행동이 앙진하여 색정앙진적으로 된다. 즉 발기나 사정 등의 성반사는 척수에 있는 반사중추신경을 중간에 세워서 일어난다. 고등동물의 수컷은 대뇌피질의 영향이 크다. 대뇌 피질은 사회적·문화적 영향이나 유아기의 학습효과가 성적 자극으로부터 작용하기 위한 것이다. 특정의 이성에 대하여 자극을 느끼거나 문학이나 회화, 대화 등의 외부인자에 의하여 자극을 받는 것은 이것의 작용과 관계가 있다.

공격성은 시상하부, 편도핵, 중추신경, 중심회백질 등이 관계하며, 중격핵(中隔核), 대장속의 외상부분, 미상핵(尾床核)에는 길항작용(吉抗作用)이 있어 이것들을 자극하면 공격을 유지하고 있다. 이런 것들은 고등동물이 사회적·문화

---

10) 森武夫, 犯罪心理學入門, 大成出版社, 1980, 25頁.

적·후천적 학습이나 환경을 어떻게 인식하는가에 따라 결정되고 단순히 생물적인 공격성은 중추신경에 의해 결정되는 것은 아니다.

II. 정신병리학적 이론

정신병리학 이론에서는 범죄를 정신병이나 정신병질의 소산으로 파악하고 비정상적인 인격 및 선천성 심리적 질환에서 찾는 것이다.11) 따라서 범죄자는 규범적 자유의사를 개입시킬 수 없는 병적 원인으로 인하여 정상적 의사동기의 영향력을 상실한 자, 즉 병적 동기에 의해 행동이 지배되는 자를 의미한다.12)

정신의학 분야에서 범죄자는 성과 관련된 공격적인 행동에 몰입하는 자기도취적 성향이 강하며, 사회성 부족, 소외감, 단조로운 정서표현 등의 정신분열적 성향을 보이기도 한다. 그리고 수동적이고 공격적인 이중적 성격을 보이는데, 타인과의 관계에서 자신감이 부족하며 분노를 표현하는 상황에서 감정을 직접적으로 표현하기보다는 타인에게 해가 될 수 있는 방해물을 만드는 등의 간접적인 방법으로 표현하는 경우가 많다. 또한 성과 관련된 일탈적 환상에 빠지며, 일반적으로 이해하기 힘든 사고와 행동에 몰입하는 해리적 성향도 강하게 나타난다.13) 그리고 일반적으로 인간이 정신적으로 입는 상처는 성적인 좌절감 때문이 아니라 실존적인 공백상태에서 오는 실존적 좌절감 때문이라고 한다. 그러므로 범죄의 폭력성의 근저에는 열등감이 도사리고 있는 것이 아니라, 삶의 의미상실감이 도사리고 있는 것이다. 이 의미상실감이 타인에 대한 증오로 나타날 때 그것이 다름 아닌 인간의 공격성이라는 것이다.

따라서 정신병리자가 범죄를 저지르는 까닭은 성격상 근본적인 장애로 인해 조그마한 자극에 대하여도 격렬한 감정의 폭발을 일으키는 자극과 반응의 부조화를 경험한다든지, 생물학적 욕망 등 감정생활을 적절히 조절할 수 있는 능력이

---

11) 하태영, 「형사철학과 형사정책－형법학의 새로운 길－」, 법문사, 2007, 431면.

12) 배종대, 「형사정책」, 홍문사, 2008, 189면.

13) Carich M. S. Newbauer, J. F. & Stone, M. H. Sexual offenders and comtemporary teratment. Journal of Individual Psychology, 2001, pp.3-17.

결핍되어 행위관련요소 간에 기능적인 협동관계가 이루어지지 않아 범죄나 반사
회적 행위에 그만큼 쉽게 빠져든다는 것이다.[14]

III. 심리학적 이론

인간의 경우 생리적 욕구보다도 마음의 만족이나 자기의 성인식이라고 하는
심리적 차원의 요인도 크다. 성적 불만의 경우 성적 긴장이 지속되면 불쾌감이
남아 비합리적인 해소가 필요하게 되어 도착적 행동으로 빠지는 경우도 있다.

1. 알코올에 의한 원인

어떤 종류의 공연음란이나 반사회적인 행위를 하지 않은 사람들이 알코올이
나 마약의 영향을 받을 때에는 특이한 심리상태를 일으켜 격정범죄, 충동성에 의
한 범죄가 발생한다. 특히 취중의 심리 상태에서 상해, 폭행, 성폭력 등을 하게
된다. 서덜랜드(E. H. Sutherland)는 범죄와 알코올의 관계에 있어서 중대범죄가
직접 알코올중독에 원인이 있는 것은 비교적 적다고 하지만 강간, 강도가 알코올
때문에 발생하는 경우가 많다고 한다.

2. 관음증에 의한 원인

또한 엘리스(A. Ellis)와 부란케일(A. Brancale)에 의하면 성범죄를 저지르는
사람은 아주 특이한 심리학적 구조로 되어 있으며, 성범죄의 종류에는 다음과 같
은 세 가지가 있다고 한다. 첫째로 합법적인 범위 내에서 엿보는 것, 즉 경미한
관음증과 같은 것이다. 이 경우는 이웃집 방안 침대나 목욕탕을 자신의 집에서
엿보거나 성인 디스코텍, 기타 공연장소에서 나체의 무희들을 바라보거나 음란
사진을 보는 것 등이다. 둘째로 엿보는 자가 잡히지 않을 것이라고 생각하고 비
합법적으로 엿보는 것이다. 이 경우는 동성연애자들의 성행위나 차안이나 방안

---

14) 박상기·손동권·이순래, 「형사정책」 제11판, 한국형사정책연구원, 2010, 124면.

에서 성행위를 하는 것을 몰래 엿보는 것이다. 셋째로 매우 격정적이고 조심성이 없는 태도로 엿보는 행위이다. 이 경우는 야간에 아파트나 여관에서 옷 입지 않은 남녀나 혹은 여인을 창문을 통해 엿보거나 아파트 등에 침입, 잠자는 여자를 보는 경우이다. 이 같은 사람은 성범죄를 저지를 위험이 크다.15)

3. 정서장애에 의한 원인

정서장애(情緒障碍)의 정도가 높은 성범죄자들이 발생하는 이유에 대해서는 다음과 같은 이론이 있다. 첫째로 프로이드(S. Freud)에 의해 제시된 정신분석이론에 의하면 인간은 그들의 부모와 주위환경에 의해 나타나는 본능적 욕구의 왜곡과 정신적인 욕구로 말미암아 가정교육의 초기단계에서 정서불안이 된다는 것이다. 이 이론은 일반적 정서장애가 초기의 성적 장애의 결과이며 한번 인간의 성적 충동이 환경적 영향에 의해 왜곡되거나 좌절되면 정서장애가 될 수밖에 없으며 따라서 나중에는 성범죄를 저지르는 행동에 직면하게 된다는 것이다. 이 이론에 따르면 성범죄에 수반되는 모든 성적 혼란은 초기의 성문제에 대하여 억압이나 고착으로부터 유래된다고 한다. 둘째로 정신과의사인 아들러(Alfred Adler)는 일반적으로 장애가 먼저 발생하고 성적 혼란은 언제나 파생적으로 발생한다고 한다. 거의 모든 非프로이드학파는 이 이론을 지지하고 있다.

4. 성적이상과 성도착증

성적이상, 성욕이상이 성폭력범죄와 관련해서 나타나는 경우가 많고 또한 일반적으로 말하는 '병질자'도 그러한 의미를 포함하는 경우가 많다. 그러나 성욕이상에 있어서도 그 내용은 여러 부문에 걸쳐 있으며 그것이 범죄로서 처벌의 대상이 되는 경우도 있고 그렇지 않은 경우도 있다. 예컨대 동성애의 경우 어느 나라에서는 범죄가 되지만 다른 나라에서는 문제가 되지 않은 것처럼 그러한 성

---

15) A. Ellis & A. Brancale, Psychology of Sex Offender, Springfield Ⅲ: Charles C. Thomas, 1956, p.112.

적 이상에 대한 생각은 나라에 따라 시대에 따라 변화가 있으므로 일률적으로 말할 수는 없다.

【화성살인사건】 1986년 9월 19일 화성군 태안읍 안령리 L노파(71세)가 마을 야산에서 폭행 당하여 목이 졸려 살해됐고 이어 같은 해 10월 23일 L노파가 살해된 곳에서 1km 떨어진 논두렁에서 P여인(25세)이 성폭행을 당한 뒤 목이 졸려 숨져 있었으며 같은 해 12월 21일 L양(22세)이 성폭행 살해되었다. 1987년에도 H양(19)세 등 3명이 살해되었고, 1988년에는 A여인(54세) 등 2명이 성폭행 당하여 살해되었으며, 1990년 11월 15일 여중생(14세)이 성폭행 뒤 살해되었다. 이들 강간사건의 범행특징은 첫째로 피해자 모두가 폭행당한 뒤 스타킹·팬티 등 자신이 입고 있던 속옷으로 목이 졸렸고, 둘째로 두 손은 뒤로 결박되어 있었으며, 셋째로 하의가 벗겨진 채 재갈이 물려 있었고, 넷째로 흉기로 시체를 모독했으며, 다섯째로 범행이 거의 야간에 단독으로 이루어져 목격자가 없고 증거를 남기기 않았으며, 여섯째로 피해자 모두가 빨간 옷을 입은 여성이었다. 이상의 범행특징으로 볼 때 이 사건은 남자 1명이 강간살인을 반복한 것으로 보이며 이 경우 범인은 성적이상자(性的異常者)라고 생각된다.

범죄심리학적 문제가 되는 것은 성도착증이다. 이것은 자기의 성기를 이성에게 보임으로써 성적 쾌감을 느끼는 이상성욕의 한 가지 노출증이나, 성욕도착증적 목적에 절도를 하는 경우도 있다. 또 상대를 학대함으로써 성적 만족을 얻는 '학대성욕도착증'인 상해 등이 포함된다. 이러한 성도착증에는 소아기호증, 동성애, 노출증, 관음증, 여성물건애(女性物件愛), 의상도착증 및 가해·가학·피학적 성도착 등이 있다.

성적이상은 통계상의 암수(暗數)가 되는 경우도 많으므로 그 실태를 파악하기는 매우 어렵다. 다만 일반적으로 말할 수 있는 것은 성인인 경우 성도착증은 반복되는 경우가 많고 치료도 어려운 것이 많지만 소년의 경우에는 대상적인 성욕의 만족으로서 일과적으로 나타나는 것이 많고 적절한 조치에 의해서 반복됨이 없게 할 수 있다. 그런 경우 단순한 성적이상 측면에 주목하지 않고 범죄성의 면을 강조하는 것은 오히려 그러한 행위의 고정화를 초래할 우려가 있으며 이에

주의하지 않으면 안 된다. 또한 정신박약자가 이러한 성도착적 행위가 나타나기
쉽다고 말하지만 이것은 태어난 뒤의 이상이라기보다는 정신발달의 지체에서 오
는 성적 욕구처리의 부적절함과 유아적이고 원시적인 성애의 표현에 지나지 않
는다고 말하고 있다. 따라서 적절한 치료가 행해지면 재범률은 낮아질 것이다.

　　【연쇄성범죄와 성도착증】　성도착증 가운데 연쇄성범죄와 관련이 있는 것은 소
아기호증과 성적가학증이다. 소아기호증은 다시 고착형, 퇴행형, 공격형으로 분
류할 수 있는바 고착형은 어린이들에게만 성적취향이 고착되어 있는 경우이고,
퇴행형은 성인의 인격이 퇴행하여 자신도 미성숙한 상태로 되돌아가는 것이며,
공격형은 아동에게 가학적인 성폭력을 하는 경우에 해당한다.16) 성적 가학증은
성행위과정에서 상대방에게 정신적 또는 신체적으로 굴욕감을 주거나 고통을 줌
으로써 성적 쾌감을 얻는 것이다.17)

5. 요구에 의한 성범죄

　　엘리스는 사람을 세 가지 종류로 보고 있다. 즉 의무·요구·한탄 등을 고수
하고 창조함으로써 자신을 혼란에 빠뜨리고 있음과 동시에 성적인 방법으로 혼
란에 빠진다는 가정을 하였다. 그가 말하는 요구에는 다음과 같은 것이 있다. 첫
째로 '개인적 요구'로서 성적으로 불안한 삶은 과도한 개인적 요구를 할 수 있고
그들은 어떤 일을 잘해야 하고 그렇게 함으로써 상대의 승인을 얻어야 한다고
한다. 이러한 완벽주의는 성적 영역에 있어서의 불안감, 압도감, 부적응을 초래
하고 결과적으로 퇴행, 금지, 공포, 강제 등의 결과를 낳는다. 둘째로 '타인에 대
한 요구'로서 사람들은 자신의 성취를 추구함과 동시에 타인에게 비현실적인 요
구를 할 수 있고 다른 사람들은 자신을 사랑스럽게 대해야만 하고 자신들이 원
하는 어떠한 성적인 것도 도와야 한다고 주장하며 그렇지 않으면 냉정한 사람으
로 매도한다. 이러한 요구의 형태는 일정한 형태의 성적 위축, 자기비하, 적대감,
증오감, 그리고 강간이나 노출증과 같은 성적 행위에 초점을 맞춘 강제적인 강박

---

16) 전대양, "연쇄강간범의 범죄심리학적 특성", 한국범죄심리학연구, 2006, 28~29면 참조.
17) 전대양, 「현대사회와 범죄」, 형설출판사, 2003, 268면.

관념의 폭력행위를 초래한다.

셋째로 '현세에 대한 요구'로서 성적으로 불안한 사람들은 모든 사람들이 자신을 친절하게 대하고 쉽게 모든 일을 생각하는 등의 현세에 대하여 과도한 요구를 한다. 그들은 성을 쉽게 찾아 즉시 즐기고 이 세상은 그들에게 신속하고 용이한 만족성을 제공한다는 것을 철저히 믿고 있다. 이러한 특성 때문에 그들은 엿보거나 노출주의자와 같은 성범죄자가 쉽게 될 수 있다.[18] 위에서 열거한 요구의 세 가지 형태를 보면 범죄를 범하지 않는 것이 더 좋다는 것을 알고, 체포되어 처벌을 받을 위험이 없는 성범죄자에 적용된다는 사실을 알 수 있다. 범죄자들은 완벽한 성취를 요구하고 있으므로 그들에게 만족을 주는 타인을 요구하며 그들을 성취를 요구하며 그들은 쉽게 모든 것을 풀어나가는 인생을 운하며 체포되고 기소되는 반사회적 행동을 저지르게 되는 것이다.

Ⅳ. 사회학습 이론

사회학습이론은 인지적·행동적·환경적 요인 간의 상호작용을 강조하는 일반적 관점이기 때문에, 이 이론의 변형은 심리학 및 사회학의 많은 영역에서 발견된다. 예컨대, 사회학습원리에 근거하여 비행과 범죄에 대해 설명하고, 처우 및 예방책을 제시하기도 한다.[19]

이러한 사회학습이론은 인간의 행위는 기쁨을 추구하고 고통을 피하도록 조직되어 있다는 전제하에 인간의 모든 행위와 그에 따른 정의는 학습된다고 주장한다. 사회적인 정의는 범죄의 학습에 있어 보상이 따를 것이라는 직접적인 신호, 혹은 범죄행위에 대한 처벌을 피하기 위해 사용되어지는 합리화로서의 역할을 한다. 성범죄자들은 그들이 처한 사회적인 환경 안에서 일반인들에 비해서 강간에 대한 전문적인 지식을 더 효과적으로 배우며 성범죄와 폭력성에 대해 우호적이다.[20] 또한 성범죄자들이 사회적 거부나 폭력적인 부모와의 상호작용에서

---

18) A. Ellis, Rational-emotive Therapy, in Corsini(ed.), Current Psychotherapies, Rev. ed., Illinois, Peacock, 1978, pp.35~37.

19) Ronald l. Akers · Christine S. Sellers(민수홍외 공역), 「범죄학이론」, 나남출판, 2005, 131면.

오는 사회적 적응기술의 부족 때문에 일탈적 성행동에 더욱 취약한 것으로 보고 이들이 성적 일탈에서 벗어나기 위해서는 사회적 유대강화와 사람들과 친밀하게 지낼 수 있도록 노력하여야 한다.

V. 사회해체 이론

역사학이나 인류학적 관점에서 보면 성폭력의 만연, 성인과 아동 간의 성관계 등은 서로 다른 문화권 간에 상당한 차이가 있다. 즉, 문화적 요소가 이런 일탈적 성행동을 불러일으키는데 중요한 역할을 한다는 것이다.21) 하지만 국가마다 성폭력범죄를 다르게 정의하고 여성들은 자신이 당한 성폭력범죄에 대해서 신고하기를 꺼려하고 경찰들 역시 성폭력범죄에 대한 기소를 하지 않으려는 경향 등으로 인하여 각 국가 간의 범죄율을 실질적으로 비교하는 데 어려움이 있다.

문화전달이론에 따르면 한 사회가 폭력 전반에 대해 허용하는 정도가 성폭력 발생에 커다란 영향을 미치게 된다. 문화 전반에 걸쳐 폭력의 사용이 합법적인 것으로 간주되고 목적 달성을 위해 폭력을 사용하는 것을 용인하면 할수록 성폭력도 증가하게 된다. 이처럼 문화전달이론이 사회전반의 폭력적 양상이 성폭력으로 이어진 다고 보는 것처럼 사회해체이론은 성폭력범죄는 사회적 해체상태를 반영하는 것이라 설명한다. 사회해체란 지역사회의 전통적인 기관들이 주민들의 행동을 규제하지 못하며, 주민들에게 일관된 가치를 제공하지 못하고 지역사회가 공통으로 겪는 문제를 자체적으로 해결할 수 있는 능력을 상실한 상태를 지칭한다. 전통적인 사회통제기관들이 규제력을 상실하면서 반사회적 가치를 옹호하는 범죄하위문화가 형성되고 계속적으로 주민들 간에 계승됨으로써 해당지역에는 높은 범죄율이 유지된다고 보았다. 이러한 사회해체이론의 경우 미국 이외의 다른 나라에서 사회구조의 변화나 해 체는 더 이상 일반적 현상으로 토기 어렵다는 것과 생태학적 범죄원인의 중요성에 대해서도 아직까지 일치된 견해가 없다는 한계가 있다.22)

---

20) 이수정외, 「범죄심리학」, 북카페, 2006, 242면.
21) 전대양, 「현대사회와 범죄」, 형설출판사, 2003, 263면.

VI. 사회문화 이론

사회문화이론에서는 성폭력범죄의 원인을 특정한 사회구조, 문화, 가치관 등 여러 가지 외적인 요인들이 많이 작용한다고 한다. 이 이론에 따르면 남성우월주의적인 문화가 성폭력범죄의 가장 큰 원인이라고 설명하는데 성폭력범죄를 가부장적 사회에서 여성에 대한 남성지배와 통제수단이 크기 때문이다. 남성 성정체성의 핵심 중 하나는 문화적으로 여성적인 것으로 규정된 것에 대한 거부이다. 남성 성규범은 남성으로 하여금 두려움, 무력함, 취약성과 같은 정서적 상태의 표현과 경험 등 단순히 인간적인 광범위한 특성들을 여성적인 것으로 거부 하도록 강요한다.23) 남성은 문화 속에 나타난 남성의 이미지로 자신을 파악하려고 노력함에 따라 이러한 이미지로 인식되는 부분들은 거부하게 된다. 남성이 이런 부분들에 대해 거부하고 억압하려는 욕구는 여성을 모욕하고 권한을 주지 않게 만들 게 된다. 그리고 성적 쾌락주의의 만연과 남성적 성을 과장하고 왜곡시키는 성문화도 성폭력범죄의 원인으로 보고 있다. 이는 같은 문화권에 있는 나라들의 성에 대한 태도에 영향을 미칠 수 있다. 성에 대해 금기시 하는 폐쇄적인 우리나라와 같은 사회에서는 성폭력 신고율이 매우 낮고 피해사실을 알리고 도움을 받는데 어려움이 많다.24) 다른 원인으로는 남성중심의 사회구조와 왜곡된 성문화가 만들어낸 성폭력범죄에 대한 잘못된 사회적 통념이다. 성폭력범죄의 피해자가 정숙하지 않거나 적절하지 않은 때와 장소에 있음으로써 성폭력범죄를 유발시킨다는 것이다. 여자가 필사적으로 저항하면 강간의 피해에서 자유로워질 수 있다는 것과 강간에 있어서 반항을 했던 흔적이나 눈에 보이는 신체적인 피해가 없으면 피해자를 믿지 못하는 사회적 분위기가 조성된다. 이러한 사회 전반적인 상황이 남성들이 강간을 대수롭지 않게 생각하고 성폭력범죄를 방관하게 만드는 문제가 있다.

---

22) 배종대, 앞의 책, 266면.

23) 전영실·강은영·박형민·김혜정·황태정·정유희, 「성폭력범죄의 유형과 재범억제방안」, 한국형사정책연구원, 2007, 46면.

24) 이영분·신준섭, "청소년 대상 성범죄자 치료프로그램의 외국사례분석과 한국적 프로그램모형 개발에 관한 기초연구", 「한국아동복지학」 제15호, 한국아동복지학회, 2003, 108면.

VII. 여성주의 이론

여성주의(feminist) 관점에서는 성폭력을 가부장제 사회에서 여성에 대한 남성의 통제를 유지, 강화하기 위한 한 방편으로 인식하고, 성폭력을 설명하는 데에 있어 가해자의 특성보다는 피해자의 보호에 초점을 두고 있다. 가부장적적 사회는 남자와 여자의 이분법적 근거에서 출발하고 남녀관계는 지배관계로서 개념화된다. 남성에 의한 여성지배는 여자의 섹슈얼리티를 관리하는 사회제도로부터 유래한다. 이에 따르면 성폭력과 성폭력에 대한 두려움은 남성들이 여성을 지배할 수 있는 힘을 주장할 수 있는 가능성을 가진다고 하며, 기존의 성적 계층화체계를 유지시킨다고 주장한다.[25] 여성은 남성을 위한 성적 그리고 재생산력을 지닌 소유물로 간주하는 사회에서는 강간이 더 잘 발생하고, 이러한 사회에서 남성이 자신들의 권력과 위세를 고수하는 한편, 위협을 하거나 무력사용을 통하여 성적 권리를 실행한다.[26] 페미니스트 이론가들은 성범죄가 사회적인 성 구조 안에서 만들어진 것이라고 주장한다. 남성들의 권력을 유지하기 위해 여성을 통제하는 다양한 사회적인 구속들이 있다. 강간에 대한 페미니스트 이론의 기본적인 신조는 강간은 성적인 욕망보다 권력과 지배욕에 대한 욕망에 의해 동기화 되고 있는데 남성평등을 지향하는 사회는 강간피해자의 수가 더 적을 것이고, 강간범들은 비강간자들 보다 여성에 대해서 덜 평등주의적인 성향을 나타내었고, 강간에 대해서는 긍정적인 태도를 가진다고 한다. 실제로 남녀평등문화의 사회에서는 더 적은 수의 강간율을 보였기 때문에 어느 정도 설득력은 있어 보이지만, 다른 연구들에서는 강간과 여성에 대한 인식에 있어서 강간범들이 비 강간범들과 크게 다른 차이를 보이지 않았다.[27] 또한 페미니스트들은 우리나라가 공식적인 윤리와 비공식적인 윤리, 그리고 남성에게 적용되는 성윤리와 여성에게 적용되는 성윤리가 다르다고 주장한다. 이런 이중적인 성윤리는 성차별적 고정관념의

---

25) Riger, S. and M. Gordon, "The fear of rape: a study in social control", Journal cf Social Issues 37, 1981, pp.71~92.

26) 김은경, 「성의 상업화가 성의식 및 성폭력에 미치는 영향」, 한국형사정책연구원, 2000, 42면.

27) Howit, D., Forensic and Criminal Psychology, Pearson Education, Harlow, 2002, pp.121~158.

형태로 오늘날에도 남아있는데, 남성은 선천적으로 성욕을 억제하기 힘들며 성적 방종이 남성다움으로 포장되는 반면, 여성에게는 순종이나 정절을 여성다운 것이라 강조하게 된다.

제3절   강 간

'강간(强姦, Rape)'이란 성폭행의 일종으로 상대방의 의사에 반하여 폭행·협박으로 사람을 간음하는 것이다. 간음이란 혼외의 성교로서 남자성기를 여자성기에 삽입하는 행위뿐만 아니라 가해자의 성기가 피해자의 성기에 삽입되지 않는 경우, 예컨대 오랄성교나 항문성교도 포함하며, 삽입시간·사정여부 등에 상관없이 일단 삽입이 일어났으면 성립된 것으로 본다. 강간죄 등의 객체(대상)는 '사람'이므로 남성도 강간죄의 피해자가 될 수 있고, 특히 구강·항문 등을 이용한 유사강간은 주로 아동·청소년·장애인 등을 대상으로 일어나는 범죄이다.

강간범죄자의 심리에는 어떠한 수단과 방법을 동원해서라도 여성을 간음하면 그 여성을 자신의 것으로 낙인찍는 것이라거나 여성의 콧대를 꺾는다는 사고가 내포되어 있다. 따라서 강간은 인간존재의 핵심을 파괴하는 행위로서 단순한 폭행이나 강도와는 그 성격이 다르다고 할 수 있다.

I. 강간의 유형

강간은 성폭력범죄 중에서 가장 심각한 형태의 범죄로서 그 유형과 특징은 다음 네 가지 경우가 있다.[28] 첫째는 '대체적 공격'으로서 이러한 유형의 강간범은 배우자·애인 등으로부터 성적 거절을 당했을 때 그 불만을 자기를 좌절시킨 특정여성에게 성적공격을 하지 않고 임으로 선택된 낯선 여성에게 성적 공격을 하게 된다. 폭력은 성적영역에서 야만적인 경우가 많다. 강간은 보통 자동차 안이

---

28) D. Lester & G. Lester, Crime of Passion, Nelson Hall, Chicago, 1975, pp.67~69.

나 피해자의 가정, 유원지 또는 산 등에서 발생한다. 강간범은 성적행위를 하는 순간에 공격을 하지만 발기와 성적 흥분을 느끼지 못한다. 그러나 그는 개인적·사회적 활동과 결혼의 적응은 잘할 수 있다. 이런 강간범에 대한 심리는 불만의 근원을 찾는 데 중점을 두어야 하고, 사회적으로 관용할 수 있는 방법으로 불만을 표현할 수 있는 방법을 그에게 가르쳐야 한다.

둘째는 '보상적 공격'으로서 이러한 유형의 강간범은 여자 친구를 찾으려고 노력하기는 부적당한 사람이다. 이 같은 강간범의 대부분은 내성적이고 사회에 적응을 못 한다. 강간범의 행동은 피해자가 항복하여 그에게 순종하도록 요구하는 것이다. 그런 피해자는 여성 중에서 그의 취향에 맞는 여성이 선택되고, 공격은 공원이나 사람의 왕래가 드문 거리 등과 같은 장소에서 발생한다. 그는 피해자에게 접근하여 피해자의 유방이나 생식기를 만진다. 그의 목표는 성적 행위를 하는 것이고 가끔 빨리 사정하기도 한다. 이런 강간범은 대부분이 가정적 수준이 뒤떨어지고 지능이 낮고 미혼자가 대부분이다. 이런 유형의 강간범에 대한 심리요법은 사회적·개인적 적응에 중점을 두어야 한다. 또한 그들은 사회적인 기술을 교육받을 필요가 있고 가정적·정서적 안정으로 도움을 주어야 하고, 이런 변화를 위해서는 많은 후원자가 필요하다.

셋째는 '성공격 동시수행'으로서 이러한 유형의 강간범은 성을 공격과 관련시키고 있다. 만약 피해자가 공격을 한다면 그는 더 많은 흥분을 하게 되고 강간은 닥치는 대로 야만적으로 하게 된다. 그러나 그가 갖는 감정은 성적이지 분노적인 것이 아니다. 전형적으로 이런 강간범은 데이트를 하고 결혼을 하기도 하고 하나 모든 관계가 폭력과 관련되며 그는 폭력에 대한 범죄기록을 가질 수 있다. 이럴 때 그는 동물에 대한 잔인성, 무단결석, 가출과 같은 행동을 할 것이다. 그런 사람의 치료는 매우 어렵고 완전한 인격 재구성에 목표를 두어야 한다.

넷째는 '충동'으로서 이러한 유형의 강간범은 순간적인 충동이 일어날 때 변덕적·폭발적으로 강간을 하게 된다. 이 같은 강간범은 정신병질적 특성을 가지는 경향이 있고, 모든 종류의 범죄를 포함하는 범죄기록을 가질 것이다. 이런 유형의 강간범 치료와 대책은 개인의 역동적 이해와 그런 행동을 일으키는 사회적인 動因을 알아서 양면의 장애를 제거해 가는 것이 중요하다.

II. 강간의 원인론

1. 생물학적 이론

생물학자인 도널드 사이몬(Donald Symons)에 의하면, 남성은 본능적으로 가능한 한 많은 여성들과 친밀한 성적 접촉을 가지도록 남성 스스로를 고무시키는 편협한 성적 욕구를 가지고 있는데 이러한 성적 욕구는 자신의 종족을 가능한 한 많이 번식시킬 필요성이 있다는 것과 관련되어 있다고 한다.

생물학적 측면에서 볼 때, 성교행위는 성적 분비물을 안전하고 확실한 장소에 배출하는 행위로 간주되지만 강간범죄자의 측면에서의 강간행위는 대단히 불안전하고 불확실한 장소에 자신의 정자를 배출하는 행위라고 할 수 있다. 이러한 강간은 남성의 성충동으로 인하여 유발되는데 남성의 성욕은 피해자인 여성의 유혹 때문에 발생한다는 것이다. 이러한 입장에서는 강간을 단순한 생리적 반응으로 이해하기 때문에 강간의 원인을 범죄자에게서 찾기보다는 피해여성의 옷차림이나 언행에서 찾으려고 한다.

2. 사회학적 이론

'여성해방이론'에서는 '사회적 성(Gender)[29)]'이라는 개념을 사용하여, 사회적·문화적으로 남성과 여성의 역할[30)]이 다르게 규정되어 있기 때문에 강간범죄가 발생한다는 것이다. 즉 '남성'하면 지배를 연상하고 '여성'하면 복종을 연상하는 사회적 통념 때문에 강간이 심각한 사회문제로 존속한다는 것이다. 성역

---

29) 사회적 성이란 사회가 인간에게 부과한 기대치, 특성, 행위의 집합체이며, 아동기부터 지각과 반응을 사전에 결정하고 자신의 성역할을 따르면서 성장하도록 만드는 문화적, 사회적 구성물을 말한다.

30) 남성은 강인함, 진취적, 사회적, 외향적, 이상적, 적극적인 역할로 규정되어 있는 반면에 여성은 약함, 보수적, 가정적, 내향적, 감성적, 소극적인 역할로 규정되어 있다는 것이다.

할에 대한 차별적 사회화, 노동의 성별분화, 결혼제도 등으로 인하여 여성을 소유재산의 일부로 간주하는 풍토가 생겨나게 되었고 그러한 모순 때문에 강간이 발생한다는 것이다.

‘갈등이론’에서는 자본주의사회의 성차별구조 때문에 강간범죄가 발생하는 것이라고 주장한다. 자본주의사회에서는 성역할에 대한 차별적 사회화, 여성에 대한 사회적 통제, 성의 층화(sexual stratification) 등이 보편화되어 있기 때문에 대다수의 여성들이 종속적 지위에서 사회적·경제적 역할을 수행하고 있다는 것이다. 그리하여 자본주의 경제체제하에서는 여성이 마치 사유재산인 양 취급되어 강간이 발생해도 그것이 다른 남자의 재산권을 침해하는 것이 아니면 법적으로 문제되지 않으며, 그러한 가치구조 속에서 강간이 저질러진다고 설명한다.

‘인류학이론’에 의하면 혼인 외 성관계를 제한하면서 만혼을 권장하는 문화권에 속하는 나라는 강간율이 높다고 보고 있다. Chappell 등은 성윤리가 엄격한 사회에서는 성배출로가 부족하더라도 강간이 발생하지 않으나 성에 대하여 관대한 사회에서는 성배출로가 부족하면 강간이 성행한다고 보고 있다.[31]

‘하위문화론’은 특정지역의 강간율은 그 지역의 인구구성과 연령분포, 실업수준, 평균소득, 가족구성 및 강력범죄율 등과 관련이 있다고 설명한다. 아미르(Amir), 셀킨(Selkin), 라브킨(Rabkin) 등은 실업률이 높고 흑인의 인구구성비가 높고, 그리고 대인강력범죄율이 높은 지역에서 강간율이 높다고 지적하고 있다.[32] 한편 아미르에 의하면 동질성이 강한 사람들이 집단으로 거주하고, 성추행 등의 공격행동이 묵인되는 지역에서 강간범죄가 가장 많이 발생한다고 한다.

이 외에도 노동의 성별분화가 두드러진 사회에서는 강간이 사회통제의 수단으로 이용된다거나,[33] 노동이 성별로 분화되어 있지 아니한 협력사회에서는 강

---

31) Gilbert Geis and Robley Geis, Rape Reform: Is Permissiveness Relevant?, Paper presented at the Annual Meeting of the Pacific Sociological Association, Anaheim, California, 1979.

32) Menachem Amir, Patterns in Forcible Rape, University of Chicago Press, Chicago, 1971; James Selkin, ‘Protecting Personal Space: Victim and Resister Reactions to Assaultive Rape’, Journal of Community Psychology, Vol.6, No.3, 1978, pp.263~268: Judith Godwin Rabkin, ‘The Epidemiology of Forcible Rape’, American Journal of Orthopsychiatry, Vol.49, No.4, pp.634~647.

간범죄가 거의 발생하지 않는다거나,[34] 성적으로 연관된 영화나 책을 보는 행위
가 강간범죄에 영향을 미친다[35]는 등의 주장이 있다.

3. 심리학적 이론

강간범들은 성적 쾌락을 즐기기 위하여 여성을 간음하는 것이 아니라 여성에
대한 패배감, 굴욕감, 증오심 등을 극복하기 위하여 강간을 한다. 많은 남성들은
성(性)을 무기로 사용하여 여성을 굴복시킴으로써 성취감이나 승리의 쾌감을 경
험한다. 자이스(Geis)에 의하면, 어린 시절 여성으로부터 핍박을 받았거나 멋진
여성상을 그리다 열등감에 빠졌던 남성들은 강간을 통해서 여성에 대한 굴욕감
을 극복하고 자신의 남성다움을 확인하고자 한다는 것이다. 즉 매력적인 여성은
남성들에게 남성의 존재가치나 능력을 의심케 하는 패배감을 야기 시킬 수 있는
데 그 경우 남성은 자신의 패배감을 안겨준 사람을 공격함으로써 쾌감을 느낀다
고 한다. 또한 호로스(Horos)에 의하면, 굴욕감이나 증오심 등을 극복하기 위한
강간은 가해자가 자신의 행위를 폭행으로 간주하는 대신 '더불어 즐겼다'고 생
각하며, 여성을 진정으로 소유하였다는 정복감에서 극도의 쾌감을 경험한다는
것이다.

한편, 집단적으로 피해자를 윤간한 경우는 정신병리학적으로 볼 때 공모자들
이 동일한 목표대상과 관계를 가진다는 점에서 동성애적인 동기가 상징적으로
표현된 것으로 볼 수 있다. 그들은 동료들 앞에서 자신의 존재를 확인하면서 집
단행동의 충동을 영속시키고 있으며, 희생자들을 구타하고 모욕하고 성적으로
굴욕시키는 행위를 하면서 자기들의 행동이 부적절하다는 감정을 은폐시키려고
한다.

---

33) Robert F. Murphy, Social Structure and Sex Antagonism, Southwestern Journal of
   Anthropology, No.15, 1959, pp.89~98.

34) Barbara Findlay, Cultural Context of Rape, Women Lawyers Journal, No.60, 1974,
   pp.199~207.

35) Edward Donnerstein, Daniel Linz, and Steven Penrod, The Question of Pornography, Free
   Press, New York, 1987, pp. 115~116.

제4절 아동성폭력

I. 의 의

1. 개 념

아동성폭력의 개념은 '아동성학대'의 개념과 혼용되어 사용되기도 하고 아동성적착취, 아동성적오용의 개념에 포함되는 것으로 분류되기도 한다.[36] 일반적으로 유아기와 청소년기의 중간에 해당하는 시기로 6~12세 정도의 어린이를 '아동'이라고 지칭할 수 있지만, 실제 사례에서는 2세부터 초등학교에 들어갈 나이 이전의 유아들을 대상으로 한 성폭력범죄가 많이 발생하고 있기 때문에 나이를 통해 아동의 범위를 한정할 경우에는 유아를 대한으로 한 성범죄를 아동성폭력범죄의 개념에 포섭시키지 못하게 되는 문제가 발생할 수 있다. 따라서 성폭력특별법에서는 '13세 미만의 미성년'이라고 규정함으로써 이 문제를 해결하고 있다.[37]

따라서 아동성폭력이란 13세 미만의 아동을 대상으로 한 성적 행위는 물론 나체 및 성기노출, 음란물 제공, 언어적 희롱, 강간, 성기 접촉, 손가락 및 이물질의 성기 삽입, 구강 및 항문에 성기 삽입 등 광범위한 의미를 가지는 것으로 개념을 정의할 수 있다.

2. 범죄자의 유형

아동성폭력범죄자의 유형은 심리적 목적 및 행동 양상에 따라 퇴행형과 고착(미성숙)형, 착취형, 공격·가학형 등으로 분류할 수 있다. ① 퇴행형은 정상적인 일상생활을 유지하고 있지만 스트레스를 받게 되면 이를 해소하기 위해서 성

---

36) 양선화, "성폭력 피해 아동 어머니의 심리적 경험에 관한 현상학적 연구", 「한국가족복지학」 제23권, 한국가족복지학회, 2008, 184면.

37) 박기범, "아동성폭력과 그 대책에 관한 연구", 「형사정책」 제18권 제2호, 한국형사정책학회, 2006, 240면.

폭력범죄를 저지르게 된다. ② 고착형은 유년기 시절의 경험에 의해서 학습된 결과로 인해 아동의 성에 대해 유달리 강한 욕구를 가지는데 이는 곧 만성적 성 관련 일탈행동으로 발전하게 되고,38) 자신과 비슷한 연령을 가진 이성과 정상적인 관계를 가지지 못하는 경우가 대부분이다. ③ 착취형은 성적 만족을 충족하기 위하여 어린이를 찾으며, 냉소적이며 늘 주변사람들을 의식하여 피하는 등 변덕스럽고 성급한 성격을 지니고 있다. 어린 아이의 관심을 끌고 유인하기 위하여 어린이의 심리적 취약점을 집중적으로 공략하거나 속임수를 사용하고 필요에 따라 물리적 힘이나 공격적 태도를 취하기도 한다. ④ 공격·가학형은 공격적·성적 목적으로 어린에게 접근하고 범행을 실행하기 위하여 유괴나 살인을 시도한다. 이들은 주위 환경에 잘 적응하지 못하고 반사회적 행동을 오랫동안 유지하였을 가능성이 있으며 동성애를 선호하는 경우가 많고, 피해자에게 공격을 가할수록 성적 흥분을 일으켜 폭력적 행동을 일삼기 때문에 어린이들에게 위험한 존재이다.39)

II. 아동성폭력범죄의 발생원인

1. 개인적 요인

성폭력에 영향을 주는 개인적 요인으로는 부모에 의한 아동 성폭력인 경우나 부모들이 방임하고 있는 상태에서 발생하는 경우가 많다. 모르는 사람에 의한 성폭력도 일어날 수 있지만 가족구성원이나 친인척, 지인, 이웃에 사는 사람들에 의해 부적절한 성접촉, 성추행, 성폭행들이 다양한 형태로 나타나고 있고 아동들의 부모들도 이들에 대해 방임이나 신체적 학대를 하고 있는 경우가 많아서 부모들의 아동에 대한 방임과 성폭력범죄에 대한 모니터링이 제대로 이루어지지 않고 있다.40)

---

38) 이영분·신준섭, "청소년 대상 성범죄자 치료프로그램의 외국사례분석과 한국적 프로그램모형 개 발에 관한 기초연구", 「한국아동복지학」 제15호, 한국아동복지학회, 2003, 87면.

39) Bartol, Curt R. & Bartol, Anne M., Criminal Behavior: A Psychosocial Approach. Pearson Prentice Hall, New Jersey, 2005, pp.401~403.

이처럼 학대피해시기가 어릴수록, 학대사건비율이 많을수록, 학대와 이를 발견하게 된 시점과의 기간이 길수록, 학대가 발견된 후에 가족지지의 수준이 낮을수록 성폭력 범죄로 나아갈 가능성이 높다. 또한 가해자들은 어린 시절 박탈적인 경험이 있는 경우가 다수인 것으로 나타났다. 자신이 직접 성적 학대를 경험하거나 목격하면서 성장한 가해자는 애정관계를 형성하는 능력이 결핍되며, 성적인 행위에 국한하여 애정을 표현하는 방법을 학습 하여 자녀에게 애정을 표현하는 경우에도 성적인 방법을 사용하는 것으로 보고되고 있다.[41]

2. 심리적 요인

도시화·산업화 과정을 거치면서 정신병질자의 발생이 증가하고 있고, 이와 더불어 사춘기 이전의 어린아이를 대상으로 성적 흥분을 느끼는 '소아기호증(pedophilia)[42]' 환자가 증가하고 있다. 최근 발생한 '안양 초등학생 유괴 살인사건[43]', '조두순 사건[44]' 등은 소아기호증이라는 이상 심리가 원인이 된 다동성 범죄의 대표적인 사건이다.

소아기호증은 강력한 성적 충동과 성적 흥분의 경험을 위해 비정상적인 상상,

---

40) 이상원, "초등학생 성폭력 방지를 위한 CPTED 전략", 「한국치안행정논집」 제7권 제3흐, 한국 치안 행정학회, 2010, 27면.

41) 여성가족부, 「2010년 성폭력 실태조사 Ⅱ」, 여성권익과, 2010, 213면.

42) 이 용어의 어원은 그리스어로 소년과 연인을 의미하는 'peidos'와 'erastes'의 합성어로서 동성애남자가 남자아이를 성행위의 대상자로 하는 피데라스티(pederasty)에서 비롯된 것이다. 성인 여성이 남자아이에게 피해를 준 경우도 있지만 실제로 피해자의 대부분은 남자아이보다는 여자아이가 더 많다.

43) 범인은 유년기에 아버지로부터 폭력과 학대를 당하였고 초등학교와 중학교 재학 당시에는 친구들로부터 집단 따돌림을 당하여 고등학교에도 적응하지 못하였다. 청년기에 접어들견서 여성들로부터 이유 없는 배신감과 혐오증을 갖게 되었고 이로 인해 범행을 계획하게 되었다고 자술했다. 안양시의 한 자취방에서 은둔하며 지내다가 두 초등학생에게 접근하여 안양 시내를 구경시켜준다며 유인, 성폭행을 하고 살해 후 야산에 암매장하였다.

44) 범인은 2008년 12월 11일에 학교로 등교 중인 여자 초등학생(당시 8세)양을 유인하여 교회 내부의 화장실로 납치하여 강간상해를 저지른 사건이다. 이로 인해 피해자의 신체는 심하게 손상되었다.

대상, 행위 등을 수반하는 사회적 장애를 지칭하는 것으로 정상인의 성적 행동과 구별되는 성도착증의 일종이다.[45] 주로 성적으로 미성숙한 성인들에게 많이 나타나며 아동과의 성관계는 소아기호증 환자의 성적 불안을 줄어들게 하고 자존심을 높여준다. 소아기호증 환자들은 도착적인 환상과 행동을 통한 무의식적인 분리감 및 유기된 느낌을 피하기 위하여 피해아동 안에서 자신의 모습을 찾는 나르시스적 선택을 한다.[46] 또한 평상시 일반인과 구별하기 어렵고 방어능력이 없는 아동을 범행대상으로 하여 기회가 주어지면 순간적으로 돌변할 가능성이 크다.

3. 사회 · 문화적 요인

개인과 가족은 사회라는 큰 조직체 내에서 기능하기 때문에 한 사회의 가치와 문화에 큰 영향을 미친다. 한국사회에서는 전통적인 가부장제와 남존여비 사상이 지속되고 자식은 부모의 소유라는 생각에 의해 아동의 인격, 권리, 독립성을 인정하지 않고 자신의 욕구를 만족시켜 줄 도구로 인식되기 때문에 아동성폭력범죄가 쉽게 일어날 수 있는 사회구조적 여건을 가지고 있다.

남성에게 성에 대한 공격자 혹은 주도권자의 입장으로서 사회화를 시키면서 여성에게는 성에 대해 소극적이고 갈망하도록 사회화시키는 남성 중심적인 성적 사회와 문화인 경우에 아동성폭력범죄자가 쉽게 발생한다. 성역할에 대한 고정관념을 오랜 사회화 과정을 통해 습득한 남성은 가장으로서 자신의 욕구충족을 위하여 딸을 포함한 가족 내 여성을 이용하는 데에 거부감을 덜 느낄 가능성이 있다. 또한 문화권내의 성에 대한 태도 역시 영향을 미칠 수 있는데, 예를 들어 성을 금기시 하는 폐쇄적인 사회에서는 성폭력 피해를 외부에 알려서 도움을 받는 것을 어렵게 한다.[47]

---

45) 이윤성, "성도착", 중앙의학 59권 7호, 중앙의학사, 1994, 80~81면.

46) 오윤성, 앞의 책, 293면.

47) 여성가족부, 「2010년 성폭력 실태조사 II」, 214면.

제5절 성폭력범죄자에 대한 대책

종래, 성폭력범죄자에 대하여 형법 또는 성범죄 관련 특별법에서는 전령적으로 형벌에 의해 처우방안을 활용하여 대부분이 시설 내에 수용함으로서 재범방지를 위한 소극적 정책을 마련하고 있다. 그러나 최근 상습적인 성폭행범 및 성폭행살인범 등 폭력적 성범죄가 증가하고 있고, 특히 자라나는 새싹들의 영혼을 파괴하는 범죄(Soul Murder)인 아동성범죄가 심각한 사회문제가 되고 있다.

이에 범죄자를 단순히 수용하는 데 그치는 소극적인 정책으로는 이러한 성범죄를 해결할 수 없다는 인식 하에 성폭력 범죄의 법정형을 상향, 공소시효의 연장, 성범죄자에 대한 신상공개제도[48], 위치추적전자장치제도[49], 성충동약물치료[50] 등까지 시행되게 되었다. 뿐만 아니라 아동에 대한 성적 욕구를 갖고 있는 사람은 아동 일반인이나 다른 성범죄자에 비해 음란물을 시청한 비율이 훨씬 높고,[51] 성범죄자는 일반인에 비해 아동·폭력음란물로 인한 성적 충동을 훨씬 더

---

[48] '아동청소년의 성보호에 관한 법률'에 의해 원칙적으로 성범죄에 대해서는 신상정보를 공개·고지하도록 되어 있다. 이는 성범죄의 예방과 피해자 보호를 위한 제도로서 공개대상자의 성명, 나이, 주소 및 실제거주지, 신체정보, 사진, 판결일자와 죄명 그리고 선고형량을 포함한 성범죄 요지, 성폭력범죄 전과사실, 전자장치 부착여부 등이 공개된다. 신상정보 공개는 '성범죄자 알림e(www.sexoffender.go.kr)'라는 인터넷 사이트를 통해 하게 되고, 일반인들은 지도 검색과 조건 검색을 통해 거주지 주위에 어떤 성범죄자가 사는지를 알 수 있게 된다. 나아가 이러한 내용들이 고지대상자가 거주하는 읍·면·동의 아동 청소년의 친권자나 법정다리인이 있는 가구, 어린이집 원장, 유치원의 장, 학교의 장 등에게 우편으로 배달되기 때문에 사실상 해당 주민들이 모두 알 수 있게 된다.

[49] 13세 미만 아동에 대한 성폭력범죄자나 성폭력범죄를 2회 이상 저질러 상습성이 인정되는 성폭력사범 등에 대해 법원이 최장 10년 범위내에서 부착명령을 선고할 수 있도록 하고 있으며, 이와는 별도로 가석방되거나 치료감호가 가종료돼 보호관찰을 받게되는 경우에도 전자-발찌를 부착하도록 하고 있다.

[50] 약물로 인하여 성충동을 억제시키고 이로 인하여 성도착증으로 인한 성폭력의 피해를 감소시키고자 하는 목적 하에 시행하게 되었으나, 골다공증이나 심폐질환, 근위축증 등 부작용을 유발하여 오히려 인권침해의 소지가 있을 수 있다.

[51] 형정원은 13세 미만 아동대상 성범죄자 87명 등 성폭력범죄로 수감된 수형자 288명과 일반인 170명을 대상으로 아동음란물을 포함한 음란물의 사용 빈도와 사용실태, 성범죄 전과경력, 성범죄와 관련된 범죄발생요인 등을 조사하였다. 그 결과 아동성범죄자들 가운데 16%가 성범죄

느낀다[52]는 연구결과에 따라, 아동음란물을 단순히 소지한 행위까지도 금지하고 있다.

그러나 성폭력범죄는 매년 흉포화, 지능화되어 가고 있고, 꾸준히 증가하고 있고, 특히 재범률이 매우 높다는 점에서 매우 강력한 처벌과 재발방지대책이 필요하다. 따라서 성폭력범죄의 예방을 위해서는 성폭력범죄자에 대한 처벌이나 감시를 강화하는 것은 당연하고 아울러 성범죄자의 심리적 치유를 소홀히 해서는 안 된다는 것이다. 왜냐하면, 성폭력범죄자들은 호르몬의 이상, 유기체의 손상, 정신적 혼란, 정신적인 결함 등을 가지고 있기 때문이다.

직전(7일 이내) 아동음란물을 시청한 것으로 나타나 일반 성범죄자의 7%보다 두배 이상 높았다.

52) 성인 음란물에 대한 성적충동 조사 결과에서는 일반인 77.5%, 성범죄자 64.9%로 일반인이 더 높은 반면, 아동음란물은 일반인 5.9%, 성범죄자 10.2%로 성범죄자가 두배 가까이 높았다. 폭력음란물에 대한 성적충동도 일반인 11.8%, 성범죄자 17.1%로 성범죄자가 더 높았다.

제3장

방화범죄자의 심리

제1절 서 설

'방화범죄'는 공공의 평온을 해치는 공공위험범으로서 살인·강도·강간 등의 범죄와 함께 강력범죄로 취급되고 있다. 왜냐하면 방화로 인한 화재는 그 원인이 범죄인의 의도하는 바에 따라 목적물이 소훼되는 것이므로 사람의 생명·신체에 치명적이며, 재산상의 심각한 피해를 수반하기 때문이다. 그 대표적인 사례로 192명의 사망자를 발생시킨 2003년 '대구지하철방화 사건'[1]을 들 수 있다.

따라서 방화범죄에 대하여 많은 관심을 가져야 하며, 방화의 동기가 정신·심리적 동기 이외에도 보험산업의 확산과 복지제도의 보편화추세에 따른 경제적 이득사취를 노린 방화라든가 기타 목적을 위한 방화 등 동기의 다양한 추세에 있다는 것을 간과해서는 안 된다.

형법상 방화죄의 구성요건의 체계는 대개 방화죄, 준방화죄, 실화죄, 서 가지로 나누어진다. 방화죄의 기본적 구성요건은 일반물건방화죄(제167조)이며, 이

---

1) 2003년 2월 18일에 발생한 대구지하철방화는 2급 지체장애자인 50대 남자가 자신이 겪은 좌절과 질환을 사회의 탓으로 돌리며, 이를 보복하는 수단으로 전동차에 기름을 붓고 불을 질러 192명이 사망한 사건이다. 이 사건은 단일 방화로는 가장 많은 인명피해를 야기한 경우로 이후 모방범죄가 급속하게 증가하는 계기가 되었다(http://www.donga.com/news/daegu.html).

에 대해 현주건조물등방화죄(제164조) · 공용건조물등방화죄(제165조) · 일반물건등방화죄(제166조)는 불법이 가중된 구성요건이며, 자기소유의 일반물건방화죄(제167조 2항) · 자기소유의 일반건조물등방화죄(제166조 2항)는 불법이 감경된 구성요건이며, 연소죄(제168조)는 자기소유의 일반물건방화죄와 자기소유의 일반건조물등방화죄의 결과적 가중범이다. 방화죄 중 현주건조물등방화죄 · 공용건조물등방화죄 · 일반건조물등방화죄의 미수범(제174조) 및 예비 · 음모(제175조)를 처벌하며, 타인의 권리대상이 된 자기물건은 타인의 물건으로 간주한다(제176조). 준방화죄에는 진화방화죄(제169조), 폭발성물건파열죄(제172조 1항), 폭발성물건파열치사상죄(제172조 2항), 가스 · 전기등방류죄(제172조의 2 제1항), 가스 · 전기등방류치사상죄(제172조의 2 제2항), 가스 · 전기공급방해죄(제173조 1항 · 2항), 가스 · 전기공급방해치사상죄(제173조 3항)가 있다. 그 밖에 과실범으로 과실폭발물폭발죄(제173조의 2 제1항)와 업무상과실폭발물폭발 · 중과실폭발물폭발죄(제173조의 2 제2항)가 있다. 실화죄에는 기본적 구성요건으로 실화죄(제170조)를 두고 이에 대해 업무상 실화 · 중실화죄(제171조)는 가중적 구성요건이다.

제2절 방화의 개념 및 특징

I. 방화의 개념

'방화(arson, incendiarism, malicious ignition)'의 개념에 대한 의견은 매우 다양하다. 즉 미국의 FBI는 방화란 주택, 상가, 공공건물, 자동차, 항공기 등에 고의 또는 악의로 불을 내거나 불을 내려는 행위로 정의하고 있고,[2] 국내의 학자들은 방화란 불을 수단으로 사람들이 재산과 생명에 악의 또는 고의적인 행위,[3] 고의로 화재를 일으켜 공중의 생명 · 신체 또는 재산 등에 대하여 예측하지 못한

---

2) http://www.fbi.gov/ucr/cius_02/html/web/offreported/02-narson11.html.

3) 김광일, "방화사고에 대한 보험사업자의 대응방안", 방화와 보험 79, 1998, 6면.

위험을 주는 범죄4) 등으로 정의하고 있다.

이처럼 방화에 대한 정의는 조금씩 차이가 있지만, 대체로 주거나 건물 등에 고의로 불을 지르는 행위를 방화의 공통적 요소로 제시하고 있다. 따라서 이하에서는 '방화'의 개념을 고의 또는 악의로 화재를 일으켜 사람의 생명·재산에 위험을 가하는 범죄행위로 정의하기로 한다. 그리고 이러한 방화를 행하는 범인을 방화범(arsonist, fire setter, fire offender)이라고 정의한다.

II. 방화범죄의 특징

방화범죄의 특징을 보면 첫째로 방화는 누구나 손쉽게 할 수 있는 가장 용이한 범죄이며, 시한발화장치를 고안하거나 석유·휘발유 등을 사용하는 경우는 비교적 드물다. 둘째로 방화는 어린이·노인·불구자와 같은 무력한 자에 의하여 행해지는 수도 적지 않다. 셋째로 방화장소는 시골이 도시보다 많고 주거건물보다 헛간·가축사·곳간 등이 많은데 그 이유는 실행해도 발견될 위험이 적으며 가열물이 많기 때문이다. 그러나 보험사기방화는 도회지에 비교적 많다. 넷째로 방화와 계절과의 관계에 있어서는 여름과 겨울에 많이 발생한다. 특히 방화가 많은 3~6월에서는 사람들이 기분·감정이 불안정하여 성욕이 높아지기 때문에 원한·분노·질시 등의 감정이 발산하기 쉽다. 8월에 일과성으로 방화가 많은 것은 더위 때문에 감정의 자극성이 높아지기 때문이다. 겨울에 비교적 많은 것은 재산범죄와 다를 바 없이 경제적 요인에 의한 것이다.

방화범의 연령분포에 있어서 청년기·젊은 장년기에 많다는 것은 일반범죄와 마찬가지이지만 아동기나 노년기에도 비교적 많기 때문에 연령분포의 곡선은 비교적 평탄하다. 방화범에는 초범자가 많다. 한 조사에 의하면 방화범은 남자의 경우 34.2%, 여자의 경우는 14.8%가 벌금형 이상의 전과가 있지만 다른 범죄에 비하면 전과자가 적다는 것이다. 방화범은 체포되기까지 방화를 반복하는 경우도 있다. 그러나 방화를 반복하는 방화누범은 비교적 드물다. 왜냐하면 체포·

---

4) 이상현, 범죄심리학 제3판, 박영사, 2004, 309면.

수형에 의하여 방화를 반복하는 의도가 억제되는 경향이 강하기 때문이다. 따라서 그레스버거(R. Grassberger)가 지적한 것처럼 방화방지에 있어서 가장 효과적인 것은 효과적인 수사와 검거일 것이다.

　방화에는 단독범행이 많고 공범의 경우는 많지 않다. 공범의 경우가 비교적 많은 방법은 보험사기방화이다. 또 전쟁·폭동 등이 있을 때 집단적인 방화가 일어나는 것은 주지한 바와 같다. 시설 등을 파괴할 목적으로 방화하는 경우에도 공범이 있는 경우가 적지 않다. 한 조사연구에 의하면 방화초범자가 석방 후 5년 이상을 경과했을 때의 재범률은 남자에서는 28.6%, 여자에서는 13.2%였다. 이들을 일반범죄, 특히 재산범죄의 경우와 비교하면 낮은 비율을 보이고 있다. 따라서 방화범에는 기회범죄자가 비교적 많다. 그러나 일부의 방화범은 후에 재산범죄를 반복하거나 다종방향성의 범죄경향을 나타내기도 하여 상습범죄자의 유형에 속하게 된다. 방화를 1회 이상 범한 일이 있는 누범자에 관해 범죄생활곡선의 연구에서는 이런 종류의 범죄에는 단일방향, 동종방향이 적으며, 이종방향·다종방향이 많다. 갈등상태의 범죄로서의 방화를 나타내는 예가 간헐적으로 나타나는 경우가 있다.

제3절 방화범죄의 발생원인

I. 방화범의 인격적 특성

　최근 우리나라에서 발생하는 방화범죄의 동기는 아래의 <표 3-1>과 <표 3-2>를 보는 것처럼 주로 정신이상·가정불화·주취·현실불만 등 이상인격이나 이상심리에 원인을 두고 있다. 그 행위는 병적인 기분이 변성인격의 징후로부터 여겨지기도 하고 향수나 복수의 심적 복합체의 결과로 이해되기도 한다. 또한 간질성 발작과 성적흥분과도 밀접한 연관성이 있다고 한다.

〈표 3-1〉 방화범죄의 범행동기

구분	이 욕							사행심	보복
	소계	생활비마련	유흥비마련	도박비마련	허영사치심	치부	기타		
2011	73	10	3	–	–	2	58	2	1
2012	76	6	–	–	–	1	69	2	1

구분	가정불화	호기심	유혹	우발적	현실불만	부주의	기타	미상	총계
2011	124	42	3	546	126	25	324	146	1,412
2012	97	65	–	552	124	29	335	132	1,413

주 : 범죄분석, 대검찰청.

〈표 3-2〉 방화범죄자 범행 시 정신상태별 현황

구분	총계		정상		정신장애						주취		월경시이상	미상
					정신이상		정신박약		기타 정신장애					
	남	여	남	여	남	여	남	여	남	여	남	여		
2011	1,209	180	499	62	27	16	3	–	48	16	524	60	–	134
2012	1,228	170	519	67	19	11	3	–	38	16	547	61	–	17

주 : 범죄분석, 대검찰청.

남자와 여자의 경우 방화의 동기가 서로 다르다. 남자의 경우는 원한·분노가 가장 많고 범행의 은폐·이욕(보험금사기)·범행의 용이화 등의 동기가 많고 기타 동기는 매우 적다. 여자는 원한·분노가 압도적으로 많으며 더욱이 남자에 비하여 치정관계의 동기가 많다. 그 대신에 보험사기나 절도의 용이화 같은 이욕적 동기는 적다. 그리고 범행의 은폐라고 하는 것은 다른 범죄의 예에서 보면 절도·살인 등의 범죄사실을 은폐하기 위해 방화하는 경우를 말하며 은폐방화란 말도 있다. 자기의 방화행위를 타인의 범행인 것처럼 보이도록 하기 위하여 또다시 방화하는 수도 있지만 이것도 같은 범주에 속한다.

‘범행의 용이화’라는 것은 화재혼란의 틈을 타서 절도 등을 할 목적으로 방화하는 경우를 말한다. 수용소에 수용되어 있는 자가 도주의 목적으로 방화하는 경우 등은 이에 포함되지 않는다. 여자는 이욕적인 동기가 적으며 원한·분노나 치정관계의 동기가 많은 것은 정동이변성이며 감정결정성이 강한 여성심리에 근거하고 있기 때문이다. 은폐방화는 냉정하게 계획적으로 행해지는 경우는 드물고, 범행 후 범행발각의 공포에 쫓기어 충동적으로 행하는 경우가 많다. 그 때문에 이 종류의 동기는 여자에게도 적지 않다. 원한·분노의 외적 원인을 조사해 보면 일반적으로 친족 간 특히 가족 내의 갈등이 가장 많고 고용관계·근린관계의 갈등이 다음으로 많다. 그 외에 남자는 일시적인 이해관계에 의한 갈등이나 음주에 의한 기회적인 싸움에 의한 것도 적지 않다. 여자는 성생활에 직접·간접으로 관계있는 결혼·연애·성교에 관한 갈등이 가장 많고, 이혼·삼각관계에 의한 방화도 적지 않다.

나까다 오사무(中田修)는 그의 연구에서 정신병(精神病)·백치(白痴)·병적 명정(病的 酩酊) 등을 제외하고 있다. 그 정신의학적 분류는 정상·정신병질의 경향·정신질병·정신박약·미련함(魯鈍)·어리석음(癡愚)이 있다. 남녀 모두 정신박약이 현저하게 높고, 정신병질은 특히 남자에 높다. 정신박약은 일반인이 2~3%이며 일반범죄자가 10%정도이다. 따라서 정신박약이 방화범에 현저하게 높은 비율을 차지한다는 것은 분명하다. 방화범에 정신박약자가 많은 이유는 첫째로 방화가 정신박약자와 같이 지적으로 열등한 자에게도 실행이 용이하기 때문이다. 둘째로 정신박약자는 무능 때문에 타인으로부터 학대받거나 경멸당하는 수가 많고 그 때문에 원한·분노의 감정을 품기 쉽기 때문이다. 셋째로 방화는 그 자체와 정신박약자와의 사이에 어떠한 생물학적 친화성이 있어 불에 대한 기쁨이나 소위 방화본능도 정신박약자에 매우 특징적인 것처럼 생각되기 때문이다. 또한 방화의 특징으로 동기에 대하여 중대한 결과를 발생시키는 수가 있어 동기와 결과와의 큰 불균형이 주목되고 있지만 정신박약자는 행위의 결과에 대한 통찰력이 부족하다는 사실이 이것과 서로 상통하는 점이다.

정신병질은 범죄자에게 일반적으로 높으며 무정형(無情型)·의지결여형(意志缺如型)·발양형(發揚型)·폭발형(爆發型)·자기현시형(自己顯示型) 등이 범죄학적으로 중요한 유형이다. 방화범에 있어서도 이들 유형이 중요하며 때로는 의지결여형의 관습성 재산범이 범행의 용이화 등의 동기에서 반복하는 예나 무정형의 다종방향의 범죄자가 방화 이외에 재산범죄·폭력범죄 등을 반복하는 예도 있다. 그러나 방화범은 일반범죄에 비교적 드문 자신결여형이든가 무력형의 정신병질이 많은 것 같다. 이와 같은 인격유형은 광의의 무력형에 속하고 소심적·내성적 정신질병이며 감정이 발산되지 못한 채로 축적하여 강한 열정상태·편집상태·정신쇠약상태로 되어 방화에까지 이르는 수가 많은 것이다. 나까다 오사무의 정신병과 방화에 관한 연구에 의하면 약 과반수가 정신분열병이라고 한다.

II. 방화범죄의 유형별 동기

방화범죄의 유형은 다양한 분류에 의해서 구분된다. 인간의 심리적 행동에 따라 ① 계획적 방화(범죄의 은폐, 원한 및 보복의 목적), ② 우발적 방화(현실불만, 가정불화, 호기심 충족 등), ③ 습관적 방화(방화광, 정신장애 등)로 구분된다. 또한 방화목적에 따라 ① 손괴방화(다른 사람의 재물을 손상시킬 목적), ② 보복방화(과거에 일어났던 어떤 불쾌한 것에 대한 복수), ③ 흥분방화(스릴을 즐기거나 인정을 받거나 관심을 끌기 위한 목적), ④ 범죄은닉방화(침입, 절도, 살인범죄 등의 은닉), ⑤ 이익방화(보험이나 업무상 금전적인 이익을 얻기 위할 목적), ⑥ 정신이상에 의한 방화, ⑦ 다양한 범죄 동기에 의한 혼합형 방화 등으로 구분된다.

이하에서는 주요한 유형을 구체적으로 고찰한다.

1. 보험사기

독일에서는 보험사기방화는 전체 화재의 반수 이상을 차지한다고 한다.[5] 그래스버거(R. Grassberger)에 의하면 제1차 세계대전의 경제위기시에는 방화의

---

5) 우리나라에서 이러한 보험사기의 예로 전국을 돌며 공장을 설립한 뒤 불을 지르고 상습적으로 보험금을 타낸 일당 3명이 검찰에 적발된 경우가 있다. 충북 제천 동부산업대표 한모와 공장장 김모 등은 1995. 3. 14일 인천○○산업에 방화한 후 J화재해상으로부터 2억 4천 8백여만을 타내고, 이어 1995년 3월 대전시 대덕구 문평동에 섬유회사를 설립하여 K해상보험에 3억 원짜리 화재보험에 가입한 후 1996. 4. 27일 오후 4시경 공장에 방화하여 2억5천4백여만 원의 보험금을 타냈다. 이들의 범죄수법은 형광등 인입선의 피복을 벗겨 합선시킨 뒤, 스위치를 켜 방화케 하고 누전에 의한 사고로 위장하였다.

80~90%를 점하고 있었던 보험사기방화가 최근에는 감소하여 방화의 20~25%를 점하는 데 머물고 있다고 한다. 이러한 보험사기를 하려는 방화동기는 다음과 같다. ① 기업청산, ② 재고상품처리, ③ 사업상의 파산이나 재정적 실패를 피하기 위한 것, ④ 주문의 취소 또는 상품의 결함으로 인하여 판매가 불가능하게 된 제품파괴, ⑤ 유행변화로 구식이 된 판매불가능상품의 소각, ⑥ 상당한 비용이 걸려 있는 구조상의 변화를 요하는 건물 및 보건법규의 회피, ⑦ 보수비 및 개조비가 고가일 뿐만 아니라 유지비가 많이 드는 기계류나 또는 설비의 정리, ⑧ 상품을 다른 장소로 이전시키는 비용을 덜기, ⑨ 이득이 적거나 무가치한 건물의 처분, ⑩ 계약된 상품의 납품기일을 어기기 위한 이유 등이다. 보험회사는 방화라는 수단으로 불필요한 상품을 매각하려고 하고 값비싼 물건을 비밀리에 건물 내에 옮겨 놓고 불필요한 상품을 화재 속에 휩쓸려 들게 한다. 또한 사기적인 사람은 방화범을 고용하는 경우도 있다.

【보험사기 방화사건】 1997년 10월 29일 13시 39분경 인천시 남동구 ○○산업(주)에서 발생한 화재는 당시 정상작업 중이던 종업원들이 소각장 앞 폐기물 야적더미에서 갑자기 화염이 발생, 확산되고 있는 것을 발견하고 자체 진화에 나섰으나 각종 가연성 폐기물질에 착화된 불길은 꺼지지 않고 계속 연소되는 바람에 진화시도는 실패 하였으며, 신고를 받고 출동한 소방대에 의해 진화되었다. 그러나 ○○산업(주)은 사고발생 후 약 한 달이 경과한 11월 25일에야 보험사에 사고통지를 하고 사고발생시각이 정상작업 중인 한낮으로 조기발견이 가능하였으며 소방서의 조기출동 및 진화가 이루어졌음에도 불구하고 500평이나 되는 철골조 건물을 철거한 점에 이상을 느낀 보험회사가 조사에 착수하여 회사 측은 사고지연 통지에 대해 사고 직후 동 계약 체결 대리점주에게 사고통지를 하였기 때문에 보험사에 별도의 연락을 취하지 않았다고 하며, 건물철거는 진화를 위한 출동 소방관 요청에 따랐을 뿐이라고 주장했으나 보험사 조사결과, 화재발생 전에 이미 문제의 낡은 건물에 대하여 내부적으로는 재축결정이 있었으나 회장이 이에 대한 승인을 보류하고 있던 중에 사고가 발생하였다는 사실이 확인되었다.

특히 "진화 당시 철거요청을 한 적이 없다"는 소방서측 공식해명과 폐기물 더미 중심부에서 발화하여 농연은 심했으나 화염은 별로 강하지 않아 문제의 건물

구조체에 미치는 영향이 미미했던 당시 화재상황을 고려할 때, ○○산업에서는 방화범죄를 통해 낡은 건물을 철거한 후 신축건물을 재축할 의도로 문제의 건물을 고의로 철거한 것으로 판정되었다.

2. 범죄의 은폐

방화는 대부분이 이전의 범죄를 은폐하기 위하여 행하게 된다. 특히 살인범은 살인의 증거를 인멸하기 위하여 건물에 방화하여 피해자가 화재로 인하여 소사(燒死)한 것처럼 꾸미기도 한다.[6] 왜냐하면 사람이 소사하면 열로 인하여 인체 조직이 수축됨으로써 매우 독특한 자세를 취한다는 것이다. 즉 이 때 소사체의 자세는 마치 자기방위를 하다가 죽은 것처럼 오인하게 된다. 따라서 이러한 경우에는 사체검사를 통해서만 타살혐의의 근거를 밝힐 수 있게 된다. 또한 방화는 강도죄를 은폐하기 위하여 범해지기도 하므로 모든 자물쇠를 유심히 조사해야 한다.[7] 자물쇠는 화재 속에서도 파괴되지 않는다.

【**치과의사 모녀 살인사건**】 피고인은 평소 처인 피해자(여, 30세)가 독단적인 인격으로 피고인을 무시하고 집안의 금전관리를 도맡아 하면서 가정 일을 마음대로 처리하고 피고인의 부모형제와 심한 불화를 빚어 온데다가 자신이 불륜관계를 맺어온 것을 눈치 채고, 그에 따라 피해자가 출산한 1세의 여아가 피고인의 친자가 아닐지도 모른다고 의심하게 됨으로써 피해자에 대한 감정이 극도로 악화되어 있었다. 그러던 중, 1995. 6. 11. 23:30경부터 다음날인 6. 12. 06:30경 사이에 피고인이 피해자와 함께 거주하여 오던 아파트에서 피고인의 누나를 피고인이 개원할 예정으로 있던 외과병원의 직원으로 채용하는 문제와 관련하여 피해자와 다투다가 누적된 감정이 폭발하여, 아파트 베란다에 설치된 커텐줄을 잘

---

6) 이러한 예로서 1991. 3. 5. 서울시 성동구 하왕십리동의 주택에 방화로 인한 화재가 발생하였는데, 화재현장에는 타살로 추정되는 사체(여)가 1구 발견되었다. 수사결과 범인이 피해자가 다른 사람과 사귀는데 격분하고 살해한 후 살인을 위장할 목적으로 방화한 것이었다.

7) 이러한 예로서 1984. 3. 8. 13시 40분경 서울시 성동구 성수동 ○○연립주택 2층에 방화로 인한 화재가 발생하였다. 이 사건의 동기는 어린이 2명이 집에 있는데 30대 가량의 범인이 침입, 어린이들을 감금하고 강도한 후 어린이들을 소사케하고 강도의 증거를 인멸·은닉할 득적이었다. 그러나 어린이들은 구조되었고, 범인은 3일후에 검거되었다.

라서 피해자를 목 졸라 살해하고, 이어 1세의 여자아이도 줄로 목을 졸라 살해한 후, 수사에 혼선을 주게 할 목적으로 피해자들의 시체를 욕조에 넣고 더운 물을 그 욕조 안에 채워 넣고, 한편 안방 장롱 안의 옷에 불을 붙여 안방 천정 등으로 타들어 가게 함으로서 주거로 사용하는 아파트를 소훼하였다. 이에 피고인은 유죄를 선고받았다.[8]

3. 업무상의 보상

충동이 자연스럽게 원시적인 방법으로 만족이 표현될 때 범죄가 되며 사회적으로 가치 있는 방법으로 표현될 때 직업이 된다면 동일한 가운데서도 같은 것이 일어난다고 생각된다. 모범소방대원이 방화를 하는 예가 있다. 평소 방화활동을 열심히 하는 소방대원이 자기가 방화해 놓고 언제나 현장에 제일 먼저 출두하여 진압한다. 그리고 나서 보상을 받는다. 그 예로 1977년 10월 일본 가와자끼(川崎市)에서 6건의 화재사건이 연속적으로 일어났다. 소방서뿐만 아니라 지역 개발추진회도 야간 순찰을 하고 있었지만 현장 근처에 살고 있으면서 순회 후에 발화하고 1차로 출두하고 있는 소방대원(32세)이 있는 것이 판명되어 내사결과 체포되었다.

4. 흥분 방화

불을 통해 스릴이나 성적 흥분 또는 즐거움, 쾌락 등을 목적으로 방화하는 경우로서 그 자를 '방화광(Pyromania)'이라고 말한다. 즉 방화광의 사전적 의미는 변태적인 행동에 사로잡혀 아무 데나 함부로 불을 지르는 버릇이 있는 미친 사람[9], 혹은 불을 지르고 싶은 충동을 억제하지 못하여 방화를 반복적으로 행하는 사람을 말한다.[10] 이들은 불타는 모습을 편안하게 관찰할 수 있는 장소를 선택

---

8) 대법원 1998. 11. 13. 선고 96도1783 판결

9) http://krdic.naver.com/detail.nhn?docid=15909500

10) Blackburn, Ronald, The Psychology of Criminal Conduct-Theory, Research, Practice, John Willy & Sons, Ltd, 2003, p.73.

하여 불을 구경하거나, 불을 구경하는 사람들 속에서 주변 사람들의 흥분하는 모습을 보고 즐기기도 한다.

방화광들은 방화 시 자신감을 가지기 위해 술을 마시는 경우가 있지만 섹스 충족 욕구가 강하게 일어날 때는 술을 마시지 않으며, 사전에 충분한 준비를 한 후에 불을 지른다고 한다. 또한 방화로 인한 타인의 부상이나 사망 또는 경제적 손실 등에 대하여는 무관심하고 오히려 불로 인하여 기물이 파손되는 것을 보면서 만족감을 느낀다고 한다.

방화광이 발생하는 원인으로는 생물학적으로 뇌의 기능적 결함이나 신경 전달물질 중 일부가 일반인에 비해 낮다거나, 성적욕구가 제대로 충족되지 못한 사람들은 자신의 성적 본능과 현실 간에 충돌을 막기 위한 해결책으로써 방화를 한다거나[11], 어린 시절 학대나 결핍의 경험으로 인한 성적 퇴행 등이 주장되고 있다.

【방화광의 진단기준(DSM-IV)】 1. 미리 사전에 계획을 세우고 목적성이 있는 방화를 한번 이상 실행한다.

2. 방화 이전에 긴장을 하거나 흥분한다.

3. 불과 관련된 상황이나 불 그 자체에 대해서 매혹을 느끼거나 흥미를 느끼고 호기심과 함께 이끌린다. 예를 들어 불을 지르는 도구나 불을 질렀을 때의 상태 또는 불을 지르고 난 뒤의 결과에 대해 많은 관심을 보인다.

4. 방화를 하거나 남이 불을 지르는 것을 보면서 쾌감, 만족감 또는 안도감을 느낀다.

5. 경제적인 이익을 위한 경우, 사회정치적인 이념을 구현하기 위한 경우, 범죄현장을 은폐하기 위한 경우, 분노나 복수심을 표현하기 위한 경우, 생활환경을 개선하기 위한 경우, 망상이나 환각에 대한 반응이나 치매·정신지체·알코올중독이나 마약중독으로 인한 판단장애로 인한 경우 등은 방화광으로 볼 수 없다.

6. 품행장애, 조증, 반사회적 인격장애로 인하여 불을 지르는 것이 아니다.

---

11) 프로이드는 불이 가지고 있는 따뜻함의 느낌을 성적 흥분과 연관시켰으며 또 불꽃이 어글거리는 모양과 움직임을 남성의 성기와 연결시켰다.

5. 원한 · 분노 · 불평불만자에 의한 방화

방화는 대부분의 인간관계의 문제에서 발생하며 다른 범죄자와 마찬가지로 가장 일반적이고 주요한 동기는 상대방에게 정신이나 신체, 경제적 피해를 주기 위한 여러 가지 범죄수단 중 하나일 뿐이다. 즉 방화 그 자체를 위하여 원한이나 분노, 복수를 해야 할 상황을 미리 만든다고 보기는 어렵다. 이는 현대에 증가하고 있는 방화범죄의 상당 부분이 보험이나 기타 금전적 보상 및 감성적 충족을 위한 것임을 볼 때 더욱 그러하다. 또한 연인, 부부, 친구, 가족, 건물주와 임대인, 고용자와 피고용자, 이웃 간의 다툼 등 발생관계도 아주 다양하다.

【金閣寺 방화사건】 일본인들, 특히 교토 사람들은 깅카쿠지(金閣寺)를 세상에서 가장 아름다운 건물이라고 자랑해왔다. 깅카쿠지는 넓은 연못가에 지워진 3층 누각으로 1398년 완공되었는데 원래는 세도가의 별장으로 지워졌으나 후에 사찰이 되었고 외관을 금으로 장식했기 때문에 깅카쿠지라고 불렸다. 이 깅카쿠지가 석양의 지는 햇살을 받아 황금빛으로 물들 때의 아름다움은 장관 중의 장관이었다고 한다. 그러나 1950년 7월 2일 보슬비가 내리는 새벽, 이 유서깊은 사찰은 어처구니없게 그 절 수도승의 계획적인 방화로 형체도 없이 불타고 말았다. 당시 조사에 의하면, 말더듬이 추남으로 외모에 심한 열등감을 지닌 여린 수도승이 제 또래 남자 관광객들이 여자와 함께 절을 구경 오는 것에 심한 부러움을 느낀 나머지 질투심으로 절에 불을 지른 것으로 알려졌다.

【대구 거성관 나이트클럽 방화사건】 1991. 10. 17. 22시 경 대구에 있는 거성관 나이트클럽에서 방화범 김정수가 술에 취해 주정을 부리다가 종업원이 "촌놈"이라고 욕을 하자 이에 격분하여 거성관 맞은 편 주유소에서 휘발유를 구입한 뒤 돌아와 무대 위에 휘발유를 뿌리고 불을 질러 16명이 사망하고 7명의 부상자와 다수의 재산 피해가 발생했다.

6. 선전 · 선동을 위한 방화

일정한 목적 달성을 위한 압력행사 방법 중의 하나로, 정치적인 시위나 노사

분규 등 사회적 관심을 불러일으키거나 여론의 환기, 사회불안 조성과 공포심 유발을 위하여 전쟁이나 대치국면, 정치적 이유 등으로 방화가 이루어진다.

【부산 미문화원 방화사건】 1980년 5월 광주민주화 항쟁을 무력으로 진압한 신군부를 배후 지원한 미국에 대한 응징차원에서 5명의 대학생에 의하여 1982년 3월 18일 발생한 부산 미문화원 방화사건은 이 후 일반 사회대중과 지식인들에게 한국과 미국 관계를 새로운 시각에서 조명하게 만든 중요한 사건 중의 하나로 대표되는 선전/선동차원의 방화로 볼 수 있다.12)

7. 악의 · 방화파괴자에 의한 방화

정상적인 사람들이 지루함이나 권태를 달래기 위해서 방화범죄를 저지르는 경우가 있다. 대개 단순 직업일수록 반복적인 일이 많아 개인은 정체성에서 벗어나기 위하여 정신적, 육체적 자극을 찾게 되고 그것은 우울증 등과 같은 수동적 성향이나 공장 생산라인에서 컨베이어 벨트를 정지시키거나 방화범죄를 저지르는 것과 같은 공격성향을 보일 수 있다.

일반적으로 연쇄방화나 불장난 같은 것은 이 범주에 속하는데, 특히 방화범죄 상당부분을 차지하면서도 실화도 아니고 방화범죄도 아닌 어정쩡한 상태로 방치되어온 불장난을 이 부류에 넣어 방화파괴자를 3가지 성향으로 분류하고자 한다.

① 개인적 성향 방화범죄를 통한 개인적 만족추구, 공명심, 반항심 등에 의한 무차별 방화 또는 어떤 상징성 있는 대상물에 방화하는 것으로 우체통 등에 불붙는 천을 넣는 등 개인적인 만족에 치중하는 경우가 많다.

② 집단적 성향 청소년 불량 모임이나 범죄 집단 등에서 동료, 동종집단 승인, 인정을 받기 위한 수단으로 방화범죄를 이용한다. 일반적으로 사회 이목을 집중시키는 대상보다 그렇지 않은 대상을 택하며, 방치된 공장, 탄광촌, 빈민가, 숲, 폐차, 공원의 잔디, 쓰레기통 등이 주된 표적이 되지만 고급승용차나 주택 등

---

12) 대법원 1983. 3. 8. 선고 82도3248 판결.

이 표적이 되는 경우도 있다.

③ 무규범적 성향   미성년자나 정신병질자처럼 사회규범을 지킬 능력이 부족한 사람들의 단순한 호기심, 악의적 장난과 유희, 개인 만족 등에 의하여 발생하는, 흔히 불장난으로 표현되는 방화를 말한다.

제4절 방화범죄의 실태

방화범죄는 증거가 소실되는 경우가 많기 때문에 수사가 가장 곤란한 범죄이며 따라서 암수(暗數)도 많다. 2012년 발생한 방화 범죄는 총 1,897건으로 하루에 5.2건 한 시간에 0.2건이 발생하였고, 사망은 7명, 상해는 79명이었다.

2012년 방화의 발생시간은 <표 3-3>에서 보는 것처럼 밤(20:00~03:59)에 812건(48.6%)으로 가장 많이 발생하고, 그 다음 오후(12:00~17:59)에 358건(20.6%), 새벽에 189건(10.9%) 순으로 발생하였다.

<표 3-3> 시간별 방화발생건수

2012	새벽	아침	오전	오후	저녁	밤	미상
발생건수	189	80	141	358	156	812	–
비 율(%)	10.9	4.6	8.1	20.6	9.0	46.8	–

주: 1. 대검찰청, 범죄분석.
　　2. 새벽(04:00~06:59), 아침(07:00~08:59), 오전(09:00~11:59), 오후(12:00~17:59),
　　　　저녁(18:00~19:59), 밤(20:00~03:59)

2007년 방화범의 경우 <표 3-4>에서 보는 것처럼 단독범은 75.5%로 방화범죄의 거의 대부분은 혼자서 저지르는 경향이 강하고, 공범관계를 보면 학교동창이 55건, 동네친구가 72건으로 전체공범수의 213건 중 59.6%를 차지하고 있다.

<표 3-4> 범죄자공범관계

계	단독범	공범										미상
		소계	학교동창	교도소소년원동료	직장동료	친인척	군동료	동네친구	고향친구	애인	기타	132
1,413	1,068 (75.5)	213 (15.0)	55	2	31	4	–	72	2	4	43	

주 : 범죄분석, 대검찰청.

2012년 방화범죄자의 범행 시 연령은 <표 3-5>에서 보는 것처럼 40대, 50대, 30대, 20대, 60대 순으로 나타나 다른 범죄와 마찬가지로 40대가 가장 많이 저지르고 있다. 또한 소년들 중에는 14세가 가장 많이 저지른 것으로 나타났다.

<표 3-5> 방화범죄자의 범행시 연령

2012	총계	소년소계	14세미만	14세	15세	16세	17세	18세	성인소계
방화	1,413	201	11	50	44	36	34	26	1,197

19세	20~25세	26~30세	31~35세	36~40세	41~50세	51~60세	61~70세	71세이상	미상
24	58	78	74	141	441	310	52	19	15

주 : 범죄분석, 대검찰청.

2012년 범죄자와 피해자와의 관계는 <표 3-6>에서 보는 것처럼 타인, 동거친족, 이웃, 국가, 지인 등의 순으로 나타났으며, 약 80% 정도가 범죄자와 피해자가 안면이 있는 경우로 나타났다.

<표 3-6> 범죄자와 피해자의 관계

피해자	계	국가	공무원	고용자	피고용자	직장동료	친구	애인
	1,413	59	11	18	3	8	10	83
	동거친족	기타친족	거래상대방	이웃	지인	타인	기타	미상
	175	38	11	71	51	531	210	134

주 : 범죄분석, 대검찰청.

2012년 방화범죄자의 전과는 <표 3-7>에서 보는 것처럼 전체 1,413건 중 926건이 전과경력이 있는 자에 의해 저질러져 65.5%를 차지하고, 626건의 전과범 중 전과 1범이 151건, 2범이 120건으로 29.2%를 차지하였다. 특히 9범 이상의 전과자도 265건으로 28.6%를 차지하였다.

<표 3-7> 범죄자 전과

계	전과없음	전 과										
		소계	1범	2범	3범	4범	5범	6범	7범	8범	9범 이상	미상
1,413	367	926	151	120	108	90	65	49	45	33	265	120

주 : 범죄분석, 대검찰청.

그리고 전과자 범행시의 정신상태는 <표 3-8>에서 보는 것처럼 정상이 41.9%, 비정상이 58.1%로 비정상이 더 많았으며, 특히 주취중의 방화가 43.3%로 비정상중 방화의 절대다수를 차지하고 있다.

<표 3-8> 전과자 범행 시 정신상태

계	정상	정신장애				주취	월경시 이상
		소계	정신이상	정신박약	기타 정신장애		
1,398	586 (41.9%)	87(6.2%)	30(2.1%)	3(0.2%)	54(3.9%)	608(43.3%)	–

주 : 범죄분석, 대검찰청.

제5절 방화범죄자에 대한 대책

최근 들어 방화범죄가 급증하고 있지만 이에 대한 일반의 관심은 그리 높지 못하다. 그것은 방화범죄가 형법상의 다른 중요범죄만큼 위험성이나 피해의 심각성이 인식되지 못하기 때문이다. 즉 방화는 공공위험범으로써 인명의 안전을 직접 위협하고 재산피해도 극심하다는 사실을 대체로 간과하고 있기 때문이다. 또한 방화화재의 특성이 정신이상성 등 개인의 인성적 동기라 할 수 있는 종래의 사례들에서 불가항력적 재난으로 간주하는 경향이 지배적이기 때문이다. 그리고 방화화재에 대한 법집행 차원도 저조한 관심의 상태를 엿볼 수 있는게 그것은 방화범죄를 수사하는 경찰기관이나 방화화재를 예방하는 소방기관에도 아직 방화범죄를 취급하는 전담기구가 전무한 상태이고 다만 관할 검찰청별로 방·실화 수사담당검사가 지명되어 있을 정도이다. 더불어 방화범죄에 대한 조사·연구도 매우 미약한 상태라 할 수 있다.

따라서 방화범죄가 날로 급증하고 있는 현실에서 이에 대한 대책을 세우기 위해서는 먼저 방화범죄에 대한 정확한 현황의 파악이 필요하다. 미·일 등의 국가에서는 방화화재의 통계관리에 있어 방화를 원인으로 하는 화재와 방화의 의심이 있는 화재를 통합하여 방화성의 화재로 취급하여 방화범죄의 발생추세 등 실태파악 및 대응에 정확한 자료로 삼고 있다. 그러나 우리나라에서는 방화를 원인으로 하는 것만 방화로 관리하고 있어 방화범죄 관리의 사각현상과 통계상 암수의 소지가 예측되고 있고 이로 인한 일반사회의 방화에 대한 관심도 문제가 되고 있다. 그리하여 방화의심이 있는 화재가 방화에 의한 화재인 경우에도 계속 수사활동을 통한 범인검거가 소홀해 질 수 있다. 따라서 가장 중요한 것으로 방화범죄에 대한 정확한 현황의 파악이 필요한 것이다.

둘째로 방화범죄의 전담기관이 필요하다. 현재 우리나라의 일선 수사기관에서는 방화사건 수사기능을 전담체계화하지 못하고 특수한 경우에만 그때그때 전담반을 편성·운영할 정도이다. 사회통제의 특수이론인 제지이론에 의하면 처벌의 확실성은 법규위반을 낮게 한다고 한다. 방화범도 이와 마찬가지로 처벌의 확실성 차원에서 수사기관의 범인필벌의 노력이 필요하다. 따라서 방화범죄만을 전담하는 기관으로 하여금 범죄를 명확히 밝혀낼 필요성이 있다.

셋째로 방화범죄에 대한 전문연구의 확보이다. 현재 우리나라에서는 방화범죄를 조사·연구하는 전담연구기구가 전무한 실정이며, 다만 미흡하나마 개인적으로 연구하거나 한국형사정책연구원과 한국화재보험협회에서 일과성으로 연구하는 수준에 있다. 또한 방화로 인한 화재는 일반화재와는 구별되는 특성이 있으며, 방화범죄의 대응에 이 특성과 방화범죄의 동향 등을 정밀하게 파악할 필요가 있다. 따라서 이러한 연구를 하기 위해서는 전문연구기관이 필요한 것이다.

　넷째로 방화피해의 심각성에 대한 홍보가 필요하다. 방화로 인한 화재는 그 피해가 매우 심각하고 위험성이 크다. 전체 화재로 인한 사망률이 화재 100건당 2명 정도인데 비하여 방화로 인한 사망률은 7.4명으로 치사율이 전체화제로 인한 것보다 3.5배정도 더 높은 위험성이 있다.[13] 또한 방화화재는 방화범이 범죄수단으로 불을 사용한다는 것과 1인의 방화범이 여러 대상에 연쇄적으로 방화할 수 있어 사회공공의 위험이 높다. 따라서 이러한 위험한 방화에 대하여 관심도 제고를 위한 기법의 개발이 필요하다.

---

13) 최종태, 방화범죄의 실태와 그 대책, 한국경호경비학회, 경호경비연구 창간호, 1997. 10, 378면 이하.

제4장

마약범죄자의 심리

제1절 서 설

'마약(痲藥, Narcotics)'은 인간의 중추신경계에 작용하는 것으로서 이를 오용하거나 남용할 경우 인체에 심각한 위해가 있다고 인정되는 물질을 말한다.[1] 일반적으로는 약리작용에 따라 흥분제(각성제), 억제제(진정제)로, 의존성 측면에서 중독성 약물과 습관성 약물로, 생성원에 따라 천연마약과 합성마약, 반합성마약으로, 제조원에 따라 대마, 마약, 향정신성 의약품으로 분류하고 있다. 그동안 '마약'이라는 용어가 좁은 의미의 마약·향정신성의약품·대마를 총괄하는 의미로 혼용되어 왔으나 최근에는 이들을 총칭하는 표현으로 '마약류'라는 용어를 사용하고 있다.

이러한 마약은 환자의 고통을 줄이는 등 의학적인 목적으로도 쓰이지간, 잘못 사용하면 사람의 생명을 앗아가는 독(毒)이 되는 물질이다. 즉 마약에는 중추신경계에 영향을 미치는 물질이 포함되어 있는데 마약을 하게 되면 탐미주의(眈美主義 : 아름다움을 추구하고 탐닉하는 경향)에 휩싸이게 되어 본인도 코르는

---

[1] 마약이라는 용어는 무감각을 의미하는 그리스어 'Narkotikos'에서 유래된 것으로 수면 및 혼미를 야기 시켜서 고통을 완화시키는 물질을 말한다.

사이에 마약에 깊숙이 빠져들게 되어 결국에는 심한 우울증과 환각증세로 인하여 자신을 망각하면서 삶을 마감하기도 한다. 또한 마약을 복용하면 일시적으로는 정상인이 평소에 느끼지 못했던 행복감이나 도취감을 느끼게 하지만 무의식 상태나 순간적인 흥분감으로 인하여 강간, 살인 등 강력범죄를 저지를 수 있다.

이하에서는 먼저 마약범죄의 특징과 실태, 마약의 종류, 마약중독과 범죄마약범죄의 대책 등의 순으로 살펴본다.

제2절 마약범죄의 현황

I. 마약범죄의 특성

마약범죄는 거래당사자 모두의 욕구를 충족시키기 때문에 가해자와 피해자의 구별이 어려운 범죄이다. 이처럼 피해자가 없는 범죄는 수사기관이 인지할 수 없을 뿐만 아니라 그 범죄를 발각하거나 검거하는 것이 어렵고, 또한 마약범죄는 범죄자 개인은 물론 그 주변의 가정과 사회를 파괴시킨다는 점에서 그 심각성은 매우 크다. 마약류범죄는 다음과 같은 특성을 가지고 있다. 첫째로 음성적인 조직범죄라는 것이다. 특히 마약공급자들은 외부에 노출되지 않는 점조직체계를 가지고 있다. 둘째로 전문적인 지능범이라는 것이다. 즉 그들은 숙련된 제조 기술을 가지고 있을 뿐만 아니라 마약류의 순도와 약의 효능을 식별할 수 있다는 것이다. 셋째로 각종 첨단기술을 동원하여 범죄행위를 위장하기도 하고 경우에 따라서는 살상용총기류까지 소지하고 유사시에 대비하는 대범함을 보인다. 넷째로 국경을 넘나들며 마약의 수입·제조·판매·투약 등이 행해지기도 하고 국내에서는 전국적인 조직망에 의해 유통된다. 다섯째로 정신적·육체적으로 마약에 의존하는 성질 때문에 마약사용을 반복하고, 막대한 불법이득의 유혹으로 인하여 마약을 판매하는 행위를 반복하게 된다. 여섯째로 폭력조직이나 국제범조직과 연계하여 범죄를 저지른다.[2]

II. 마약범죄의 실태

1. 마약류에 대한 규제법률

마약범죄는 개인적 범죄수준을 넘어 현대사회에 큰 위험이 되고 있다. 중국, 동남아, 미국 등의 세계적인 마약조직은 이미 단순한 조직을 넘어 정부와 공공연하게 전쟁을 선포하는 등 막강한 세력을 형성하고 있고, 심지어 국제테러조직이 자금을 조달하기 위하여 마약시장에 개입하고 있다.3) 따라서 마약범죄는 단순한 국내의 문제가 아니라 국제적 위험인 것이다.4)

이러한 마약범죄에 대하여 우리나라의 법률은 마약을 공급하는 행위는 물론 마약을 사용행위에 대하여 엄하게 처벌하는 입법형태를 취하고 있다. 이에 해당하는 법률을 보면, 형법 제17장의 '아편에 관한 죄', '마약류 관리에 관한 법률', '마약류 불법거래 방지에 관한 특례법', '특정범죄가중처벌법' 등이 있다. 또한 마약류에서는 제외되지만 "유해화학물질관리법"에서는 본드, 부탄가스, 신나 등과 같이 유해성 또는 위해성이 있거나 그러한 우려가 있는 화학물질을 규율하고 있다.

'마약류 관리에 관한 법률'의 주요내용을 보면, ① 개인적인 마약류 사용(대마 포함), 일정한 마약류의 수출입·제조·매매·매매알선과 이를 목적으로 한 소지, 소유 등을 금지하고 있다. ② 마약중독자에 대한 효과적인 치료를 위해서 치료보호에 관한 규정을 두고 있고, 또 마약의 오·남용에 대한 효과적인 퇴치를 위해서 한국마약퇴치운동본부의 설치에 관한 규정을 두고 있다. ③ 약물중독자가 금고이상의 형에 해당하는 죄를 범하고 재범의 위험성이 있다고 인정된 경우 법원은 그 자를 치료보호소에 강제적으로 수용하는 재판을 할 수 있도록 하였다.

---

2) 손동권, "마약류범죄의 유형과 실태", 수사연구, 경찰수사연구소, 1998, 228면 이하. 마약범죄의 국제화 경향에 대처하기 위하여 국가정보원법은 국제범죄에 대한 대책을 국가정보원의 직무범위로 정하고 있다.

3) 조병인, "마약류 불법유통과 규제전략", 형사정책연구 제50호, 한국형사정책연구원, 2002, 198면.

4) 박상기, "형사정책의 초국가적 현안과 국내법적 대응", 정성진 박사 고희 논문집, 2010, 982면.

2. 마약범죄의 발생현황

(1) 마약류범죄[5]

마약류사범은 2007년과 2009년에 증가하였으나 2011년에는 9,174명으로 전년 대비 5.7% 감소하였다. 2011년의 경우 전체 마약류사범 9,174명 중 향정사범은 7,226명으로 78.8%, 대마사범은 1,189명으로 12.9%, 마약사범은 759명으로 8.3%를 점유하고 있다.

각 사범별로 범죄추세를 보면, ① 마약사범의 경우 2006년 868명, 2007년 958명, 2008년 1,396명, 2009년 2,198명으로 증가추세를 보인 후 2010년 1,124명, 2011년 759명으로 감소하는 추세를 보이고 있다. ② 대마사범의 경우 2009년에는 1,712명으로 전년 대비 63.8%, 2010년에는 1,837명으로 전년 대비 7.3% 각 증가하였다가, 2011년에는 1,189명으로 전년대비 35.3% 감소하였다. ③ 향정사범의 경우 2009년에는 7,965명으로 전년 대비 6.8% 증가하였고 2010년에는 6,771명으로 전년 대비 15% 감소하였다가 2011년에는 7,226명으로 전년대비 6.7% 증가하였다.

연령대별 점유율 추이를 살펴보면, ① 10대의 점유율은 등락을 거듭하다가 2011년에는 41명으로 전년과 비슷하였고, ② 20대의 점유율은 증가하는 추세를 보이다가 2010년부터 감소세를 보이고 있으며, 2011년에는 750명으로 크게 감소하였다. ③ 30대는 2006년부터 등락을 거듭하다가 2011년에는 전년에 비해 다소 감소하였으며, ④ 40대의 점유율은 2007년에는 37%로 가장 높은 점유율을 기록한 이후 감소추세였으나 2010년부터 증가세를 보이고 있으며, 2011년에는 3,392명으로 전년대비 6.5% 증가하였다. ⑤ 50대의 점유율도 최근 들어 다소 증가하고 있는 추세이다. ⑥ 마약사범은 60대 이상이 가장 많은 57.0%를 차지하고 있고, 대마사범은 40대가 29.7%, 향정사범은 40대가 40.9%를 각각 차지하고 있다.

2011년 전체 마약류사범에 대한 남자와 여자의 비율은 약 8.48:1.52이며, 각

---

5) 법무연수원, 범죄백서, 2012, 83-90면.

사범별로 보면 남자와 여자의 비율이 향정사범은 9.3:0.7 대마사범은 8.7:1.3 정도인데 비하여, 마약사범은 5.1:4.9로 남자와 여자의 점유율 차이가 그리 크지 않다.

직업별로 보면, 무직인 사람이 줄곧 가장 높은 점유율을 나타냈고, 유흥업 종사자가 계속 일정한 비율을 차지하고 있다. 2011년의 경우를 보면 농업, 노동, 서비스업, 도소매업, 운송업 종사자가 마약류사범에서 높은 점유율을 보이고 있다.

(2) 마약류 투약 환각상태 강력범죄

최근 5년간 마약류 투약 환각상태 2차 강력범죄 발생 현황을 보면, 마약류 투약 등으로 인한 환각상태에서 살인, 강도, 절도, 인질극·난동, 수사관 살해 등 2차 강력범죄는 특별한 동기나 이유 없이 환각상태에서 우발적으로 사람을 살해하거나 불특정 다수인을 상대로 인질극을 벌이거나 마약구입자금 마련을 위하여 강도 등 행위를 일삼고, 심지어는 마약사범을 검거하려는 수사관에게 위해를 가하는 등 범죄수법이 흉포화 되고 있어 사회·경제적 손실 및 심각한 사회 문제를 초래하고 있다.6)

제3절 마약류의 종류

I. 개 설

일반적으로 마약류는 약리작용에 따라 흥분제(각성제)와 억제제(진정제)로, 의존성 면에서 중독성 약물과 습관성 약물로, 생성원에 따라 천연마약과 합성·반합성 마약으로, 그리고 제조원에 따라 마약, 향정신성의약품, 대마로 분류한다. 현재 "마약류 관리에 관한 법률"에 따르면 '마약류'는 마약, 향정신성의약품, 대

---

6) 대검찰청, 2012년 마약류 범죄백서, 224면.

마 등을 의미한다. 여기에서 '마약'은 양귀비, 아편, 코카잎 및 그의 알칼로이드와 화학적 합성품을, '향정신성의약품'은 인간의 중추신경계에 작용하여 오·남용 시 심각한 위해를 끼칠 수 있는 물질을, '대마'는 대마초와 그 수지 및 대마초 또는 그 수지를 원료로 하여 제조된 모든 제품을 말하지만 대마초의 종자(종자)·뿌리 및 성숙한 대마초의 줄기와 그 제품은 제외한다고 규정하고 있다. 이하에서는 이러한 마약류의 종류를 구체적으로 살펴본다.

II. 마 약

마약은 일반적으로 마약원료인 생약으로부터 추출되는 천연마약과 추출알카로이드, 화학적으로 합성되는 합성마약으로 분류된다.

【마약류 관리에 관한 법률 제2조 2호】 "마약"이란 다음 각 목의 어느 하나에 해당하는 것을 말한다.

가. 양귀비 : 양귀비과(科)의 파파베르 솜니페룸 엘(Papaver somniferum L) 또는 파파베르 세티게름 디·시(Papaver setigerum D·C)

나. 아편 : 양귀비의 액즙(液汁)이 응결(凝結)된 것과 이를 가공한 것. 다만, 의약품으로 가공한 것은 제외한다.

다. 코카잎[엽] : 코카 관목[(灌木): 에리드록시론속(屬)의 모든 식물을 말한다]의 잎. 다만, 엑고닌·코카인 및 엑고닌 알칼로이드 성분이 모두 제거된 잎은 제외한다.

라. 양귀비, 아편 또는 코카 잎에서 추출되는 모든 알카로이드로서 대통령령으로 정하는 것

마. 가목부터 라목까지에 열거된 것과 동일하게 남용되거나 해독(害毒) 작용을 일으킬 우려가 있는 화학적 합성품으로서 대통령령으로 정하는 것.

바. 가목부터 마목까지에 열거된 것을 함유하는 혼합물질 또는 혼합제제. 다만, 다른 약물이나 물질과 혼합되어 가목부터 마목까지에 열거된 것으로 다시 제조하거나 제제(製劑)할 수 없고, 그것에 의하여 신체적 또는 정신적 의존성을 일으키지 아니하는 것으로서 총리령으로 정하는 것[이하 "한외마약(限外麻藥)"이라 한다]은 제외한다.

1. 천연마약

(1) 양귀비

양귀비[7]는 일명 '앵속'(Opium poppy, 罌粟)이라 불리는 식물로서 여러 종류가 있으나 우리나라에서 재배를 금지하고 있는 식물은 Papaver somniferum L. 종과 Papaver setigerum D. C. 종이다.

기원전 5000년경 지금의 이라크 지방에 살았던 사람들이 아편에 관한 지식을 돌에 새겨서 전한 것이 아편에 관한 인류 최초의 기록이며, 그 뒤 그리스 의학자 히포크라테스는 4세기경 양귀비에서 추출한 액체를 질병 치료제로 사용할 것을 권장하였다고 한다.

온대 및 아열대 기후에서 자라는 양귀비속 1년생 식물(1~1.5m)로 기원전 300년경부터 지중해연안지역에서 재배되기 시작하여 오늘날에는 황금의 초승달지대(아프가니스탄 · 파키스탄 · 이란 접경지역) 및 황금의 삼각지대(미얀마 · 라오스 · 태국 접경지역)를 중심으로 거의 전 세계에서 재배되고 있다.

(2) 아 편

아편(Opium)은 설익은 양귀비의 열매에 상처를 내어 흘러내리는 우윳빛 추출액을 60℃ 이하의 온도에서 건조시킨 암갈색의 덩어리로 생아편이라고도 한다.

---

7) 양귀비라는 명칭은 당나라 현종의 황후이며 그 시대 최고의 미인이었다는 양귀비에 비길정도로 꽃이 아름답다고 해서 붙여진 이름이다.

민간에서는 아편의 탁월한 진통효과 때문에 열매와 식물체를 분리해 두었다가 응급 질환에 사용하기도 하였으나, 아편을 처음 한두 번 흡입하였을 때는 몽롱한 상태의 황홀감을 경험하는 등 만족할 만한 효과를 얻게 되지만 지속적으로 흡입할 경우에는 처음과 같은 약효를 얻기 위하여 더 많은 흡입을 하여야 되고 이는 결국 심각한 중독현상으로 이어진다.

아편의 남용이 계속되면 남용자의 얼굴이 창백해지고 매우 신경질적으로 변하며, 식욕과 성욕을 상실하고 메스꺼움, 구토, 변비, 홍조, 동공수축, 호흡장애 등의 부작용을 유발하는데 통상적으로 아편의 약효가 사라진 후 72시간이 가장 고통을 느끼는 시간대이다. 이러한 폐단으로 영국과 아편전쟁(1840~1842)을 벌였던 중국(당시 淸國)은 1906년부터 아편의 재료가 되는 양귀비의 재배를 전면 금지하였다.

(3) 모르핀

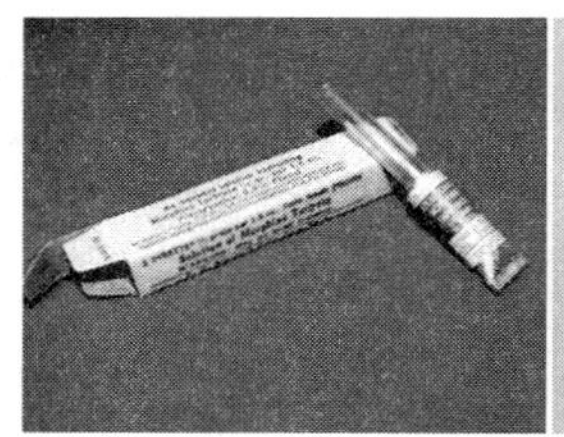
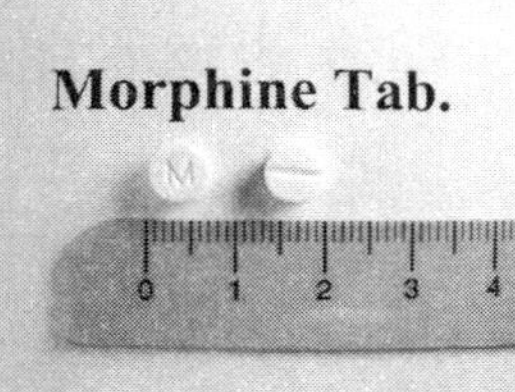

모르핀(Morphine)은 아편으로부터 불순물을 제거하고 일정한 화학반응을 거쳐 추출한 강력한 진통성을 지닌 알카로이드(Alkaloid)로서 1805년 독일 약사 Serturner가 최초로 아편에서 분리하였으며, 그리스 신화에 나오는 Morpheus(꿈의 여신)의 이름을 따서 모르핀이라고 한다.

아편으로부터 추출된 모르핀은 진통, 진정, 진해, 최면효과가 뛰어난 반면, 구토, 발한, 발열, 설사 등과 함께 정신적·신체적 의존성을 유발하여 사용 중단 시 심한 금단증상을 일으킨다. 모르핀에 중독된 자들은 보통 하루에 3회 정도 이를 투약하는데, 1회 투약량은 10~20mg정도로 사람에 따라서는 하루에 120mg을 투약하기도 하며, 한번에 200mg이상을 투약하면 거의 모든사람이 호흡장애를 일으켜 사망하게 된다.

(4) 헤로인

디아세틸모르핀(Diacetylmorph-
ine), 즉 헤로인(Heroin)은 양귀비
의 열매에서 채취한 생아편에 소석
회, 물, 염화암모니아 등을 첨가하
여 혼합, 침전, 여과, 가열의 과정
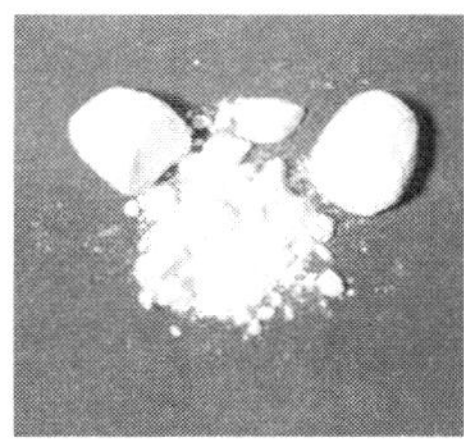
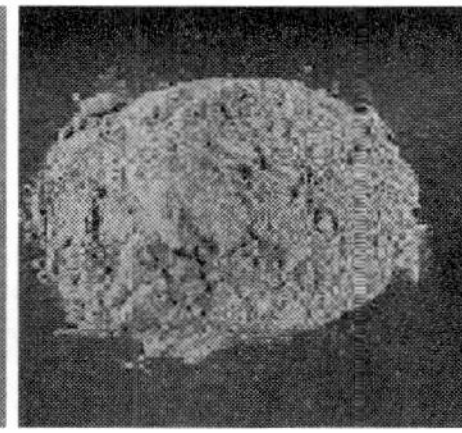
을 거친 후 모르핀염기에 무수초산, 활성탄, 염산, 에테르 등을 화학 처리하여 만
든 천연마약이다. 모르핀을 원료로 한 만큼 일반적인 약리작용은 모르핀과 유사
하나, 그 중독성은 모르핀의 10배에 달한다.

헤로인은 '용감한·강력한'의 의미의 독일어 'Heroisch'에서 유래된 말로서
1874년 최초로 합성되었으며, 1898년 독일 바이엘사가 진통제로 시판하였으나
심각한 중독성으로 인해 미국은 1924년 헤로인의 생산과 수입을 전면 금지하였
다.

(5) 코카인

코카인(Cocaine)은 볼리비아, 페루, 콜롬비
아 등지의 안데스산맥 고지대에서 자생하는
코카나무의 잎에서 추출한 알카로이드로 중추
신경을 자극하여 쾌감을 일으키는 천연마약이
다.
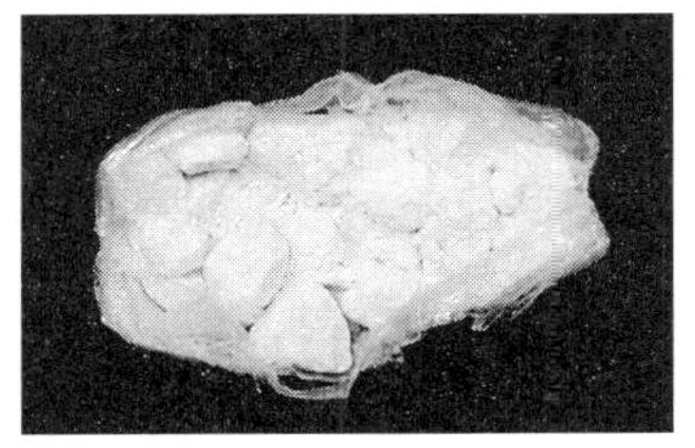
코카잎을 씹으면 잎 속의 알카로이드가 사람의 점막에 흡수되어 지각신경 말
단을 자극하는데, 고대 잉카제국에서 제사장들은 종교 의식 중 최면효과를 내기
위해, 서민들은 일상의 배고픔과 피로감을 잊기 위해 사용하였다고 한다.

남미일대에서 재배된 코카잎은 농부가 직접 잎사귀를 가공하여 코카페이스트
(반죽)를 만들고 이를 정제하여 코카인을 제조하기도 하지만, 대부분은 정글 내
밀제조시설로 운반되어 그곳에서 은밀히 코카인 추출작업이 이루어지고 있으며,
미국에서는 엄밀한 규제 하에 코카인을 정식 생산하여 국소용 마취제로 사용하

고 있다. 남미의 일부지역 사람들은 직접 코카잎을 씹거나 코카페이스트를 흡연하기도 하지만 대부분의 남용자들은 수정체 분말을 코로 들이마시거나 주사를 놓아 투약한다.

코카인은 약효가 빠르고 강력한 도취감을 일으키는 중추신경자극제(흥분제)로서 벌레들이 피부를 기어 다니는 느낌의 환각이 일어나고, 과다한 양을 흡입하면 맥박이 빨라지고 호흡이 불규칙해지며 열과 함께 경련이 일어나고 심하면 호흡곤란으로 사망하기도 한다.

한편 크랙(Crack)은 코카인과 탄산나트륨 등을 물에 희석하여 불로 가열한 다음 냉각시켜 추출하는 백색 결정체로서 코카인보다 몇 배나 약효가 강하고 중독성이 높으며, 유리관에 넣어 가열, 기포화 시켜 흡입한다.

2. 합성마약

합성마약은 모르핀과 유사한 진통효과를 가지면서 의존성이 적은 의약품을 개발하는 과정에서 합성된 마약으로 모르핀과 같은 정도의 의존성과 부작용을 지니고 있고, 그 구조의 유사성에 따라 페티딘(Pethidine)계, 메타돈(Methadone)계, 모르피난(Morphinane)계, 아미노부텐(Aminobuten)계, 벤조모르판(Benzo-morphan)계 등 5종으로 분류되며 그 중 페티딘계와 메타돈계가 가장 널리 남용되고 있다.

(1) 페티딘계

페티딘(Pethidine)은 모르핀과 동일한 효과를 내기 위한 목적으로 개발된 대표적인 합성마약으로 1939년 독일 훼스트제약(Hoechst)의 O. Eisleb에 의해 최초로 합성되어 당시 'Dolantin'이란 제품명으로 시판되었고, 'Demerol', 'Pethadel' 등의 이름으로 유통되기도 하며 현재 알려진 종류로는 페티딘, 펜타닐, 디펜녹실

레이트 등 약 23종이 있다.

페티딘은 화학적으로는 모르핀과 다르나 중추신경계에 작용하여 진통효과를 가져오는 점에 있어서 모르핀과 유사하고 진통효과 외에 진정효과도 있으며 투약 시 3~6시간 동안 약효가 지속되는 진통제이다.

(2) 메타돈계

메타돈(Methadone)은 2차 대전 중 독일 훼스트제약(Hoechst)에 의해 므르핀 부족을 해결하기 위한 목적으로 개발된 합성마약으로 현재 메타돈, 아세틸메타돌, 디피파논 등 약 22종이 알려져 있다.

개발 당시 메타돈의 약리작용에 대한 연구가 부족하여 정작 2차 대전 중에는 사용되지 않았으나 화학적으로 모르핀이나 헤로인과 다름에도 불구하고 효과 면에서는 많은 유사점을 가지고 있고 약효가 모르핀보다 더 긴 24시간 동안 지속된다는 점에서 전후 마약중독 치료제로도 사용되었다.

우리나라에서는 1965년 당시 23개사의 제약회사들이 합성마약인 메타돈을 일반약품에 불법 혼합하여 해열진통제, 국소마취제, 비타민 영양제주사 등으로 속이고 팔다가 수만 명의 마약 중독자를 발생시킨 소위 '메타돈 파동'이 발생하기도 하였다.

III. 향정신성의약품

향정신성의약품이란 오남용 시 인체에 현저한 위해를 가할 수 있다고 인정되는 물질로 대통령령에 규제대상으로 지정된 물질을 가리킨다. 향정신성의약품은 그 약리작용에 따라 환각제 및 중추신경 흥분제(각성제), 억제제(진정제)로 나눌 수 있다.

【마약류 관리에 관한 법률 제2조 제3호】 "향정신성의약품"이란 인간의 중추신경계에 작용하는 것으로서 이를 오용하거나 남용할 경우 인체에 심각한 위해가 있다고 인정되는 다음 각 목의 어느 하나에 해당하는 것으로서 대통령령으로 정하

는 것을 말한다.

> 가. 오용하거나 남용할 우려가 심하고 의료용으로 쓰이지 아니하며 안전성이 결여되어 있는 것으로서 이를 오용하거나 남용할 경우 심한 신체적 또는 정신적 의존성을 일으키는 약물 또는 이를 함유하는 물질.
>
> 나. 오용하거나 남용할 우려가 심하고 매우 제한된 의료용으로만 쓰이는 것으로서 이를 오용하거나 남용할 경우 심한 신체적 또는 정신적 의존성을 일으키는 약물 또는 이를 함유하는 물질.
>
> 다. 가목과 나목에 규정된 것보다 오용하거나 남용할 우려가 상대적으로 적고 의료용으로 쓰이는 것으로서 이를 오용하거나 남용할 경우 그리 심하지 아니한 신체적 의존성을 일으키거나 심한 정신적 의존성을 일으키는 약물 또는 이를 함유하는 물질.
>
> 라. 다목에 규정된 것보다 오용하거나 남용할 우려가 상대적으로 적고 의료용으로 쓰이는 것으로서 이를 오용하거나 남용할 경우 다목에 규정된 것보다 신체적 또는 정신적 의존성을 일으킬 우려가 적은 약물 또는 이를 함유하는 물질.
>
> 마. 가목부터 라목까지에 열거된 것을 함유하는 혼합물질 또는 혼합제제. 다만, 다른 약물 또는 물질과 혼합되어 가목부터 라목까지에 열거된 것으로 다시 제조하거나 제제할 수 없고, 그것에 의하여 신체적 또는 정신적 의존성을 일으키지 아니하는 것으로서 총리령으로 정하는 것은 제외한다.

1. 메트암페타민

메트암페타민(Methamphetamine)[8]은 우리나라에서 가장 많이 남용되고 있는 흥분제(각성제)로서 속칭 '필로폰'으로 널리 알려져 있다. 암페타민류에는 메트암페타민을 비롯 암페타민, 덱스트로암페타민, 덱스트로암페타민과 암페타민의 혼합물 등이 있는데 이들은 매우 강력한 중추신경 흥분제로 강한 정신적 의존성

---

8) 메트암페타민은 1888년 일본 도쿄대학 의학부 나가이 나가요시(長井長義) 교수가 천식치료제인 마황(麻黃)으로부터 에페드린을 추출하는 과정에서 처음으로 발견한 물질이며, 1893년 최초로 합성에 성공하였다. 일본의 대일본제약회사가 '히로뽕'(영문상품명 Philopon)이라는 상품명으로 잠을 쫓고 피로감을 없애주는 각성 약물로서 판매하였으며, 당시 상품명 '히로뽕'은 지금까지 메트암페타민을 지칭하는 용어로 그대로 사용되고 있다. 한편 'Philopon'은 '일하는 것을 사랑한다'는 의미의 희랍어 'Philoponos'에서 유래되었다.

을 야기 시킨다.

메트암페타민은 결정체·가루·액체 형태의 것이 있으며, 우리나라에서는 '히로뽕', '필로폰', '백색의 유혹', '백색가루'로도 불리며, 불법사용자들 사이에서는 '뽕', '가루', '술', '크리스탈', '물건' 또는 '총'으로 불리고 있다. 미국의 경우 결정체는 'Ice', 가루·액체형태는 'speed'로 각 호칭하며, 일본에서는 '각성제', 필리핀에서는 '샤부(shabu)', 대만에서는 '아미타민' 등으로 불리고 있다.

단순 각성약물로 판매되던 '메트암페타민'이 전쟁 중에는 군수용품으로 대량 생산되어 군인 및 군수공장 등지에서 일하는 노동자들의 피로회복과 전투의욕, 작업능력, 생산능력 등을 제고하는 수단으로 악용되었다.

2. MDMA(3,4-Methylenedioxymethamphetamine)

MDMA는 1914년 독일 의약품회사에서 식욕감퇴제로 최초 개발된 이래 강력한 환각성분으로 인한 뇌손상 유발 등 심각한 부작용을 초래하여 시중유통이 금지되었음에도 1980년대 이후 환각제로 둔갑하여 전 세계적으로 널리 남용되고 있다.

MDMA의 별칭으로는 Ecstasy, XTC, Adam, Eve, Clarity, Decadence, M&M 등이 있는데 우리나라에서는 엑스터시, 도리도리 등으로 통칭되고 있으며, MDMA를 복용하면 신체 접촉욕구가 강하게 일어나는 관계로 기분이 좋아지는 약(feel good drug), 포옹마약(hug drug)으로도 지칭되고 있다.

복용 후 20~60분 정도 경과하면 입이 마르고 동공이 확대되는 등 극적인 흥분감을 경험하며, 약효는 3~4시간을 지속하고, 과다 복용 시 불안, 초조, 환각, 환청, 구토, 혈압상승 등 부작용을 초래하는 한편 심할 경우에는 심장마비로 인한 사망에 이르기도 한다.

3. LSD

LSD(Lsergic Acid Diethylamide)는 가장 잘 알려진 환각적 마약이다. 그것은

무향, 무취의 흰색의 수정 같은 분말이고 물에 쉽게 용해되며 1온스에 150,000개의 알약을 만들 수 있다고 할 정도로 효능이 강하다. 이것은 정신의식 상태의 측정을 위해 실험용으로 쓰이기도 한다. 미국의 심리학자 리어리(T. Leary)는 하버드대학에서 1960년대에 정신병을 연구하기 위하여 실험적으로 사용한 LSD를 정신병유발성 마약으로 개발하였다. LSD의 불법적인 사용전환은 1960년대에 시작되어 그 후 마약의 불법적인 제조가 캘리포니아에서 시작되어 기타 지역에까지 퍼졌다. 이 같은 LSD의 효과와 피해는 개인에 따라 다르며, 사용 시에는 판단력이 흐리며, 충동적인 개방성이 이루어지고, 수동성, 자기 사랑, 우울감 등이 복합적으로 나타난다.

4. 날부핀(Nalbuphine)

날부핀은 응급환자용 강력 진통제 등으로 사용되는 약물이나 환각성으로 인해 한때 유흥업소 종사자 등 사이에서 필로폰 대용 약물로 남용되었고, 일명 '누바인'이라고도 불리고 있다. 피하주사 시 모르핀의 2.3배, 코데인의 8.3배에 이르는 진통효과를 보이며 약효 지속시간은 3~6시간이며, 날부핀 3mg은 필로폰 6mg에 해당하는 강력한 환각효과가 있으며, 중독성이 강하고 신체 금단증상이 심하게 나타나며 우울증, 두통, 환각공상 등 정신불안 증세와 고혈압, 폐부종, 구토, 복통, 호흡곤란, 가려움증, 청색증, 언어장애, 빈뇨 등 부작용이 있다.

5. 덱스트로메토르판(Dextromethorphan), 카리소프로돌(Carisoprodol)

덱스트로메토르판은 진해거담제로서 일명 '러미라'라고 불리는 약물로 가격이 필로폰, 날부핀 등에 비해 현저히 낮은 가격으로 유통되고, 일부 여성들에게는 살 빼는 약으로 알려져 있어 유흥업소 종사자, 가정주부 등이 남용하고 있다. 카리소프로돌은 근육이완제로서 일명 'S'정이라고 불리는 약물로서 러미라와 마찬가지로 가격이 낮고 여성들에게 살 빼는 약으로 알려져 있다.

6. 펜플루라민(Fenfluramine)

중국, 태국 등지에서 중국교포 보따리 장수, 관광객, 중국에 본사를 둔 인터넷 사이트 등을 통해 밀반입 되고 있는 약물로 중국산의 경우 다양한 제품명으로 일반인에게는 살 빼는 약으로 알려져 유통되고 있다.

7. 기타 신종마약

최근에는 '값싸고 먹기 좋고 효과도 만점'이라는 신종마약이 판을 치고 있다. 주로 알약 형태로 간편하게 복용할 수 있도록 만들어진 신종마약이 국내에 대량 유통되면서 예전에는 으레 마약 하면 1회용 주사기로 팔뚝에 히로뽕을 투약하거나 대마초를 피우던 것이 고작이었으나, 98년 이후 수사기관에 적발된 신증마약으로는 메틸디옥시메스암페타민(MDMA), 태국산 야바(Yaba), 살 빼는 약으로 알려진 중국산 분불납명편(펜플루라민), 프로폭시펜, 태국산 카트(Khat), 프로포플 등 9종에 이르고 있다.

메틸디옥시메스암페타민은 알약형태로 제조되어 사용하기가 쉽고 일반 의약품과도 잘 구별되지 않는다는 점이다. 야바는 동남아시아에서 대유행하고 있는 마약으로서 히로뽕가루에 카페인과 파우더색소 등을 첨가해 알약이나 캡슐형태로 대량생산된다. 분불납명편은 운동하거나 식사량을 줄이지 않고도 저절로 살이 빠지는 비만특효약으로 알려져 주부들 사이에서 선풍적인 인기를 끌고 있다. 카트는 태국과 예멘 등지에서 경작하는 식물로 껌처럼 씹어 먹는 것이 특징이다. 프로포폴(Propofol)9)은 페놀계 화합물로 흔히 수면마취제라고 불리는 정맥마취제로서 수술시 전신마취의 유도(induction), 유지(maintenance) 또는 인공호흡 중인 중환자의 진정을 위해 쓰이고, 수면내시경 등을 할 때에도 사용된다.

---

9) 영국 ICI(Imperial Chemical Industries)社에서 처음 개발하여 1977년 임상시험을 거친 후 발매되었고, 국내에는 1992년부터 사용 · 허가되었다. 불면증, 피로감, 불안감을 해소하고 기분이 좋아지는 환각을 일으키는 효과가 있어 국내에서는 유흥주점 종사자들을 중심으로 마약대용품으로 오 · 남용되어 사회적으로 문제가 됨에 따라 2011. 2. 1. 마약류 관리에 관한 법률 제2조 제4호 라목으로 지정

Ⅳ. 대 마

대마는 칸나비스속 일년생 식물로서 중국, 인도, 북부아프리카, 중남미 등 광범위한 지역에서 수세기 전부터 섬유 및 천식, 두통 등의 치료약물로 재배되어 왔으며 우리나라에서는 고대로부터 섬유용으로 널리 재배되어 왔으나 의학용으로 사용한 기록은 없다.

대마초의 원료가 되는 대마는 삼(hemp)이라고도 하며 재배역사가 오래된 식물이다. 대마 줄기의 섬유는 삼베나 그물을 짜는 원료로 쓰이고, 열매는 향신료의 원료나 한방 약재로, 종자는 조미료용이나 채유용으로 그리고 잎과 꽃은 흡연용, 즉 대마초로 사용되어 왔다.

대마의 약효에 대하여는 B. C. 2737년 중국의 신농(神農)황제시대의 기록에 나타나고 있고, 중국에서는 말라리아, 류머티즘, 각기병, 변비 등의 치료와 섬유용으로 사용되었으며 도취감을 얻기 위한 용도로의 사용은 금지되었다. 흡연용으로 대마초가 우리나라에 전파된 것은 월남전이 한창이던 1965년 이후부터라고 한다.

【마약류 관리에 관한 법률 제2조 제4호】 "대마"란 대마초[칸나비스 사티바 엘 (Cannabis sativa L)]와 그 수지(樹脂) 및 대마초 또는 그 수지를 원료로 하여 제조된 모든 제품을 말한다. 다만, 대마초의 종자(種子)·뿌리 및 성숙한 대마초의 줄기와 그 제품은 제외한다.

1. 대마초(大麻草)

대마초는 대마의 잎과 꽃대 윗부분을 건조하여 담배형태로 만든 것으로, 그 학명이 Cannabis Sativa Linne이며 북남미에서는 일반적으로 마리화나(Marijuana)라고 불리고 있다. 그 중 암

나무의 경우에는 씨앗 생성시기에 비교적 풍부하게 생성되는 THC(tetrahydrocannabinol)라는 물질 때문에 도취, 환각상태가 높게 나타나는 특성이 있다. 재배삼의 암그루 꽃이삭과 잎에서 얻은 것을 간자(Ganja), 야생삼에서 얻은 것을 마리화나(Marijuana)[10] 또는 브항(Bhang)이라고 한다.

약리작용으로는 흥분과 억제작용을 동시에 지니고 있는데 일반적으로 환각제로 분류된다. 적은 양을 복용하였을 때에는 초조감, 풍족감, 이완감을 수반한 꿈꾸는 듯한 느낌, 공복감 등을 느끼며 사고의 형성 및 표현의 예민한 변화와 함께 시각, 후각, 촉각, 미각 등도 오묘하게 변화하는 반면, 많은 양을 남용할 때에는 공중에 뜨는 느낌과 함께 빠른 감정의 변화를 경험하며 집중력의 상실, 자아상실, 환각, 환청 등이 나타나는데 이러한 증상은 제3자도 알아차릴 수 있을 정도로 뚜렷하다.

대마의 남용이 위험한 것은 환각상태에서 강력범죄를 저지르고 또한 대마보다 약효가 강력한 다른 마약류로 사용을 전이할 가능성이 크다는데 있다.

2. 해쉬쉬(Hashish)

대마초로부터 채취된 대마수지를 건조시키고 압착시켜 여러 가지 형태로 제조한 것이 해쉬쉬(Hashish)인데, 갈색, 연갈색, 암갈색, 흑색 등의 덩어리이며 약 10%의 THC를 함유하고 있어서 대마초보다 8배 내지 10배가량 작용이 강하다.

대마수지의 지속적인 남용은 정신운동 및 내분비 기능의 장애, 면역능력 감소를 초래할 뿐만 아니라 심할 경우 정신분열증과 같은 중독성 정신병을 초래하기도 한다. 보통 1kg의 해쉬쉬를 제조하기 위해 약 30kg의 대마초 처리를 요한다. 한편, 해쉬쉬 오일(Hashish Oil)은 대마로 증류공정 등 반복적인 과정을 거쳐 고도로 농축되어 추출되기 때문에 THC 함량이

---

10) 마리화나라는 이름은 포르투갈어의 Mariguango(취하게 만드는 것)에서 유래하였다.

약 20%에 이르는 물질이다.

제4절 마약중독과 범죄

I. 마약을 이용한 범죄

마약을 이용하여 범죄를 저지르는 경우가 있는데 여기에는 각성제인 메스암페타민 즉 필로폰이라는 약물을 이용한 범죄행위와 마약에 중독되어 환각상태에서 일어나는 범죄행위가 있다. 예컨대, 고도의 정신집중을 필요로 하는 범죄나 강도·강간·살인 등 대담성을 필요로 하는 범죄자들이 필로폰과 같은 각성제를 복용하고 범죄를 저지른다거나, 마약을 상대방에게 몰래 먹이고 그 상대방이 의식불명인 상태에 빠진 후 범죄를 저지른 경우이다.

II. 환각에 의한 범죄

마약에 중독되면 신체적, 정신 및 행동, 정서 등에 비정상적 징후가 발생하며 약물을 남용하면 그로 인한 합병증[11]이 발생한다. 또한 정신적으로는 중독현상이 나타난다.

우리나라에서 특히 남용되고 있는 마약류를 중심으로 비정상적 징후 발생을 살펴보면, 첫째로 마약에 중독된 사람들의 신체적 증상으로서 충혈 된 눈을 발견할 수 있다. 즉 뇌의 중추신경에 많은 자극을 하게 되고 정서적 불안상태를 보인 나머지 눈의 피로와 함께 충혈상태가 상당기간 지속되는 모습을 보이는 경우가 많다. 둘째로 신체적 증상과 더불어 정신 및 행동에 비정상적인 증상이 나타난다. 예컨대, 환각증상이나 피해망상을 들 수 있는데 특히 피해망상은 주변사람을 무차별적으로 잔인하게 공격하게 하는 원인이 될 수 있다. 즉 장기간 마약을 복

---

11) 예를 들어, 면역기능에 방해되는 물질이나 기능을 저하시키는 약물이 근육이나 혈관에 투입하는 주사를 통해 감염되어 합병증이 생긴다.

용하게 되면 주변상황과 자신의 처지에 대해서 초조함과 불안감을 가지게 되는데 이는 마약에 중독된 대부분의 사람이 정상적인 사회인으로 살아가지 돗하기 때문이다. 이러한 상황이 오랜 기간 지속되면 주변 환경에 대해서 부정적인 인식이나 반항적인 사고를 가지게 되고 결국에는 무차별적인 공격행위를 서슴없이 저지르는 상황에 이르게 된다.

또한 마약성분은 뇌와 신경조직을 공격하여 이를 파괴함으로써 점차적으로 판단능력을 흐리게 하고, 또 마약을 과다하게 복용하면 금단증상이 생기게 되는데 이러한 증상은 환청, 환시, 환촉 등의 현상으로 이어지며 이러한 환각상태에서 범죄를 저지른다.[12]

III. 마약중독자의 범죄심리

마약중독자에 대한 범죄심리학적 이론은 지능, 인격, 학습능력 등과 범죄의 상호관련성을 다루고 있다. 즉 마약은 지능이나 인격 그리고 학습능력에 간접적인 영향을 미친다는 것이다. 마약류의 중독자는 환각상태에서 제2차 범죄를 저지를 수 있다. 이는 자해나 자살, 일반인에 대한 범행은 물론이고 수사관 등을 대상으로 하는 보복살해나 상해, 폭행 등의 범죄가 발생한다는 데 그 심각성은 매우 크다고 할 수 있다. 마약중독자의 심리상태를 유형별로 살펴보면 다음과 같다.[13]

1. 호기심

마약을 이용한 환각세계 속에서 자신이 꿈꿔왔던 모험을 경험하는 경우가 있다. 과잉보호적인 환경에서 자라나면서 정상적인 모험을 경험하지 못한 청소년은 약물을 통해 모험을 경험하고자 한다. 또한 현실과 비현실에 대한 구분이 청소년기에는 제대로 이루어지지 못하기 때문에 한번 마약을 통해 모험을 경험하

---

12) 전경수, 마약범죄학III, 삼진, 2004, 18면.
13) 이하의 내용은 지영환, "마약류 중독에 의한 정신범죄 분석", 한국범죄심리연구 창간호, 2005. 12, 307면 이하의 내용을 참조한 것임.

고자 한다. 모험에는 그만한 위험이 뒤따른다. 자신이 해서는 안 되는 일이나 가급적 주의를 요하는 일임에도 불구하고 자신이 원하는 바대로 행동을 하려는 사람들이 많다.

> **【사례】** 28세의 간호사인 윤 모씨는 평상시 마약을 투여하면서 환자들의 상태변화에 대해 상당한 호기심을 가지고 있었고 마약을 투여하게 되면 어떠한 식으로 심리적·정신적 작용이 변화하는지에 대한 많은 궁금증을 가지고 있었다. 결국 병원에 보관하던 의료용 마약 앰플을 절취하여 이를 본인에게 투여하게 되었고 환각상태의 유혹에 점차적으로 빠져들고 말았다. 나중에 중독 상태가 심화되면서 의사의 마약처방전을 위조하는 상황에까지 이르렀으며, 그 후 약100여 차례에 걸쳐 의료용 마약인 앰플을 빼내어 본인에게 투여하였다.
>
> 법적으로 마약류를 취급하는 자의 경우 자신이 직접 관리하는 대상물이 어떠한 약리적 효과를 발휘하는지에 대한 궁금증을 가지는 경우가 많다. 위의 간호사의 경우도 자신이 취급하는 마약류에 대한 호기심 때문에 중독되어 심각한 문제를 유발한 경우이며 이를 지속적으로 남용하기 위해 나중에 의사의 처방전까지 위조하는 심각한 범죄를 저지른 경우이다.

2. 반복성

마약이나 기타 중독성 약물의 남용은 한 번에 진행되는 것이 아니다. 일정한 과정을 통해 점차적으로 나아가는 것이 일반적이며 본인도 모르는 사이에 그 정도와 수위가 더해지는 모습을 보인다. 특히 청소년들의 약물남용은 성인들의 약물남용과정과는 그 정도나 내용면에서 조금 다른 모습을 보여주고 있다. 즉 처음에는 술과 담배, 본드나 부탄가스 등으로 시작해서 대마초, 마약에 손을 대게 되고 마약에 중독되면 필로폰 등의 전문적인 마약을 남용하는 단계에 이른다.

마약에 중독된 상태에 이르면 이성을 바탕에 둔 사고는 거의 불가능할 뿐만 아니라 주변에 대해 공포감을 느끼거나 막연한 불안감 등에 휩싸여 스스로 느끼지 못하는 사이에 사람을 살해하거나 상해를 입히는 범죄를 저지르게 된다.

3. 무절제성

대부분의 사람들은 미적 감각을 추구하는 경향이 있다. 이를 느끼기 위해 가끔 약물을 사용하게 되는데 그로 인하여 긍정적 결과를 얻게 되면 약물에 지속적으로 의지하게 된다. 연예인이나 유명예술인들 가운데 창조적인 작품 활동을 위해서 마약을 남용하다가 경찰에 적발되는 경우가 간혹 있는데 이들은 자신의 예술적 작품 활동을 위해서 어쩔 수 없이 마약을 남용하게 되었다는 논리를 편다. 과거 마약에 대한 법적 규제가 지금처럼 엄격하지 않았을 때에는 예술가들 사이에서 마약이 일종의 창조활동을 위한 보조제로 여겨지기도 하였다.

4. 환각성

정신분열이나 정신이상을 마약과 연관시킨다면 원인과 결과의 측면에서 결과론적인 면이 강할 수밖에 없다. 마약을 장기간 남용할 경우 정신이상이라는 부작용과 결과가 얼마든지 나타날 수 있다는 점에서 정신이상의 원인으로서 다약남용에 대한 이야기들이 많이 나오고 있는 실정이다. 여기에 프로이드가 주장한 여러 이론들을 도입하여 내용적으로 앞과 뒤의 선행관계를 연결하기 위한 노력들이 지속적으로 진행 중이다.

5. 음란성

어떤 사람은 자신이 사귀고 싶은 대상에게 용기를 내어 다가갈 수 없다고 느낄 때 이를 현실이 아닌 약물세계에서 대리만족을 추구하기도 한다. 생물학적으로 볼 때 남성이 여성에게 접근하고자 하는 욕구는 어쩔 수 없는 숙명과도 같은 것이다. 또한 억압된 성적 욕구뿐만 아니라 공격적·자기 충동적·성취적 욕구가 좌절된 경우에도 이를 보상받기 위한 보상적 심리에서 마약에 손을 대는 경우도 많다.

6. 심리적 불안감

자신이 추구하는 목표를 현실적으로 성취할 수 없다는 것을 알게 된 사람은 심리적으로 좌절감이나 공포감을 느끼고, 이를 벗어나 마음의 평화를 느끼기 위해서 마약을 복용하는 경우가 있다. 그러나 그 마약을 통해서 일순간 마음의 평화를 얻는다고 하더라도 결국에는 심각한 후유증과 고통을 안겨다 줄 뿐만 아니라 마약에 중독되면 심리적으로 불안감이 생기고 그 불안감이 증폭되면 범죄로 이어질 수 있다.

7. 폭력성

약물을 남용하는 원인은 습관성, 중독성, 금단증상 등 때문이다. 습관성은 정신적 갈망 즉 정신적 의존(psychological dependence)을 의미하며, 중독성은 육체적 갈망 즉 육체적 의존(physical dependence)을 의미한다. 마약에 중독된 사람은 자신도 모르는 사이에 극단적인 폭력성이 표출될 수 있다. 심지어 평소에 아주 얌전하고 착한 사람도 마약에 장기간 노출되면 언제든지 근간적인 폭력성으로 인해 범죄를 저지를 수 있다.

제5절   마약범죄자에 대한 대책

약물남용은 개인의 정신적, 신체적 황폐화뿐만 아니라 사회적 문제를 일으키는 원인이 되므로 전 세계적으로 치료와 예방에 있어 국가적 관심의 초점이 되는 분야이다. 우리나라에 있어서 약물남용은 최근의 일만이 아니고 구한말부터 시작된 문제였다. 아편으로 시작된 약물남용의 문제는 신종마약에서부터 현재는 청소년을 주축으로 한 흡입제 남용에까지 이르렀다. 법적인 규제로 인해 본드·가스와 같은 물질의 남용은 감소하였다. 그러나 술을 마시는 청소년이 많아져 이 부분에 대해서도 적극적인 대책이 필요하다. 이런 잠재적인 약물남용자는 규제의 변화에 따라 실질적인 약물남용자가 될 가능성이 있는 부류이다.

마약의 경우 처음에는 호기심 등에 시작하지만 나중에는 본드 등을 흡입한 뒤 나타나는 환상 때문에 더욱 빠져드는 경우가 대부분이다. 환상 속에서는 용도 나타나고 공중에 붕 떠 있을 수도 있으며 지구를 폭파시킬 수도 있다. 자신이 마음 먹은 대로 실감나게 모든 일을 할 수 있다. 현실에서 받는 스트레스를 풀기 위한 가장 손쉬운 방법일 것이다.

이러한 마약범죄를 예방하기 위해서는 다음과 같은 대책이 필요하다. 첫째로 약물교육전문가를 양성하고 다양한 시청각교제와 교육프로그램을 만들어 학교와 사회에서 실효 있는 약물 교육을 실시해야 한다. 또한 약물에 처음 손대는 시기가 갈수록 낮아지고 있어 초등학교 때부터 끊임없는 예방교육이 이뤄져야 한다. 둘째로 지나치게 단속·처벌 위주로만 되어 있는 정부의 약물대책이 재활과 치료에 중점을 둔 교화위주로 바꿔야 한다. 이는 약물·마약의 유통정보와 수사권을 쥐고 있는 검찰이 환자관리도 함께 책임져야 한다. 셋째로 약물중독도 조기의 발견과 치료가 무엇보다 중요하다. 그러나 정부차원에서 약물남용·중독 청소년을 무료로 치료해주는 시설이 거의 전무하다시피 해 사회복귀가 가능한 청소년을 전과자로, 또는 돌이킬 수 없는 중독자로 방치하고 있는 실정이다. 청소년 중독자들이 치료를 받을 만한 곳은 극소수의 국립정신병원과 아동상담소가 아니면 민간병원밖에 없다. 또한 의료보험법 "보험급여를 받을 자가 사전 범죄행위에 기인하거나 고위로 사고를 발생시킨 때는 보험급여를 실시하지 아니한다"고 규정하여 '범죄행위'인 청소년의 약물남용은 의료보험이나 의료보호 급여 대상에서 제외하고 있다. 따라서 이에 대한 시급한 법개정이 요구된다.

한편, 약물남용을 억제하는 방향은 크게 공급의 측면과 수요의 측면이 있다. 공급을 억제하는 것은 약물생산 자체를 억제하거나 생산된 약물이 유통도는 것을 차단하는 방법으로 생산이나 유통과 관련된 사람들을 처벌하여 남용을 억제하는 방법이다. 수요의 측면에서는 크게 청소년 등을 대상으로 한 예방프로그램과 이미 약물에 노출된 사람이 만성중독자가 되는 것을 방지하는 치료프로그램을 통해 억제하는 방법이다.

　대부분의 나라들이 초기에는 약물의 공급원인을 차단하고 중독자들을 처벌하는 법적 규제를 통해 약물남용문제를 해결해 왔으나, 이 방법은 문제가 발생한 후에 개입하게 되므로 이미 발생한 중독자를 사후처리하게 되고 또 초기 남용자를 법적으로 처벌함으로써 생기는 부작용 등이 문제였다. 따라서 약물남용에 대한 대책을 사전에 세워야 되며, 점차적으로 약물남용예방프로그램과 치료의 방향에 관심을 기울여야 된다.

제5장

조직폭력범죄자의 심리

제1절 서 설

'조직폭력'이란 조직에 의해서 폭력이 행해진다는 것을 말한다. 하지만 폭력과 조직의 의미도 확정적이지 않을 뿐만 아니라 그 행위양상도 다양하기 때문에 조직폭력의 개념을 정의하는 것은 쉽지 않다. 폭력조직은 일반범죄와는 달리 조직, 규율체계, 행동유형 등의 특성을 지니고 있다. 한편, 조직폭력과 관련된 용어로서 '깡패'의 단어가 있는데 이는 다른 말로 건달, 야쿠사, 가다, 어깨, 파락호, 한량, 협객 등으로 사용되기도 한다.[1]

---

1) 해방 전후에는 건달, 야쿠사, 가다, 어깨 등의 용어가 사용되었지만, 파락호, 한량, 협객이라는 용어는 사용되지 않았다. '건달'은 놀고먹는 사나이를 의미하며, '야쿠사'는 숫자 8·3·9의 일본어 발음으로 화투놀이에서 망통처럼 쓸모가 없는 사람의 의미 이외에 명치유신이래로 뭉친 폭력배를 뜻하며, 한자어로는 무뢰한을 의미한다. '가다'는 일본말로 조직적으로 뭉치기 전의 폭력배, '어깨'는 일본어 가다의 우리말 해석, '파락호'는 무위도식자이면서 공갈과 행패를 일삼는 자, '한량'은 벼슬길에 오르기 전의 무반의 자제, '협객'은 동정심이 많은 사나이지만 폭력적인 요소가 내포된 용어이다. 그리고 건달·야쿠사·가다·어깨 등은 구어체로서 사용되었고, 신문 등 문어체에서는 폭력배·무뢰한 등으로 사용되었다(유지광, 大義大南 : 정치주먹 柳志光(I), 한국매일출판사, 1989, 343면 이하).

【깡패의 어원】 이러한 깡패라는 단어가 처음으로 등장하게 된 시기는 1953년 경 동두천 일대의 미군부대 주변에서 활동한 구두닦이 소년들의 입에서 나왔다 고 한다. 이들 소년들은 강도 같은 사람을 '깽패'라고 불렀고 이것이 시간이 지나 면서 깽패가 '깡패'로 변한 것으로 본다. 깡패의 깡은 영어의 갱(gang : a group of criminals)이 된소리 발음의 깽으로 변형된 것이다. 또한 패(牌)는 불량한 무리 를 의미한다.

결국 깡패는 영어와 한국어가 혼합된 형태이다.[2] 깡패라는 용어가 처음 공식 적으로 등장하게 된 동기는 1957년 5월 야당인 민주당이 장충당 공원에서 시국 강연회를 개최할 때 유지광 등의 동대문파 행동대원들이 집회를 방해한 사건을 신문들이 '정치깡패'라고 보도하면서부터 일반적인 통용어가 되었다. 이때부터 건달이라는 용어는 60년대까지 명맥을 유지하였고, 70년대 중반에 들어 깡패는 조직폭력이라는 용어로 대체되었다.[3]

조직폭력이라는 용어는 학술용어는 물론 법률용어도 아니지만 조직범죄와 유 사한 개념 혹은 하위개념으로서 '조직폭력' 또는 조직폭력의 줄임말인 '조폭'이 라는 용어가 우리나라에서 널리 사용되고 있다. 조직폭력이란 폭력을 조직적으 로 행사하여 경제적 이득을 취하는 폭력조직의 행태(行態)를 강조하고자 할 때 사용하는 용어이다.

이러한 조직폭력범죄에 대한 정의로는 다음과 같은 것이 있다. 유지광은 그가 말하는 깽(gang)에 대한 개념적 정의에는 첫째로 경제적인 이익을 노려야 하고, 둘째로 목적달성을 위해 폭력을 수단으로 해야 하고, 셋째로 패거리나 패거리의 일원이어야 하고, 넷째로 단체의 조직이 불법적인 것이어야 한다고 본다.[4]

Bonn은 조직범죄(organized crime)란 한 사람 이상의 범죄자가 불법적인 행 위를 할 목적으로 서로 공모하며 또 공모상태가 지속되는 범죄라고 말하고 있 다.[5] Alfred R. Lindesmith는 조직범죄의 정의를 특별히 상호 의무와 권리관계

---

2) 조성권, 한국 조직범죄의 기원과 특성, 형사정책연구 제8권 제3호, 1997, 가을호, 138면 이하.

3) 권태동, 해방 50년 지하세계사(1), 월간중앙, 1995. 2, 401면.

4) 유지광, 大義大南 : 정치주먹 柳志光(I), 351면.

5) Robert L. Bonn, Criminology, McGraw-Hill Inc, New York, 1984, p.331.

의 기반 위에서 어떤 조직체가 전문적인 범죄를 범하는 것이라고 하였다. 말츠(Michael Maltz)는 조직범죄를 세 가지 차원의 의미, 즉 정치·경제·법을 결합시키면서 고급범죄(White Color Crime)도 포함하는 조직화된 범죄라고 정의하고 있다. 또한 일본의 松田昇은 ① 조직범죄는 항상 불법적인 폭력성과 집단적 위력을 이용하거나 또는 그것을 배경으로 해서 범죄활동을 강행한다. ② 즈직범죄의 존속을 기도하고 이른바 계속적으로 범죄활동을 감행한다. ③ 범죄적 하위문화(criminal subculture)의 영향도 작용하고 처우 곤란한 구성원에 의해 감행된다. ④ 범죄의 범위가 폭력행위에 그치지 않고 다른 범죄가 수반된다고 정의하고 있다.

이와 같이 조직범죄는 그 집단이 지속적이며 조직화되어 있음을 요건으로 하고 있다. 따라서 집단이 지속성을 가지기 위해서는 그 집단이 사회에서 다소나마 외부사회에 개방되고 교류를 하고 있을 것을 필요로 한다. 그런데 강도단 등은 강도를 목적으로 하는 집단에 지나지 않고 교류는 전혀 이루어지지 않는다. 이 경우 강도단은 지속적인 존재기반을 가질 수 없다. 집단행위가 단순히 약탈적인 것만으로는 영속적일 수 없다.

조직범죄의 인격은 집단구성원에 의한 범죄행위가 그 집단의 성립 및 존속과 밀접하게 관련되어 있다. 이와 관련된 조직범죄의 정의는 집단으로서의 조건뿐만 아니라 범죄활동과 집단 및 집단구성원의 관계가 설정되어야 한다. 다라서 ① 조직범죄는 불법적인 행위를 계획하고 실행하거나, 불법적인 수단으로 합법적인 목표를 추구하는 사람들로 구성되어 계층적인 구조가 확립되어야 하며, ② 조직범죄는 경제적·정치적 이익의 추구를 그 목표로 하며, ③ 조직범죄는 경험·관습에 의하여 관계인이나 피해자를 효과적으로 통제하고 구성원을 훈련시켜 연속성 및 지속성을 가져야 하며, ④ 조직범죄라도 범죄의 일종인 이상 형사법의 위반행위를 해야 한다.

조직범죄의 대상이 되는 집단으로는 고리대금집단·소매치기집단·장물아비집단·밀수조직단·도박단·자리터잡이집단·청소년불량집단 등이 있다. 이 중 전통적인 도박단·자리터잡이집단에 관하여 그 기원이나 인격을 보면 조직

결성의 주된 목적은 각자의 세력권을 유지하기 위하여 그 세력권 내에서 도박과 노점지배 등의 불법자금의 획득을 가능하게 하고 있다.

제2절 조직폭력의 현황

I. 한국의 조직폭력 실태와 규제입법

1. 60년대 이전의 조직폭력

조직범죄로 유명한 외국의 조직으로는 미국의 마피아(Mafia), 10만여 명의 조직을 거느린 일본의 야쿠자, 중국의 삼합회 등을 들 수 있다. 이들은 주로 마약밀수, 소매치기, 장물아비, 주류밀매, 도박 등으로 조직의 자금원을 모집·유지하고 있다. 우리나라의 조직폭력은 아직까지는 이러한 수준은 아니며, 조직 등에 관해서도 그 존재는 인정되지만 그 내용은 거의 알려지지 않고 있다. 우리나라의 경우 현대적 시각에서 조직폭력의 기원은 한국전쟁 직후 형성된 동대문파와 명동파로 보고 있다.[6]

이러한 우리나라의 조직폭력은 정치와 경제에 밀접한 관련을 맺고 있다. 자유당정권 동안 양대 조직폭력단체로 동대문파와 명동파가 있다. 동대문파는 정치 지향적 인격을 지니고 있었다면 명동파는 탈정치적이고 경제 지향적 인격을 가지고 있었다. 현대적 의미에서 볼 때 동대문파는 자유당이라는 정치권력과 종속적 유착관계를 통해 조직의 맥을 유지하고 확대한 사이비 조직폭력집단이고, 명동파는 순수한 형태의 조직폭력단체라고 할 수 있다.

자유당정권의 몰락 이후에도 정치와 밀접한 관련을 맺고 있는 조직폭력집단이 간헐적으로 나타나고 있다. 즉 4.19혁명 이후 새로운 정치권력이 등장할 때마다, 조직폭력단체의 정치권력에 대한 의존성은 비록 간헐적이고 영속성의 맥이 절단되었지만 조직폭력단체의 정치 지향성이라는 역사적 전통은 사라지지 않았

---

6) 조성권, 한국 조직범죄의 기원과 특성, 135면.

고 한국 조직범죄의 중요한 특성으로 명맥을 유지하고 있다. 특히 이러한 특성은 정치권력이 비합법적인 방법으로 정권유지를 위해서 조직폭력을 이용할 떠마다 다시 싹을 틔웠고, 결국 정치권력의 부패화 과정에 공헌하게 되었다.

2. 최근 조직폭력

2010년 6월 현재 경찰청에서 관리하고 있는 폭력조직의 구성원은 5,438명으로 2001년에 비해 1,285명(30.9%)이나 늘었다. 2001년 4,153명이던 조직원수는 2005년 4,826명, 2008년 5,413명으로 해마다 증가하고 있다. 폭력조직(계파)수도 2001년 199개이던 것이 2005년 213개, 2008년 221개, 2010년 216개 조직으로 2001년에 비해 17개 조직(8.5%)이 늘었다.[7]

이런 추세는 과거 유흥업소 운영 등에 국한되었던 폭력조직의 자금원이 대부분 사채업·건설업 등으로 활동영역이 확대되고 오락실·유흥업소 등의 번성으로 폭력조직의 '서식환경'이 계속 좋아진 반면, 수사여건은 피의자의 인권브호나 불구속수사 원칙의 강화 등으로 더욱 악화되었기 때문인 것으로 분석된다. 이와 더불어 최근 폭력조직은 경기침체 등 환경변화에 따라 범죄수법도 지능화·은밀화·다양화하고 기업체를 운영하는 등 합법을 가장하여 운영자금을 조달하고 있다.

한편, 국내에 체류하고 있는 외국인이 100만 명 시대를 넘어서고 있는 등 외국인의 증가에 따라 국적·문화·종교 등 유대감을 통한 공동체를 형성하여 사회갈등세력으로 영향력을 행사하거나 외국인 폭력조직으로 활동하면서 지역사회의 안전을 위협하는 등 사회적으로 문제가 되고 있다. 2008년도 국내에서 외국인범죄자의 검거인원은 전년도에 비해 41.9%가 증가한 20,623명이고,[8] 범죄유형도 자국 내 마약밀매뿐만 아니라 돈세탁, 무기밀매, 위조통화·신용카드유통불법음반·비디오유통, 인신매매, 채권·채무관계해결 등 다양해지고 있다.[9]

---

7) 대검찰청, 보도자료, 2010. 4. 12.

8) 경찰백서, 2009, 284면.

9) 경찰백서, 2009, 245면.

특히 최근에는 사이버범죄나 보이스피싱(VoicePhishing), 첨단산업기술의 유출 등 새로운 유형의 범죄가 급증하고 있다.

3. 규제입법

형법 제114조는 "범죄를 목적으로 하는 단체를 조직하거나 이에 가입하는 자는 그 목적한 죄에 정한 형으로 처단한다"고 규정하여 조직범죄단체의 결성행위 자체를 처벌대상으로 하고 있다. "폭력행위 등 처벌에 관한 법률" 제4조는 동조 제2항에 규정된 범죄를 목적으로 한 단체 또는 집단을 구성하거나 그러한 단체 또는 집단에 가입하거나 그 구성원으로 활동한 자, 단체 또는 집단의 존속·유지를 위해 공무집행방해행위를 한 자, 집단 또는 단체에의 가입강요행위, 금품모집행위 등을 처벌한다. 이 조항은 형법의 범죄단체조직죄에 대한 가중처벌임과 동시에 일반법과 특별법관계에 있다.

"특정범죄가중처벌 등에 관한 법률" 제5조의 8에서는 타인의 재물을 절취할 목적으로 단체 또는 집단을 구성한 자를 처벌한다. 제5조의 9는 조직범죄집단의 구성원이 자기 또는 타인의 형사사건의 수사 또는 재판과 관련한 보복범죄를 가중처벌하는 규정을 두고 있다. 또한 "특정강력범죄의 처벌에 관한 법률" 제2조 제1항 6호는 "폭력행위 등 처벌에 관한 법률" 제4조(단체 등의 구성·활동)와 "특정범죄가중처벌 등에 관한 법률" 제5조의 8(단체 등의 조직)의 범죄단체조직을 특정강력범죄로 규정하고 있다. 또한 제7조는 증인 등에 관한 신변안전조치를 규정하고 있고, 제8조는 피해자·신고자·고발자 또는 그 법정대리인에 대한 출판물 등으로부터 보호규정을 두고 있다.

"범죄수익은닉의 규제 및 처벌 등에 관한 법률"에서는 조직폭력·마약·공무원뇌물·해외재산도피 등과 관련된 범죄수익을 은닉한 경우 이를 수수한 경우 그리고 그 정을 알고도 신고하지 않은 경우 등을 처벌하고 있다. "통신비밀보호법"에서는 범죄수사를 위한 통신제한조치에 법원의 허가를 받게 하고 그 요건을 엄격히 규정하고 있다. "마약류불법거래방지에 관한 특례법" 제3조는 불법수익과 불법수익에서 유래한 재산을 몰수하도록 규정하고 있다.

II. 외국의 조직폭력 실태와 규제입법

1. 일본의 조직폭력

(1) 야쿠자의 유래

조직폭력단체에는 우두머리가 있으며 그 밑에 간부·단원 및 정식구성원으로 인정되지 못한 견습생이나 보조자가 있다. 예전에는 우두머리를 두목이라고 불리는 수가 많았다. 간부들은 그대로 대간부·간부 등으로 부르며, 기타 보좌 등으로 부른다. 또한 예전의 도박단에서 전주·대전주 등은 간부의 호칭이다.

그런데 일본의 야쿠자의 경우 우두머리를 오야붕(親分)이라고 불렀던 것은 그 조직이 가족을 모방한 형태를 취한 것에 기인한 것이다. 초기의 야쿠자는 18세기 일본 봉건시대의 전통적 도박꾼인 바쿠토(博徒)와 행상인들인 데키야(的屋)들이었다.10) 바쿠토는 사람의 내왕이 잦은 대로변과 소도시에서 활동하였으며, 데키야는 주로 시장터를 무대로 움직였다. 이 두 집단의 구성원들은 대체로 가난한 자, 농토가 없는 자, 범죄자들 및 사회 어디에서나 소외 받고 있는 부랑자들로 이루어졌다. 일본 봉건제도에 있어서 이 오야붕-꼬붕 체제는 스승과 도제, 주인과 시종의 관계를 이루었는데 초기의 지하세계에서는 두목과 추종자들 사이의 관계로 이루어졌다. 바쿠토와 데키야는 혈연관계를 상징하기 위해 새로운 조직원을 받아들일 때 술잔을 정중하게 바꾸어 마시는 의식을 치렀다. 그런데 이러한 의식은 조직에 입단한다는 의미를 넘어서 오야붕-꼬붕 관계를 확인한다는 데 더 큰 의미를 가지고 있었다. 또한 이러한 의식은 종교적 의미도 지니고 있었다. 즉 전형적인 경우 이러한 의식은 일본 고유의 종교인 神道의 사원에서 거행되었으며 오늘날에도 계속되고 있다. 야쿠자에는 구렌타이(愚連隊)라는 또 하나의 조직이 있다. 이는 '주는 무리들'이라는 어원으로부터 유래하는데 비행소년들, 즉 '소년범죄집단'을 의미한다. 당초에는 폭력행사보다는 소매치기, 날치기 등을 주로 하는 절도조직이었다.

---

10) 조선호, 세계의 조직범죄, 청목, 1993, 59면.

(2) 야쿠자의 구성

일본의 조직폭력은 그 조직에 가입할 때 의제혈록관계를 맺는다. 즉 우두머리가 오야붕(親分)이며 조직 내의 자는 이 오야붕(親分)에 대하여 꼬붕(子分) 또는 쇼우다이붕(兄弟分)으로서 혈연관계를 맺는다.11) 이 관계에 의하여 조직 내의 인간관계를 나타내는 경우는 오야붕(親分) 밑에 장래 一家를 승계할 實子分이 있고 그 외 子分이 있다. 또 오야붕(親分)이 은퇴하고 實子分이 일가를 승계한 경우 오야붕(親分)과 형제분이었던 자는 新親分으로서 叔父에 해당한다. 또 이 의제혈록관계가 극히 고정화되어 있고 또 그 관계로 親分의 무리를 강행하고 있는 이상, 두목과 부하 또는 형제관계를 하부에서 2개 이상 갖는 일은 극히 적다. 이 一家로부터 추방될 때에는 이 혈연관계의 파기가 선고되며 그것을 보통 '파문'이라고 한다. 이 조직단체가 보다 큰 단체에 들어갈 경우도 마찬가지로 團體首領이 상위단체의 부하 등으로서의 혈연을 맺는다. 또 所一家로부터 독립을 허가 받는 경우를 分家라고 한다. 기타 단체 사이에서 대등한 우의관계(友義關係)를 맺을 경우는 수령 또는 간부 사이에서 5分(半)의 兄弟分으로서 혈연을 맺는다. 이와 같이 폭력단은 가족의 형태를 모방한 의제혈연관계(義弟血緣關係)에 의하여 고정적인 종과 횡의 관계를 만든다.

(3) 규제입법

일본에서는 폭력단원의 부당행위로부터 국민들의 안전을 확보하기 위하여 1991년 5월 15일 "폭력단대책법"을 제정, 1992년 3월 1일부터 시행하고 있다. 폭력단대책법은 범죄조직이 ① 당해 폭력단의 폭력단원이 폭력단의 위력을 이용하여 생계를 유지하거나 재산형성 또는 사업수행을 위한 자금획득을 할 수 있도록 하기위하여 그 위력을 이용하도록 용인하는 것을 실질적 목적으로 하고, ② 폭력단의 간부 또는 폭력단원 가운데 범죄경력자가 일정비율을 초과하고, ③ 폭력단이 대표자 등의 통제 하에 계층적으로 구성되어있을 때에는 이 법에 따른

---

11) 이상현, 범죄심리학, 293면.

폭력단으로 지정할 수 있다. 지정된 폭력단의 폭력단원이 행하는 폭력적 요구행위 등을 금지하고, 이를 위반하면 일정한 조치를 취할 수 있도록 하고 있다. 폭력단과의 상호대립에 따른 시민생활의 위험방지를 위하여 사무소의 사용제한 등 필요한 조치를 강구하고 폭력단원에 의한 부당행위방지와 피해구조를 위한 폭력추방운동센터를 지정하는 제도를 두는 것을 주된 내용으로 하고 있다.

동법률의 주요 내용을 살펴보면, 폭력단을 지정하기 위해서는 사전에 청문을 실시하여야 하고, 심사전문위원의 의견에 의한 국가공안위원회의 확인을 거친 다음 관보에 공시하고 상대방에게 통지하여야 한다. 지정은 3년간 그 효력을 가지며 해산 기타 사유로 폭력단이 소멸하거나 지정요건에 해당하지 않게 된 경우에는 이를 취소하여야 한다.

또한 1999년 8월 12일 조직범죄대책 3법을 제정하였는데, ① "조직적인 범죄의 처벌 및 범죄수익의 규제 등에 관한 법률"로서 조직적인 범죄의 가중처벌범죄수익 등의 은익·수수의 규제, 범죄수익 등의 몰수·추징, 수상한 거래의 착출제도 등이 규정되어 있다. ② "통신방수법"으로서 일정한 요건 하에 조직범죄에 대한 감청을 할 수 있는 법이다. ③ 형사소송법의 개정으로 강제처분으로서의 통신방수의 근거와 증인 등을 보호하기 위한 법정비를 하였다.

2. 홍콩 · 대만의 조직폭력

(1) 개 설

삼합회(Triads)는 홍콩과 대만에 기반을 둔 중국계 범죄조직의 총칭으로 동남아시아의 마약밀수를 지배하고 있는 세계최대의 국제적 조직폭력이다. 원래 삼합회는 17세기 청왕조를 전복시키기 위해 복건성 소림사 승려들이 한족의 비밀결사로 조직한 천지회의 후신으로, 태평천국의 난과 손문의 혁명운동에도 큰 역할을 했으며 그 후로는 홍방(紅幇)과 청방(靑幇)으로 나뉘어 중국 혁명 당시 좌우 양쪽에서 활동하였다.12)

---

12) 조선호, 세계의 조직범죄, 111면.

삼합회는 홍콩·대만 및 본토계로 나뉘는데 그들 중 홍콩세력이 주류를 이루고 있다. 이러한 삼합회는 50~60개의 방계조직으로 형성되어 있으며, 각국에 퍼져있는 2천만 화교와 차이나타운을 거점으로 활동하고 있다. 그들의 활동무대는 홍콩·뉴욕·암스테르담 등 세계적 대도시뿐만 아니라 캐나다·남아프리카공화국, 호주, 뉴질랜드 등에 이르기까지 세계 도처에 뻗쳐 있으며, 10만여 명이 넘는 조직원을 확보하고 있다.

(2) 삼합회의 유래

1644년경 중국 동북쪽의 변방족 만주인들이 혼란을 틈타 명왕조를 전복시키고, 새로운 왕조인 청나라를 개국하였다. 청조는 엄격한 독재체제로 지배층의 반대하는 세력을 혹독하게 탄압하였다. 따라서 많은 사람들이 청조에 대해 공공연하게 반대하지는 못하고 오직 비밀집단을 조직하여 저항하였다. 그중 백련교가 가장 오래된 비밀조직이었으며, 이 비밀조직이 그 후 라교, 천지회(또는 홍문회)로 이어져 왔다. 그 후 홍콩에 거주하는 유럽인들이 그 이름을 삼합회라 부르게 되었는데, 그 단체의 깃발이 삼각형 모양을 하고 있었기 때문이다.

이러한 삼합회의 기원인 紅幇은 현재 지방으로 분화되어 전국적인 중앙부는 존재하기 않게 되었다. 창립 당시에는 오대공소를 설립하여 각 공소에 몇 개의 성을 분소시켰는데, 세월과 함께 공소의 존재도 애매하게 되고 대집회의 개최도 흐지부지 되고 말았다. 중국 비밀결사의 특수성은 회원 상호간의 평등제와 두목의 독재체제의 양면을 겸하고 있다는 점이다. 특히 정치결사의 색채가 짙은 삼합회에 그런 특색이 강하다. 평소에 회원들은 서로 도우면서 생활을 하고 있다. 일단 입회한 자는 모두 형제이며 같이 죽고 같이 살 것을 맹세하고 회의 서사 및 율법에 있는 36서, 21칙, 10금, 10칙에 복종해야 한다. 그리고 규율은 국가의 형법 이상의 형벌과 위압으로 실행되고 있다.

이와 반대로 靑幇의 기원은 청나라 조정이 초기에 강소성의 양주에서 북경부근의 통주까지 대운하에서 미곡을 운반하는 권리를 한민족 회유책의 하나로 한인 錢·翁·潘이라는 세 사람에게 주었는데 그 세 사람을 두목으로 조직한 비밀결사이다. 청방은 처음부터 반체제 측에 섰던 삼합회와는 달리 체제를 옹호하는 입장을 취하고 있었다. 청방의 본래 이름은 安淸幇으로 불렸는데 편안하게 한다는 뜻에서 붙인 이름이었다. 그 후 안청의 안을 빼고 '淸'자를 靑으로 고쳐서 靑幇이라고 부르게 된 것이다.

청방은 19세기 중엽 대운하의 교통이 두절되자 육지에 올라가 협기를 부리는 불량배가 되었다. 시가지에 세력권을 형성하여 교통노동자, 수공업자, 상점원, 하급경찰관 속에 세력을 부식했다. 중화민국 이후 그들은 아편굴, 도박장, 창녀집을 경영하였으며, 간부는 정계·재계에까지 진출하여 1927년의 공산당 탄압과정에서는 노동자들에게 총을 쏘는 일까지도 있었다. 이와 같이 그들은 청조 이래 장개석정권에 이르기까지 체제측의 입장에 섰고, 중공체제 후에도 모택동에게 평화를 호소하는 등 지금도 상해에서 청방의 세력은 그대로 남아 있다.

(3) 규제입법

홍콩을 할애받은 영국은 1845년에 삼합회의 억제를 위하여 "삼합회 및 범죄조직 억제법"을 제정하였고, 그 후 홍콩정부는 1980년대부터 대대적인 단속에 들어갔으며, 1997년에는 200여명의 전문형사를 선발하여 조직범죄 및 삼합회전담과를 신설하였다. 1944년에는 "조직범죄기본법"을 제정하여 경찰수사에 힘을 실어주었다. 또한 홍콩경찰은 중대범죄·조직범죄의 척결을 위한 주민협력을 얻기 위해서 1976년부터 경찰핫라인을 설치·운영하고 있다. 아울러 경찰관에게 대항하는 범죄인을 검거하는 데 도움을 준 시민에게 보상금을 지급하고, 우범지역에서 캠페인을 하는 범죄퇴치시민캠페인제도를 실시하고 있다.13)

3. 미국의 조직폭력

(1) 개 관

미국은 다민족·다인종 국가로 인종이나 민족을 중심으로 범죄조직이 형성되

---

13) 최영민, 조직범죄의 실태와 대응방안에 관한 연구, 박사논문, 130면 참조.

었다. 이것은 미국의 조직범죄가 이민문제와 깊게 관련되어 있다는 것을 보여준다. 미국은 건국 당시부터 유럽계·라틴계·중국계 등의 범죄조직들이 각축전을 벌이다가 20세기 초에 이탈리아 남부의 시칠리아에서 이민 온 이탈리아계 마피아14)가 암흑가를 장악하였다. 마피아는 금주법(禁酒法, Volstead Act) 시대를 거치면서 밀조주거래, 보험사기, 마약, 매춘 등으로 거대한 불법자금을 축적하여 정계, 경제계, 관료계와 사법관련 종사자들까지 매수함으로써 거대한 범죄조직으로 성장하였다. 이에 대한 대표적인 이탈리아계의 마피아가 뉴욕 주 등에서는 '라코사노스트라'(La CosaNostra : '우리들의 것'), 시카고에서는 '아웃피트'(Outfit : 그룹)라는 이름으로 불리고 있다. 이 외에도 미국에는 라틴계, 중국계, 콜롬비아계, 유태계, 시리아·레바논계, 쿠바계 등 여러 조직범죄 집단이 존재하고, 최근에는 일본계와 한국계 조직범죄도 관심의 대상이 되고 있다. 또 이들 범죄조직 이외에도 모터사이클 갱(Motorcycle Gang)이라는 폭주족과 테러리스트·그룹 등이 감시와 단속의 대상이 되고 있다.15)

【마피아의 어원】 마피아의 어원에 대하여는 여러 가지 견해가 있다. 즉 ① 17세기에 마피아라고 하는 별명을 가진 한 여성의 저술에 기인한다는 견해, ② 최초의 마피아 단원은 1282년대 시칠리아의 황혼이라고 불리는 반란에서 프랑스에 대항하여 싸웠던 중세 시칠리아 기사들이었다고 보는 사람들이 있다. 이들에 의하면 마피아라는 용어는 당시의 전투에서 반란군들이 외친 말의 각 머리글자에

---

14) 마피아의 유래에 대해서는 다양한 견해가 있으나 13c말부터 19c초에 걸쳐 이탈리아 남부의 시칠리아 섬 서부에서 귀족층을 이루던 대지주로부터 농지관리인으로 위탁된 카벨롯트(cabelletto)와 그 하수인(campieri)을 총칭하여 마피아라고 부른 데서 비롯되었다고 하는 것이 일반적인 견해이다. 당시 카벨롯트는 대지주에게 지대를 지불하고 토지를 빌린 다음 그것을 세분하여 농민들에게 다시 임대하였다. 그들은 지주로부터 폭력행사와 토지확장의 권한을 부여받아 농민과 다른 세계와의 통신을 두절시키고 조직적으로 농민들을 억압함으로써 중개자로서의 지위를 유지하였다. 또한 카벨롯트는 불량배를 모아 무장시켜 산적으로부터 농지를 지키고 마을의 질서를 유지케 하는 한편, 이들의 폭력적인 힘을 이용하여 대주주에게 지불하는 지대를 할인하고 농민을 착취하여 지대를 올림으로써 부를 축적하였는데 이것이 마피아의 기원이 된다(최영민, 앞의 논문, 68면 참조).

15) 최영민, 앞의 논문, 54~55면 참조.

서 딴 것으로 Morte Alla Francia, Italia Anela('이탈리아는 열망한다. 프랑스인
들의 죽음을')로부터 유래한다는 것이다. 여기서 'Morte Alla Francia, Italia
Anela!'의 앞 문자를 취한다는 견해, ③ 프랑스의 지배 하에서 시칠리아 섬의 범
죄집단 'Mizzelli'가 프랑스인을 살해하거나 독살하는 것을 허용한다는 어휘의
두문자(頭文字)를 취한 것이라는 견해, ④ 시칠리아에 온 아랍인이 농성하거나
피난처로서 사용한 '말추세라' 지방의 응회석의 채석장을 의미하는 Mafia를 어
원으로 한다는 견해, ⑤ 아라비아어의 성역(聖域) 'Ma'와 사원(寺院) 'Fia'가 기
원이라는 견해 등이 있다. 문헌상으로는 두 번째의 견해가 유력하다고 하나 가장
일반적으로 받아들여지고 있는 것은 네 번째 견해이다(加藤久雄, 組織犯罪の研
究, 成文堂, 1993, 32면).

(2) 마피아의 조직 및 활동

마피아는 패밀리의 집합조직이지만 각 패밀리 내부에서는 각각의 회원이 의
제혈연관계(擬制血緣關係)로 맺어져 있으며 서로가 '우리친구'(Amico Nostro)
라고 부른다. 마피아의 정식회원이 되기 위해서는 부친이 이탈리아계 이민인일
것을 요한다.

마피아의 조직은 조직 · 기능 · 권위가 사회조직과 아주 유사하다. Capo(두목)
를 정점으로 하고 그 아래에 Consignliere(고문), Under Capo(부두목), Capo
Regime(간부), Soldiers(대원), Associate(준구성원)로 구성되어 있고, 그 임무는
다음과 같다. ① Capo(두목)는 이태리어로 두(頭)를 의미한다. 패밀리의 두목을
가리킨다. ② Consignliere(고문)는 두목의 조언자이다. 이미 은퇴한 노령의 보
스가 많고 자금을 공급하는 힘을 가지고 있다. ③ Under Capo(부두목)는 두목의
명령을 전달하거나 스스로 부하에게 명령하여 범죄를 행한다. 이상의 두목 · 고
문 · 부두목 등은 항상 패밀리의 검은 장막 안에 있기 때문에 부하에게 범죄를
행하게 할 뿐 스스로 손을 더럽히지는 않는다. ④ Capo Regime(간부)란 원래
'100인의 대장(隊長)'이라는 뜻이지만 실제로는 수 명에서 15명 정도의 Soldiers
(대원)를 거느리고 대원의 장으로서 위치한다. ⑤ Soldiers(대원)는 패밀리의 하
부구성원이다. 범죄 등으로 얻은 돈의 일정비율을 간부에게 바치고 그 조직에의

상납금에 의해 조직 내의 서열이 정하여진다. ⑥ Associate(준구성원)는 패밀리의 정식멤버는 아니지만 그 영향 하에 있으면서 대원의 앞잡이로 되거나 패밀리의 보스를 위해 범죄를 감행한다.[16)

마피아의 활동은 도박, 고리대금, 마약, 노동조합에의 불법개입, 공갈, 알코올의 밀매 등 위법행위에서부터 식품제조, 부동산업, 레스토랑, 쓰레기수집업, 복식산업, 바(bar), 보험업, 노종조합, 자동판매기리스업 등 합법적인 사업에까지 다방면에 걸쳐 미국사회의 구석구석에 침투하고 있다. 특히 최근에는 노동조합에 대한 침식이 현저하여, 완전히 마피아의 지배하에 있는 노동조합도 나오고 있다고 한다.

(3) 규제입법

미국에서 조직범죄는 날로 대규모화·조직화되어 가고 있다. 그 피해규모도 매년 증가하고 있다. 조직범죄의 유형을 구성하는 암시장·이민집단·지역경제 세력의 권력유용과 부패, 그리고 이민집단과 주류정치문화의 연대성의 결핍 등이 있으며, 이들이 주요한 조직범죄 발호의 토양이 되고 있다. 이러한 조직범죄에 대처하기 위한 노력으로 1935년 "Omnibus Crime Control and Safe Street Act"의 제정 등 법적인 정비와 1967년 "법집행 및 사법행정에 관한 대통령위원회(Presidential Commission on Law Enforcement and Administration of Justice)"의 조직범죄 전담반 구성, 1967년 "연방증인보호프로그램(Federal Witness Protection Program)"의 증인보호노력, 1968년 "종합범죄규제 및 거리안전법(Omnibus Crime Control and Safe Act)"의 수사단서 확보노력, 1970년 "폭력 및 부패조직 범죄통제법(Racketeer Influenced and Corrupt Organization Act: RICO)"의 수사 및 기소에 관한 노력 등을 들 수 있다.

---

16) 양태규, 조직폭력범죄수사론, 대왕사, 2003, 85면.

제3절   조직폭력범죄의 발생원인론

I. 외래음모이론

'외래음모이론'은 주로 미국의 폭력조직범죄의 기원을 설명하면서, 폭력조직범죄의 상징은 마피아이고 특히 이탈리아 마피아들이 폭력조직범죄의 기원이라고 보는 데서 나온 것이다. 즉 미국사회에 있어 폭력조직범죄가 만연한 원인을 국외자(outsiders)에 두고 외부적 영향에서 그 원인을 찾는 견해이다. 이 주장들은 이태리 시실리(Sicily) 섬에서 기원한 지하조직이 대대적인 이민시기에 미국에 유입되어 범죄조직을 형성하였다고 본다. 이 조직은 엄격한 내부규약에 의하여 굳게 결속되어 있고, 폭력성과 잔인성으로 악명이 높았다. 바로 이러한 폭력조직의 특성에 초점을 두고 이는 민족성의 발로라는 것이 외래음모이론의 핵심이다. 즉 이민자들의 민족성으로부터 폭력조직범죄의 발생 원인을 찾는 것이다.

하지만 이태리 출신 미국인들의 범죄가 미국에 이식된 마피아의 한 예인가라는 의문에 대해서, 이탈리아에서의 마피오소(Mafioso)는 폭력 등을 수단으로 했지만 불법 활동만으로 연명하는 것이 아니라, 사회제도에 필요불가결한 그성요소다. 즉 마피오소들은 자기 출신구역에서 정치·경제적으로 주요한 역할을 하기 때문에 그 소문화집단의 부분이었을 뿐만 아니라 지배인 역할담당자다. 반면에 미국의 범죄조직은 그 역사가 입증하였듯이 전적으로 자기이익과 보호의 명목으로 공포와 폭력에 근거하고 있다. 즉 사회악으로 작용한다는 점에서 외래의 민족성이나 폭력문화가 그로 이식된 결과라고 설명하는 것은 설득력이 떨어진다고 본다.17)

II. 하위문화이론

하위문화란 주류문화에 대응 하는 개념으로 주류사회의 부분인 하위집단의 독특한 문화를 의미한다. 하위집단은 상호 유사한 이념과 가치관을 가지고 상호

---

17) 전대양·송병호, 조직범죄론, 형성출판사, 2004.

필요성, 방어 및 지지를 목적으로 결합하는 특성을 갖는다. 하류계층의 청소년들은 교육, 가족지원 그리고 영향력 있는 인간관계 등에서 사회적으로 성공을 위한 수단으로부터 소외됨에 따라 이러한 약점들을 상쇄하기 위하여 자신들이 중요하다고 느끼는 하위문화를 계발한다는 것이다. 그 대표적인 범죄적 하위문화인 폭력조직문화는 지위, 부, 그리고 자긍심 등을 획득하는 수단으로 폭력성과 범죄성을 강조한다.

이러한 비행적 하위문화에서는 비공리성(非功利性), 악의성(惡意性), 부정성(否定性), 단기적 쾌락(快樂) 등을 추구하는 심리가 있는데 이러한 심리들은 범죄집단 특히 폭력조직 구성원의 특성과 많은 부분 일치한다는 것이다.[18]

III. 기업이론

1980년 스미스(Dwight Smith)의 기업이론(Enterprise Theory)은 합법적 시장이 잠재적 고객들의 요구를 제대로 충족하지 못하기 때문에 범죄조직이 생겨난다고 한다. 그는 기존의 이론으로는 새로운 형태의 폭력조직을 설명하기 어렵다고 지적한다. 1920년 미국에서는 금주법이 시행되어 술의 제조 및 판매가 금지되었다. 하지만 술에 대한 수요는 여전하였으며 이로 인하여 암시장(a black market)이 생겨났고 결국 합법적인 시장에서 충족하지 못한 고객들의 수요를 거대한 범죄조직(enormous criminal enterprise)이 채웠다는 것이다.[19]

또한 폭력조직은 상대적으로 고수익에 체포의 위험이 적은 분야, 예컨대 불법 마약공급이나 고리대금업 등의 사업을 특히 선호하며 일정한 수익의 보장을 강조하여 경쟁으로 이권(利權)을 잃게 되면 폭력, 협박, 부패, 약탈 등의 수단을 종국적으로 사용한다는 것이다.

---

18) 송병호, "조직폭력배의 특성분석과 그 예측도구개발에 관한 연구", 한국범죄심리연구 제3권 제2호(통권 제5호), 2007, 127~128면.

19) 송병호, 앞의 논문, 128~129면 참조.

제4절 조직폭력범죄자에 대한 대책

최근 들어 조직폭력은 당국의 지속적인 단속에도 불구하고 수사당국을 피하여 일시적으로 은둔하거나 도피하면서 꾸준히 조직활동을 하거나 새로운 조직을 형성해 왔고, 자금조달을 위한 방법이라면 거의 무제한 활동범위를 확장하여 왔다. 조폭의 범죄대상이 되는 사업은 단란주점, 룸살롱 등의 유흥업소와 건설업체, 사채업소, 폐기물처리업, 러시아·동남아여성의 유흥업소 취업알선, 브동산경매, 필로폰 밀매, 장기밀매, 저작물 불법복제, 음란물 유통, 불법예술품거쾌, 보호수수료강탈 등 이권이 있는 곳이면 어디든 개입한다.

한편 조직폭력을 근절시키기 위해 대검찰청은 조폭단속을 위한 '영상정보 시스템'을 가동하여 관리중인 조폭집단 전국 404개 파 11,539명 중 주요 조직 117개 파 637명을 특별관리 대상으로 분류하여 24시간 밀착감시하고, 경찰청에서도 조폭을 총괄 관리하고 조폭사범을 전담 수사할 '강력수사대'를 설치하여 특별단속에 들어갔다. 또한 검찰, 경찰과 국세청이 연계하여 '민생치안 대책협으회'를 발족시켜 조폭의 자금원을 차단키 위해 조폭들이 운영하는 업소들에 대한 특별세무감사를 실시하였다. 그러나 이런 것만으로는 조폭에 대한 대책으로 한계를 가질 수밖에 없다. 따라서 이들 조폭을 근절시키기 위해서는 이러한 노력과 아울러 다음과 같은 대책을 수립해야 한다.

첫째로 범죄를 통해 얻은 불법이득을 몰수하고, 자금출처를 은닉하는 돈세탁 행위를 방지해야 한다. 조직폭력은 거의 모든 영역에서 범죄를 자행하면서 막대한 불법이득을 취하고 있고, 그들의 부당수익을 은닉하거나 금융기관을 통한 돈세탁 과정을 거처 합법·비합법적 사업에 재투자한다. 따라서 돈세탁 행위를 범죄화하고, 그 자금과 관련된 모든 재산을 몰수할 수 있도록 해야 한다.

둘째로 조직폭력의 피해자와 증인에 대한 철저한 보호조치를 강구해야 한다. 피해자와 증인에 대한 보복범죄는 직접적 피해뿐만 아니라 일반시민의 제보나 고소·고발 등에 대한 기피성향을 부채질하여 형사사법체계의 정상적인 기능마저 저해할 우려가 있다. 따라서 적극적으로 조폭의 위험으로부터 피해자와 증인보호수단을 마련한다면 시민의 범죄신고 정신도 자연히 높아져 범죄를 예방할 수 있을 것이다.

셋째로 조직폭력의 행위를 어떤 상황아래서든지 정당화시켜서는 안 된다. 사회가 범죄를 비난하고 있음에도 불구하고 그들 활동이 제공하는 비합법적인 편의나 서비스를 받아 그것을 이용하는 시민과 범죄적 사업체는 그들에 의한 피해를 관대히 봐주는 경향이 있다. 또한 조폭들은 병리적으로 현실을 왜곡하든지, 가치관에 의해서든 그들의 행동을 어떤 상황아래서 정당화된다고 본다. 그러나 어떤 상황이든지 범죄행위는 정당화돼서는 안 되며, 정당화될 수도 없다.

넷째로 조직폭력의 해체와 함께 단원의 갱생의 길을 열어 주어야 하고, 가입경로를 막아야 한다. 조직폭력 가입동기를 보면 유혹을 받아서라든가 갈 곳이 없어서, 생활고 등 대부분 소극적인 원인이다. 따라서 이들에 대한 근본적인 대책이 서지 않고는 조폭이 사라지지 않을 것이다. 더불어 사회적 배경에서 혜택이 없는 일부 비행소년들이 불량배가 될 수밖에 없다는 등의 태도를 보이는 가치관을 낮게 하는 사회적 풍토를 점검하는 것도 필요하다.

다섯째로 교정제도를 개선해야 한다. 자유형 수형자는 응보와 속죄의 대상이 아니라 다시 범죄를 범하지 않고 살아갈 수 있도록 하는 교화의 대상자이다. 따라서 다양한 교정프로그램을 개발하여 재범하지 않도록 개선해야 한다.

폭력조직은 국민들에게 극도의 불안감을 안겨주고 공권력의 무력화로 사회질서가 어려워 질뿐만 아니라, 건전한 야심을 키워가야 할 청소년들에게 폭력조직을 동경하게 하고 결국에는 폭력조직의 예비군으로 전락하게 만든다. 따라서 국가는 폭력조직의 퇴치에 최선을 다해 안전한 사회를 실현해야할 것이다.

제6장

여성범죄자의 심리

제1절 서 설

범죄는 인간관계를 훼손하고 사회질서를 파괴하여 개인과 사회에 막대한 정신적·물질적 손실을 가져온다. 그렇기 때문에 지구상의 어느 사회나 국가에서도 가능한 한 범죄를 예방하려는 모든 노력을 하고 있을 뿐만 아니라, 범죄에 대해서는 법에 의한 적절한 처벌과 제재를 가함으로써 사회정의를 실현하고 사회질서를 회복하려고 한다. 그러나 이와 같은 노력에도 불구하고 범죄는 여전히 늘어나고 있다. 오늘날 경제발달에 따른 사회구조의 다원화경향은 필연적으로 각종범죄의 유발요인으로 작용하여 범죄증가를 가속화하고 있다. 특히 여성범죄의 경우는 남녀 간의 경제적 지위의 격차가 해소되면서 이와 비례하여 증가하는 추세를 보이고 있으며, 서구에서는 여성범죄가 남성범죄에 육박하고 있다.[1] 우리나라 여성범죄의 경우도 사회학적 요인에 의한 여성범죄의 특징인 은폐성(隱蔽性, masked character)과 암수범죄(暗數犯罪, hidden crime)에 의해서 남성범죄보다 비율이 낮을 뿐이지 실제로는 심각한 수준에 이르고 있다.

---

1) 윤덕중, 범죄사회학, 박영사, 1982, 55면.

제2절 여성범죄에 대한 원인론

I. 개 관

여성범죄에 대한 분석은 1960년대 이전에는 매우 드문 일이었고, 최근에 이르러서야 다양하게 연구되어지기 시작하였다. 따라서 대부분의 연구들은 서로 연관되어 있지 않았고 자의적으로 행해져 왔다. 또한 여성범죄에 대한 기존의 연구는 남성범죄에 대한 차이점을 발견하는데 주력했으며, 학자들이 제시한 여성범죄의 특이점들을 여성범죄의 특성으로 이해하면서 남성과 전혀 다른 여성범죄자만의 범죄요인이 작용하고 있다는 가설을 전제로 설명하였다.[2] 그렇기 때문에 이에 대한 많은 찬반양론이 전개되고 있다.

여성범죄에 대해 연구한 학자들로는 롬브로조(C. Lombroso), 페레로(W. Ferrero), 폴락(O. Pollak), 토머스(W. I. Thomas) 등을 들 수 있다. 롬브로조와 페레로는 그들의 저서 '여성범죄'(La Donna Delinquente)에서 여성범죄자나 매춘여성들의 두개골·뇌·뼈들을 측정하고, 사진에 의해 그들의 외모와 인생경력을 연구하였다. 그 결과 타고난 여성범죄자는 남성보다 훨씬 적으며, 매춘여성들은 여성범죄자나 정상적인 여성보다 비정상적인 요인이 많다는 결론을 내렸다.[3] 여기에서 그들은 여성범죄자와 일반여성과의 차이점은 별로 없다는 점,[4] 여성은 도덕적 감각이 부족하다거나 범죄적이지는 않으나 남성보다 사악한 경향이 있다는 점,[5] 여성범죄는 기회적·환경적 측면이 작용하거나 물질의 유혹에 약하다는 점[6] 등을 주장하고 있다. 폴락은 그의 저서 '여성의 범죄'(The Criminality of Women)에서 두 가지의 주요 논점을 구성하였는데, 그 하나는 여

---

2) 박광섭, '한국 여성범죄의 실태 및 연구동향', 교정연구 제8호, 한국교정학회, 1998, 390면.

3) C. Lombroso · W. Ferrero, The Female Offender, with an introduction by W. D. Morrison, T. Fisher Unwin, London, 1895, p.85.

4) Ibid., p.107.

5) Ibid., p.151.

6) See. C. Lombroso · W. Ferrero, The Female Offender; W. C. Reckless, The Crime Problem, Appleton Centurr Crofts, 1961, p.1480f.

성범죄가 상당히 과소평가되고 있다는 것이고,[7] 다른 하나는 이와 같은 숨겨진 사실을 설명하기 위한 이론을 전개하였다는 점이다. 그에 의하면 여성들이 행한 범죄는 은폐되거나 축소 보고되기 쉽다는 것이다. 예컨대 낙태죄와 들치기의 경우이다.[8] 그리고 여성들의 속이는 행위는 사회적으로 규정된 행위유형이며,[9] 임신은 초조함과 불안, 감정적 격동의 원천이 되며,[10] 여성은 가정을 친척에 의한 독살, 아이들에 대한 성적 학대와 같은 다양한 범죄를 위한 덮개로 이용한다고 주장하였다.[11] 그러나 이들의 연구업적에 대해서 한편에서는 여성범죄의 교과서처럼, 또 다른 한편에서는 과학이 아니라 공상이라거나, 극단에 치우쳤다는 비난을 하고 있다. 어쨌든 그들의 여성범죄연구의 시작과 함께 그들의 이론이 여성범죄연구에 상당한 영향을 끼친 것만은 사실이다. 이하에서는 여성범죄에 대해 각 학파에 따라 여성범죄의 원인에 대해 어떻게 고찰하고 있는가를 살펴본다.

II. 생물학적 이론

생물학적 이론에서는 여성은 남성과 다른 신체구조를 가지고 있다는 것과 생리작용의 특수성이 범죄원인으로 작용하고 있다는 것을 전제로 하여 고찰하고 있다.[12]

여성범죄를 격세유전과 사회적 진화론의 관점에서 설명하고 있는 롬브르소(Lombroso)에 의하면 여성은 진화의 단계에 있어서 남성보다 낮은 수준에 있으므로 범죄를 저지를 잠재력이 남성보다 더 크다. 특히 여성범죄자의 두개골은 남성의 그것과 유사한 구조로 되어 있으나 비여성범죄자의 두개골보다는 가볍고, 여성범죄자들은 정상인보다 체모가 지나치게 많고 눈꼬리에 주름이 있다는 것이

---

7) O. Pollak, The Criminality of Women, A. S. Barnes, New York, 1961, p.153.

8) Ibid., p.44.

9) Ibid., p.11.

10) Ibid., p.58.

11) 이영란 역, Frances M. Heidensohn, 여성과 범죄(Women and Crime: The Life of the Female Offender, New York University Press, 1985), 나남출판, 1994, 179면.

12) 정영석, 형사정책, 법문사, 1988, 107면.

다. 또한 여성은 남성보다 도덕적 감각이 부족하거나 남성보다 사악하지만 범죄적이라고는 볼 수 없으며, 여성범죄는 기회적·환경적 측면이 강하고 물질의 유혹에 약하다고 한다.

폴락(Pollak)은 여성범죄의 특징을 은닉성, 사기성, 면식성, 비폭력성, 배후관련성 등으로 지적하고, 특히 여성은 생물학적으로 사기성이 있다고 주장하였는데 이는 여성의 행위를 묵과하는 성적인 관습과 남성과 여성의 신체적 차이 때문이라는 것이다. 그리고 여성범죄는 사소한 범죄수준을 넘어서면 오히려 잔혹하고 폭력적으로 되며, 또한 범죄에 직접 가담하기 보다는 배후에서 남성의 암시나 유혹에 이끌려 범죄와 관련성을 맺은 형태를 취한다고 한다. 그리고 신체적으로 과도하게 발달된 소녀들이 비행을 더 많이 저지르는 경향이 있다고 한다.[13]

코비(Cowie) 등은 비행소녀는 무비행소녀와 비교하여 낮은 지능, 비정상적인 중추신경기능, 손상된 기능 등의 특징이 있으며, 보통 이들은 우둔하고 난폭하며 사악하다고 한다. 또한 여성들은 폭력이나 강도 등에 잘 참여하지 않는데 이는 불법적인 기회부족 혹은 확고한 사회통제 때문이 아니라 여성의 염색체와 호르몬의 구성차이 때문이라고 한다. 예컨대 범죄는 Y염색체와 관련이 있으므로 XX염색체를 가진 여성보다는 XY염색체를 가진 남성이 더욱 범죄를 저지를 가능성이 높다는 것이다.[14]

여성은 출산기능(월경·초경·임신·폐경)을 담당하기 때문에 그 과정에서 정신적 저항력이 약화되고 그것이 원인이 되어 범죄와 연관된다는 것이다.[15] 월경(月經)의 경우에는 두통·복통·신경증상·식용부진·악심 등과 같은 자각증상을 경험하게 되며,[16] Sellheim에 의하면 이 시기에 내분비의 형평장애로 정동성(情動性)의 부조화를 느끼게 되어 범죄관련성이 높다는 것이다.[17] 자녀학

---

13) Pollak, O., Criminality of Woman, The University Pennsylvania Press, 1950, p.123.

14) Cowie, J., Cowie, V. & Slater, E., Delinquency in Girls, Heinemann, 1968, p.171.

15) 파이어스톤(Shlamith Firestone)은 여성의 생물학적 현실, 즉 출산·육아 등에 관련되는 여성의 생리적 특징이 여성억압을 발생시키는 근본적인 원인이라고 보고 있다(안진, '여성문제', 고영복 편, 현대사회문제, 사회문화연구소 출판부, 1996, 237면).

16) 김주성, '월경에 관한 연구', 아세아 여성문제연구, 제6집, 1962, 124면 이하.

17) 신진규, 범죄학 겸 형사정책, 법문사, 1988, 186면.

대·협박·살인 등의 폭력범죄 대부분이 월경 10일 전에 발생했다는 연구결과
를 보면 월경시의 초조감·우울증·불안심리 등의 심리적 특성이 가족 간의 불
화·감정폭발·반항심리의 형성·음주 등의 경험으로 나타났다.[18] 실제로 17
세의 소녀가 월경 시 방화벽이 형성되어 음주 후 우울증에 걸려 6세의 딸을 살
해한 사건이나, 공무원에게 저항하다 체포된 80명의 여성 중 71명이 월경 중이
었다는 보고, 56명의 쇼핑절도 여성 중 35명이 월경 중이었다는 보고는 월경이
여성에게 공격성향을 가져다주는 정서적 요인 중의 하나임을 입증하는 것이
다.[19] 비록 월경이 여성범죄를 야기하는 유일한 원인으로 작용하는 것은 아니라
할지라도 일부 여성들의 경우는 범죄와 결정적 관련성이 있음을 부정할 수는 없
다.

　임신한 경우에도 여성의 범죄관련성을 인정하는 것이 일반적이다. 임신 시에
도 월경 시와 같은 감정이상을 경험하게 되고, 특히 히스테리·간질 등의 선천
성 소질을 가진 여성의 경우 일종의 강박관념이나 망상 등이 더해져 폭력성향으
로 발전할 가능성이 크다는 것이다.[20] 폐경(閉經)의 경우에도 성적 매력의 감소
라는 심리적 중압감이 정서불안, 정신력 위축, 초조감, 우울증을 야기해[21] 범죄
와의 관련성이 있다고 보고 있다. 분만(分娩)의 경우에도 마찬가지이다. 여성들
은 분만 시 영아살해를 범하는데, 대개 경험이 없는 젊은 여성이 다른 사람의 도
움 없이 분만할 경우 그 분만의 고통에 따른 정신상태, 즉 분만 시의 흥분상태나
병적 정신상태가 이러한 일을 저지른다는 것이다.[22] 또한 여성범죄의 원인을 염
색체 부족 내지 비정상적 염색체의 소유에 있다고 보는 견해도 있다.[23] 이들은

---

18) See. Otto Pollak, The Criminality of Women, Philadelphia University of Pensylvania Press,
　　1959, p.128.

19) 박광섭, '한국 여성범죄의 실태 및 연구동향', 390면; 中谷瑾子, 女性犯罪, 立化書房, 1987,
　　160면.

20) 中谷瑾子, 女性犯罪, 161頁.

21) 中谷瑾子, 女性犯罪, 161頁.

22) 吉益脩夫, 犯罪學槪論, 1958, 61頁.

23) 코비(J. Cowie, V. Cowie)와 슬레이터(E. Slater)의 주장이다(이영란, '여성과 범죄연구, 현대
　　형사법론, 1996, 1053면).

신체적인 특징 중에서 Y 염색체를 범죄성과 연결시킴으로써 여성범죄의 원인을 염색체의 차이에서 설명하고자 한다. 여성이 남성에 비해 범죄를 적게 저지르는 것은 기회의 부족이나 엄격한 사회통제 때문이 아니라 염색체나 호르몬 때문이라고 보고 있다.

III. 심리학적 이론

심리학적 이론에서는 여성범죄의 심리적 과정은 기만성·자기현시성·질투심 등이 강하고,[24] 여성심리의 특이한 수동성이나 감수성이 범죄와 연결될 소지가 크다는 것[25]을 중심으로 이론을 전개하고 있다. 또한 여성은 사회에 적응하는 방법이 사회구조상 후천적으로 형성되어 남성에 의존적이라고 할 수 있다는 것이다. 따라서 여성은 의존할 만한 대상이 있는 경우 또는 의존에 만족하는 경우에는 범죄는 억제 되고, 의존에 교란 또는 장애가 발생하면 정서를 통제할 수 없어 범죄가 발생된다는 것이다.

심리학적 이론의 입장에서는 여성의 심리적 요인 중에서 질투·원한·히스테리·망상증 등은 여성폭력범죄에서 상당한 비중을 차지한다는 것이다. 즉 질투나 원한 같은 심리적 상황은 범죄의 무계획성 내지 맹목적성을 나타내는 결정적 요인으로서 신뢰배반과 같은 상황에 처하는 경우에는 살인·상해·방화와 같은 폭력적 범죄를 저지른다는 것이다. 예컨대 부부간의 불화나 남편이나 애인으로부터의 배신감, 성적 이유에서의 질투는 폭력범죄를 저지를 수 있다는 것이다.[26] 원한의 경우에도 일시적 분노와 달리 원한을 가져다준 사람에 대한 파멸·사회적 매장 획책 등은 물론 살인·방화와 같은 범죄행동으로 나타날 가능성도 배제할 수 없다는 것이다.[27] 히스테리(hysterias)의 경우에는 정신적으로 심한 감동발작으로 정신병적 현상을 보이고, 다변(多辨)·다동(多動)하고, 때로

---

24) 宮澤浩一·藤本哲也·加藤久雄, 犯罪學, 靑林法學叢書, 1995, 177頁 이하.

25) 정진연, "여성범죄에 관한 연구", 형사정책 제8호, 한국형사정책학회, 1996, 184면 이하.

26) 신진규, 형사정책(I), 법문사, 1974, 222면 이하.

27) 박광섭, '한국 여성범죄의 실태 및 연구동향', 391면 이하.

는 심한 욕설·기물파괴·폭행을 하게 되고, 의식의 혼탁상태에 빠져 그 사이에 각종 범죄를 자행하거나 몽유병적 상태에서 헤매기도 한다고 한다. 이러한 히스테리환자는 긴장된 상황 하에서 의식의 혼탁과 함께 특이한 격정반응을 나타냄으로써 이성적 조정이 불가능하여 살인·방화 등을 저지르게 된다는 것이다.28) 망상증의 경우에는 20대 후반에서 나타나는 율이 높으며, 대개 겁이 많고, 긴장감이 심하며, 자기중심적 사고방식에 빠지기 쉬운 사람들에게 발병률이 높다고 한다. 이러한 망상증환자들은 특수피해망상 또는 과대망상에 빠져 있고, 그것을 계속 반복하다가 갑자기 공격적인 범죄행위를 자행한다는 것이다. 실제로 27세의 여인이 과거에 자기를 잘 돌봐주던 구호협회 회장이 자기를 비방하는 말을 하게 하기 위해 여비서를 채용했다는 망상에 빠져 마침내 호신목적으로 총을 구입하고, 그 후에는 드디어 협회장을 사살했던 사건이 있었다.29)

또한 정신분석학자들에 따르면 여성의 심리 중에는 남근(男根)에 대한 열등감이 있을 수 있고, 이 열등감이 특히 소녀비행에 관련 있다고 한다.30) 즉 여성은 심리적 형성과정에서 남성생식기에 대한 열등감과 남성생식기 숭배의 경향을 갖게 되며, 이러한 경향을 극복하지 못하게 되면 극단적인 경우에는 동성애적으로 되거나 남성이 되고자 하는 시도로서 공격적인 성향을 갖게 되는데 이것이 범죄의 원인이 된다는 것이다.

IV. 사회학적 이론

사회학적 이론에서 여성범죄에 대해 가장 잘 설명해 주는 것은 여성의 사회경제적 측면과 사회적 역할·기회측면에서 이루어지고 있는 이론이다. 사회경제적 이론은 여성범죄를 경제학적 측면에서 이해하려는 입장으로서 여성이 받는 경제적인 압력 및 불평등성에 중점을 두고 있다. 이 이론에 따르면 여성의 빈곤한 환경 내지 과도한 경제적 생활조건은 인내심의 한계로 작용하여 자포자기적

---

28) 신진규, 범죄학 겸 형사정책, 222면 이하.

29) R. Cavan, Criminology, 3rd ed., 1962, p.227.

30) 최인섭, 여성범죄의 실태에 관한 연구, 한국형사정책연구원 보고서, 1993, 48면 이하.

인 체념을 가져오게 되고, 그 결과 범죄관련성이 있다. 즉 여성이 가정의 경제상황 때문에 범죄를 범할 수 있다는 것이다.31) 예컨대 남편의 무능력·음주·도박 등에 의한 경제적 빈곤 하에서는 여성이 가정경제에 대한 책임을 부담하게 되어 자칫 경제문제 해결을 위한 범죄에 참여할 수 있다는 것이다. 그리고 남성과 비교하여 볼 때 상대적으로 저임금과 불안정한 고용위치에 있기 때문에 여성들은 생존과 가족부양을 위해 범죄를 행하게 된다는 것이다.

　여성의 사회적 역할·기회측면에서는 여성의 사회적 역할이 여성범죄의 일정한 변수로 작용한다는 것을 중심이론으로 하고 있다. 즉 여성의 범죄가 증가되는 것은 여성의 성역할 확대에 기인하는 것이다. 이 이론에 따르면 여성범죄가 증가하는 이유는 사회적 역할의 확대와 여성해방운동의 결과라는 것이다.32) 여성범죄가 증가하는 이유로 여성의 사회적 역할확대를 드는 것은 범죄는 그 종류와 양이 성차에 따라 유형화될 수 있어 범죄의 특성은 성별 사회적 역할을 표현한 것으로 보고 있었지만, 여성의 사회적 역할확대는 점차 성차에 따른 범죄유형화의 의미가 퇴색되게 되어 여성이 남성범죄영역에 참여하는 과정에서 여성범죄가 증가한다는 시각이다.33) 여성해방운동의 결과를 드는 것은 여성의 사회참여기회가 여성해방운동의 영향으로 필연적으로 확대되게 됨은 물론, 사회적 성취욕구의 증가를 가져오게 된다는 점에 착안하고 있다. 여성운동은 여성의 노동시장에서의 남성적 역할수행도 가능하게 되고, 이 과정에서 여성이 설정한 사회적 목표에 도달하는데 기회적·환경조건적 제약이 따르게 될 때, 목표달성에 대한 좌절감이 여성범죄의 촉진계기로 작용될 수 있다는 것이다.34) 그러나 여성운동 자체가 여성범죄의 원인이 된다는 것은 너무 비약한 것이다.35)

---

31) 심영희, 여성범죄와 여성범죄자의 특성, 제18회 교정교화 세미나 자료, 1993, 21면.

32) Clemens Bartollas, Introduction to corrections, Harper and Row, 1981, p.406.

33) 최인섭, 여성범죄의 실태에 관한 연구, 51면; 박광섭, 한국 여성범죄의 실태 및 연구동향, 392면.

34) F. Adler, Sisters in Crime, McGraw-Hill, New York, 1975, pp.12~13.

35) 박광섭, '한국 여성범죄의 실태 및 연구동향', 393면.

제3절 여성범죄의 동향

I. 개 관

여성범죄에 관한 세계적 추세는 산업화가 가속화됨으로써 그 양적인 면에서 날로 증가하는 경향이 있으며, 일반적으로 선진국이 개발도상국이나 후진국보다 여성범죄의 발생률이 높은 것으로 나타나고 있다. 우리나라에서도 70년대 이후 급격한 경제성장과 서양문물의 도입으로 인해 전통적 사회구조의 변화에 따른 가치관의 붕괴, 정치경제의 혼란, 핵가족화, 여성의 적극적인 사회참여 현상이 두드러졌다. 즉 우리나라의 여성범죄 양상은 사회구조, 산업구조, 가족제도, 노동환경조건의 변화와 관련하여 한국 전쟁이후부터 현재에 이르기까지 상당한 영향을 받고 있다. 우리 사회의 경제규모 확대에 따른 사회구조 등의 변화는 여성범죄의 양적 증가, 범행동기, 교육정도, 연령, 직업, 혼인, 전과유무 등에서 다양한 변화를 보이고 있다. 이것은 사회구조가 변화되면서 여성의 사회참여가 보편화되었고, 이러한 과정에서 범죄충동적 상황에 접촉할 가능성이 높아졌기 때문이다. 우리나라에서는 다른 국가에서와는 달리 여성범죄의 경우는 다른 범죄요인보다 사회변화가 가장 큰 변수로 작용하고 있다.

II. 여성범죄자의 현황[36]

우리나라 전체 범죄자 중 여성범죄자는 지난 10년(2002~2011)간 15% 내외를 점유하여 왔다. 범죄유형별로는 재산범, 죄명별로는 사기가 가장 많은 비율을 차지하고 있으며 연령별로는 41세 이상 50세 이하, 교육정도는 고등학교 졸업 또는 중퇴자, 생활환경으로는 하류와 기혼자가 가장 많은 비율을 점하고 있다.

---

36) 법무원수원, 범죄백서, 2012, 128~132면.

1. 전체 여성범죄자 현황

2002년에 342,338명이던 여성범죄자의 수는 2011년에는 314,865명으로 감소하는 등 최근 10년간 약간씩의 증감추세가 반복되고 있다. 그간의 증감을 보면 2002년 이후 전반적으로 증가하였으나, 2005년부터 감소세로 돌아 섰다가 2008년부터 다시 증가세를 보이다가 2010년부터는 감소세를 보이고 있다.

2002년에는 전년(344,755명) 대비 2,417명 0.7% 감소한 이후 증가추세를 보여, 2003년에는 전년 대비 13,881명 4.0% 증가하였다. 그러나 2006년에는 7,077명 2.3% 감소하였고, 2007년에는 전년 대비 3,959명 1.3%, 2008년에는 75,916명 24.9%, 2009년에는 26,870명 7.0% 각 증가하였다가, 2010년에는 93,356명 22.9% 감소하였으나 2011년에는 110명 증가하였다.

여성범죄자가 전체 여성인구 중에서 차지하는 비율을 보면 2011년의 경우 여성인구 10만 명 당 1,243.18명으로서 전년 대비 0.4% 감소하였다.

2. 죄명별 인원

2011년의 경우를 보면, 형법범과 특별법범이 거의 절반씩 차지하고 있으며, 형법범 중에는 사기가 가장 많고 그 다음으로 폭행, 절도, 폭력행위등처벌에관한법률위반, 상해 등의 순으로 나타나고 있다. 특별법범 중에는 교통사고처리특례법위반, 도로교통법위반(음주운전), 식품위생법위반의 순으로 발생빈도가 높음을 알 수 있다.

연도별 발생 현황을 살펴보면, 절도, 교통사고처리특례법위반의 비율이 점차 높아지고 있는 반면, 간통은 감소하는 추세로 보인다.

3. 여성범죄자의 특성

(1) 교육 정도

2011년의 경우를 보면, 고등학교 졸업 또는 중퇴자의 비율이 33.6%로서 가장 높은 비율을 차지하고 있고, 대학 이상 학력자는 15.1%로 그 다음을 차지하고 있다. 지난 5년간 그 순위나 비율은 큰 차이가 없이 거의 비슷한 것으로 나타나고 있다.

(2) 연 령

2011년의 경우를 보면, 41세 이상 50세 이하가 97,376명으로 전체의 30.9%를 차지하여 가장 많은 비중을 차지하고 있으며, 그 다음으로 51세 이상 60세 이하가 21.0%, 31세 이상 40세 이하가 20.1%를 각 차지하고 있다. 2010년과 비교하여 보면 51세 이상 60세 이하가 31세 이상 40세 이하 보다 순위나 비율에 있어 약간 높게 나타난 것이 특징이라고 할 수 있다.

(3) 생활환경

2011년의 생활정도를 보면, 하류가 40.6%, 중류가 23.6%, 상류가 0.6%로 나타나고 있으며 2010년과 대체로 비슷하다. 결혼관계를 보면 2011년의 경우 기혼자가 82.1%, 미혼자가 17.9%로서 2010년과 비슷한 것으로 나타나고 있다.

4. 검 토

이상의 결과를 검토해보면 여성범죄는 그 절대적 수에 있어서 계속 증가추세에 있고, 그 증가율은 인구증가율을 훨씬 넘어서고 있으며, 전체범죄자 중에서 여성범죄자가 차지하는 비율도 점점 높아져가고 있는 특징을 보이고 있다 이를 구체적으로 분석하여 보면 다음 몇 가지로 요약할 수 있다.

첫째로 여성의 검거인원은 일반적으로 증가하는 경향이고, 여성비도 점차 증가하고 있다는 것이 특징이다. 이 같은 증가추세는 여성의 인구가 증가되도 있는 현실에서 보면 당연한 것이고, 사회변동에 따른 여성들의 생활양식, 가치관의 변화 등이 주요변수로 작용하였을 것으로 추정된다. 또한 이러한 증가에도 불구하고 여성범죄는 범죄총수의 20%도 안 되기 때문에 여성범죄의 희소성은 다른 나라의 경우와 같다고 할 수 있다.37) 그러나 여성범죄가 계속 증가하는 추세에 있기 때문에 범죄학적 관심이 요청된다.

둘째로 죄명별 특징으로는 재산범죄가 증가하고 있다는 것이다. 이는 여성의 경우에 여전히 경제적 빈곤이 범죄를 저지르는 주요 원인이라는 것을 알 수 있으며, 경제적 측면에서의 안정추세는 여가생활에 대한 욕구를 발생시키고 그 욕구충족의 그릇된 방향이 사기·간통과 같은 범죄발생을 촉진시켰던 것으로 추정된다.

셋째로 연령별로 본 여성범죄의 특징으로는 여성은 30세 이후에야 범죄를 하는 사람이 많고, 남성은 25세 이하가 많다. 특히 여성의 경우 지발형(遲發型)이어서 범행을 단기간에 반복하는 것이 특징이다. 더 나아가 최근의 여성범죄의 특징으로서 20세 미만의 젊은 층과 50세 이상의 고연령층의 범죄율이 증가하는 경향을 보이고 있다.

넷째로 여성범죄자의 생활정도에 있어서는 주로 하류계층에 속하는 여성범죄자가 범죄를 저지르는 종래와는 달리, 오늘날에는 중류계층에 속하는 범죄자가 증가하고 있다. 그러나 상류여성의 범죄율은 거의 1%대의 고정비율로 여전히 안정되어 있다. 이러한 것은 생활의 평준화과정에서 경제적 풍요는 하류계층에게는 만족감을, 중류계층에게는 상류층에 대한 상대적 빈곤감을 갖는 데서 나타난 것으로 이해할 수 있을 것이다. 또한 여성범죄자의 결혼관계에서는 기혼자의 경우는 점차 감소하는 반면 미혼자의 경우는 증가하는 경향을 보이고 있다. 이 같은 현상은 독신여성이 계속해서 늘어나는 추세와 미혼자의 경우 경제적·심리적 불안감에서 비롯된 것으로 추정할 수 있다.

다섯째로 여성범죄의 동기에 있어서는 우발적 동기가 주를 이루고 있다. 정신장애와 여성범죄와의 관계에서는 전체적으로는 상관관계를 인정하기 곤란하나, 특별한 경우 즉 폭력·지능범·절도의 순으로 관련이 있는 것으로 나타나고 있다.38) 따라서 이에 대한 범죄학적 관심도 필요하다고 본다. 음주로 인한 범죄시

---

37) 1987년도 미국의 경우는 전체제소자의 7%만이 여성범죄자였다고 한다(Lawrence Greenfield, Prisoners in 1987, Washington D. C, U. S. Department of Justice, 1988, p.3).

38) 범죄분석, 대검찰청.

에는 폭력범이 많고, 월경 시 이상의 경우에는 절도범이 높은 비율을 차지하고
있다.

제4절 여성범죄에 대한 문제점 및 대책

I. 여성범죄분석에 있어서 주의점

오늘날 범죄통계에 대한 타당성과 신뢰성에 대한 회의론은 대체적으로 보편
화되어 있다. 따라서 여성범죄의 동향을 분석하는 데 있어서도 주의해야 할 것이
있다. 첫째로 범죄기록에 나타나지 않는 다수의 범죄가 있다는 것이다. 피해자나
목격자, 또는 충분한 증거의 부족으로 기록되는 것이 제한되거나 금지된다. 비록
피해자와 범죄조사, 또는 자기보고연구를 통해서 기록되지 않은 범죄의 양을 측
정하려는 모든 시도는 이것이 알려진 범죄보다 훨씬 많다는 것을 지적하고 있음
에도 불구하고 기록되지 않은 범죄의 양은 알려지지 않고 있다. 둘째로 범죄기록
의 수치가 정확하지 않다는 것이다. 은폐된 범죄와 기록된 범죄 사이의 관계가
변화할 수 있으며, 그래서 범죄의 외관상 증가는 실제로 행해진 범죄의 증가라고
보기보다는 신고나 기록된 범죄의 증가를 반영할 수도 있다. 셋째로 범죄자의 성
(性)에 관한 유일하고 확실한 자료는 훈방에 대한 경찰통계에서 도출되거나 법
원에서 판결을 받은, 다시 말해서 유죄판결이 내려지는 과정에 있어 상당히 후기
단계에 있는 사람들에 대한 사법적 수치로부터 도출된다는 점이다. 넷째로 소녀
와 성인여성들이 행한 범죄를 신고하고 기록하는 데 있어 밝혀지지 않은 영역에
존재하는 편견이 있다는 것이다.39) 따라서 여성범죄에 대한 분석을 할 경우에는
다음 두 가지 점에 주의하여야 한다. 하나는 심각한 범죄로 유죄판결을 받은 여
성의 수가 대단히 적은 경향이 있기 때문에, 적은 수치상의 증가도 상당히 주의
깊게 해석해야 될 높은 비율의 변화를 의미할 수 있다는 것이다. 또 하나는 관련

---

39) 이영란 역, Frances M. Heidensohn, 여성과 범죄, 24면 이하.

된 적은 수치는 남성에 대해 일상적으로 적용된 다양한 형태의 분석을 여성에 대해서는 사용할 수 없거나 적은 수치이기 때문에 의심을 가지고 다루어야 한다는 것이다.

II. 여성범죄의 피해자학적 접근

우리나라에 있어서 여성범죄에 대한 연구는 다른 범죄학분야의 연구와 비교하여 볼 때 많이 뒤떨어져 있다. 즉 여성범죄의 본질보다는 공식적인 통계에 기초하여 여성범죄의 실상을 확인시켜주는 것으로 자족하고 있는 실정이다. 그리하여 기존의 연구들은 연구방향이나 연구범위 역시 대동소이하여 연구 성과물의 보고 당시에 해당하는 통계수치의 변화만 차이를 보이고 있을 뿐이다. 그런 점에서 범죄피해자학적 접근은 여성범죄에 대한 새로운 방향의 모색이라 할 수 있다.

범죄피해자학은 범죄는 피해자 측의 사정이 범죄발생의 원인으로 제공되거나, 피해자가 범죄동기를 유발시키기 때문에 피해를 입기 쉬운 개인적 특성을 중심으로 피해자 유형을 정리함으로써 범죄대책수립에 중요한 역할을 할 수 있다는 구상에서 출발한다.40) 즉 각 범죄에 있어서 피해자와 관련되는 제 조건을 수집하여 분석하고, 그 보편성이나 특수성을 파악하여 법칙을 명백히 하고 체계화하는 것이다. 이러한 피해자학을 여성범죄에도 적용하게 되면 여성범죄에 대하여 더욱 정확한 조사가 될 것이고, 이를 바탕으로 여성범죄에 대한 대책을 수립하게 되면 여성범죄를 예방하는 효과는 클 것이라고 본다. 예컨대 교도소 수형자를 대상으로 한 조사에 의하면 남성수형자보다 여성수형자가 이성에게 더 많은 피해를 준 것으로 나타났다. 특히 살인의 경우가 현저히 높게 나타났다. 여성범죄자와 피해자의 관계에서는 남성범죄자의 경우는 가족피해자가 별로 없는데 반해서 여성범죄자의 경우는 주로 범죄자의 가족이나 주변사람을 대상으로 범해지는 것으로 나타났다. 그리고 대인범죄(對人犯罪)는 주변인물을, 재산범죄는 전혀 모르는 사람을 대상으로 하고 있는 것으로 나타났다.41) 여성범죄에 있어서 남성범죄

---

40) 宮澤浩一, 被害者學の基礎理論, 世界書院, 1966, 120頁 이하.

41) 최인섭, 여성범죄의 실태에 관한 연구, 83면 이하.

와의 이러한 차이점 등을 고찰한다면 여성범죄에 대한 원인분석에 상당히 유용할 것으로 본다.

또한 미야자와(宮澤浩一) 교수는 피해자가 되는 피해자화(victimization)의 과정은 3차의 과정이 있다고 한다. 제1차 피해자화는 개인이나 집단이 범죄 또는 위법행위 등에 의해 직접적인 피해를 당하는 과정을 말한다. 이 과정에서는 피해자와 가해자가 가지고 있는 각각의 개인적·환경적 요인들이 다양하게 결합하거나 대립·견제하는 상호작용을 한다. 제2차 피해자화는 범죄 또는 사회적 일탈행위에 대한 통제기제의 발동과정에서 피해자에게 제2의 상처가 가해지는 과정을 말한다. 예컨대 범죄사건을 처리하는 경찰 또는 검찰의 권위적 태도, 불친절, 비난이나 불신이 피해자에게 상처를 입히는 것이다. 제3차 피해자화는 피해자가 가해자에 대한 제재를 의욕 하면서도 주위의 사정상 고소권 행사에 제한을 받는다거나 피해에 대한 자책적인 갈등으로 인해 삶을 스스로 포기하는 등의 과정을 말한다.42) 여성범죄의 경우에도 여성의 이러한 피해자화 과정을 고찰한다면 여성범죄의 원인구명에 많은 도움이 될 것이다. 따라서 여성범죄자가 범죄를 실행하기 이전에 받았던 피해상황을 분석하여 검토함으로써 피해자화 과정에서 나타나는 개인적·환경적 요인들을 유형화하고 그 제거를 위한 방안을 수립한다면 여성범죄에 대한 보다 명확한 원인구명과 효율적인 대책이 수립될 것으로 본다.

III. 여성수사관 제도의 활성화

전체범죄자중 여성이 차지하는 비율이 지난 10년간 전반적으로 증가하는 추세에 있는 상황이므로 이러한 여성범죄에 효율적으로 대처하고 보다 원활한 수사를 위해 여성수사관으로 구성된 전담수사반을 설치할 필요성이 있다. 현재 경찰 및 검찰 등의 수사실무의 입장에서도 가정폭력이나 성폭력사건 수사의 경우에 특히 여성범죄자 및 여성피해자에 대한 조사·수사를 여검사와 여성검찰관

---

42) 宮澤浩一, 被害者學の現況, 被害者學研究 創刊號, 日本被害者學會, 1992. 3, 28頁
   이하.

및 여경에 전담시키고 있는바, 여성들이 남성수사관 앞에서 발생할 수 있는 불필요한 오해의 소지나 인권침해를 사전에 예방할 수 있다는 측면에서 더욱 활성화할 필요가 있다.

IV. 여성범죄자 교정처우에 있어서 개선방향

1. 여성전용교정시설의 증설

남성수형자에 비해 지나치게 적은 수의 여성범죄자를 위해서 독립된 교정시설을 설치하고 그들만을 위한 특별한 프로그램을 제공하는 등의 교정이, 결코 비용과 편익이라는 차원에서 볼 때 효율적인 정책이라고 할 수 없다는 이유로 여성범죄자에 대한 방치와 차별을 정당화하고 있다.[43] 그러나 남성과 여성은 생리적으로 뿐만 아니라 정신적으로도 많은 차이를 지니고 있다. 이 같은 현상은 범죄를 저지른 남녀의 경우에도 예외가 아님은 물론이다. 따라서 이에 따른 적정한 교정처우 환경제공이 요망된다고 하겠다. 외국 여러 나라에서도 남녀 범죄자 처우 프로그램의 특수성을 인정하여 오래 전부터 여성전용교정시설을 신축 운영하고 있는 것은 주지된 사실이다.

우리나라의 일반 교정시설 중에 일정한 구역을 정하여 여성재소자를 수용하는 분계주의(分界主義)는 남녀 간의 격리만을 위한 수단으로서는 별다른 문제가 없다고 하겠으나, 근래 교정사조의 큰 물결이라고 할 수 있는 수형자에 대한 교정교화 후의 사회복귀라는 측면을 고려한다면 적극적인 교화활동 등을 시행하기에는 아직 준비가 안 된 부족한 환경이라고 하지 않을 수가 없다.

현행 "형의 집행 및 수용자 처우에 관한 법률" 제13조 제1항에 명시된 남녀재소자를 격리수용한다는 원칙에 따라 교정시설 내에서 여성재소자는 시설물의 사용에 크게 제한을 받고 있다. 그 중 몇 가지를 들어보면, 첫째로 종교집회 및 교

---

43) Coramae Richey Mann, Female Crime and Delinquency, University of Alabama Press, University, AL, 1984, p.216; Todd Clear and George Cole, American Correction, 2nd ed., Brooks/Cole Publishing Co., Pacific Grove, CA, 1990, p.504.

회행사에 제한을 받고 있다. 매주 1회 정도 실시되는 종교집회나 교회의 경우 목회자(신부, 목사, 스님)는 시간 등 제한된 여건으로 남녀재소자를 한 장소어서 동시에 집회할 것이 요구되나 보안원칙 때문에 많은 제약이 따르고 있다. 둘째로 취미활동에서 제한을 받고 있다. 여성의 감성은 남성보다 섬세하고 다기한 것이기 때문에 교정시설에서의 여성재소자에 대한 취미활동도 보다 다양화할 필요가 있다. 그런데도 현재 교정시설내의 악대·서예·합창단 등의 취미활동이 남성재소자 중심으로 운영되고 있는 것은 여성수형자의 각 교정시설에 따른 분산수용으로 인적자원이 부족한 데서 오는 원인이라 할 수 있겠다. 셋째로 후생 및 교육시설 등이 부족하다. 각 교정시설에 수용된 여성재소자가 수적으로 적은 것이 원인이기는 하지만, 여성수용시설 내에는 직업훈련장·교육실·의무실·여가전용실 등이 없는 것은 고사하고라도 생활을 영위하는데 필수적이라고 할 수 있는 목욕탕·세면장 등의 시설도 부족하거나 시설이 미비한 교정시설이 많은 수를 차지하고 있는 것이 현재의 실정이다.

우리나라의 교정행정당국에서도 이러한 여자교정시설의 필요성을 절감하고 여성수형자에 대한 처우상의 배려와 특성에 맞는 직업훈련을 실시하기 위해 1989년 청주여자교도소를 신설하여 운영하고 있으나, 아직도 전국의 교도소에 많게는 60여 명 적게는 10여 명을 분산수용하고 있다.44) 여자교도소를 증설한다는 것이 한편으로 여성범죄자의 교정발전을 위하여 남성범죄자와의 동등한 처우를 요구하게 되는데, 이 경우 동등한 처우가 여성수형자의 특수한 필요와 처우의 시행에 걸림돌이 될 수도 있다.45) 그러나 전국 시설에 분산되어 있는 소수의 인원에게는 체계적인 교정이나 교화를 적용하기 어려우므로 여자교도소를 증설하여 실질적인 자력갱생의 능력을 함양시켜주고 여성생리에 적합한 처우를 가능하게 함으로써 여성범죄의 근원적 방지에 기여하는 제도로 정착시켜 나가야 하겠다.

---

44) 통계분석, 교정국.

45) Nichole Hahn, "Equity or Difference?" pp.7~11 in Female Offenders: Meeting Needs of a Neglected Population, American Correctional Association, 1993, p.3.

2. 교정시설의 개방화

남성수형자와는 달리 자녀가 있는 여성수형자에게는 자신의 수감으로 인한 자녀들의 생활에 대한 염려와 의기소침이 여성수형자의 교정에 상당한 영향을 미친다.46) 예컨대 수감사실을 자녀에게 알릴 것인가 숨길 것인가에 대한 딜레마, 자녀와의 헤어짐으로 인한 불안감, 자녀에 대해 아무 것도 할 수 없다는 죄책감이 무력감을 느끼게 하고, 자기 자신에 대한 자기증오를 경험하게 한다. 무력감에 휩싸인 채 느끼게 되는 죄책감은 수감된 어머니에게는 적이 되고 만다. 이러한 죄책감은 그들이 출소하더라도 계속된다.47) 출소 후에도 이들 어머니는 가정에서 자신의 역할과 위치를 재정립하는 것이 쉽지 않다. 어머니의 구금기간에 자녀들은 어머니 없이도 생활하는 요령과 방법을 터득하며, 공개적으로 어머니의 구금사실과 전과를 문제 삼아서 어머니를 거부하기도 한다.

더욱 큰 문제는 여성수형자가 임산부인 경우나 그들의 자녀가 아주 어린 유아인 경우이다. 임산부에 대한 교정관리는 물론이고, 그녀에 대한 건강의료상의 문제도 적지 않게 발생할 수 있다. 교도소 내에서 출산하는 경우 아이의 생모가 교도소에서 직접 양육하도록 하거나 아니면 국가기관에서 대신 양육의 책임을 질 수도 있고, 교도소 외부의 친권자나 보호자 또는 가족에게 양육을 맡길 수도 있다.48) “형의 집행 및 수용자 처우에 관한 법률” 제53조에서는 신입의 여자가 소생유아의 대동을 신청한 때와 수용 중 출생한 유아에 대하여는 생후 18개월까지 같이 있게 하고 있다. 그러나 그 후에는 함께 생활하지 못하기 때문에 이에 대한 불안감이 조성될 수 있다.

따라서 교도소에 구금된 어머니와 사회의 자녀가 통합될 수 있도록 하는 방법이 필요하다. 이러한 방법은 다음과 같이 세 가지 형태로 이루어 질 수 있다. 첫

---

46) 이윤호, 교정학, 박영사, 2007, 330면 이하.

47) Phillis Jo Baunach, You can't be a mother and be in prison⋯can you? Impact of mother-child separation, in B. R. Price and N. J. Sokoloff(eds.), The Criminal Justice System and Women, Clark Boarfman, New York, 1982, p.157.

48) Karen E. Holt, 'Nine Months to Life ─ the law and the pregnant inmate', Journal of Family Law, 1982, 20: pp.523~543.

째로 교도소로부터 멀리 떨어져서 어머니와 자녀가 함께 살 수 있게 해주는 지역사회에 기초한 프로그램, 둘째로 교도소 내에서 어린 자녀로 하여금 구금된 어머니와 함께 살 수 있도록 하는 특수한 독채(cottage)를 마련하는 프로그램, 셋째로 가족구성원을 위한 방문접견의 확대로서 부모역할훈련이나 상담 등을 동시에 제공하는 프로그램 등이다.[49] 이 밖에도 교도소 내에서 자녀와 만날 수 있는 특별면회실의 마련이나 교도소 밖의 1일 소풍이나 광장 등의 프로그램을 마련하여 실시함으로써 모자간의 헤어짐으로 인한 무력감과 불안감을 어느 정도 해소할 수 있을 것으로 본다.

3. 모자가정과 미혼모 보호를 위한 제도정비

모자가정과 미혼모가 증가함에 따라 이들에 대한 보호가 절실하다. 모자가정의 경우 여성이 범죄로 인하여 수감되었을 경우에 가장 크게 직면하는 문제는 경제적 어려움과 아동의 양육문제이다. 따라서 이러한 문제를 해결하고 므자가 스스로 가정생활의 안정과 향상을 도모할 수 있기 위해서는 보호 모자가구에 대하여 생활보조나 직업알선을 강화하고 필요한 경우에는 모자원에 입소시켜 일정 기간 동안 사회적응능력과 자립기반 확립을 위한 준비기간을 갖도록 해야 할 것이다. 또한 미혼모에 대해서는 사회적·국가적 차원에서의 미혼모와 그 자녀를 위한 정책을 고려하여 그들이 범죄로 유인되는 통로를 차단하여야 할 것이며, 여성단체를 중심으로 미혼모들에게 인간적인 삶을 보장할 수 있도록 제도적인 지원이 이루어 져야 할 것이다. 이를 통하여 그들에게 용기를 부여하고 삶의 방향을 논의 할 수 있는 미혼모상담소 개설, 탁아소 설립, 직업교육의 활성화, 성교육의 강화 등이 우선적으로 실시되어야 할 것이다.

---

49) Jane Robert Chapman, Economic Realities and the Female Offender, D. C. Health, Lexington, MA, 1980, p.122.

4. 사회적 자원의 교정참여 확대

교정교화를 실질적으로 시행하기 위해서는 학과교육을 비롯한 기술·예능·의학 및 취미생활과 종교교육에 이르기까지 여러 전문분야의 공동적 종합 활동이 요구된다. 그러나 교정시설에 필요한 인력과 시설을 갖추는 데에는 한계가 있다. 그것은 어느 나라나 당면하고 있는 문제로서 한정된 국가의 재정적 뒷받침 때문에 재소자를 위하여 투입될 수 있는 자원은 항상 부족하기 마련이다. 이러한 교정시설 내 자원부족의 문제를 해결하고 교정처우의 질을 향상시키기 위한 방법으로 우리나라에서도 교화위원과 종교위원제도를 운영하고 있으나, 외국에서는 교정교화 업무이외의 각 부서에서도 많은 자원봉사자를 종교·교육부문뿐만 아니라 교정시설내의 의료 및 행정 처리에 이르기까지 전문가는 물론 가정주부·학생도 자원봉사자로 활용하고 있다. 따라서 우리 교정시설에서도 교정이념 변천에 따른 교정처우의 개방화·사회화 추세에 따라 사회 내 인적 자원을 보다 적극적으로 교정행정에 참여토록 함으로써 교정행정을 보다 효과적으로 운영해야 할 것으로 본다.

5. 사회교육 프로그램의 활용

사회교육 프로그램이란, 교육을 통하여 범죄자들의 바람직하지 못한 사회적 태도를 개선하는 것을 목적으로 소집단 교육방법과 여러 가지 행동지향적 교육기법을 사용하는 교육을 말한다. 예컨대 Emotional Maturity Instruction(EMI)이라고 알려진 사회교육 방법은 Georgia 주의 한 중경비교도소에서 개발되어 성공적으로 적용되고 있으며, 근래에는 소년재판소와 보통 경비교도소 그리고 여성교화원에서도 성공적인 사회교육 방법으로 활용되고 있다. EMI 교육은 개인적인 성숙과 사회관계에 관한 중요한 원칙들을 가르치는 것으로 시작되는데, 이 프로그램에 참여하고 있는 재소자들은 학습된 원칙들을 행동 실습할 수 있는 능력을 검사 받기 위해 경험적인 실습의 기회를 가지게 된다. 즉, 몇 가지 생활원칙에 대한 1주일간의 실습 뒤에 새로운 행동경험을 가지게 되고, 이 경험을 소집단

회합에서 토론하게 되고 거기서 실행상의 오류가 발견되면 새로운 교정방안을 이용하여 재소자가 새로운 행위유형을 발전시키도록 돕는 것이다. 주어진 몇 가지 원칙이 재소자의 행위에 잘 반영되면 새로운 원칙과 행동훈련이 소개도고 경험하는 방법으로 해서 전체 프로그램이 12주에서 15주 동안 계속된다.[50] 개인적인 성숙과 정상적인 사회관계를 유지할 수 있는 능력의 신장은 재소자를 재사회화시켜 정상적인 사회생활에의 적응을 가져올 수 있게 함으로써 재범을 예방하는 기능을 하기 때문에 효과적인 교정교화 방법의 한 가지가 될 수 있을 것으로 본다.

6. 사회 내 여성보호기관의 확대

일본의 경우 여성범죄자 중 경범죄에 해당하는 매춘방지법을 위반하여 보도·처분된 성인여자를 수용하여 그 갱생을 위하여 필요한 보도를 행하는 교정시설로서 부인보도원을 운영하고 있다.[51] 이 기관에서의 수용기간은 6개월을 한도로 하며, 그동안 규율 있는 밝은 환경 하에서 사회생활에 적응하기 위해 필요한 생활지도와 직업 보도를 행하고, 아울러 갱생에 방해가 되는 심신의 장애를 제거하기 위한 각종 의료를 시행하고 있다. 이에 유사한 여성보호시설은 미국을 비롯한 유럽제국에서도 운영되고 있으나 우리나라에서는 아직까지 여성을 위한 사회정책의 부족과 여성 단체의 영세성 등으로 인하여 제도화되지 못하고 있는 실정이다. 따라서 우리나라에서도 각계각층의 직능을 대변하는 여성단체를 육성하여 여성교화사업에도 적극 가담할 수 있는 능력배양과 사회적 환경조성이 필요하다.

---

50) 김보환, 교정에의 새로운 접근방법, 교정, 1988. 5, 43면 이하.

51) 범죄백서, 법무원수원, 2007, 149면.

제5절 결 어

　오늘날 여성범죄의 일반적인 추세는 종래에 비하여 양적으로 증가하고 있는 것은 물론 질적으로도 과격해지고 남성화하는 양상을 보이고 있다. 물론 국가에 따라서 여성범죄 비교에는 많은 차이를 나타내고 있으나, 공통된 특징은 대체적으로 선진화된 국가가 후진국이나 개발도상국가에 비하여 여성범죄 발생률이 높다는 것이다. 이러한 현상은 사회·경제·문화가 발달하고 산업이 고도화됨으로 인해서 여성들의 사회 각 분야의 참여 폭이 확대되고 경제적인 능력도 함께 신장됨으로 해서 범죄원인과 접촉할 기회가 많아진 데 따른 당연한 결과라고 할 수 있다.

　우리나라의 경우 외국에 비해서 여성범죄자의 수는 아직까지 크게 우려되고 있지는 않으나, 근래에 이르러 다원화된 산업사회로의 변화가 가중되고 있는 우리 사회구조의 형태를 볼 때 낙관하고 있을 수는 없다고 하겠다. 특히 역사적으로 볼 때 일제 강점 36년과 6.25동란을 거치면서 국민들의 가치관은 혼란에 빠지고 반세기에 걸쳐 이어지는 위기상황 속에서 생존에 대한 절박한 심리적 압박을 경험하면서 물질만능의식이 팽배하게 되고, 60년대 이후 급속한 서구화문명의 범람은 사회 환경을 오염시키고 범죄성을 부채질하는 병폐가 독버섯처럼 자라났다. 그러나 국민의식은 이러한 변화에 자연스럽게 대처하지 못하고, 그에 따른 부작용으로 부모학대·퇴폐행위 등이 성행하여 여성범죄를 증가시키고 있으며, 앞으로도 이러한 추세는 더욱 늘어날 것으로 예상된다.

　이와 같은 주된 원인 이외에 기타 부가적 요인이 복합적으로 작용하여 발생하는 여성범죄를 줄이기 위해서는 무엇보다도 건강한 가정육성과 교육의 정상화가 필요하며 나아가서 국민전체를 통합할 수 있는 올바른 가치관을 확립하여 여성범죄의 발생소지를 줄여 나가는 데 노력하는 한편, 일시적인 과오로 범죄를 범한 여성에 대해서는 그 범죄동기 및 성향 등을 면밀하게 파악하여 개전의 정이 있거나, 보호관계가 확실한 경우에는 가급적 시설 내 수용을 지양하고 보호처분 등을 적극 활용하는 정책전환이 요구된다고 하겠다.

또한 범죄내용이 중하여 시설 내 수용이 불가피한 여성 범죄자에게도 다음과 같은 교정환경 조성으로 교화개선에 적극 노력할 것이 요망된다. 첫째로 거방화된 여성전문교정시설을 신축하여 단계별 처우와 처우의 개별화를 실질적으로 이행하여야 한다. 둘째로 통합된 가치관 정립을 위한 교정교육을 강화한다. 셋째로 사회복귀 후에 자력으로 생계를 유지하는 데 활용될 수 있는 직업훈련을 다양하게 실시한다. 넷째로 교정시설 내에서도 가정 또는 보호자와의 관계를 계속 유지할 수 있도록 특별한 의사소통의 길을 마련하여야 한다. 다섯째로 사회 내 보호기관을 관·민 합동으로 육성하여 추후 지도와 취업 알선의 임무를 수행토록 하는 것이 바람직할 것으로 생각된다. 여섯째로 여성범죄의 논의는 여성범죄자측면에서만 접근한다면 가해자와 피해자간의 갈등관계에서 빚어지는 범죄의 본질을 파헤치는데 제한이 있을 수밖에 없다. 따라서 여성범죄와 관련한 여성피해자에 대한 분석도 함께 시도되어야 할 필요가 있다. 일곱째로 여성범죄의 원인에 관한 이론적 논의보다는 실제적인 분석이 요청된다는 점이다. 이론적 결론을 실제와 접목시켜 그 이론의 타당성 검증을 시도할 필요가 있다. 끝으로 기존의 사회교육 프로그램의 효율적 활용과 더욱 획기적인 대체 프로그램의 개발이 요청된다고 하겠다.

이상으로 우리가 경험하고 있는 바와 같이 여성범죄는 비교적 경미한 것이 많고, 또한 많은 수의 여성범죄가 동정의 여지가 있는 정황에서 행해지고 있으며, 그리고 여성은 정신적·사회적 특수성 때문에 여성범죄자에 대한 형사처분에는 보다 신중성이 요구되어지며, 이와 같은 고려는 여성범죄의 감소와 무관하지 않음을 인식하고 여성범죄자 교정교화에 범국민적 관심을 제고해야 하겠다. 그리하여 사회곳곳에 가정과 사회를 단숨에 파괴할 수 있는 범죄를 저지르고 있는 여성범죄를 예방해야 할 것이다.

제7장

소년범죄자의 심리

제1절 서 설

2000년 이후 감소하던 소년범은 2007년 학교폭력 자진신고 및 집중단속 기간 운영 등으로 폭력범과 절도범이 전년대비 27.6% 증가하였으며 전체범죄자의 5.5%를 점유하고 있다. 소년범의 구성비를 보면 폭력범이 27.9%, 절도 33.0%, 교통사범 등 특별법범이 30.8%를 각각 차지하고 있다.

【소년법상 소년의 구분】 우리나라 소년법은 1954년 7월 제정된 이후 7차례의 개정이 있었다. 2011년 8월 개정된 소년법에 의하면 '소년'이란 19세 미만자를 말한다. 따라서 10세 이상 19세 미만 소년의 범죄 및 비행행위를 범죄소년, 촉법소년, 우범소년으로 구분할 수 있다. 범죄소년은 14세 이상 19세 미만인 소년의 형벌법규에 위반되는 행위를 말하며, 촉법소년은 형벌법규를 위반했으나 10세 이상 14세 미만의 형사미성년자이기 때문에 형사책임을 묻지 않는 경우를 말한다. 그리고 우범소년은 10세 이상 19세 미만의 범죄를 범할 우려가 있는 소년, 즉 보호자의 정당한 감독에 복종하지 않는 인격을 지녔거나 정당한 이유 없이 가정에서 이탈하고, 범죄성을 지닌 사람 또는 부도덕한 사람과 교제하거나 타인의 덕성을 해롭게 하는 인격이 있어 그 자체는 범죄가 아니지만 범죄를 저지를 우려

가 있는 소년을 말한다.

소년범죄는 주로 소년의 사회적 미성숙에서 비롯된다는 점을 고려할 필요가 있다. 왜냐하면 소년은 신체발달에 비해 정신적으로 성숙하지 못해 감정통제 부족으로 우발적인 범죄를 일으키고 주위의 유혹에 쉽게 빠져들며 유흥비 등을 마련하기 위해 범죄를 저지르기도 한다. 또한 정보통신산업의 발달로 인하여 인터넷을 통해 폭력·음란 매체물을 쉽게 접할 수 있게 되었고 무분별한 유흥업소의 확산으로 소년이 범죄환경에 노출되어 있어 정서적으로 불안정한 소년의 비행을 부추기고 있다.

이와 같이 소년은 사회적 미성숙과 사회적 유해환경으로 인하여 쉽게 범죄에 빠져들 수 있는 반면에 다른 한편으로는 쉽게 교정될 수 있는 가능성 또한 내포하고 있다. 이러한 방향에서 소년범죄에 대한 대책이 마련되어야 하고, 이미 발생한 범죄에 대한 형벌은 교육형의 의미를 갖도록 하여야 한다. 뿐만 아니라 소년을 둘러싸고 있는 사회적 환경, 가정환경, 학교환경 등을 개선함으로써 소년이 범죄에 물들 수 있는 근본적 기회를 최소화하는 데 힘써야 한다.

제2절 소년범죄에 대한 원인론

소년범죄의 배경과 원인은 매우 다양하다. 소년범죄자의 개인적 특성이나 소질을 중요시 하는 입장에서는 생물학이나 인류학적 방법 및 정신병리학이나 정신의학적 방법에 의하여 개인의 유전적 소질, 정신적·신체적 결함 등에서 범죄의 원인을 찾으려 한다. 이에 비해서 범죄사회학적인 관점에서는 범죄자의 주위를 둘러싸고 있는 가정, 학교, 직장, 교우관계, 사회의 문화 또는 가치체계와 범죄와의 관계에서 범죄의 원인을 찾으려 한다.

한편 미국의 슈마커(D. M. Shumaker)와 프린스(R. J. Prinz) 및 영국의 하드위크(P. J. Hardwick)와 르튼리(M. A. Rowton-Lee)는 개인적 요인, 가족적 요

인, 환경적 요인으로 구분하고 있다. 결국 소년범죄의 발생원인은 이 다양한 요인들을 종합함으로써 설명할 수 있을 것이다.

I. 개인적 요인

개인적 요인으로는 호르몬의 영향, 정신병 증상, 알코올 및 약물 남용, 충동조절의 문제, 신경학적 문제, 학업의 어려움 등이 있다.

1. 호르몬의 영향

소년기에는 급격한 체중증가와 신장의 발달뿐만 아니라 2차 성징이 출현하게 되는데 이러한 신체의 변화는 내분비선에서 나와 혈관을 통해 신체에 전달되는 호르몬이라는 강력한 화학물질 때문에 나타나는 현상이다. 사춘기 발달에 중요한 두 개의 호르몬은 남성화되기 위한 호르몬인 안드로겐과 여성화되기 위한 호르몬인 에스트로겐이 있다. 이 외에도 사춘기 남자 소년들의 발달에 매우 중요한 역할을 하는 테스토스테론이 있다.

소년기의 범죄 증가는 이러한 신체의 변화와 연결시킬 수 있다. 소년기의 발달에 있어서 반드시 있어야 하는 테스토스테론은 남성화를 시키기 위한 호르몬이기도 하지만 공격성에 영향을 미치는 호르몬으로 알려져 있다. 그런데 이러한 호르몬의 발달과 성인과 비슷해지려는 신체적인 발달을 통해 소년들은 외적으로는 성인과 유사하지만 현실적으로는 아동으로 대우받는 이중적인 지위로 인해 범죄가 증가한다는 것이다.[1]

2. 정서적 불안

헤리(Healy)와 부로너(Bronner)는 범죄는 원만하지 못한 인간관계에 의해서 생기는 정서장애에 있다고 보았다. 즉 사람들은 본래 가족 또는 다른 사회관계에

---

[1] 이수정, 최신범죄심리학, 북카페, 2008, 116면.

서의 안정감, 특정의 사람이나 집단에서 용인되어지는 감정, 한 사람의 인격으로서 인정되어지는 일, 특히 어딘가에 적응하고 있다는 감정 등에 대한 욕구나 원망을 가지고 있다. 그러나 이러한 기본적인 욕구나 원망이 방해를 받게 되면 정서적인 불안이 생긴다. 그 중에서도 젊은 사람들은 주로 가정에서 충족되어지지 않은 인간관계는 정상적인 충동이나 욕구, 원망이라는 감정 흐름의 발해물이 된다. 따라서 불만, 열등감, 상실감 등의 정서적인 장애를 일으키며 이것을 해소하기 위하여 상대적인 활동을 찾게 되는데 불량한 교우, 특별한 유혹에의 접촉, 좋지 않은 책을 읽어서 얻어진 비행의 이미지와 결부되어서 범죄에 나아가기 쉽다. 대부분의 범죄소년들은 반항적이고 자기가 만족할 만큼 인정받지 못하고 있다는 감정이나 원한감을 가지고 있다. 또 타인에 대해서 적의나 의혹감을 가지고 있으며 이로 인하여 파괴적·가학적인 경향, 정서변이 등과 같은 인격 특성을 갖게 되고 정서적인 갈등이나 열등감을 해결하고자 감정과 욕망에 사로잡혀 충동적인 범죄를 저지름으로 인하여 자기과시나 만족감을 얻으려는 경향이 있다고 한다.[2]

프로이드(Freud)의 인격구조 중 자아에 관심을 가지고 있었던 술리반(Sullivan)은 자아가 인간발달에 있어서 다른 사람과 어떠한 관계를 유지하는지가 중요하다고 인식하고, 유아기부터 청년 후기까지 여섯 단계로 분류하여 이 상호작용의 욕구에 대해 설명하고 있다. 초등학교 시절인 소년기는 친구를 필요로 하는 시기이며 이 시기에는 여러 종류의 다양한 인간 형태에 대해 알게 되고 협동심과 경쟁심을 배우게 된다고 한다. 또한 눈부신 지적성장을 하게 되고, 여러 종류의 사회적 고정관념도 습득하게 된다. 전청년기는 모든 것을 털어놓고 이야기 할 수 있는 '단짝'이 필요한 시기로서 소년기가 다른 사람들과의 관계를 폭넓게 하는 시기라면 전청년기의 특징은 그 관계를 깊게 하는 것이다. 이 시기는 깊이 사귈 수 있는 단짝을 필요로 하는 시기로 자신에 대한 견해를 수정할 수도 있다고 한다. 청년후기의 상호작용 욕구는 이성과의 애정관계를 형성하는 욕구로 나타난다고 한다. 그런데 이 시기는 생리적인 변화가 일어나고 성적 만족을

---

2) 이장현·우룡·조혜경, 청소년범죄의 동향과 대처방안에 관한 연구, 한국청소년정책연구원, 한국청소년개발원 연구보고서 04-R21, 2004. 12, 23~24면 참조.

얻으려는 새로운 욕구가 함께 자리하게 되고 현실적으로도 자신의 성적 욕구충족이 불가능하다는 것을 깨닫게 된다. 그래서 청년들은 이러한 욕망을 의식 밖으로 밀어내려는 노력을 하게 되며 가능한 빨리 그 불안에서 벗어나려고 한다는 것이다. 결국 술리반(Sullivan)의 이론에 의하면 비행소년들은 다양한 친구를 만나고 그를 토대로 단짝을 형성하는 소년기 및 전청년기 시절에 제한된 교우관계를 형성하거나 혹은 인터넷 및 컴퓨터 게임과 같은 매체와 성장하는 경향이 있다는 것이다.[3]

3. 학업의 어려움

인지발달이론은 소년들의 의식적인 사고를 강조한다. 인지발달이론의 근간인 피아제(Piaget)에 의하면 인지발달은 뇌와 신경계의 성숙과 환경의 상호작용의 결과라고 한다. 그는 인지발달은 감각운동기[4], 전조작기[5], 구체적 조작기[6], 형식적 조작기[7] 라는 4단계를 거친다고 한다. 소년기에 해당하는 발달단계는 형식적 조작기라고 할 수 있는데 이 단계에서는 충분한 감각운동기의 경험 및 전조작기의 경험과 구체적 조작기의 경험을 토대로 형식적 조작기에 이른다. 다라서 개인의 이전 경험에 따라 많은 차이가 생길 수 있고 그 발달의 폭이 가장 크고 개개인에 따라서는 이 시기의 인지적 특징인 추상적 사고가 다양할 수 있다. 비행소년들에게는 이전 경험의 결손을 통해 충분한 학습 인지적 자극이 이루어지지 않고 있다. 소년들의 과업 중 대표적으로 생각할 수 있는 것이 학교생활을 통한 사고능력의 확장이다. 비행에 가담하는 소년들은 학교과정을 충분히 숙지하

---

3) 이수정, 최신범죄심리학, 117~118면 참조.
4) 모방과 기억, 사고의 시작단계이며, 대상연속성을 인식하고 단순 반사행동에서 목적을 가진 행동으로 발전하는 단계이다.
5) 언어가 점차적으로 발달하고, 상징적인 형태로 사고하며 일방적인 관계에서 사고할 수 있고 사고와 언어가 자아중심적인 특징을 보인다.
6) 논리적으로 구체적인 문제를 해결할 수 있고 보존개념의 이해, 유목화와 서열화 가능, 가역성을 습득할 수 있는 단계이다.
7) 논리적으로 추상적인 문제를 해결할 수 있으며 사고가 점차 과학적으로 변하고 복잡한 언어과제나 가설적인 문제해결이 가능한 단계이다.

기 어렵다. 빈번한 결석을 비롯하여 기초실력이 부진할 수밖에 없으며 초기의 학습이 후기의 학습에 지속적으로 영향을 미치는 형식적인 관계에서 시간이 흐를수록 비행소년들은 학습을 수행하기가 어려워진다. 따라서 학업에 흥미를 잃게 되므로 학교 내에서도 학업 이외의 것, 즉 누적된 결손에 영향을 받지 않고 쉽게 이른바 '짱'이 될 수 있는 싸움 등에 관심을 가지게 된다든지 혹은 학교 밖의 것, 즉 폭력과 같은 비행에 눈길을 돌린다는 것이다.[8]

II. 환경적 요인

1. 사회통제이론

일탈행위는 개인의 사회에 대한 연대(bond)가 약해지거나 끊어졌을 때 발생한다는 이론이다. 즉 모든 인간은 규범을 준수하기 보다는 규범을 어기고 싶은 충동을 항상 가지고 있으나 사회통제의 결과 사회와 유대를 갖고 있기 때문에 어기지 못한다는 것이다. 따라서 이러한 유대가 약해지거나 끊어지면, 다시 말해서 사회통제가 개인에게 영향을 행사하지 못하게 되면 그 개인은 거의 자동적으로 규범을 어기게 된다는 것이다.

특히 소년들은 정서적으로 불안하고 주위환경에 매우 민감하게 반응할 소지가 다분히 있기 때문에 규범을 어기고 싶은 충동을 느낄 때 가족성원이나 지역사회의 관심과 통제가 있으면 규범을 어기지 못한다고 한다. 결국 가족성원과 얼마나 유대감을 가지고 있으며 자신이 살고 있는 지역사회나 자신이 속한 집단에 대해서 느끼는 소속감의 정도에 따라 범죄를 접할 가능성이 상당이 높아질 수 있다.

2. 아노미이론

일탈행위는 문화적으로 규정된 목표와 그 목표를 달성하기 위하여 사회적으

---

8) 이수정, 최신범죄심리학, 121~122면 참조.

로 구조된 제도적 수단이 조화적으로 작용하지 않을 경우에 생긴다는 이론이다. 머튼(Merton)에 의하면 미국과 같은 자본주의 사회에서, 소년들은 자라나면서 물질적 풍요로움을 달성하는 것을 사회적으로 성공하는 것으로 여기게 학습되어진다고 한다. 그러나 그와 같은 물질적인 욕구를 모든 사람들이 충족시킬 수 있을 만큼의 자원이 존재하는 것은 아니며, 일부의 사람들만이 합법적인 수단에 의하여 그러한 문화적 목표를 성취할 수 있는 구조적으로 역기능적인 특성을 지니고 있다고 한다. 그 결과 일부의 사람들은 그와 같은 문화적 목표를 비합법적인 수단을 이용하여 달성하려고 하는데 이들을 '일탈행위자'라고 규정한다. 그리고 이와 같은 일탈의 형태를 동조형(conformism), 혁신형(innovation), 의식형(ritualism), 반항형(rebellion), 도피형(droopping out) 등으로 구분한다.9) ① 동조형은 문화적으로 용인된 목표를 법적인 수단에 의해 달성하려고 한다. ② 혁신형은 문화적인 목표를 달성하기 위해 정해진 기존의 방법을 거부하면서 문화적 목표자체는 수용한다. ③ 의식형은 실패로 인하여 더 이상 욕구불만이 되지 않을 정도까지 보다 높은 지위에의 소망을 포기하거나 낮추려고 한다. ④ 반항형은 현존하는 목표와 수단을 거절하면서 동시에 사회체제에 새로운 목표와 그것을 얻기 위한 새로운 수단을 적극적으로 제시한다. ⑤ 도피형은 사회적 압력이 되는 성취목표와 그 목표를 달성하는 수단을 모두 거부한다. 그리고 이들 유형들 중에서 범죄와 관계가 깊은 유형은 '혁신형'과 '도피형'이라고 한다.

이러한 머튼의 이론을 보다 더 확대하고 발전시켜 소년의 비행에 적용한 사람은 크워드(Clward)와 오린(Ohlin)이다. 그들은 합법적인 수단에 접근할 수 없는 사람은 비합법적인 수단에 접근한다고 가정한 머튼(Merton)과는 대조적으로 조금이라도 혁신적인 방법으로 성공을 성취하기 위해서는 동기부여 그 이상을 필요로 할 뿐만 아니라 비합법적인 수단을 이용하는 방법을 배워야 한다고 한다.

3. 비행하위문화이론

비행하위문화(delinquent subculture)란 범죄자(비행자) 집단 가운데 공유하고

---

9) 김용우·최재천, 형사정책, 박영사, 1998, 147~149면 참조.

있는 특정의 이념, 가치관에 기초한 사고나 행동양식으로서 범죄나 비행행동이 불가결의 요소가 되고 있는 문화를 말한다.

코헨(Cohen)에 의하면 하층계급의 소년들은 물질적인 개선을 선호하고 학습에 의해 그리고 후에는 노동을 통해 더 높은 사회적 지위를 얻으려고 한다. 그러나 그들이 가정에서 받는 교육은 그들이 학교상황에 적응하는 것을 크게 저해하고, 또한 그들은 미래의 성공이 가져다 줄 이익을 위하여 현재의 희열을 포기할 적절한 준비가 되어 있지 않으며, 공격성을 억제하거나 사회적 미덕 또는 소유권에 대한 존중에 관하여 충분한 교육을 받지 못했다. 양육에 있어서의 이와 같은 차이가 하층계급의 소년들이 중산계층의 아이들과 비교하여 일반적으로 열등한 원인이 된다. 즉 그들은 배우지 못한데다가 학교환경에 잘 적응하지 못하는 것이다.

학습을 통해 향상할 기회를 차단당했다는 느낌은 인생에서 성공하고자 하는 소망과 결합하여 욕구불만과 공포를 낳고 소위 반동형성(reaction formation)에 의해 해결되는 상황을 초래한다. 이것은 중산계층의 가치를 전면적으로 전도하고 학교에서 장려하는 가치에 반하는 특정한 행위를 하는 것을 의미한다. 따라서 조직범죄집단하위문화는 근시한적인 쾌락주의로 특징지어지고, 평가된 가치는 무용하고 적대적 그리고 부정적이다. Cohen에 의하면 조직범죄집단의 형성은 그들의 소망이 차단되었다고 느끼는 소년들에게 집단적으로 해방감을 느끼게 하는 동기가 된다는 것이다.

4. 문화전파이론

쇼(Shaw)와 멕카이(McKay)는 도시의 지도상에 범죄가 일어나는 장소와 범죄자의 거주지를 도표로 작성하여 범죄와의 관련요인을 찾아내었다. 즉 대도시에서 범죄의 발생률은 지구 또는 지역에 따라 다르며, 범죄율은 도시의 중심가나 상공업지대에 가까운 곳, 저렴한 임대주택이 많은 빈곤지역이 높다고 한다. 이러한 관찰은 범죄가 많은 지역에서는 그 문화에 범죄를 일으키는 고유요소가 있으며, 범죄와 친화적인 문화는 세대에서 세대로 인계되고 있다는 것이다. 범죄가 적은 지역에서는 아동의 훈육이나 기타 행동양식에 있어서 전통적인 가치가 지역의 분위기를 지배하며 법준수가 잘 이루어지고 있다. 이 지역 소년들은 준법적인 가치체계와 접촉할 일이 없기 때문에 전통적이고 준법적인 가치세계에 적합한 행동양식으로 고정된다. 비록 범죄가 발생하더라도 직접 접촉하여 학습할 기회가 없으므로 범죄를 저지를 수 있는 행동양식은 확립되지 않는다. 범죄다발지역에서도 준법적인 가치체계나 여러 가지 행동기준과 규범이 있으며, 이 지역 소년들은 어떠한 행동기준에서도 자신들이 추구하는 목표를 달성할 수 있다는 것을 배우게 된다.10)

제3절 소년범죄의 특징

I. 소년범죄의 양적 동향

소년범죄의 동향은 <표 7-1>에서 보는 바와 같이 소년범죄의 연령을 12세 이상에서 10세 이상으로 낮추기 전의 전체 소년범은 2006년 69,211명에서 2007년 88,104명으로 증가율이 27.3%에 달한다. 그러나 소년범의 연령을 10세 이상 18세 이하로 개정한 2008년의 경우에는 소년범의 비율이 53.2%로 급격히 증가하다가 그 이후 2009년과 2010년에는 각각 -16.3%와 -20.6%로 급격히 감소하는 경향을 보이고 있고, 다만 총 범죄 중 소년범의 점유비율은 모두 4.5%로 변동이 없음을 알 수 있다.

한편 소년범죄자 중 특별법범의 구성 비율을 보면, 2006년, 2007년, 2008년에는 각각 26.5%, 31.4%, 40.9%로 증가하였으나 2009년에는 27.9%, 2010년에는 21.9%로 감소하였다. 2010년도 소년범죄자 수는 89,776명이고 그 중 형법범이 70,045명 특별법범이 19,731명으로, 2009년에 비해 전체소년범과 형법범, 특별법범 모두 감소하였다.

---

10) 이장현·우룡·조혜경, 청소년범죄의 동향과 대처방안에 관한 연구, 29~30면 참조.

〈표 7-1〉 최근 5년간 전체 소년범죄자 동향

연도	총범죄	전체소년범	전년대비 증감률(%)	소년범죄 점유비율(%)	형법범	특별법범
2006	1,932,729	69,211	26	3.6	50,846	18,365
2007	1,989,862	88,104	27.3	4.4	60,426	27,678
2008	2,472,897	134,992	53.2	5.5	79,766	55,226
2009	2,519,237	113,022	−16.3	4.5	81,378	31,644
2010	1,954,331	89,776	−20.6	4.6	70,045	19,731

주 : 범죄분석(대검찰청, 2007~2011년), 범죄백서(법무연수원, 2011).

II. 소년범죄의 질적 동향

1. 범죄행위의 폭력성

최근 5년간의 범죄동향을 보면, 소년범죄는 점차 폭력화하는 경향을 보이고 있다. 그 폭력화는 흉악범과 폭력범처럼 범죄를 행할 때 폭력을 수반하는 것을 의미한다.

<표 7-2>에서 소년범죄의 연령이 10세 이상 19세 미만으로 개정된 2008년 이후부터 2011년까지의 소년의 살인, 강도 등 흉악범의 수를 보면, 범죄인원은 거의 변화가 없으나 전제범죄자 중 소년범죄가 차지하고 있는 비율은 줄곧 감소추세를 보이고 있다.

그러나 강간을 포함해 살인, 강도, 방화 등 4대 주요 강력범죄를 저지른 소년범 수도 꾸준히 늘고 있다. 4대 강력범죄를 저지른 소년범 수는 2007년 1,928명에서 2011년에는 3,289명으로 약 70% 증가한 것으로 나타났다.

특히 강간은 2008년 1,589명에서 2010년과 2011년에 약 2,000명대로 급격히 증가하고 있음을 알 수 있다. 즉 2008년 134,992명을 기록했던 전체 소년범 수는 2010년 89,776명으로 약 33% 감소한 반면, 같은 기간 강간을 저지른 소년범 수는 1,589명에서 2,012명으로 오히려 27% 급증했다.

이는 2010년 이후 강간범죄 통계에 강제추행, 성매매 알선 등 아동·청소년의 성보호에 관한 법률 적용대상 범죄가 포함된 것을 고려해도 큰 폭의 오름세다.

<표 7-2> 소년 흉악범 인원 및 비율

죄명 년도	계		살인	강도	강간	방화
	인원	비율				
2007	1,928	13.1	19	929	834	146
2008	3,016	15.2	12	1,226	1,589	189
2009	3,182	14.1	18	1,414	1,574	176
2010	3,106	13.3	19	819	2,107	161
2011	3,289	12.6	12	1,082	2,012	172

주 : 1. 범죄분석, 대검찰청.
　　 2. 2008년 이후 소년범의 연령은 18세(만 19세)이하로 변경.
　　 3. 비율은 전체범죄 중 소년범의 비율을 말함.

한편 최근 5년간의 소년 폭력범의 발생현황은 <표 7-3>에서 보는 것처럼 2008년 이후 범죄인원은 물론 전체범죄자 중 소년이 차지하는 비율도 점차 감소하고 있는 경향을 보이고 있다. 다만, 2011년에는 공갈, 폭행, 협박 등 금전탈취를 목적으로 하는 범죄가 전년도에 비해 증가하고 있음을 알 수 있다. 죄명별로는 폭처법위반이 가장 큰 비중을 차지하고 있으며, 그 다음으로 폭행, 상해, 공갈의 순으로 나타났고, 특히 단체를 구성하여 활동하는 폭력은 2009년 이후 급격히 증가하고 있다.

<표 7-3> 소년 폭력범 인원 및 비율

죄명 년도	계		폭행	상해	협박	공갈	약취· 유인	체포· 감금	폭력행위등 (단체구성·활동)	폭처법 위반
	인원	비율								
2007	23,275	7.5	2,482	2,773	46	562	6	6	56	17,344
2008	34,067	8.3	4,347	3,749	84	1,046	17	16	27	24,781
2009	29,488	7.2	3,502	3,006	63	1,495	29	7	9	21,377
2010	23,276	6.6	3,376	2,797	57	1,422	16	37	31	15,540
2011	22,233	6.4	3,450	2,626	65	1,509	16	21	417	14,129

주 : 1. 범죄분석, 대검찰청.
　　 2. 2008년 이후 소년범의 연령은 18세(만 19세)이하로 변경.
　　 3. 비율은 전체범죄 중 소년범의 비율을 말함.

2. 집단화 경향

소년범죄가 집단화 경향을 보이고 있다. 집단화 경향은 하나의 범죄에 2명 이상이 참가하는 것을 뜻한다.

집단화 경향의 이유는 ① 소년은 정신적으로 미성숙상태에 있고 사회적으로는 약자에 속하기 때문에 집단화를 통해 힘을 합침으로써 목적을 쉽게 달성할 수 있다는 심리적 작용에 기인한다. ② 비슷한 또래집단에 속하는 사람들은 사고 · 감정 · 기대의 교환이 비교적 자유롭고 따라서 공감대를 형성하는 것도 쉬운 이점이 있다. ③ 산업화로 인한 부모세대와 소년세대간의 문화적 갈등을 비슷한 경험을 공유하는 또래집단과 어울림으로써 해소하려는 경향도 있다. ④ 그 밖에도 비행의 집단화는 비행에 대한 심리적 부담을 분산시킴으로써 자기행위를 쉽게 정당화시킬 수 있는 요인으로도 작용한다.11)

3. 재범율의 증가

범죄유형에 관계없이 재범률이 지속적으로 증가하고 있다. 전체 소년범죄자 10명 중 약 4명은 과거에 한 번 이상 범죄를 저질러 형사사법기관에 의해 처리되었던 경험이 있는 것으로 나타나고 있으며, 특히 재범소년 중 4범 이상의 소년비율이 2006년 6.6%에서 2010년 10.7%로 급격하게 증가하여 소년범죄의 누범화 현상을 보여준다. 또한 2006년 소년범죄의 재범률은 31.1%에서 2010년의 재범률은 38.3%로 7.2% 상승하였다.

이렇게 증가한 주된 원인은 강 · 절도의 집중단속, 학교폭력 재범자 및 사안이 중한 가해 학생의 엄정한 처벌(2005~2009년 일진회 등 폭력서클 총 1,658개 해체), 촉법소년 연령확대, 저작권법 위반단속 강화12) 등이 원인으로 분석되고 있다.

---

11) 김성진, 범죄심리학, 동인, 2009, 236면.

12) 저작권법 위반 촉법소년이 2007년 222명에서 2008년에는 3,590명으로 15.2배 상승하였다.

〈표 7-4〉 최근 5년간 소년범 재범률 현황

전과인원 년도	계	전과없음	전과횟수				4범이상
			소계	1범	2범	3범이상	
2006	64,225 (100)	44,236 (68.9)	19,989 (28.9)	9,193 (14.3)	4,124 (6.6)	2,428 (3.8)	4,244 (6.6)
2007	81,090 (100)	55,543 (68.5)	25,547 (29.0)	11,540 (14.2)	5,332 (6.6)	3,090 (3.8)	5,585 (6.9)
2008	114,699 (100)	79,285 (69.1)	35,414 (26.2)	15,476 (13.5)	7,553 (6.6)	4,299 (3.2)	8,086 (7.0)
2009	118,753 (100)	76,490 (64.4)	31,652 (26.7)	17,407 (14.7)	8,751 (7.4)	5,497 (4.6)	10,608 (8.9)
2010	82,368 (100)	50,830 (61.7)	22,707 (27.5)	12,091 (14.7)	6,546 (7.9)	4,070 (4.9)	8,831 (10.7)

주 : 법무연수원, 범죄백서(2011).

4. 저연령화 경향

<표 7-5>의 연령별 분포를 보면, 2007년에 비해 2008년에 소년범죄가 급격히 증가하였는데, 특히 14세 미만의 소년범죄가 6배 이상 급증하였다. 그러다가 2008년 소년법 개정 이후인 2009년 이후에는 급격히 감소하는 경향을 브이고 있다.

이는 2008년에 소년범죄의 저연령화가 사회의 심각한 문제로 대두되면서 형사미성년자에 대한 각종 사회적 · 법적 대책들이 시행된 결과로 보인다. 그리고 14세 이상의 소년범도 2008년을 정점으로 감소하여 2011년은 전체범죄수가 50%정도 감소한 것을 볼 수 있다.

〈표 7-5〉 소년범죄의 연령별 현황

구분	2007	2008	2009	2010	2011
14세 미만	578	3,800	1,989	445	360
14~15세	28,965	43,023	40,088	28,150	22,273

주 : 범죄분석, 대검찰청.

5. 중류이상가정 출신자의 증가경향

소년범죄의 최근 경향은 생활정도 면에서 하류·상류에 비해 중류가정출신의 비율이 높아지는 현상을 보이다가 감소하고 있다. <표 7-6>을 보면 하류층의 비율은 2006년 62.3%, 2007년 61.6%, 2008년 61.9%, 2009년 60.5%로 점차 감소하다가 2010년에는 다시 62.4%로 증가하였고, 상류층의 비율은 2006년 0.4%, 2007년 0.4%, 2008년 0.4%, 2009년 0.4%, 2010년 0.5%로 변화가 거의 없다.

반면, 중류층의 비율은 2006년 37.3%에서 2009년에는 39.0%로 증가하였지만 2010년에는 37.1%로 감소하였다. 이러한 현상은 빈부의 격차가 커짐에 따라 소년범죄가 곤궁성(困窮犯)의 인격을 띠고 있는 것으로 볼 수 있다.

〈표 7-6〉 소년범죄자 생활정도별 인구 및 구성비

생활정도 년도	계	하류	중류	상류
2006	63,625(100)	39,607(62.3)	23,744(37.3)	274(0.4)
2007	80,3279(100)	49,498(61.6)	30,493(38.0)	336(0.4)
2008	113,038(100)	69,946(61.9)	42,575(37.7)	499(0.4)
2009	101,712(100)	61,570(60.5)	39,693(39.0)	449(0.4)
2010	81,861(100)	51,115(62.4)	30,359(37.1)	387(0.5)

주 : 법무연수원, 범죄백서(2011), 123면.

6. 사이버범죄의 증가경향

컴퓨터와 인터넷의 발달로 인하여 거의 모든 소년들이 전자우편을 사용하고 있을 뿐만 아니라 숙제나 학습을 위해 인터넷을 검색한다. 또한 MP3 다운이나 게임, 채팅, 연예나 스포츠, 정보검색, 동호회 등의 목적으로 인터넷을 사용하고 있다.

이와 같이 사이버세계는 소년들에게 새로운 정보습득과 신속한 의사전달 등 편리성을 제공해 준다는 긍정적인 측면을 제공해 준다. 그러나 동시에 부정적인 측면도 제공함으로써 현실세계에서 발생하는 수많은 범죄들이 그대로 반영되어 또 다른 범죄공간으로 이용되고 있다.

사이버공간에서의 범죄연령은 아래의 <표 7-7>에서 보는 것처럼 20대가 가장 많고, 뒤이어 30대와 10대 순으로 나타났다. 특히 20대의 범죄가 꾸준히 증가하고 있으며, 심지어는 게임중독으로 학교를 그만두는 소년이나 인터넷의 특성을 악용한 소년의 사이버범죄13)가 늘어나고 있으며 심지어 자살을 하는 소년도 증가하고 있다.

<표 7-7> 사이버범죄의 연령별 현황

구분	10대	20대	30대	40대 이상	기타
2007	15.1%	39.2%	26.3%	17.7%	1.7%
2008	26.6%	39.0%	21.8%	11.8%	0.8%
2009	19.4%	34.0%	29.6%	16.5%	0.5%
2010	19.5%	39.5%	25.4%	14.4%	1.2%
2011	17.6%	40.2%	27.2%	14.7%	0.3%

주 : 경찰청 사이버테러대응센터(http://www.ctrc.go.kr).

제4절 소년비행과 가출

I. 개 관

최근 들어 소년들의 상습흡연・음주문제는 물론이고 학교폭력, 공원폭력, 소년성폭행 사건 등이 연이어 언론매체들에 공표되면서 소년비행에 대해서 사회적 관심이 증가・집중되고 있다. 그 이유는 소년비행이 수년이래 급격히 증가하고 있을 뿐만 아니라 질적으로나 양적으로 점차 악화되고 있으며, 소년비행이 점차 저연령화, 흉포화, 집단화, 지능화되어가고 있기 때문이다.

---

13) 사이버범죄는 해킹, 바이러스 유포와 같이 고도의 기술적 요소가 포함되어 정보통신망 자체에 대한 공격행위를 통해 이루어지는 사이버테러형 범죄와 전자상거래 사기, 프로그램 불법복제, 불법사이트 운영, 개인정보 침해 등과 같이 사이버공간이 범죄의 수단으로 사용되는 일반 사이버범죄로 구분된다.

지난 5년간 총 범죄는 매년 증가추세를 보이다가 2005년에 감소한 후 다시 증가한 반면 소년범죄는 2002년에 총 범죄 대비 5.1%였던 것이 2005년에는 3.6%까지 감소하였다가 2006년에 다시 3.9%로 증가하였다. 2006년도 소년범죄 유형별 분포상황을 보면 재산범이 38.1%로 가장 많았고, 다음으로 폭력범 23.9%, 교통사범 21.2%. 살인·강도·강간 등 강력범은 2.7% 순이었다. 소년범죄의 연령별 현황을 보면 지난 5년간 19세 소년의 범죄 비율이 높게 나타났으나 2006년에는 전체 범죄 건수 중에 16세 소년이 18.5%에 해당하는 범죄건수를 기록함으로써 19세 소년의 범죄 건수를 앞질렀다.[14)

이러한 소년비행과 밀접히 관련하여 끊임없이 제기되고 있는 문제가 바로 소년의 가출문제이다. 가정이 올바른 기능을 수행하지 못하는 경우 소년은 그러한 가정의 차가운 분위기를 민감하게 느끼고 가정에 대한 애착이 점차 식게 되는 것은 당연하다. 예컨대 부모가 자녀에 대하여 애정을 거부한다든지, 부모와 자녀 사이에 가치관의 심각한 대립이 생긴다든지 또는 부모의 가정교육이 결여되어 자녀에 대한 관심이 없는 경우에는 그 자녀는 학교에서 늦게 돌아오거나 친구 집에서 자는 일이 잦아지고 마침내는 가정을 뛰쳐나와 거리를 방황하게 되고 그 결과 여러 가지 비행과 범죄에 빠질 위험이 있다는 것은 기정사실일 것이다. 이러한 소년가출의 문제를 해결하기 위해서는 두 가지 방향에서 접근을 시도해야 할 것이다. 즉 소년이 가출을 할 수밖에 없었던 가출 그 자체의 문제점에 대한 접근과 한 번 가출 경험이 있는 소년은 또다시 가출을 하는 경우가 많은데 이러한 것은 소년가출에 대한 대책이 잘못되어 있지 않나 하는 접근이다. 따라서 본고에서는 소년 가출 자체에 대한 문제점과 그에 따른 가출대책의 문제점을 검토·조사하여 보고 이에 따른 해결방향을 모색하고자 한다. 더불어 현재의 소년 가출의 현황도 살펴보고자 한다.

---

14) 범죄분석, 대검찰청.

II. 소년가출의 현황

우리나라의 전체의 가출인 수는 1985년 29,095명, 1990년 40,829명으로 증가하는 추세를 보이고 있으며, 1990년의 경우 20세 이상이 28,067명, 20세 미만이 12,762명으로 20세 미만이 약 35%를 차지하고 있다. 이처럼 20세 미만자의 비율이 낮고, 그 증가율도 높지 않은 것은 핵가족화에 따른 자녀수의 감소, 고복자율화 등으로 인한 가출아동의 적발곤란, 경제성장에 따른 구직목적 가출의 감소 등에 그 원인이 있는데 이러한 경향은 가출의 원인이 적극적인 생활참여를 위한 긍정적 이유보다 반항심리나 가정의 무관심에 따라 비행이나 탈선을 위한 부정적 이유가 증가하고 있다는 점을 반영하는 것이기도 하다. 특히 가출은 위와 같은 공식통계에 나타나지 않는 경우가 상당히 많을 것으로 추측되므로 실제 가출인의 수는 이보다 훨씬 많을 것이다.

1. 가출여부

소년이 가정을 무단이탈하여 이상한 환경적 경험을 가졌느냐의 여부는 소년의 인격형성 내지 범죄성의 습득과 상당히 중요한 관련을 갖는다. 소년의 가출여부를 조사하기 위하여 비행을 저지른 경험이 있는 비행소년 88명과 비행의 경험이 없는 무비행소년 100명을 상대로 조사·비교한 것을 보면 아래의 <표 7-8>에 나타난 것처럼 비행소년의 경우는 무비행소년의 가출경험이 있는 경우 9%에 비하여 가출경험 64.8%로서 여섯 배 가량 높은 것으로 나타났다. 이것은 무비행소년보다도 비행소년이 가출에 대한 죄의식을 가지지 않고 있기 때문일 것이다.

〈표 7-8〉 가출여부

구분	가출있었음	가출없었음	계
비행자	57(64.8%)	31(35.2%)	88(100.0%)
무비행자	9(9%)	91(91%)	100(100.0%)
차이	55.8	55.8	

주 : 김기두(한국청소년범죄연구, 박영사) 재구성.

2. 가출동기

소년이 가출을 하게 된 직접적인 동기에 대해서 비행을 저지른 경험이 있는 비행소년과 비행의 경험이 없는 무비행소년을 비교하여 조사한 바에 의하면 <표 7-9>에서 나타난 바와 같이 비행소년의 경우는 50.9%로서 과반수가 비행을 하기 위한 목적으로 가출을 하였다고 응답한 반면, 무비행소년의 경우는 22.2%로서 비행소년과 서로 다른 목적을 보여 준다. 또한 비행소년의 경우에 있어서 취업이나 가정결손으로 인한 가출도 각각 17.5%와 19.3%를 차지하고 있어 이점에 대해서도 상당히 주의를 요한다.

<표 7-9> 가출의 직접적인 동기

구분	비행	취업	가정결손	기타	계
비행자	29(50.9%)	10(17.5%)	11(19.3%)	7(12.3%)	57(100.0%)
무비행자	2(22.2%)		1(11.1%)	6(66.7%)	9(100.0%)
차이	28.7%	17.5%	8.2%	−54.4%	

주 : 김기두(한국청소년범죄연구, 박영사) 재구성.

3. 가출시기와 횟수

가출소년의 경우 최초로 가출한 때의 연령을 조사하기 위하여 1994년도 대전보호관찰소에서 보호관찰을 실시한 대상자 500명을 무작위로 추출해서 설문조사를 실시하였다. 그중 가출한 경험이 있다는 응답자 239명을 대상으로 처음 가출한 때의 연령을 조사한 바에 의하면 <표 7-10>에서 보는 것처럼 12세 이하가 4.2%, 13세가 7.1%를 차지하고 있고, 17세가 9.2%, 18세가 3.0%를 차지하고 있어 13세 이하이거나 17세 이상인 경우에는 가출한 경우가 드물고, 14세가 22.1%, 15세가 27.2%, 16세가 27.2%를 차지하고 있어 주로 14세에서 16세 때 처음 가출을 많이 하는 것으로 나타났다. 즉 중학교 때를 시작으로 가출을 하는 것으로 보인다.

〈표 7-10〉 처음 가출한 때의 연령

연 령	12세 이하	13	14	15	16	17	18	19	20	21세 이상	계
빈도수	10	17	53	65	65	22	7	0	0	0	239
비율(%)	4.2	7.1	22.1	27.2	27.2	9.2	3.0	0	0	0	100

주 : 이무웅(청소년보호관찰대상자의 생활실태와 지도에 관한 고찰, 법조) 재구성.

또한 이러한 대상자들이 1년 동안 얼마나 많은 가출을 하고 있는지에 대해서는 아래의 <표 7-11>에서 보는 것처럼 1년에 1번이 34.7%, 2번이 30.2%, 3번이 20.9%를 차지하고 있어, 대부분의 경우 1년에 1번에서 3번 가출하는 것으로 들어났다. 그러나 특이한 것은 4회 이상부터는 점차 감소하다가 10회부터는 또다시 증가하는 경향이 있다는 것이다.

〈표 7-11〉 1년 동안 가출한 횟수

횟 수	1	2	3	4	5	6	7	8	9	10	11회 이상	계
빈도수	83	72	50	9	9	2	2	0	2	5	5	239
비율(%)	34.7	30.2	20.9	3.8	3.8	0.8	0.8	0	0.8	2.1	2.1	100

주 : 이무웅(청소년보호관찰대상자의 생활실태와 지도에 관한 고찰, 법조) 재구성.

4. 가출기간

가출소년의 경우 가출기간에 대해서 비행을 저지른 경험이 있는 비행소년과 비행의 경험이 없는 무비행소년을 비교하여 조사한 바에 의하면 <표 7-12>에서 나타난 바와 같이 무비행소년의 경우는 전원이 1년 미만이었으나, 비행소년의 경우는 1년 미만이 63.2%로서 대체적으로 무비행소년과 같으나, 1년 이상의 경우도 상당수 차지하고 있어 무비행소년보다는 비행소년의 경우가 가출기간도 긴 것으로 나타났다.

<표 7-12> 가출기간

구분	1년미만	1~2년	3~5년	6년 이상	계
비행자	36(63.2%)	16(28.1%)	2(3.5%)	3(5.2%)	57(100.0%)
무비행자	9(100.0%)	-	-	-	9(100.0%)
차이	36.8%	28.1%	3.5%	5.2%	-

주 : 김기두(한국청소년범죄연구, 박영사) 재구성.

III. 소년가출 자체의 문제점

가출이란 정신적 갈등의 해결이나 생활목표의 달성 등을 위해 가족을 떠나 안주할 장소를 구하려는 일종의 도피행위라고 할 수 있는데 그 동기는 크게 개인적인 요인과 사회적인 요인으로 구분할 수 있다. 개인적인 요인으로는 개인의 심리적 불안·가치관의 혼동 등을 들 수 있고, 사회적 요인으로는 가정불화·학교부적응·불량한 교우관계 등을 들 수 있는데, 근래에는 사회적 요인을 강조하는 경향이다. 어쨌든 이러한 요인들에 의해 소년이 가출을 하게 되는데 본고에서는 사회적 요인을 중점으로 검토하고자 한다. 왜냐하면 소년은 성장단계에 있는 미성숙한 존재이므로 그들은 합리적 의사결정능력이 부족하여 범죄행위도 그들의 자유의사에 의한 공리적 결정의 산물이라기보다는 환경적 결정론에서 원인을 찾는 것이 더 올바른 판단이라 보기 때문이다.

1. 가정적 요인

가정은 사람이 출생하면서 최초로 갖는 인간관계이고 가장 기본적인 사회단위로서 가족을 중심으로 한 경제적·문화적 집합개념이다. 특히 가정은 소년의 인격형성에 대하여 결정적인 영향력을 가질 뿐만 아니라 사회생활에의 적응성을 학습하는 장소로서 어떤 사회집단도 대신할 수 없는 중요한 역할을 하고 있다. 그러나 이러한 가정에 결함 내지 장애가 있거나 가정 그 자체가 없는 경우에는 가정이 갖는 긍정적 기능을 기대할 수 없을 뿐만 아니라 소년의 인격형성에 불리한 영향을 미치고 나아가서는 범죄행위에로 나갈 위험성이 크게 될 것이다. 비록 그와 같은 가정의 결함이 있다고 하여 반드시 모든 소년이 범죄나 비행에로 나아가는 것은 아니지만 결함가정의 유형들은 그 자체보다는 그러한 결함으로부터 야기될 수 있는 가정의 고유한 기능에 장애를 가져온다는 점이 문제된다. 따라서 소년가출에 대한 적절하고 유효한 대책을 수립하기 위해서는 소년가출의 요인이 될 수 있는 가정적 측면을 분석하는 것이 중요하다고 할 수 있다. 특히 최근에 핵가족화·여성의 지위향상·매스컴의 발달 등에 따라 일반 가정도 기능적으로 결함을 안고 있는 가정이 많아지고 이에 따라 중류이상 가정 출신자들의 소년가출이 증가하고 있는 현실에 비추어 보면 이러한 기능적 결함요인들을 분석하는 일이 보다 중요한 의미를 가진다고 할 수 있다.

(1) 친자사이의 애정관계

부모의 애정에 대한 태도나 부모의 존재여부·가족사이의 애정관계가 스년비행에 중대한 영향을 미치는데, 이러한 가족 구성원들 사이에 애정적 유대가 약해지거나 끊어지게 되면 가정은 쉽게 무너지고, 가정이 원래 가지고 있었던 가족구성원의 비행에 대한 통제력·가족구성원 사이의 동일화에 호소함으로써 유지되어 왔던 일탈통제력 등이 상실되게 된다. 따라서 이러한 친자간의 애정관겨가 원만하지 못하면 자연히 대화도 없어지게 되고 이에 따라 소년은 가정이 아닌 다른 곳에서 가족사이의 애정과 소외감을 구하려고 하게 된다. 그러나 현실적으로 우리의 사회적 환경은 소년들에게 그러한 애정과 소외감을 해소할 수 있는 좋은 환경을 가지지 못하고 있다. 그렇기 때문에 그들은 거리를 방황하게 되고 쉽게 접할 수 있는 유해한 환경에 빠져들게 되어 결국 비행이나 범죄를 저지르게 된다.

(2) 가족의 결합도

가족구성원 중에서도 특히 부모사이나 친자사이의 갈등, 가치관의 대립이 있는 경우에는 가족의 결합도가 낮아지고 그로 인하여 소년의 가출은 쉽게 생긴다. 가족의 결합도와 관련하여 문제가 되는 것은 친자사이의 가치관의 갈등어 기인한 결합도의 약화와 일탈된 가치관을 가진 부모에의 동조라고 할 수 있으며, 이러한 두 측면이 가족의 결합도를 약하게 하고 소년을 가출에로 이끄는 작용을 한다.

일반적으로 비행소년에 관한 조사결과에 의하면 비행소년들의 가족에서는 그 구성원들 간에 특히 부모와 자녀, 또는 부모사이의 정서적 융합도가 약하다는 것이다. 비행소년들의 가족관계와 가정의 분위기를 알아본 조사에 의하면 자녀에 대한 부모의 관심유무에 있어서 부정적인 반응을 보인 경우가 32.4%, 귀찮아하는 태도를 보인다는 반응의 경우가 25.5%, 부모사이에 의견충돌이 많다는 경우가 39.7%를 나타냈으며, 특히 부모가 모르는 나의 비밀이 많다는데 대해서 68.6%가 그렇다고 대답하였다고 한다.15) 이는 자녀와 부모와의 대화단절이 얼마만큼 소년의 비행에 영향을 미치는가를 암시하고 있는 것이다.

(3) 가정교육

가정교육은 부모나 그 가정이 가지는 가치관을 자녀에게 심어주는 것이다. 이러한 가정교육이 소년의 행동에 특히 영향을 미치는 것으로서 가정교육의 일관성, 가정교육의 기술, 자녀에 대한 관심의 정도, 가정교육의 이면으로서의 부모의 권위 등을 들 수 있다. ① 가정교육의 일관성과 관련해서 비행소년의 부모에게서 나타나는 특징 가운데 하나는 훈육의 방식이 일정한 원칙 없이 즉흥적인 처벌을 한다는 점이 문제로 지적되고 있으며, ② 가정교육의 기술과 관련해서는 교육의 내용을 일방적으로 주입한다든지 가정교육이 지나치게 방만하거나 가혹한 체벌을 주는 것 또는 상을 주는 방식이 유치한 점 등이 문제로 지적되고 있으며, ③ 자녀에 대한 관심과 관련해서는 소년의 사생활에 대해서는 전혀 무관심하고 금전에만 치중하는 점이 문제로 지적되고 있으며, ④ 부모의 권위와 관련해서는 부모의 사회적·경제적 지위가 낮기 때문에 소년이 부모를 멸시하고 부모에게 동조하지 않으려고 함으로써 가정교육이 효과가 없어지게 되는 점이 문제로 지적되고 있다.

---

15) 심영희, 상대적 박탈감과 비행에 관한 연구, 형사정책 제2호.

2. 학교 부적응

소년의 학교부적응도 소년가출에 심각한 영향을 미치는 요인 중에 하나이다. 비행소년의 경우에 무단결석의 비율이 81.5%로서 일반소년의 24.6%보다 훨씬 더 높고, 정학과 퇴학의 경우에도 비행소년은 59.1%로서 일반소년의 6.8%보다 훨씬 더 높은 비율을 차지하고 있다. 또한 학교성적에 대해서는 보통이 33.8%, 나쁜 편이 30.5%, 아주 나쁜 편이 18.7%를 차지하고 있어 대체로 비행소년의 경우는 성적이 나쁜 것으로 나타났다. 또한 교사로부터 야단을 맞은 것에 대해서도 94.5%가 맞은 적이 있다고 응답하였으며, 그 중에서도 자주 있었다는 경우가 33.2%, 가끔 있었다는 경우가 61.3%를 차지하고 있다. 이를 볼 때 교사로부터 야단을 자주 맞았을수록 비행의 심각도가 강해지는 것을 알 수 있을 것이다. 그러나 비록 이러한 조사결과가 나타났다고 하더라도 학교에 대해서 전적으로 부정적인 반응을 나타내는 것은 아니다. 즉 학교를 부정하는 경우는 6.6%, 학교공부에 대해서 부정적인 반응을 보여주는 경우는 6.7%로서 극히 낮은 반면에 교사의 구속에 대한 부정적인 반응을 보인 경우는 31.9%, 교사의 무관심에 대한 부정적인 반응을 보인 경우는 40.8%를 차지하고 있다.[16] 이처럼 교사와 학생사이의 관계가 불가피한 것은 학생의 다양한 개성이나 의사가 무시된 채 실시되는 학력위주의 학교교육 때문이다. 학교에서는 성적을 단일척도로서 삼는 전도된 전인적 평가방법을 택하게 됨으로써 학교성적이 좋은 학생이 훌륭한 소년이며 학교성적이 불량한 자는 불량소년이라는 낙인을 찍고, 결국에는 개인의 지적능력이 곧 인간의 선악을 구분하는 도덕률로 화하게 되므로 이와 같은 사회풍조가 소년비행뿐만 아니라 소년가출을 촉진시키는 하나의 변수로서 작용하고 있다. 따라서 이러한 학생에 대해서 교사들의 끊임없는 관심과 성적이 좋은 학생들에 대해 상대적으로 소외감을 가지지 않도록 세심한 배려를 할 수 있어야 하며, 이와 더불어 훈육방법에 있어서도 상당한 연구가 있어야 된다고 본다.

---

16) 심영희, '상대적 박탈감과 비행에 관한 연구', 형사정책 제2호.

3. 친구관계

소년의 비행이나 일탈은 친밀한 면접관계에서 배워진다고 한 서덜랜드의 말처럼 소년에 있어 친구는 가정이나 학교보다도 더 중요한 의미를 지닐 때가 많으며, 특히 최근의 비행은 환자서보다는 여럿이 행하는 것이 추세이다. 이러한 의미에서 비행소년에게 있어서 친구나 동료집단의 존재는 다른 어떠한 요인보다 더 중요할 수도 있다.

비행소년(감별소·소년원·특수소년원에 수용된 소년)을 대상으로 행한 조사에서 친구가 6명 이상이라는 응답이 55.6%로서 과반수 이상을 차지하였고, 2~3명이 19.3%, 4~5명이 19.4%로 나타났으며, 친구가 1명이 있다는 경우가 3.2%, 친구가 없다는 경우가 2.6%로 나타났다. 친구들과 만나는 빈도수를 보면 매일같이 만다는 경우가 59.8%로서 가장 많이 나타났고, 일주일에 3~4번 만난다는 경우가 25.1%, 1~2번 만난다는 경우가 8.8%, 1달에 2~3번 만난다는 경우가 2.7%, 한 번 이하가 3.6%를 나타냈다. 또한 친밀도를 알아보기 위해 "친구들과 개인적인 일에 관해 가슴을 터놓고 이야기 한 적이 얼마나 있습니까?"라는 질문에 대하여 '간혹 있다'는 경우가 47.9%, '자주 있다'는 경우가 42.9%, '없다'는 경우가 9.2%를 나타냈다.[17] 이를 볼 때 비행소년들의 대다수는 친구의 수가 6명 이상으로 많고 이들과 일주일에 서너 번 이상 또는 거의 매일 만나고 있으며 친밀도도 상당히 가까운 것으로 볼 수 있다.

IV. 소년가출대책의 문제점

1. 경찰행정력의 미흡

최근 각 학교의 졸업식과 방학, 급격한 사회적 현상의 변화로 인하여 소년들의 가출이나 실종사건이 증가하고 있다고 한다. 그러나 경찰행정력, 즉 인력난에 따른 허술한 수사체계 및 장비부족으로 인하여 형식적인 수사에만 그치고 있는

---

17) 심영희, '상대적 박탈감과 비행에 관한 연구', 형사정책 제2호.

실정에 있다. 경찰에서는 신고 접수된 실종 사건 중 유괴나 납치 등 범죄와 관련이 있다고 판단될 경우에만 적극적으로 수사에 착수할 뿐이고, 평범한 가출이나 잠적 사건일 때는 사진수배 등을 통한 적극적인 수사는 아예 포기한 채 가족을 통한 연락만 기다리는 등 형식적인 수사에만 그치고 있다. 또한 경찰에서는 가출소년들을 적발하더라도 단순히 집으로 돌려보낼 뿐이고 가정이나 학교에서도 가출사실을 숨기는 데에만 급급해 가출소년들에 대한 실질적인 지도와 구제활동이 이루어지지 않고 있다.

이러한 실정으로 소년들이 가출과 귀가를 반복하는 가출악순환을 되풀이 하고 있다. 따라서 소년가출사건에 대한 전담반을 설치하여 소년가출에 대한 수사와 재가출을 방지하기 위해서 특별지도대책이 필요하다고 본다.

2. 사회적 보호대책의 결여

빈곤하거나 부모가 이혼한 결손가정에서 소년기의 갈등과 방황 끝에 가출한 소년은 거리를 배회하거나 유해업소에 빠져들었다가 결국은 비행을 저지르게 된다. 그러나 이들의 대부분은 결코 범죄적 성향을 갖고 있지는 않다. 따라서 이들을 소년원에 보내는 것은 적당하지 않다. 그렇다고 가정에 돌려보내는 것이 해결책이 되는가 하면 반드시 그렇지도 않을 것이다. 그들을 밖으로 나가게 만든 원인을 제공한 것이 다름 아닌 견딜 수 없는 가정의 분위기였기 때문에 아무런 대책 없이 종전의 환경으로 다시 돌려보내는 것은 또다시 가출을 허용하는 것이나 다름없다.

더욱 문제되는 것은 가출이나 구금으로 인한 학업의 중단은 현재의 우리 교육현실상 한번 뒤처지면 다시 따라가기가 어렵게 되어 있다. 따라서 그들은 또 다시 가출이나 비행의 길로 빠지게 된다는 점이다. 그렇다고 하여 이들을 선도할 만한 민간 또는 정부차원의 복지시설 특히 소녀들을 위한 시설은 미비하여 현실적으로 보호처분에 많은 어려움이 따르고 있다. 특히 정신질환자인 비행소년에 대한 대책이 전무하다는 점이 문제이다. 소년법 제32조 1항 5호에 의하면 보호처분의 하나로 '병원, 요양소에 위탁'하는 것이 규정되어 있으나 예산상의 뒷받침이 되어 있지 아니하여 실제로 활용되는 일이 전무한 실정에 놓여 있다. 그밖에 보호가 필요한 비행소년들을 위탁할 아동복지시설 또는 소년보호시설이 부족하여 이 역시 서울가정법원을 제외한 나머지 법원관내에서는 거의 활용되지 않고 있는 실정이다. 따라서 이들을 위한 재교육 프로그램인 심리치료기관 등 구제책이 마련되어야 하는 것이 당연하다 할 것이다.

3. 낙인으로 인한 소외

소년교정보호에 있어서 가장 큰 문제로 지적되는 것이 바로 비행소년에 대한 부정적인 낙인(烙印)이다. 비행소년이나 전과자라는 낙인이 곧 비행소년들을 전문 범죄자로 만들기 쉽기 때문에 사법절차상의 낙인을 피할 수 있는 전략이 필요하다.

낙인이론에 의하면 통제가 낙인의 효과를 통해 일탈을 하게끔 한다고 주장한다. 실제로 이러한 통제의 경험이 있었던 비행소년들을 대상으로 한 조사에서 자신이 평가한 자아상에 있어서는 부정적인 응답이 35~45%로서 절반에 미치지 못하고 있으나, 부모에게 비친 자아상에 대한 평가에 있어서는 부정적인 경우가 73.2%, 주위사람에게 비친 자아상에 대한 평가에 있어서는 부정적인 경우가 53.1%를 차지하고 있다.[18] 이를 볼 때 비행소년에 대해 낙인으로 인한 사회의 심한 통제도 문제이지만, 특히 부모나 주위사람에게서 받는 냉대로 인하여 받는 정신적인 피해도 심각하다 아니할 수 없다.

4. 청소년보호법의 운영체계미흡

1999년 7월 1일 청소년보호법 개정으로 미성년자보호법에 의한 미성년자출입제한구역 67개 구역이 청소년보호법에 의한 청소년통행금지구역으로 전환되었고, 이후 상권변동 등으로 인하여 청소년통행금지구역 67개소가 청소년통행금지구역 41개소, 청소년통행제한구역 23개소로 재조정되어 2006년 12월 말 기준

---

18) 심영희, 상대적 박탈감과 비행에 관한 연구, 형사정책 제2호.

총 63개 구역이 지정·운영되고 있다. 법 시행에 따라 현재 청소년유해업소에 대한 지도단속은 자치단체가, 위반업소의 처벌심의 결정은 문체부산하 중앙청소년보호위원회에서 담당하고 있으나, 과중한 중앙의 업무부담 속에 위반업소 처벌이 늦어지며 청소년보호에 대한 법규준수 의식도 정착되지 않고 있다. 법 시행 후 위반사범 단속을 실시해온 전라북도는 술판매 48건, 담배판매 110건, 청소년출입 49건, 청소년고용 17건, 음란비디오테이프 대여 1건 등 모두 225건의 청소년보호법위반사범을 적발했다.[19] 그러나 이들 위반사범 중 청소년에게 음란비디오테이프를 관람시킨 업주에 대해서만 과징금이 부과 되었을 뿐 나머지 위반사범에 대한 처벌은 중앙의 심의결정조차 내려지지 않았다. 따라서 청소년보호법의 법체계가 제대로 갖춤과 동시에 효율적 법집행을 위한 지방청소년사무소 설치가 시급하다 할 수 있다.

V. 소년가출문제의 해결방향

이처럼 소년가출에 있어서 문제되는 점은 가출 그 자체에도 문제점이 있지만 소년가출에 대한 문제를 해결하려는 대처방법에서도 문제점으로 지적되고 있다. 따라서 두 가지의 방향에서 소년가출의 문제점을 해결하려는 노력이 병행되어야 할 것이다.

가출한 소년은 불량한 환경에 처하기 쉬우며, 특히 무작정 상경한 소년들은 부당한 근로조건하에서 노동에 종사하거나 매음 또는 불량배의 소굴에 들어가 범죄자로서 헤어나지 못하는 사태에 빠지는 경우가 많을 것이다. 또한 소년은 성장단계에 있는 미성숙한 존재이다. 따라서 그들은 합리적 의사결정의 능력이 부족한 관계로 범죄행위도 그들의 자유의사에 의한 공리적 결정의 산물이기코다는 환경적 결정론에서 원인을 찾는 것이 더 옳은 판단일 것이다. 이와 더불어 그들은 성장단계에 있어서 교육과 상담치료를 통한 개선의 가능성도 높으며 그들의 범행동기도 대부분 우연한 것이어서 그들의 범인성이 크게 우려되거나 깊은 정

---

19) 전북일보 1998년 1월 3일자.

도가 아니라고 간주되고 있다. 이러한 맥락에서 소년범죄자들을 처벌하기보다는 소년들의 비행을 유발하거나 조장하는 사회 환경을 개선하고 기존의 사회제도나 기관으로 하여금 소년들의 필요에 보다 책임 있게 잘 반응하도록 하는데 초점을 맞추어야 한다.

또한 각급 학교나 교육청은 물론 각종 사회단체에서도 가출소년에 대한 선도를 위해 노력하고 있지만 큰 성과를 거두지 못하고 가출학생과 학업을 중도에 포기하는 학생이 해마다 증가하고 있다. 이탈학생을 위한 복교시책이 학교생활에 적응하기가 힘들다는 이유로 외면당하고 있는데다 이들을 위한 전문직업교육도 이루어지지 않고 있다. 그것은 소년가출에 대한 지속적인 관심과 전문적인 식견 및 노력이 있어야 하는데, 불행하게도 현재의 실정은 요란한 구호와 형식적인 법규만 있을 뿐 그 근본이나 실질적인 내용에 있어서는 이전에 비하여 크게 나아진 것이 없기 때문이다. 이들 다시 가출하는 소년들에 대한 국가의 처우활동이 효과적이었다면 이들의 거듭된 가출행위를 예방할 수 있었을 것이다. 이를 볼 때 비행소년에 대해 현재 시행하는 처우활동의 효율성 제고를 위한 노력이 절실히 요구된다하지 않을 수 없다. 따라서 이들 학생들이 실질적으로 가정과 학교 사회에 적응할 수 있는 특별사회교육프로그램 개발이 시급하다고 본다.

제8장

고령범죄자의 심리

제1절 서 설

산업화, 근대화 및 과학화의 발전으로 의료기술 및 영향상태의 향상되어 인간 수명이 연장됨에 따라 전 세계가 빠른 속도로 고령화 되어가고 있다. 우리 사회의 고령화 현상도 갈수록 심해지고 있다. 통계청에 의하면 지난해 7월 1일 현재 우리나라의 65세 이상 고령인구는 501만 6천명으로 총인구의 10.3%를 차지했다. 통계작성 이후 처음으로 절대인구 500만 명 비중 10%를 돌파한 것이다. 출생률이 낮은 상황에서 65세 이상 인구를 14세 이하 인구로 나눈 노령화 지수는 59.3%로, 2016년에는 100을 넘어서 고령인구가 유년인구를 추월할 것으로 예측되고 있다.[1]

고령인구의 증가는 고령자뿐만 아니라 사회에도 직·간접적인 여러 문제들을 발생시키고 있으며, 특히 고령범죄자[2]는 우리가 인식하지 못하는 사이에 급격히 증가하고 있으며 그 양상 역시 다양해지고 있다. 종래의 연구에 의하면 고령자범

---

[1] UN은 노령인구 비율이 7% 이상을 '고령화 사회'라고 하고, 14% 이상을 고령사회, 20% 이상을 '초고령 사회'로 분류하고 있다.

[2] 고령자범죄란 고령자가 저지른 범죄를 통칭해서 부르는 용어이다.

죄의 특징을 낮은 범죄율이라고 지적하고, 이처럼 범죄율이 낮은 이유는 "연령이 높아짐에 따라 범죄성이 감소하거나 범죄의 빈도가 감소한다는 점, 인간이 생물학적으로 노화되면서 범죄에 접근할 수 있는 가능성이 줄어든다는 점, 범죄행위에 대한 손익을 계산할 때 범죄행위로 인한 이득이 많지 않다는 판단을 하고 범죄를 억제하려는 사회적 가치규범을 많이 알고 있다는 점" 등에 기인한다고 하였다.

그러나 최근의 연구에 의하면 1996년 3만 4492명이던 61살 이상 고령범죄자가 2006년에는 8만 2323명으로 늘어 10년 만에 137%의 증가율을 보였고, 고령인구 증가율(64%)을 두 배 이상 웃돌고 있다.[3] 특히 20대 4명이 희생된 2007년의 '보성 어부 연쇄살인사건'과 '숭례문 방화사건'을 계기로 그동안 주로 피해자로 인식되었던 고령자들의 범죄가 다시 부각되고 있다.

현행법은 범죄자를 연령에 의거하여 소년과 성인으로만 분류하고 있을 뿐 고령자범죄에 대해서 따로 구분하고 있지 않다. 그러나 성인 중에서 연령적으로 60세 이상의 노령자들[4]도 소년들과 같이 보호와 지원이 절대적으로 필요하다. 이하에서는 고령화 사회에서 발생하고 있는 고령자범죄의 심각성을 인식하면서 고령자범죄의 발생원인 및 현황 그리고 향후 대안을 제시해 보고자 한다.

제2절 고령범죄자에 대한 원인론

I. 생물학적 이론

고령자는 생물학적으로 쇠퇴기에 있는 사람이다. 노령기에 접어들면서 신체적인 노회현상이 필연적으로 뒤따르게 되고, 신체적 노화는 민첩성·순발력·공격성 등을 감퇴시켜 고령자로 하여금 범죄행위를 적게 만드는 요인이 된다. 따라서 고령자들은 신체적인 힘을 사용하는 범죄는 줄어든다.[5] 그러나 인간이 생물

---

3) http://www.hani.co.kr 2009년 1월 4일 등록.
4) 범죄학에서는 60세 이상을 노인기로 지칭한다.

학적으로 노화가 되면 뇌·심장·신체 등의 기능 활동이 둔화되며 신장이 줄어
들고, 체중이 감소하며 뼈가 수축하게 된다.6) 이러한 신체의 변화는 고령자들로
하여금 범죄에 대한 두려움이 증가하도록 하여 외부 자극에 대해 과민반응을 보
이는 현상마저 발생하고 감각기관의 둔화와 함께 외부자극에 대한 반응지연이
일반화 되어 치명적인 사고를 야기하는 등 범죄학 측면에서 중요한 요소가 된다.

　일반적으로 고령자들은 노화로 인해 식욕, 활동력, 성욕 등 본능적 욕구가 저
하된다고 본다. 그런데 비아그라와 같은 각종 성기능 개선 약품의 개발, 의학발
달과 운동의 일반화로 인해 육체적으로 강건하여 지면서 성욕도 강해지고 있는
실정이다. 이 경우 성적 욕구가 자칫 성범죄(sex crimes)라는 일탈된 형태로 연
결될 가능성마저 배제할 수 없다.

II. 심리학적 이론

　배우자와 사별, 친구 등 주변인물의 죽음, 경제사정의 악화, 사회와 가족들로
부터의 고립, 일상생활에 대한 자기통제 불가능 등은 고령자들에게 강한 스트레
스를 주고 있다. 이로 인해 불면증, 감정적 무감각, 강박관념, 증오심 등의 우울
증(Hypochondria)을 야기 시키고 자살(Suicide)을 유도하기도 한다.

　노화와 함께 사물을 판단할 때 자신의 사고나 감정에 의해 판단하는 경향이
강해지고 자신의 문제를 능동적으로 해결하는 능력은 약화되고 새로운 일에 대
한 진취적인 도전보다는 무사안일하고 다른 사람의 도움을 받아서 해결하려는
수동적이고 의존적인 경향이 증가한다.

　또한 지능, 기억력 등이 감퇴되고 학습능력이 저하되며 사고능력과 문제해결
능력의 저하 등으로 과거의 방식에 집착하면서 그 방법이 옳지 않거나 이득이
없음에도 불구하고 이런 행동을 계속하는 경향이 있다. 그리하여 급격한 과학적
발전을 보이고 있는 현대사회에 적응을 하지 못하고 자신도 모르는 사이에 범죄
에 노출되거나 범죄를 자행할 수 있다.

---

5) 副田義也, 老年社會學 II － 老人問題論, 恒內出版, 1981, 540頁.

6) Actchley, R., Social Force in Later life, Wadsword Publishing Co, CA, USA, 1998.

이외에도 호르몬의 역전현상으로 남성은 여성화 되어가고 여성은 남성화되어 가는 성역할의 변화가 발생하며 자손들에게 유산을 남기려하고 오랫동안 사용한 물건이나 대상에 대해 강한 애착심을 보이면서 새로운 것을 추구하는 가족들과 갈등을 보이면서 가정 내 푸대접을 호소하기도 한다.

III. 사회학적 이론

고령자는 사회적인 면에서 지위와 역할이 상실되어 가는 사람이다.

1. 일탈이론과 활동이론

일탈이론에서는 고령자는 사회에서의 기능적 역할을 배제당하는 지위에 있다고 보고, 고령자 자신이 희망하지 않거나 강제로 은퇴를 당하는 경우에 고령자는 불만을 가지게 되거나 타격을 입게 되어 일탈행위를 자행하여 범죄를 저지를 수 있다고 한다. 즉 고령자가 역할을 상실하고 지위를 상실할 때 일탈행위로 자신의 불만을 표출하는 수가 있다.[7]

이에 비해 활동이론에서는 노령기에 접어들어도 활기찬 노후를 보내기 위해서는 노인들도 활동을 해야 한다고 한다. 즉 은퇴 후 노동의 기능적 역할에 대신하는 다른 사회적 역할이 있으면 고령자는 자기 인식이 높아질 뿐만 아니라 생활의 만족도도 가질 수 있다. 그러나 이러한 자기가치를 실현하는 활동의 기회를 얻지 못한 고령자는 잃어버린 혹은 탈취당한 역할에 대한 보상심리에서 일탈행위에 빠질 수 있다. 예컨대 수감된 고령자들을 대상으로 행한 연구에 의하면 '부에 대한 욕심'이 24.1%로 가장 많은 범죄동기로, '원한이나 분노'가 16.9%, '생활비 마련'이 14.6% 순으로 나타났다. 이는 사회에서 자신의 위치를 못 찾는 데 대한 반대급부적 현상이기도 하다며 은퇴 뒤에도 계속 사회활동을 하도록 배려하는 것이 중요하다고 한다.[8]

---

7) Alan A. Malinchak, Crime and Gerontology, Prentice-Hall, Englewood Cliffs 1980, p.229.

8) http://www.hani.co.kr 2009년 1월 4일 등록.

2. 아노미이론

고령자는 노년기의 은퇴, 배우자의 상실, 이전 역할의 상실과 새로운 역할의 부재, 그리고 노년기에 대한 낮은 가치평가와 지위 등의 삶의 변화를 겪게 된다. 이러한 삶의 환경이 고령자들에게 스트레스 및 좌절감을 경험하게 하고 이로 인하여 알코올중독 등의 범죄유형이나 자살 등의 피해자 없는 범죄유형이 나타난다.[9]

노년기에는 다른 사람들과의 사회적 교류 및 활동범위가 축소되고 사회의 기능적 역할(Social Role)에서도 제외되는 것을 볼 수 있다. 고령자들은 비자발적인 역할 또는 지위상실을 경험하게 되면서 고령자들은 불만족을 표출하기 위한 방법으로 범죄를 저지를 수 있다는 것이다.[10]

특히 현대의 고령자들은 교육수준의 상승과 육체적 건강으로 사회활동을 성공적으로 할 수 있음에도 자신들의 역할을 상실함에 따라 보상심리 차원에서 반사회적 행동유형의 범죄행위로 나타날 수 있다. 뿐만 아니라 노동시장이 기술발전으로 인해 변화하면서 조기 은퇴를 강요하기도 하는데 은퇴 후의 지위상실과 무력감 또는 좌절은 고령자가 불법적인 대안을 찾게 되는 이유가 될 수 있다고 볼 수 있다.[11]

IV. 경제적 원인

그동안 고령자범죄와 관련된 연구를 보면 대부분이 고령자들의 은퇴나 실직으로 인한 경제적 어려움이 범죄원인의 주된 원인이 되고 있다. 일본 법무성의 2007년도 보고에 따르면, 일본의 많은 고령자들은 전통적인 가족형태가 파괴되면서 가족들과 관계도 깨져 빈곤과 소외로 재범을 저지르는 사례가 많은 것으로 나타났다.[12]

---

9) 강영실, 노인범죄예방을 위한 지역사회기관과의 연계방안, 교정복지연구 창간호, 한국고정복지학회. 2005, 155면 참조.

10) Malinchak, Alan A., Crime and Gerontology, Prentice-Hall, Englewood Cliffs, 1980.

11) M. Fishman, Crime Wave as Ideology, Social Problems 25, 1977.

우리나라에서도 <표 8-1>에서 예시하는 것과 같이 고령자들의 경제적 어려움이 1998년 IMF(International Monetary Fund) 때에도 30.8%이었는데 IMF를 졸업한 2005년에는 오히려 고령자들의 경제적 어려움이 44.6%로 급증하고 있다. 이는 고령자들의 사회활동이 활발하여 질수록 과거 고령자의 절대적 빈곤과는 다소 거리가 있는 것으로 고령자들이 경제적 문제를 해결하기위해 사기, 배임, 횡령 등 화이트칼라 범죄(White-collar crime)와 생계형 범죄인 절도의 유혹에 빠질 수 있는 특성을 보여주고 있다.

<표 8-1> 고령자들이 겪는 가장 어려운 문제 (단위 : %)

년도	경제적 어려움	직업 없음	소일거리 없음	건강 문제	외로움 소외감	가족의 푸대접	경로의식 악화	복지시설 부족	기타
1998	30.8	3.4	8.9	33.9	12.1	12.9	1.6	3.6	2.9
2002	33.9	2.9	5.8	41.5	8.5	2.2	1.1	2.3	1.8
2005	44.6	4.9	6.3	30.1	6.4	1.6	1.8	4.2	0.2

주 : 사회통계조사, 통계청.

고령자의 빈곤은 일반적인 사회활동 세대의 빈곤과는 다른 생계형 범죄로 단순절도나 절도행위에 수반되는 폭력행위나 상해행위가 고령자범죄의 대부분을 차지한다. 경제적인 빈곤함과 궁핍한 생활은 삶의 질적인 수준을 벗어나서 개인의 심리적인 자존감을 순식간에 파괴하는 원인이 되며, 이로 인하여 젊은 시절에 아무리 인정받고 좋은 사람으로 평가받았다 하더라도 소위 막나가는 식의 사고를 발생시킬 가능성이 아주 높다. 경제적 어려움으로 인한 좌절감의 발생과 무력감의 증대는 결과적으로 고령자의 심리적인 불안을 증대시키고, 이러한 심리적 불안감의 증대는 작은 폭력이나 절도행위를 불러오다가 결국은 직업적 범죄자로 나아가게 된다.

---

12) 헤럴드경제, 2007년 11월 5일자.

제3절 고령범죄자의 현황

아래의 <표 8-2>에서 보는 것처럼 61세 이상의 범죄자 건수가 증가하고 있으며, 전체범죄발생 건수 중 61세 이상의 범죄자가 차지하는 비율로 증가하고 있는 것으로 나타나고 있다.

〈표 8-2〉 61세 이상 범죄자 증가추이

년	2009	2010	2011	2012
전 체	2,519,237	1,954,331	1,907,641	2,117,737
61세 이상 (100%)	126,508 (5.0)	115,170 (5.9)	121,776 (6.4)	140,179 (6.6)

주 : 범죄분석, 대검찰청.

I. 강력범죄

〈표 8-3〉 61세 이상 고령자의 강력범죄 증가추이 (단위 : 명)

년도	강력범죄	살인	강간	상해	폭행
2010	19,863	85	821	6,663	8,425
2011	21,867	94	991	6,574	10,223
2012	23,560	96	1,045	6,889	10,894

주 : 범죄분석, 대검찰청.

지난 3년간의 고령자의 강력범죄의 추이를 보면 <표 8-3>에서 예시하는 것과 같이 2010년에서 2012까지 3,697명의 범죄가 늘고 증가율도 18.6%에 달하고 있다. 강력범죄 가운데 살인은 2010년 85명, 2011년 94명, 2012년 96명 등으로 범죄증가율이 12.9%에 달하고, 강간범죄는 2010년 821명, 2011년 991명, 2012년 1,045명으로 증가하여 범죄증가율이 27.2%로 높은 증가율을 보이고 있다. 상해죄는 2010년 6,663명, 2011년 6,574명, 2012년 6,889명으로 범죄증가율이 3.4% 증가하였고, 폭행죄는 2010년 8,425명, 2011년 10,228명, 2012년 10,894명으로 범죄증가율이 29.3% 증가하였다.

이처럼 고령자의 범죄는 점차적으로 증가하고 있으며 특히 강간죄와 폭행죄

가 상대적으로 높은 증가율을 보이고 있는데 이는 고령인구의 증가와 고령자의
정신적·신체적 건강이 향상된 결과로 보인다.

II. 방화범죄

방화범죄는 재산과 인명 등 2차 피해를 크게 야기하여 심각성이 지대한데 <표
8-4>에서 예시하는 것과 같이 61세와 70세 사이에서는 증가하였다가 감소하고
있으며 71세 이상에서는 감소하였다가 증가하고 있다. 우리나라 방화범죄의 전
체 건수는 2010년부터 거의 정체현상을 보이고 있는데 고령자들의 방화범죄는
2012년에 다소 감소하고 있다.

〈표 8-4〉 고령자들의 방화범죄 추이 (단위 : 명, %)

년도	계	연령별		전체방화범
		61세-70세	71세 이상	
2010	63	43	20	1,321
2011	81	66	15	1,412
2012	71	52	19	1,413

주 : 범죄분석, 대검찰청.

III. 마약류 범죄

<표 8-5>에서 보는 것처럼 60세 이상의 마약류범죄(Narcotic crimes)가 다른
연령층에 비해 가장 낮다.

〈표 8-5〉 마약사범 연령별 현황 (단위 : 세, 명)

년도	계	연령별						
		19이하	20-29	30-39	40-49	50-59	60이상	미상
2010	1,124 (100%)	0	25 (2.2)	57 (5.1)	133 (11.8)	327 (29.1)	15 (1.3)	15 (1.3)
2011	752 (100%)	0	14 (1.8)	37 (4.9)	82 (10.8)	169 (22.3)	24 (3.2)	24 (3.2)
2012	582 (100%)	0	19 (3.3)	20 (3.4)	69 (11.9)	138 (23.7)	6 (1.0)	6 (1.0)

주 : 대검찰청, 2012년 마약류 범죄백서.

IV. 자 살

자살은 형법위반(Criminal offense) 범죄는 아니다. 그러나 범죄학 측면에서 보면 "형법상 처벌되기 어렵다 하더라도 이를 처벌의 대상이나 개념이 아니라 사회적으로 큰 물의를 일으키거나 설령 처벌에서 벗어난다 하더라도 비난의 여지나 비난을 받을 수밖에 없다"는 측면에서 범죄로 간주할 수 있다.

언론의 보도에 따르면, 우리나라 자살률은 인구 10만 명당 33.5명(2010년 기준)으로 경제협력개발기구(OECD) 회원국(평균 12.9명) 중에서 가장 높다. 2000년 13.6명에서 2011년 31.7명으로 지난 10년간 18.1명 증가했으며, 특히 연령별 자살률을 보면 2000년과 비교해 2011년에는 나이가 많아질수록 증가해 50대 남자 25.9명, 60대 남자 37.7명, 70대 남자 81.3명 그리고 80세 이상 남자는 120.9명으로 남자 고연령층의 자살률 증가한 점을 볼 때, 고령자의 자살은 더 이상 방치할 수 없는 사회문제가 되고 있다.

V. 재산범죄

<표 8-6>에서 보는 것처럼 우리나라가 2000년 이후 고령사회로 들어서 2010년부터 2012년까지 고령자의 재산범죄는 점차적으로 증가하고 있다. 2010년과 비교한 2012년의 증가비율을 보면, 사기범죄는 4,192명(33.0%), 횡령범죄는 1,158명(51.0%), 배임범죄는 333명(26.2%) 각각 증가하여 고령화가 시작된 이후로 높은 증가율을 보이고 있다.

〈표 8-6〉 고령자의 재산범죄 증가추이(단위 : 명)

년도	계	사기	횡령	배임
2010	16,209	12,682	2,258	1,269
2011	16,481	12,908	2,314	1,074
2012	21,887	16,874	3,411	1,602

주 : 범죄분석, 대검찰청.

VI. 교통사범

　　<표 8-7>에서 보는 것처럼 61세 이상 운전자의 교통사고 발생건수는 점차적으로 증가하고 있다. 이는 사회·경제적 발달에 따라 고령자의 차량보유가 증가하고 있을 뿐만 아니라 사회활동도 활발해지고 있는 상황에 기인한 것으로 보인다. 즉 고령자들은 육체적으로 감각기관이 무뎌지는데 그로 인하여 위험한 상황에 노출되었을 경우 그에 대처하는 반사작용의 기능이 떨어진다. 결국 고령자들의 사회활동이 증가할수록 교통사망건수도 증가하는 것으로 볼 수 있다.

〈표 8-7〉 61세 이상 운전자의 교통사고

구분 \ 년도	2010	2011	2012
발생건수	12,603	13,583	15,176
사망자수	546	605	718
부상자수	18,637	19,801	22,028

주 : 교통사고 통계분석, 도로교통안전관리공단.

　　한편 고령자의 교통사범 위반유형을 보면 <표 8-8>에서와 같이 사망사고로 이어질 수 있는 음주운전과 무면허운전은 점차적으로 감소하고 있는 반면, 교통법규 위반은 감소하였다가 다시 증가한 것으로 나타나고 있다. 이는 신체적 교령화로 인하여 인지능력은 감소한 반면, 규범의식은 높아지고 있는 것으로 평가할 수 있을 것이다.

〈표 8-8〉 61세 이상 고령자 도로교통 위반사범 (단위 : 명)

년도	계	교통위반	무면허운전	음주운전	음주측정거부
2010	17,200	5,928	3,646	7,474	152
2011	12,439	3,213	2,690	6,433	103
2012	13,422	5,055	2,054	6,220	93

주 : 범죄분석, 대검찰청.

VII. 생계형 범죄

생계형 범죄는 범죄 이외의 수단으로서는 도저히 먹고 살기가 어려운 경우를 말하며, 직업적 범죄는 다른 생계수단을 충분히 선택할 수 있음에도 불구하고 한 번에 많은 돈을 쉽게 벌 수 있는 불법적인 수단을 선택하여 직업 활동을 벌이는 경우를 말한다. <표 8-9>에서와 같이 생계형 범죄라 할 수 있는 강도, 절도, 장물 등의 범죄가 2012년에는 2010년에 비해 9.4% 증가하였으며, 특히 육체적으로 강건하여진 고령자들의 강도가 17.6%, 절도가 13.7% 각각 증가하였다. 이는 고령자의 범죄가 잔인해지고 대담해지고 있는 것으로 보인다.

〈표 8-9〉 61세 이상 고령자의 생계형 범죄추이 (단위 : 명)

년도	계	강도	절도	장물
2010	6,051	51	5,540	460
2011	6,890	81	6,486	323
2012	6,623	60	6,303	260

주 : 범죄분석, 대검찰청.

제4절   고령범죄자에 대한 대책

고령자범죄의 주된 원인은 '사회적 역할상실', '고독과 소외감'이라는 심리적인 원인과 '경제적 빈곤'이라는 사회적 원인이라는 것을 알 수 있다. 따라서 우선은 소외감과 고독감을 해소할 수 있는 방안으로서 가정과 지역사회에서 고령자의 역할을 찾아주어 자아정체감과 만족감을 형성해 줄 필요가 있다.

I. 사회봉사활동의 활성화

고령자들이 주로 하는 자원봉사 활동이 환경보전(Environmental conservation) 범죄예방 활동은 고령자들이 특별한 육체적 활동이나 노력 없이 쉽게 할 수 있다는 측면에서 이해할 수 있다. 고령자범죄의 사회적 원인이 주로 고령자들의 사회적 역할상실로 인해 나타나는 것이기 때문에 이에 대한 대응적 차원에서 고령자들에게 새로운 역할을 부여할 필요가 있다. 사회참여활동 또한 다양하게 구성하여 이를 고령자들에게 제시하는 것은 사회 참여적 존재로서의 자아를 찾을 수 있는 기회를 제공할 수 있다. 즉 학교의 봉사프로그램이나 지역사회 기업들의 박람회 등 각종 봉사 및 사회프로그램에 일정 비율의 고령자를 투입함으로써 고령자들이 젊은 청년층과 자연스럽게 접촉할 수 있는 기회와 장(場)을 마련하여 줄 수 있으며, 이러한 고령자와 청년 간의 자연스러운 교류를 통해서 사회적 자아와 정체성을 쉽게 찾을 수 있을 것이다.

II. 재교육 등을 통한 근로기회 제공

경제적으로 윤택하거나 최소한 걱정은 하지 않고 일하는 즐거움으로 취업을 원하는 고령자들에 대해서는 경제적 비용이 들어가지 않는 자원봉사활동을 주로 지정해주고, 반대로 먹고 사는 부분이 어려워 고통을 겪는 고령자들은 노동의 기회를 제공해야 한다. 노동의 기회제공을 통해서 자아에 대한 관념을 찾기 보다는 자기 스스로 생계에 대한 부분을 해결한다는 만족감과 함께 자기가 속한 사회가 일을 할 수 있는 기회를 제공했다는 공감이 형성됨으로 인해 비행성과 범죄성을 낮추는데 큰 도움을 줄 수 있다.

경제적 빈곤을 해결하기 위해서 건강한 고령자들을 위한 각종 제도를 마련하여 은퇴 후에도 쉽고 단순한 직종으로 자리를 이동하거나 직업 등의 재교육을 통하여 취업기회를 확충시켜야 한다. 아무리 오랜 기간 동안 일을 했다 하더라도 퇴직 후에 동일한 일을 할 수 있는 기회를 우리 사회가 제공하여 주지 않는다면 그 능력은 순식간에 사장되어 버리는 문제를 일으킬 수밖에 없다. 따라서 고령자들이 퇴직을 한 이후에 자신이 해왔던 일들을 지속할 수 있도록 하는 일종의 직업적 연장제도의 도입이 시급하며, 이러한 직업연장제도를 통해서 고령자문제의 결정체라 할 수 있는 고령자범죄문제를 효과적이면서도 효율적으로 예방하고 처리할 수 있다고 생각된다.

III. 형사사법기관의 고령자범죄 관리체제 구축

고령자범죄는 엄밀한 의미에서 지역사회 안에서 일어나고 있다. 지역사회를 기반으로 하고 있는 고령자범죄의 대응능력을 강화하고 고령자의 비행과 범죄를 예방하기 위한 예방능력을 향상하기 위해서는 범죄를 직접적으로 취급하고 처리하는 형사사법기관의 적극적인 개입의지가 있어야 한다.

우리나라 형사사법기관이 고령자범죄 관리체제를 구축하기 위해 시급히 필요한 것은 첫째로 경찰이나 검찰, 형사법원, 교정기관 등 형사사법기관이 고령자범죄를 개별적으로 처리하기보다는 상호 연계할 수 있는 협력적인 체제를 구축함으로써 일관된 고령자범죄의 사법적 처리가 필요하다. 일선 경찰서에는 청소년계처럼 고령자범죄만을 전담하는 부서를 신설하고, 검찰에서도 고령자범조를 전담하는 형사부를 지정하고, 법원은 고령자들의 특성을 고려해서 사법적 판단을 내릴 수 있도록 전담법원을 만들고, 각각 기관들은 상호 긴밀한 협조체제를 구축해야 한다. 둘째로 고령범죄자들만을 수용하는 고령자전용 교도소를 설립해야 한다. 고령자들만을 수용하고 이들의 특성을 고려한 교정프로그램을 운영하여, 고령범죄자들의 재범률을 떨어뜨리고 사회에 적응할 수 있도록 해야 할 것이다. 현재 교도소에 수용되어 있는 고령범죄자들은 고령으로 인해 질환에 걸릴 경우, 의료혜택을 받기에는 너무나 취약한 의료시스템이다. 고령자범죄의 특성을 고려한 고령자전용 교도소는 인권차원에서 시급한 문제이다. 셋째로 형사사법기관들은 고령자범죄가 고령화 사회진입이후 우리나라 범죄의 주류를 이루어 가고 있다는 점에서 소년 및 여성범죄처럼 고령자범죄를 다룰 수 있는 전문가 양성이 필요하다. 나이가 많다고 단순히 노약자로만 취급해서도, 일반 청·장년처럼 다루어서도 결코 안 된다. 고령자범죄의 특성을 이해하고 심리적 치료도 가능한 전문가를 양성하는 것이 매우 시급하다.

IV. 고령자에 대한 인식 전환

지금까지 고령자는 사회적 약자로서 범죄피해의 대상이라는 인식이 지배적이었다. 물론 고령자가 우리사회의 사회적 약자라는 것은 엄연한 사실이다. 그러나 고령자가 범죄의 피해자로서 존재하는 한편에는 강력범죄의 가해자가 될 수 있다는 인식의 전환이 필요하다. 고령범죄자들을 범죄자로서 합당하게 대우하지 않을 때 고령자범죄는 오히려 더욱 심각해질 수 있으며 고령자범죄의 피해자가 되기도 하는 다수의 사회적 약자, 여성, 정신지체여성, 아동 등에 대한 범죄피해를 가중시킬 수 있기 때문이다.

부 록 : 관련법률

I. 살인범죄

형법 [법률 제11731호, 2013.4.5, 일부개정]

제88조(내란목적의 살인) 국토를 참절하거나 국헌을 문란할 목적으로 사람을 살해한 자는 사형, 무기징역 또는 무기금고에 처한다.

제250조(살인, 존속살해) ① 사람을 살해한 자는 사형, 무기 또는 5년 이상의 징역에 처한다. ② 자기 또는 배우자의 직계존속을 살해한 자는 사형, 무기 또는 7년 이상의 징역에 처한다. <개정 1995.12.29>

제251조(영아살해) 직계존속이 치욕을 은폐하기 위하거나 양육할 수 없음을 예상하거나 특히 참작할 만한 동기로 인하여 분만 중 또는 분만직후의 영아를 살해한 때에는 10년 이하의 징역에 처한다.

제252조(촉탁, 승낙에 의한 살인 등) ① 사람의 촉탁 또는 승낙을 받아 그를 살해한 자는 1년 이상 10년 이하의 징역에 처한다. ② 사람을 교사 또는 방조하여 자살하게 한 자도 전항의 형과 같다.

제253조(위계 등에 의한 촉탁살인 등) 전조의 경우에 위계 또는 위력으로써 촉탁 또는 승낙하게 하거나 자살을 결의하게 한 때에는 제250조의 예에 의한다.

제254조(미수범) 전4조의 미수범은 처벌한다.

제255조(예비, 음모) 제250조와 제253조의 죄를 범할 목적으로 예비 또는 음모한 자는 10년 이하의 징역에 처한다.

제256조(자격정지의 병과) 제250조, 제252조 또는 제253조의 경우에 유기징역에 처할 때에는 10년 이하의 자격정지를 병과할 수 있다.

제267조(과실치사) 과실로 인하여 사람을 사망에 이르게 한 자는 2년 이하의 금고 또는 700만 원 이하의 벌금에 처한다. <개정 1995.12.29.>

제338조(강도살인·치사) 강도가 사람을 살해한 때에는 사형 또는 무기징역에 처한다. 사망에 이르게 한 때에는 무기 또는 10년 이상의 징역에 처한다.

II. 성폭력범죄

1. 형법 [법률 제11731호, 2013.4.5, 일부개정]

제297조(강간) 폭행 또는 협박으로 사람을 강간한 자는 3년 이상의 유기징역에 처한다.

제297조의2(유사강간) 폭행 또는 협박으로 사람에 대하여 구강, 항문 등 신체(성기는 제외한다)의 내부에 성기를 넣거나 성기, 항문에 손가락 등 신체(성기는 제외한다)의 일브 또는 도구를 넣는 행위를 한 사람은 2년 이상의 유기징역에 처한다.

제298조(강제추행) 폭행 또는 협박으로 사람에 대하여 추행을 한 자는 10년 이하의 징역 또는 1천500만 원 이하의 벌금에 처한다.

제299조(준강간, 준강제추행) 사람의 심신상실 또는 항거불능의 상태를 이용하여 간음 또는 추행을 한 자는 제297조, 제297조의2 및 제298조의 예에 의한다.

제300조(미수범) 제297조, 제297조의2, 제298조 및 제299조의 미수범은 처벌한다.

제301조(강간등 상해·치상) 제297조, 제297조의2 및 제298조부터 제300조까지의 죄를 범한 자가 사람을 상해하거나 상해에 이르게 한 때에는 무기 또는 5년 이상의 징역에 처한다.

제301조의2(강간등 살인·치사) 제297조, 제297조의2 및 제298조부터 제300조까지의 죄를 범한 자가 사람을 살해한 때에는 사형 또는 무기징역에 처한다. 사망에 이르게 한 때에는 무기 또는 10년 이상의 징역에 처한다.

제302조(미성년자 등에 대한 간음) 미성년자 또는 심신미약자에 대하여 위계 또는 위력으로써 간음 또는 추행을 한 자는 5년 이하의 징역에 처한다.

제303조(업무상위력 등에 의한 간음) ① 업무, 고용 기타 관계로 인하여 자기의 보호 또는 감독을 받는 사람에 대하여 위계 또는 위력으로써 간음한 자는 5년 이하의 징역 또는 1천500만 원 이하의 벌금에 처한다.

② 법률에 의하여 구금된 사람을 감호하는 자가 그 사람을 간음한 때에는 7년 이하의 징역에 처한다.

제305조(미성년자에 대한 간음, 추행) 13세 미만의 사람에 대하여 간음 또는 추행을 한 자는 제297조, 제297조의2, 제298조, 제301조 또는 제301조의2의 예에 의한다.

제305조의2(상습범) 상습으로 제297조, 제297조의2, 제298조부터 제300조까지, 제302조, 제303조 또는 제305조의 죄를 범한 자는 그 죄에 정한 형의 2분의 1까지 가중한다.

2. 성폭력범죄의 처벌 등에 관한 특례법
[법률 제11556호, 2012.12.18, 전부개정]

제1조(목적) 이 법은 성폭력범죄의 처벌 및 그 절차에 관한 특례를 규정함으로써 성폭력범죄
피해자의 생명과 신체의 안전을 보장하고 건강한 사회질서의 확립에 이바지함을 목적으로
한다.

제2조(정의) ① 이 법에서 "성폭력범죄"란 다음 각 호의 어느 하나에 해당하는 죄를 말한다.

　1.「형법」제2편제22장 성풍속에 관한 죄 중 제242조(음행매개), 제243조(음화반포등), 제
244조(음화제조등) 및 제245조(공연음란)의 죄

　2.「형법」제2편제31장 약취(略取), 유인(誘引) 및 인신매매의 죄 중 추행, 간음 또는 성
매매와 성적 착취를 목적으로 범한 제288조 또는 추행, 간음 또는 성매매와 성적 착취를
목적으로 범한 제289조, 제290조(추행, 간음 또는 성매매와 성적 착취를 목적으로 제288
조 또는 추행, 간음 또는 성매매와 성적 착취를 목적으로 제289조의 죄를 범하여 약취, 유
인, 매매된 사람을 상해하거나 상해에 이르게 한 경우에 한정한다), 제291조(추행, 간음
또는 성매매와 성적 착취를 목적으로 제288조 또는 추행, 간음 또는 성매매와 성적 착취
를 목적으로 제289조의 죄를 범하여 약취, 유인, 매매된 사람을 살해하거나 사망에 이르
게 한 경우에 한정한다), 제292조[추행, 간음 또는 성매매와 성적 착취를 목적으로 한 제
288조 또는 추행, 간음 또는 성매매와 성적 착취를 목적으로 한 제289조의 죄로 약취, 유
인, 매매된 사람을 수수(授受) 또는 은닉한 죄, 추행, 간음 또는 성매매와 성적 착취를 목
적으로 한 제288조 또는 추행, 간음 또는 성매매와 성적 착취를 목적으로 한 제289조의
죄를 범할 목적으로 사람을 모집, 운송, 전달한 경우에 한정한다] 및 제294조(추행, 간음
또는 성매매와 성적 착취를 목적으로 범한 제288조의 미수범 또는 추행, 간음 또는 성매
매와 성적 착취를 목적으로 범한 제289조의 미수범, 추행, 간음 또는 성매매와 성적 착취
를 목적으로 제288조 또는 추행, 간음 또는 성매매와 성적 착취를 목적으로 제289조의 죄
를 범하여 발생한 제290조제1항의 미수범 또는 추행, 간음 또는 성매매와 성적 착취를 목
적으로 제288조 또는 추행, 간음 또는 성매매와 성적 착취를 목적으로 제289조의 죄를 범
하여 발생한 제291조제1항의 미수범 및 제292조제1항의 미수범 중 추행, 간음 또는 성매
매와 성적 착취를 목적으로 약취, 유인, 매매된 사람을 수수, 은닉한 죄의 미수범으로 한
정한다)의 죄

　3.「형법」제2편제32장 강간과 추행의 죄 중 제297조(강간), 제297조의2(유사강간), 제
298조(강제추행), 제299조(준강간, 준강제추행), 제300조(미수범), 제301조(강간등 상해 ·
치상), 제301조의2(강간등 살인 · 치사), 제302조(미성년자등에 대한 간음), 제303조(업무

상위력등에 의한 간음) 및 제305조(미성년자에 대한 간음, 추행)의 죄

  4. 「형법」 제339조(강도강간)의 죄

  5. 이 법 제3조(특수강도강간 등)부터 제15조(미수범)까지의 죄

  ② 제1항 각 호의 범죄로서 다른 법률에 따라 가중처벌되는 죄는 성폭력범죄로 본다.

제3조(특수강도강간 등) ① 「형법」 제319조제1항(주거침입), 제330조(야간주거침입절도), 제331조(특수절도) 또는 제342조(미수범. 다만, 제330조 및 제331조의 미수범으로 한정한다)의 죄를 범한 사람이 같은 법 제297조(강간), 제297조의2(유사강간), 제298조(강제추행) 및 제299조(준강간, 준강제추행)의 죄를 범한 경우에는 무기징역 또는 5년 이상의 징역에 처한다.

  ② 「형법」 제334조(특수강도) 또는 제342조(미수범. 다만, 제334조의 미수범으로 한정한다)의 죄를 범한 사람이 같은 법 제297조(강간), 제297조의2(유사강간), 제298조(강제추행) 및 제299조(준강간, 준강제추행)의 죄를 범한 경우에는 사형, 무기징역 또는 10년 이상의 징역에 처한다.

제4조(특수강간 등) ① 흉기나 그 밖의 위험한 물건을 지닌 채 또는 2명 이상이 합동하여 「형법」 제297조(강간)의 죄를 범한 사람은 무기징역 또는 5년 이상의 징역에 처한다.

  ② 제1항의 방법으로 「형법」 제298조(강제추행)의 죄를 범한 사람은 3년 이상의 유기징역에 처한다.

  ③ 제1항의 방법으로 「형법」 제299조(준강간, 준강제추행)의 죄를 범한 사람은 제1항 또는 제2항의 예에 따라 처벌한다.

제5조(친족관계에 의한 강간 등) ① 친족관계인 사람이 폭행 또는 협박으로 사람을 강간한 경우에는 7년 이상의 유기징역에 처한다.

  ② 친족관계인 사람이 폭행 또는 협박으로 사람을 강제추행한 경우에는 5년 이상의 유기징역에 처한다.

  ③ 친족관계인 사람이 사람에 대하여 「형법」 제299조(준강간, 준강제추행)의 죄를 범한 경우에는 제1항 또는 제2항의 예에 따라 처벌한다.

  ④ 제1항부터 제3항까지의 친족의 범위는 4촌 이내의 혈족·인척과 동거하는 친족으로 한다.

  ⑤ 제1항부터 제3항까지의 친족은 사실상의 관계에 의한 친족을 포함한다.

제6조(장애인에 대한 강간·강제추행 등) ① 신체적인 또는 정신적인 장애가 있는 사람에 대하여 「형법」 제297조(강간)의 죄를 범한 사람은 무기징역 또는 7년 이상의 징역에 처한다.

  ② 신체적인 또는 정신적인 장애가 있는 사람에 대하여 폭행이나 협박으로 다음 각 호의

어느 하나에 해당하는 행위를 한 사람은 5년 이상의 유기징역에 처한다.

1. 구강・항문 등 신체(성기는 제외한다)의 내부에 성기를 넣는 행위

2. 성기・항문에 손가락 등 신체(성기는 제외한다)의 일부나 도구를 넣는 행위

③ 신체적인 또는 정신적인 장애가 있는 사람에 대하여 「형법」 제298조(강제추행)의 죄를 범한 사람은 3년 이상의 유기징역 또는 2천만 원 이상 5천만 원 이하의 벌금에 처한다.

④ 신체적인 또는 정신적인 장애로 항거불능 또는 항거곤란 상태에 있음을 이용하여 사람을 간음하거나 추행한 사람은 제1항부터 제3항까지의 예에 따라 처벌한다.

⑤ 위계(僞計) 또는 위력(威力)으로써 신체적인 또는 정신적인 장애가 있는 사람을 간음한 사람은 5년 이상의 유기징역에 처한다.

⑥ 위계 또는 위력으로써 신체적인 또는 정신적인 장애가 있는 사람을 추행한 사람은 1년 이상의 유기징역 또는 1천만 원 이상 3천만 원 이하의 벌금에 처한다.

⑦ 장애인의 보호, 교육 등을 목적으로 하는 시설의 장 또는 종사자가 보호, 감독의 대상인 장애인에 대하여 제1항부터 제6항까지의 죄를 범한 경우에는 그 죄에 정한 형의 2분의 1까지 가중한다.

제7조(13세 미만의 미성년자에 대한 강간, 강제추행 등) ① 13세 미만의 사람에 대하여 「형법」 제297조(강간)의 죄를 범한 사람은 무기징역 또는 10년 이상의 징역에 처한다.

② 13세 미만의 사람에 대하여 폭행이나 협박으로 다음 각 호의 어느 하나에 해당하는 행위를 한 사람은 7년 이상의 유기징역에 처한다.

1. 구강・항문 등 신체(성기는 제외한다)의 내부에 성기를 넣는 행위

2. 성기・항문에 손가락 등 신체(성기는 제외한다)의 일부나 도구를 넣는 행위

③ 13세 미만의 사람에 대하여 「형법」 제298조(강제추행)의 죄를 범한 사람은 5년 이상의 유기징역 또는 3천만 원 이상 5천만 원 이하의 벌금에 처한다.

④ 13세 미만의 사람에 대하여 「형법」 제299조(준강간, 준강제추행)의 죄를 범한 사람은 제1항부터 제3항까지의 예에 따라 처벌한다.

⑤ 위계 또는 위력으로써 13세 미만의 사람을 간음하거나 추행한 사람은 제1항부터 제3항까지의 예에 따라 처벌한다.

제8조(강간등 상해・치상) ① 제3조제1항, 제4조, 제6조, 제7조 또는 제15조(제3조제1항, 제4조, 제6조 또는 제7조의 미수범으로 한정한다)의 죄를 범한 사람이 다른 사람을 상해하거나 상해에 이르게 한 때에는 무기징역 또는 10년 이상의 징역에 처한다.

② 제5조 또는 제15조(제5조의 미수범으로 한정한다)의 죄를 범한 사람이 다른 사람을 상해하거나 상해에 이르게 한 때에는 무기징역 또는 7년 이상의 징역에 처한다.

제9조(강간등 살인・치사) ① 제3조부터 제7조까지, 제15조(제3조부터 제7조까지의 미수범

으로 한정한다)의 죄 또는「형법」제297조(강간), 제297조의2(유사강간) 및 제298조(강제추행)부터 제300조(미수범)까지의 죄를 범한 사람이 다른 사람을 살해한 때에는 사형 또는 무기징역에 처한다.

② 제4조, 제5조 또는 제15조(제4조 또는 제5조의 미수범으로 한정한다)의 죄를 범한 사람이 다른 사람을 사망에 이르게 한 때에는 무기징역 또는 10년 이상의 징역에 처한다.

③ 제6조, 제7조 또는 제15조(제6조 또는 제7조의 미수범으로 한정한다)의 죄를 범한 사람이 다른 사람을 사망에 이르게 한 때에는 사형, 무기징역 또는 10년 이상의 징역에 처한다.

제10조(업무상 위력 등에 의한 추행) ① 업무, 고용이나 그 밖의 관계로 인하여 자기의 보호, 감독을 받는 사람에 대하여 위계 또는 위력으로 추행한 사람은 2년 이하의 징역 또는 500만 원 이하의 벌금에 처한다.

② 법률에 따라 구금된 사람을 감호하는 사람이 그 사람을 추행한 때에는 3년 이하의 징역 또는 1천500만 원 이하의 벌금에 처한다.

제11조(공중 밀집 장소에서의 추행) 대중교통수단, 공연·집회 장소, 그 밖에 공중(公衆)이 밀집하는 장소에서 사람을 추행한 사람은 1년 이하의 징역 또는 300만 원 이하의 벌금에 처한다.

제12조(성적 목적을 위한 공공장소 침입행위) 자기의 성적 욕망을 만족시킬 목적으로「공중화장실 등에 관한 법률」제2조제1호부터 제5호까지에 따른 공중화장실 등 및「공중위생관리법」제2조제1항제3호에 따른 목욕장업의 목욕장 등 대통령령으로 정하는 공공장소에 침입하거나 같은 장소에서 퇴거의 요구를 받고 응하지 아니하는 사람은 1년 이하의 징역 또는 300만 원 이하의 벌금에 처한다.

제13조(통신매체를 이용한 음란행위) 자기 또는 다른 사람의 성적 욕망을 유발하거나 만족시킬 목적으로 전화, 우편, 컴퓨터, 그 밖의 통신매체를 통하여 성적 수치심이나 혐오감을 일으키는 말, 음향, 글, 그림, 영상 또는 물건을 상대방에게 도달하게 한 사람은 2년 이하의 징역 또는 500만 원 이하의 벌금에 처한다.

제14조(카메라 등을 이용한 촬영) ① 카메라나 그 밖에 이와 유사한 기능을 갖춘 기계장치를 이용하여 성적 욕망 또는 수치심을 유발할 수 있는 다른 사람의 신체를 그 의사에 반하여 촬영하거나 그 촬영물을 반포·판매·임대·제공 또는 공공연하게 전시·상영한 자는 5년 이하의 징역 또는 1천만 원 이하의 벌금에 처한다.

② 제1항의 촬영이 촬영 당시에는 촬영대상자의 의사에 반하지 아니하는 경우에도 사후에 그 의사에 반하여 촬영물을 반포·판매·임대·제공 또는 공공연하게 전시·상영한 자는 3년 이하의 징역 또는 500만 원 이하의 벌금에 처한다.

③ 영리를 목적으로 제1항의 촬영물을 「정보통신망 이용촉진 및 정보보호 등에 관한 법률」 제2조제1항제1호의 정보통신망(이하 "정보통신망"이라 한다)을 이용하여 유포한 자는 7년 이하의 징역 또는 3천만 원 이하의 벌금에 처한다.

제15조(미수범) 제3조부터 제9조까지 및 제14조의 미수범은 처벌한다.

제16조(형벌과 수강명령 등의 병과) ① 법원이 성폭력범죄를 범한 사람에 대하여 형의 선고를 유예하는 경우에는 1년 동안 보호관찰을 받을 것을 명할 수 있다. 다만, 성폭력범죄를 범한 「소년법」 제2조에 따른 소년에 대하여 형의 선고를 유예하는 경우에는 반드시 보호관찰을 명하여야 한다.

② 법원이 성폭력범죄를 범한 사람에 대하여 유죄판결(선고유예는 제외한다)을 선고하는 경우에는 500시간의 범위에서 재범예방에 필요한 수강명령 또는 성폭력 치료프로그램의 이수명령(이하 "이수명령"이라 한다)을 병과하여야 한다. 다만, 수강명령 또는 이수명령을 부과할 수 없는 특별한 사정이 있는 경우에는 그러하지 아니하다.

③ 성폭력범죄를 범한 자에 대하여 제2항의 수강명령은 형의 집행을 유예할 경우에 그 집행유예기간 내에서 병과하고, 이수명령은 벌금 이상의 형을 선고할 경우에 병과한다. 다만, 이수명령은 성폭력범죄자가 「특정 범죄자에 대한 보호관찰 및 전자장치 부착 등에 관한 법률」 제9조의2제1항제4호에 따른 이수명령을 부과받은 경우에는 병과하지 아니한다.

④ 법원이 성폭력범죄를 범한 사람에 대하여 형의 집행을 유예하는 경우에는 제2항에 따른 수강명령 외에 그 집행유예기간 내에서 보호관찰 또는 사회봉사 중 하나 이상의 처분을 병과할 수 있다.

⑤ 제2항에 따른 수강명령 또는 이수명령은 형의 집행을 유예할 경우에는 그 집행유예기간 내에, 벌금형을 선고할 경우에는 형 확정일부터 6개월 이내에, 징역형 이상의 실형(實刑)을 선고할 경우에는 형기 내에 각각 집행한다. 다만, 수강명령 또는 이수명령은 성폭력범죄를 범한 사람이 「아동·청소년의 성보호에 관한 법률」 제21조에 따른 수강명령 또는 이수명령을 부과받은 경우에는 병과하지 아니한다.

⑥ 제2항에 따른 수강명령 또는 이수명령이 벌금형 또는 형의 집행유예와 병과된 경우에는 보호관찰소의 장이 집행하고, 징역형 이상의 실형과 병과된 경우에는 교정시설의 장이 집행한다. 다만, 징역형 이상의 실형과 병과된 이수명령을 모두 이행하기 전에 석방 또는 가석방되거나 미결구금일수 산입 등의 사유로 형을 집행할 수 없게 된 경우에는 보호관찰소의 장이 남은 이수명령을 집행한다.

⑦ 제2항에 따른 수강명령 또는 이수명령은 다음 각 호의 내용으로 한다.

1. 일탈적 이상행동의 진단·상담

2. 성에 대한 건전한 이해를 위한 교육

3. 그 밖에 성폭력범죄를 범한 사람의 재범예방을 위하여 필요한 사항

⑧ 성폭력범죄를 범한 사람으로서 형의 집행 중에 가석방된 사람은 가석방기간 동안 보호관찰을 받는다. 다만, 가석방을 허가한 행정관청이 보호관찰을 할 필요가 없다고 인정한 경우에는 그러하지 아니하다.

⑨ 보호관찰, 사회봉사, 수강명령 및 이수명령에 관하여 이 법에서 규정한 사항 외의 사항에 대하여는「보호관찰 등에 관한 법률」을 준용한다.

제17조(판결 전 조사) ① 법원은 성폭력범죄를 범한 피고인에 대하여 제16조에 따른 보호관찰, 사회봉사, 수강명령 또는 이수명령을 부과하기 위하여 필요하다고 인정하면 그 법원의 소재지 또는 피고인의 주거지를 관할하는 보호관찰소의 장에게 피고인의 신체적·심리적 특성 및 상태, 정신성적 발달과정, 성장배경, 가정환경, 직업, 생활환경, 교우관계, 범행동기, 병력(病歷), 피해자와의 관계, 재범위험성 등 피고인에 관한 사항의 조사를 요구할 수 있다.

② 제1항의 요구를 받은 보호관찰소의 장은 지체 없이 이를 조사하여 서면으로 해당 법원에 알려야 한다. 이 경우 필요하다고 인정하면 피고인이나 그 밖의 관계인을 소환하여 심문하거나 소속 보호관찰관에게 필요한 사항을 조사하게 할 수 있다.

③ 법원은 제1항의 요구를 받은 보호관찰소의 장에게 조사진행상황에 관한 보고를 요구할 수 있다

제18조(고소 제한에 대한 예외) 성폭력범죄에 대하여는「형사소송법」제224조(고소의 제한) 및「군사법원법」제266조에도 불구하고 자기 또는 배우자의 직계존속을 고소할 수 있다.

제20조(「형법」상 감경규정에 관한 특례) 음주 또는 약물로 인한 심신장애 상태에서 성폭력범죄(제2조제1항제1호의 죄는 제외한다)를 범한 때에는「형법」제10조제1항·제2항 및 제11조를 적용하지 아니할 수 있다.

제21조(공소시효에 관한 특례) ① 미성년자에 대한 성폭력범죄의 공소시효는「형사소송법」제252조제1항 및「군사법원법」제294조제1항에도 불구하고 해당 성폭력범죄로 피해를 당한 미성년자가 성년에 달한 날부터 진행한다.

② 제2조제3호 및 제4호의 죄와 제3조부터 제9조까지의 죄는 디엔에이(DNA)증거 등 그 죄를 증명할 수 있는 과학적인 증거가 있는 때에는 공소시효가 10년 연장된다.

③ 13세 미만의 사람 및 신체적인 또는 정신적인 장애가 있는 사람에 대하여 다음 각 호의 죄를 범한 경우에는 제1항과 제2항에도 불구하고「형사소송법」제249조부터 제253조까지 및「군사법원법」제291조부터 제295조까지에 규정된 공소시효를 적용하지 아니한다.

1.「형법」제297조(강간), 제298조(강제추행), 제299조(준강간, 준강제추행), 제301조(강

간등 상해·치상) 또는 제301조의2(강간등 살인·치사)의 죄

2. 제6조제2항, 제7조제2항, 제8조, 제9조의 죄

3. 「아동·청소년의 성보호에 관한 법률」 제9조 또는 제10조의 죄

④ 다음 각 호의 죄를 범한 경우에는 제1항과 제2항에도 불구하고 「형사소송법」 제249조부터 제253조까지 및 「군사법원법」 제291조부터 제295조까지에 규정된 공소시효를 적용하지 아니한다.

1. 「형법」 제301조의2(강간등 살인·치사)의 죄(강간등 살인에 한정한다)

2. 제9조제1항의 죄

3. 「아동·청소년의 성보호에 관한 법률」 제10조제1항의 죄

4. 「군형법」 제92조의8의 죄(강간 등 살인에 한정한다)

제22조(「특정강력범죄의 처벌에 관한 특례법」의 준용) 성폭력범죄에 대한 처벌절차에는 「특정강력범죄의 처벌에 관한 특례법」 제7조(증인에 대한 신변안전조치), 제8조(출판물 게재 등으로부터의 피해자 보호), 제9조(소송 진행의 협의), 제12조(간이공판절차의 결정) 및 제13조(판결선고)를 준용한다.

제23조(피해자, 신고인 등에 대한 보호조치) 법원 또는 수사기관이 성폭력범죄의 피해자, 성폭력범죄를 신고(고소·고발을 포함한다)한 사람을 증인으로 신문하거나 조사하는 경우에는 「특정범죄신고자 등 보호법」 제5조 및 제7조부터 제13조까지의 규정을 준용한다. 이 경우 「특정범죄신고자 등 보호법」 제9조와 제13조를 제외하고는 보복을 당할 우려가 있음을 요하지 아니한다.

제24조(피해자의 신원과 사생활 비밀 누설 금지) ① 성폭력범죄의 수사 또는 재판을 담당하거나 이에 관여하는 공무원 또는 그 직에 있었던 사람은 피해자의 주소, 성명, 나이, 직업, 학교, 용모, 그 밖에 피해자를 특정하여 파악할 수 있게 하는 인적사항과 사진 등 또는 그 피해자의 사생활에 관한 비밀을 공개하거나 다른 사람에게 누설하여서는 아니 된다.

② 누구든지 제1항에 따른 피해자의 주소, 성명, 나이, 직업, 학교, 용모, 그 밖에 피해자를 특정하여 파악할 수 있는 인적사항이나 사진 등을 피해자의 동의를 받지 아니하고 신문 등 인쇄물에 싣거나 「방송법」 제2조제1호에 따른 방송 또는 정보통신망을 통하여 공개하여서는 아니 된다.

제25조(피의자의 얼굴 등 공개) ① 검사와 사법경찰관은 성폭력범죄의 피의자가 죄를 범하였다고 믿을 만한 충분한 증거가 있고, 국민의 알권리 보장, 피의자의 재범 방지 및 범죄 예방 등 오로지 공공의 이익을 위하여 필요할 때에는 얼굴, 성명 및 나이 등 피의자의 신상에 관한 정보를 공개할 수 있다. 다만, 피의자가 「청소년 보호법」 제2조제1호의 청소년에 해당하는 경우에는 공개하지 아니한다.

② 제1항에 따라 공개를 할 때에는 피의자의 인권을 고려하여 신중하게 결정하고 이를 남용하여서는 아니 된다.

제26조(성폭력범죄의 피해자에 대한 전담조사제) ① 검찰총장은 각 지방검찰청 검사장으로 하여금 성폭력범죄 전담 검사를 지정하도록 하여 특별한 사정이 없으면 이들로 하여금 피해자를 조사하게 하여야 한다.

② 경찰청장은 각 경찰서장으로 하여금 성폭력범죄 전담 사법경찰관을 지정하도록 하여 특별한 사정이 없으면 이들로 하여금 피해자를 조사하게 하여야 한다.

③ 국가는 제1항의 검사 및 제2항의 사법경찰관에게 성폭력범죄의 수사에 필요한 전문지식과 피해자보호를 위한 수사방법 및 수사절차 등에 관한 교육을 실시하여야 한다.

제27조(성폭력범죄 피해자에 대한 변호사 선임의 특례) ① 성폭력범죄의 피해자 및 그 법정대리인(이하 "피해자등"이라 한다)은 형사절차상 입을 수 있는 피해를 방어하고 법률적 조력을 보장하기 위하여 변호사를 선임할 수 있다.

② 제1항에 따른 변호사는 검사 또는 사법경찰관의 피해자등에 대한 조사에 참여하여 의견을 진술할 수 있다. 다만, 조사 도중에는 검사 또는 사법경찰관의 승인을 받아 의견을 진술할 수 있다.

③ 제1항에 따른 변호사는 피의자에 대한 구속 전 피의자심문, 증거보전절차, 공판준비기일 및 공판절차에 출석하여 의견을 진술할 수 있다. 이 경우 필요한 절차에 관한 구체적 사항은 대법원규칙으로 정한다.

④ 제1항에 따른 변호사는 증거보전 후 관계 서류나 증거물, 소송계속 중의 관계 서류나 증거물을 열람하거나 등사할 수 있다.

⑤ 제1항에 따른 변호사는 형사절차에서 피해자등의 대리가 허용될 수 있는 모든 소송행위에 대한 포괄적인 대리권을 가진다.

⑥ 검사는 피해자에게 변호사가 없는 경우 국선변호사를 선정하여 형사절차에서 피해자의 권익을 보호할 수 있다.

제28조(성폭력범죄에 대한 전담재판부) 지방법원장 또는 고등법원장은 특별한 사정이 없으면 성폭력범죄 전담재판부를 지정하여 성폭력범죄에 대하여 재판하게 하여야 한다.

제29조(수사 및 재판절차에서의 배려) ① 수사기관과 법원 및 소송관계인은 성폭력범죄를 당한 피해자의 나이, 심리 상태 또는 후유장애의 유무 등을 신중하게 고려하여 조사 및 심리·재판 과정에서 피해자의 인격이나 명예가 손상되거나 사적인 비밀이 침해되지 아니하도록 주의하여야 한다.

② 수사기관과 법원은 성폭력범죄의 피해자를 조사하거나 심리·재판할 때 피해자가 편안한 상태에서 진술할 수 있는 환경을 조성하여야 하며, 조사 및 심리·재판 횟수는 필요

한 범위에서 최소한으로 하여야 한다.

제30조(영상물의 촬영·보존 등) ① 성폭력범죄의 피해자가 19세 미만이거나 신체적인 또는 정신적인 장애로 사물을 변별하거나 의사를 결정할 능력이 미약한 경우에는 피해자의 진술 내용과 조사 과정을 비디오녹화기 등 영상물 녹화장치로 촬영·보존하여야 한다.

② 제1항에 따른 영상물 녹화는 피해자 또는 법정대리인이 이를 원하지 아니하는 의사를 표시한 경우에는 촬영을 하여서는 아니 된다. 다만, 가해자가 친권자 중 일방인 경우는 그러하지 아니하다.

③ 제1항에 따른 영상물 녹화는 조사의 개시부터 종료까지의 전 과정 및 객관적 정황을 녹화하여야 하고, 녹화가 완료된 때에는 지체 없이 그 원본을 피해자 또는 변호사 앞에서 봉인하고 피해자로 하여금 기명날인 또는 서명하게 하여야 한다.

④ 검사 또는 사법경찰관은 피해자가 제1항의 녹화장소에 도착한 시각, 녹화를 시작하고 마친 시각, 그 밖에 녹화과정의 진행경과를 확인하기 위하여 필요한 사항을 조서 또는 별도의 서면에 기록한 후 수사기록에 편철하여야 한다.

⑤ 검사 또는 사법경찰관은 피해자 또는 법정대리인이 신청하는 경우에는 영상물 촬영과정에서 작성한 조서의 사본을 신청인에게 발급하거나 영상물을 재생하여 시청하게 하여야 한다.

⑥ 제1항에 따라 촬영한 영상물에 수록된 피해자의 진술은 공판준비기일 또는 공판기일에 피해자나 조사 과정에 동석하였던 신뢰관계에 있는 사람 또는 진술조력인의 진술에 의하여 그 성립의 진정함이 인정된 경우에 증거로 할 수 있다.

⑦ 누구든지 제1항에 따라 촬영한 영상물을 수사 및 재판의 용도 외에 다른 목적으로 사용하여서는 아니 된다.

제31조(심리의 비공개) ① 성폭력범죄에 대한 심리는 그 피해자의 사생활을 보호하기 위하여 결정으로써 공개하지 아니할 수 있다.

② 증인으로 소환받은 성폭력범죄의 피해자와 그 가족은 사생활보호 등의 사유로 증인신문의 비공개를 신청할 수 있다.

③ 재판장은 제2항에 따른 신청을 받으면 그 허가 및 공개 여부, 법정 외의 장소에서의 신문 등 증인의 신문 방식 및 장소에 관하여 결정할 수 있다.

④ 제1항 및 제3항의 경우에는 「법원조직법」 제57조(재판의 공개)제2항·제3항 및 「군사법원법」 제67조제2항·제3항을 준용한다.

제32조(증인지원시설의 설치·운영 등) ① 각급 법원은 증인으로 법원에 출석하는 피해자등이 재판 전후에 피고인이나 그 가족과 마주치지 아니하도록 하고, 보호와 지원을 받을 수 있는 적절한 시설을 설치한다.

② 각급 법원은 제1항의 시설을 관리·운영하고 피해자등의 보호와 지원을 담당하는 직원(이하 "증인지원관"이라 한다)을 둔다.

③ 법원은 증인지원관에 대하여 인권 감수성 향상에 필요한 교육을 정기적으로 실시한다.

④ 증인지원관의 업무·자격 및 교육 등에 필요한 사항은 대법원규칙으로 정한다.

제33조(전문가의 의견 조회) ① 법원은 정신건강의학과의사, 심리학자, 사회복지학자, 그 밖의 관련 전문가로부터 행위자 또는 피해자의 정신·심리 상태에 대한 진단 소견 및 피해자의 진술 내용에 관한 의견을 조회할 수 있다.

② 법원은 성폭력범죄를 조사·심리할 때에는 제1항에 따른 의견 조회의 결과를 고려하여야 한다.

③ 법원은 법원행정처장이 정하는 관련 전문가 후보자 중에서 제1항에 따른 전문가를 지정하여야 한다.

④ 제1항부터 제3항까지의 규정은 수사기관이 성폭력범죄를 수사하는 경우에 준용한다. 다만, 피해자가 13세 미만이거나 신체적인 또는 정신적인 장애로 사물을 변별하거나 의사를 결정할 능력이 미약한 경우에는 관련 전문가에게 피해자의 정신·심리 상태에 대한 진단 소견 및 진술 내용에 관한 의견을 조회하여야 한다.

⑤ 제4항에 따라 준용할 경우 "법원행정처장"은 "검찰총장 또는 경찰청장"으로 본다.

제34조(신뢰관계에 있는 사람의 동석) ① 법원은 제3조부터 제8조까지, 제10조 및 제15조(제9조의 미수범은 제외한다)의 범죄의 피해자를 증인으로 신문하는 경우에 검사, 피해자 또는 법정대리인이 신청할 때에는 재판에 지장을 줄 우려가 있는 등 부득이한 경우가 아니면 피해자와 신뢰관계에 있는 사람을 동석하게 하여야 한다.

② 제1항은 수사기관이 같은 항의 피해자를 조사하는 경우에 관하여 준용한다.

③ 제1항 및 제2항의 경우 법원과 수사기관은 피해자와 신뢰관계에 있는 사람이 피해자에게 불리하거나 피해자가 원하지 아니하는 경우에는 동석하게 하여서는 아니 된다.

제35조(진술조력인 양성 등) ① 법무부장관은 의사소통 및 의사표현에 어려움이 있는 성폭력범죄의 피해자에 대한 형사사법절차에서의 조력을 위하여 진술조력인을 양성하여야 한다.

② 진술조력인은 정신건강의학, 심리학, 사회복지학, 교육학 등 아동·장애인의 심리나 의사소통 관련 전문지식이 있거나 관련 분야에서 상당 기간 종사한 사람으로 법두부장관이 정하는 교육을 이수하여야 한다. 진술조력인의 자격이나 양성 등에 관하여 필요한 사항은 법무부령으로 정한다.

③ 법무부장관은 제1항에 따라 양성한 진술조력인 명부를 작성하여야 한다.

제36조(진술조력인의 수사과정 참여) ① 검사 또는 사법경찰관은 성폭력범죄의 피해자가 13

세 미만의 아동이거나 신체적인 또는 정신적인 장애로 의사소통이나 의사표현에 어려움이
있는 경우 원활한 조사를 위하여 직권이나 피해자, 그 법정대리인 또는 변호사의 신청에
따라 진술조력인으로 하여금 조사과정에 참여하여 의사소통을 중개하거나 보조하게 할 수
있다. 다만, 피해자 또는 그 법정대리인이 이를 원하지 아니하는 의사를 표시한 경우에는
그러하지 아니하다.

② 검사 또는 사법경찰관은 제1항의 피해자를 조사하기 전에 피해자, 법정대리인 또는 변
호사에게 진술조력인에 의한 의사소통 중개나 보조를 신청할 수 있음을 고지하여야 한다.

③ 진술조력인은 조사 전에 피해자를 면담하여 진술조력인 조력 필요성에 관하여 평가한
의견을 수사기관에 제출할 수 있다.

④ 제1항에 따라 조사과정에 참여한 진술조력인은 피해자의 의사소통이나 표현 능력, 특
성 등에 관한 의견을 수사기관이나 법원에 제출할 수 있다.

⑤ 제1항부터 제4항까지의 규정은 검증에 관하여 준용한다.

⑥ 그 밖에 진술조력인의 수사절차 참여에 관한 절차와 방법 등 필요한 사항은 법무부령
으로 정한다.

제37조(진술조력인의 재판과정 참여) ① 법원은 성폭력범죄의 피해자가 13세 미만 아동이거
나 신체적인 또는 정신적인 장애로 의사소통이나 의사표현에 어려움이 있는 경우 원활한
증인 신문을 위하여 직권 또는 검사, 피해자, 그 법정대리인 및 변호사의 신청에 의한 결
정으로 진술조력인으로 하여금 증인 신문에 참여하여 중개하거나 보조하게 할 수 있다.

② 법원은 증인이 제1항에 해당하는 경우에는 신문 전에 피해자, 법정대리인 및 변호사에
게 진술조력인에 의한 의사소통 중개나 보조를 신청할 수 있음을 고지하여야 한다.

③ 진술조력인의 소송절차 참여에 관한 구체적 절차와 방법은 대법원규칙으로 정한다.

제38조(진술조력인의 의무) ① 진술조력인은 수사 및 재판 과정에 참여함에 있어 중립적인
지위에서 상호간의 진술이 왜곡 없이 전달될 수 있도록 노력하여야 한다.

② 진술조력인은 그 직무상 알게 된 피해자의 주소, 성명, 나이, 직업, 학교, 용모, 그 밖에
피해자를 특정하여 파악할 수 있게 하는 인적사항과 사진 및 사생활에 관한 비밀을 공개
하거나 다른 사람에게 누설하여서는 아니 된다.

제39조(벌칙적용에 있어서 공무원의 의제) 진술조력인은 「형법」 제129조부터 제132조까지
에 따른 벌칙의 적용에 있어서 이를 공무원으로 본다.

제40조(비디오 등 중계장치에 의한 증인신문) ① 법원은 제2조제1항제3호부터 제5호까지의
범죄의 피해자를 증인으로 신문하는 경우 검사와 피고인 또는 변호인의 의견을 들어 비디
오 등 중계장치에 의한 중계를 통하여 신문할 수 있다.

② 제1항에 따른 증인신문의 절차·방법 등에 관하여 필요한 사항은 대법원규칙으로 정

한다.

제41조(증거보전의 특례) ① 피해자나 그 법정대리인 또는 경찰은 피해자가 공판기일에 출석하여 증언하는 것에 현저히 곤란한 사정이 있을 때에는 그 사유를 소명(疏明)하여 제30조에 따라 촬영된 영상물 또는 그 밖의 다른 증거에 대하여 해당 성폭력범죄를 수사하는 검사에게「형사소송법」제184조(증거보전의 청구와 그 절차)제1항에 따른 증거보전의 청구를 할 것을 요청할 수 있다. 이 경우 피해자가 16세 미만이거나 신체적인 또는 정신적인 장애로 사물을 변별하거나 의사를 결정할 능력이 미약한 경우에는 공판기일에 출석하여 증언하는 것에 현저히 곤란한 사정이 있는 것으로 본다.

② 제1항의 요청을 받은 검사는 그 요청이 타당하다고 인정할 때에는 증거보전의 청구를 할 수 있다.

제42조(신상정보 등록대상자) ① 제2조제1항제3호·제4호, 같은 조 제2항(제1항제3호·제4호에 한정한다), 제3조부터 제15조까지의 범죄 및「아동·청소년의 성보호에 관한 법률」제2조제2호의 범죄(이하 "등록대상 성범죄"라 한다)로 유죄판결이 확정된 자 또는 같은 법 제49조제1항제4호에 따라 공개명령이 확정된 자는 신상정보 등록대상자(이하 "등록대상자"라 한다)가 된다. 다만,「아동·청소년의 성보호에 관한 법률」제11조제5항의 범죄로 벌금형을 선고받은 자는 제외한다.

② 법원은 등록대상 성범죄로 제1항의 판결을 선고할 경우에 등록대상자라는 사실과 제43조에 따른 신상정보 제출 의무가 있음을 등록대상자에게 알려 주어야 한다.

③ 법원은 제1항의 판결이 확정된 날부터 14일 이내에 제2항의 고지사항을 서면으로 판결문 등본에 첨부하여 법무부장관에게 송달하여야 한다.

제43조(신상정보의 제출 의무) ① 등록대상자는 제42조제1항의 판결이 확정된 날부터 30일 이내에 다음 각 호의 신상정보를 자신의 주소지를 관할하는 경찰관서의 장(이하 "관할경찰관서의 장"이라 한다)에게 제출하여야 한다. 다만, 등록대상자가 교정시설 또는 치료감호시설에 수용된 경우에는 그 교정시설의 장 또는 치료감호시설의 장(이하 "교정시설등의 장"이라 한다)에게 신상정보를 제출함으로써 이를 갈음할 수 있다.

1. 성명

2. 주민등록번호

3. 주소 및 실제거주지

4. 직업 및 직장 등의 소재지

5. 신체정보(키와 몸무게)

6. 소유차량의 등록번호

② 관할경찰관서의 장 또는 교정시설등의 장은 제1항에 따라 등록대상자가 신상정보를

제출할 때에 등록대상자의 정면·좌측·우측 상반신 및 전신 컬러사진을 촬영하여 전자기록으로 저장·보관하여야 한다.

③ 등록대상자는 제1항에 따라 제출한 신상정보(이하 "제출정보"라 한다)가 변경된 경우에는 그 사유와 변경내용(이하 "변경정보"라 한다)을 변경사유가 발생한 날부터 20일 이내에 제1항에 따라 제출하여야 한다.

④ 등록대상자는 최초 등록일부터 1년마다 주소지를 관할하는 경찰관서에 출석하여 경찰관서의 장으로 하여금 자신의 정면·좌측·우측 상반신 및 전신 컬러사진을 촬영하여 전자기록으로 저장·보관하도록 하여야 한다. 다만, 교정시설등의 장은 등록대상자가 교정시설 등에 수용된 경우에는 석방 또는 치료감호 종료 전에 등록대상자의 정면·좌측·우측 상반신 및 전신 컬러사진을 새로 촬영하여 전자기록으로 저장·보관하여야 한다.

⑤ 관할경찰관서의 장 또는 교정시설등의 장은 등록대상자로부터 제출받은 제출정보 및 변경정보와 제2항 및 제4항에 따라 저장·보관하는 전자기록을 지체 없이 법무부장관에게 송달하여야 한다.

⑥ 제5항에 따라 등록대상자에 대한 제출정보를 송달할 때에 관할경찰관서의 장은 등록대상자에 대한 「형의 실효 등에 관한 법률」 제2조제5호에 따른 범죄경력자료를 함께 송달하여야 한다.

⑦ 제출정보 및 변경정보의 송달, 등록에 관한 절차와 방법 등 필요한 사항은 대통령령으로 정한다.

3. 아동·청소년의 성보호에 관한 법률
[법률 제11574호, 2012.12.18, 타법개정]

제1조(목적) 이 법은 아동·청소년대상 성범죄의 처벌과 절차에 관한 특례를 규정하고 피해 아동·청소년을 위한 구제 및 지원 절차를 마련하며 아동·청소년대상 성범죄자를 체계적으로 관리함으로써 아동·청소년을 성범죄로부터 보호하고 아동·청소년이 건강한 사회구성원으로 성장할 수 있도록 함을 목적으로 한다.

제2조(정의) 이 법에서 사용하는 용어의 뜻은 다음과 같다.

1. "아동·청소년"이란 19세 미만의 자를 말한다. 다만, 19세에 도달하는 연도의 1월 1일을 맞이한 자는 제외한다.

2. "아동·청소년대상 성범죄"란 다음 각 목의 어느 하나에 해당하는 죄를 말한다.

가. 제7조부터 제15조까지의 죄

나. 아동·청소년에 대한 「성폭력범죄의 처벌 등에 관한 특례법」 제3조부터 제15조까

　　　지의 죄

　　다. 아동·청소년에 대한 「형법」 제297조, 제297조의2 및 제298조부터 제301조까지,
　　　　제301조의2, 제302조, 제303조, 제305조 및 제339조의 죄

　　라. 아동·청소년에 대한 「아동복지법」 제17조제2호 및 제4호의 죄

3. "아동·청소년대상 성폭력범죄"란 아동·청소년대상 성범죄에서 제11조부터 제15조
까지의 죄를 제외한 죄를 말한다.

4. "아동·청소년의 성을 사는 행위"란 아동·청소년, 아동·청소년의 성(性)을 사는 행
위를 알선한 자 또는 아동·청소년을 실질적으로 보호·감독하는 자 등에게 금품이나 그
밖의 재산상 이익, 직무·편의제공 등 대가를 제공하거나 약속하고 다음 각 목의 어느 하
나에 해당하는 행위를 아동·청소년을 대상으로 하거나 아동·청소년으로 하여금 하게
하는 것을 말한다.

　　가. 성교 행위

　　나. 구강·항문 등 신체의 일부나 도구를 이용한 유사 성교 행위

　　다. 신체의 전부 또는 일부를 접촉·노출하는 행위로서 일반인의 성적 수치심이나 혐오
　　　　감을 일으키는 행위

　　라. 자위 행위

5. "아동·청소년이용음란물"이란 아동·청소년 또는 아동·청소년으로 명백하게 인식
될 수 있는 사람이나 표현물이 등장하여 제4호의 어느 하나에 해당하는 행위를 하거나 그
밖의 성적 행위를 하는 내용을 표현하는 것으로서 필름·비디오물·게임물 또는 컴퓨터
나 그 밖의 통신매체를 통한 화상·영상 등의 형태로 된 것을 말한다.

6. "피해아동·청소년"이란 제2호나목부터 라목까지, 제7조부터 제14조(제13조제1항의
죄는 제외한다)까지의 죄의 피해자가 된 아동·청소년을 말한다.

7. "대상아동·청소년"이란 제13조제1항의 죄의 상대방이 된 아동·청소년을 말한다.

8. "온라인서비스제공자"란 다른 사람들이 정보통신망(「정보통신망 이용촉진 및 정보보호
등에 관한 법률」 제2조제1항제1호의 정보통신망을 말한다. 이하 같다)을 통하여 온라인
자료를 이용할 수 있도록 서비스를 제공하는 자로서 대통령령으로 정하는 자를 말한다.

9. "등록정보"란 법무부장관이 「성폭력범죄의 처벌 등에 관한 특례법」 제42조제1항의 등
록대상자에 대하여 같은 법 제44조제1항에 따라 등록한 정보를 말한다.

제7조(아동·청소년에 대한 강간·강제추행 등) ① 폭행 또는 협박으로 아동·청소년을 강
　　간한 사람은 무기징역 또는 5년 이상의 유기징역에 처한다.

　　② 아동·청소년에 대하여 폭행이나 협박으로 다음 각 호의 어느 하나에 해당하는 행위
　　를 한 자는 5년 이상의 유기징역에 처한다.

    1. 구강·항문 등 신체(성기는 제외한다)의 내부에 성기를 넣는 행위

    2. 성기·항문에 손가락 등 신체(성기는 제외한다)의 일부나 도구를 넣는 행위

    ③ 아동·청소년에 대하여 「형법」 제298조의 죄를 범한 자는 2년 이상의 유기징역 또는 1천만 원 이상 3천만 원 이하의 벌금에 처한다.

    ④ 아동·청소년에 대하여 「형법」 제299조의 죄를 범한 자는 제1항부터 제3항까지의 예에 따른다.

    ⑤ 위계(僞計) 또는 위력으로써 아동·청소년을 간음하거나 아동·청소년을 추행한 자는 제1항부터 제3항까지의 예에 따른다.

    ⑥ 제1항부터 제5항까지의 미수범은 처벌한다.

제8조(장애인인 아동·청소년에 대한 간음 등) ① 19세 이상의 사람이 장애 아동·청소년(「장애인복지법」 제2조제1항에 따른 장애인으로서 신체적인 또는 정신적인 장애로 사물을 변별하거나 의사를 결정할 능력이 미약한 13세 이상의 아동·청소년을 말한다. 이하 이 조에서 같다)을 간음하거나 장애 아동·청소년으로 하여금 다른 사람을 간음하게 하는 경우에는 3년 이상의 유기징역에 처한다.

    ② 19세 이상의 사람이 장애 아동·청소년을 추행한 경우 또는 장애 아동·청소년으로 하여금 다른 사람을 추행하게 하는 경우에는 10년 이하의 징역 또는 1천500만 원 이하의 벌금에 처한다.

제9조(강간등 상해·치상) 제7조의 죄를 범한 사람이 다른 사람을 상해하거나 상해에 이르게 한 때에는 무기징역 또는 7년 이상의 징역에 처한다.

제10조(강간등 살인·치사) ① 제7조의 죄를 범한 사람이 다른 사람을 살해한 때에는 사형 또는 무기징역에 처한다.

    ② 제7조의 죄를 범한 사람이 다른 사람을 사망에 이르게 한 때에는 사형, 무기징역 또는 10년 이상의 징역에 처한다.

제11조(아동·청소년이용음란물의 제작·배포 등) ① 아동·청소년이용음란물을 제작·수입 또는 수출한 자는 무기징역 또는 5년 이상의 유기징역에 처한다.

    ② 영리를 목적으로 아동·청소년이용음란물을 판매·대여·배포·제공하거나 이를 목적으로 소지·운반하거나 공연히 전시 또는 상영한 자는 10년 이하의 징역에 처한다.

    ③ 아동·청소년이용음란물을 배포·제공하거나 공연히 전시 또는 상영한 자는 7년 이하의 징역 또는 5천만 원 이하의 벌금에 처한다.

    ④ 아동·청소년이용음란물을 제작할 것이라는 정황을 알면서 아동·청소년을 아동·청소년이용음란물의 제작자에게 알선한 자는 3년 이상의 징역에 처한다.

    ⑤ 아동·청소년이용음란물임을 알면서 이를 소지한 자는 1년 이하의 징역 또는 2천만

원 이하의 벌금에 처한다.

⑥ 제1항의 미수범은 처벌한다.

제12조(아동·청소년 매매행위) ① 아동·청소년의 성을 사는 행위 또는 아동·청소년이용 음란물을 제작하는 행위의 대상이 될 것을 알면서 아동·청소년을 매매 또는 국외에 이송하거나 국외에 거주하는 아동·청소년을 국내에 이송한 자는 무기징역 또는 5년 이상의 징역에 처한다.

② 제1항의 미수범은 처벌한다.

제13조(아동·청소년의 성을 사는 행위 등) ① 아동·청소년의 성을 사는 행위를 한 자는 1년 이상 10년 이하의 징역 또는 2천만 원 이상 5천만 원 이하의 벌금에 처한다.

② 아동·청소년의 성을 사기 위하여 아동·청소년을 유인하거나 성을 팔도록 권유한 자는 1년 이하의 징역 또는 1천만 원 이하의 벌금에 처한다.

제14조(아동·청소년에 대한 강요행위 등) ① 다음 각 호의 어느 하나에 해당하는 자는 5년 이상의 유기징역에 처한다.

1. 폭행이나 협박으로 아동·청소년으로 하여금 아동·청소년의 성을 사는 행위의 상대방이 되게 한 자

2. 선불금(先拂金), 그 밖의 채무를 이용하는 등의 방법으로 아동·청소년을 곤경에 빠뜨리거나 위계 또는 위력으로 아동·청소년으로 하여금 아동·청소년의 성을 사는 행위의 상대방이 되게 한 자

3. 업무·고용이나 그 밖의 관계로 자신의 보호 또는 감독을 받는 것을 이용하여 아동·청소년으로 하여금 아동·청소년의 성을 사는 행위의 상대방이 되게 한 자

4. 영업으로 아동·청소년을 아동·청소년의 성을 사는 행위의 상대방이 되도록 유인·권유한 자

② 제1항제1호부터 제3호까지의 죄를 범한 자가 그 대가의 전부 또는 일부를 받거나 이를 요구 또는 약속한 때에는 7년 이상의 유기징역에 처한다.

③ 아동·청소년의 성을 사는 행위의 상대방이 되도록 유인·권유한 자는 7년 이하의 징역 또는 5천만 원 이하의 벌금에 처한다.

④ 제1항과 제2항의 미수범은 처벌한다.

제15조(알선영업행위 등) ① 다음 각 호의 어느 하나에 해당하는 자는 7년 이상의 유기징역에 처한다.

1. 아동·청소년의 성을 사는 행위의 장소를 제공하는 행위를 업으로 하는 자

2. 아동·청소년의 성을 사는 행위를 알선하거나 정보통신망에서 알선정보를 제공하는 행위를 업으로 하는 자

3. 제1호 또는 제2호의 범죄에 사용되는 사실을 알면서 자금·토지 또는 건물을 제공한 자

4. 영업으로 아동·청소년의 성을 사는 행위의 장소를 제공·알선하는 업소에 아동·청소년을 고용하도록 한 자

② 다음 각 호의 어느 하나에 해당하는 자는 7년 이하의 징역 또는 5천만 원 이하의 벌금에 처한다.

1. 영업으로 아동·청소년의 성을 사는 행위를 하도록 유인·권유 또는 강요한 자

2. 아동·청소년의 성을 사는 행위의 장소를 제공한 자

3. 아동·청소년의 성을 사는 행위를 알선하거나 정보통신망에서 알선정보를 제공한 자

4. 영업으로 제2호 또는 제3호의 행위를 약속한 자

③ 아동·청소년의 성을 사는 행위를 하도록 유인·권유 또는 강요한 자는 5년 이하의 징역 또는 3천만 원 이하의 벌금에 처한다.

제16조(피해자 등에 대한 강요행위) 폭행이나 협박으로 아동·청소년대상 성범죄의 피해자 또는 「아동복지법」 제3조제3호에 따른 보호자를 상대로 합의를 강요한 자는 7년 이하의 유기징역에 처한다.

제17조(온라인서비스제공자의 의무) ① 자신이 관리하는 정보통신망에서 아동·청소년이용음란물을 발견하기 위하여 대통령령으로 정하는 조치를 취하지 아니하거나 발견된 아동·청소년이용음란물을 즉시 삭제하고, 전송을 방지 또는 중단하는 기술적인 조치를 취하지 아니한 온라인서비스제공자는 3년 이하의 징역 또는 2천만 원 이하의 벌금에 처한다. 다만, 온라인서비스제공자가 정보통신망에서 아동·청소년이용음란물을 발견하기 위하여 상당한 주의를 게을리하지 아니하였거나 발견된 아동·청소년이용음란물의 전송을 방지하거나 중단시키고자 하였으나 기술적으로 현저히 곤란한 경우에는 그러하지 아니하다.

② 「저작권법」 제104조에 따른 특수한 유형의 온라인서비스제공자는 이용자가 컴퓨터 등에 저장된 저작물 등을 검색하거나 업로드 또는 다운로드를 할 경우 해당 화면이나 전송 프로그램에 아동·청소년이용음란물을 제작·배포·소지한 자는 처벌을 받을 수 있다는 내용이 명확하게 표현된 경고문구를 대통령령으로 정하는 바에 따라 표시하여야 한다.

제18조(신고의무자의 성범죄에 대한 가중처벌) 제34조제2항 각 호의 기관·시설 또는 단체의 장과 그 종사자가 자기의 보호·감독 또는 진료를 받는 아동·청소년을 대상으로 성범죄를 범한 경우에는 그 죄에 정한 형의 2분의 1까지 가중처벌한다.

제19조(「형법」상 감경규정에 관한 특례) 음주 또는 약물로 인한 심신장애 상태에서 아동·청소년대상 성폭력범죄를 범한 때에는 「형법」 제10조제1항·제2항 및 제11조를 적용하

지 아니할 수 있다.

제20조(공소시효에 관한 특례) ① 아동·청소년대상 성범죄의 공소시효는「형사소송법」제
252조제1항에도 불구하고 해당 성범죄로 피해를 당한 아동·청소년이 성년에 달한 날부
터 진행한다.

② 제7조의 죄는 디엔에이(DNA)증거 등 그 죄를 증명할 수 있는 과학적인 증거가 있는
때에는 공소시효가 10년 연장된다.

③ 13세 미만의 사람 및 신체적인 또는 정신적인 장애가 있는 사람에 대하여 다음 각 호
의 죄를 범한 경우에는 제1항과 제2항에도 불구하고「형사소송법」제249조부터 제253조
까지 및「군사법원법」제291조부터 제295조까지에 규정된 공소시효를 적용하지 아니한
다.

1.「형법」제297조(강간), 제298조(강제추행), 제299조(준강간, 준강제추행), 제301조(강
간등 상해·치상) 또는 제301조의2(강간등 살인·치사)의 죄

2. 제9조 및 제10조의 죄

3.「성폭력범죄의 처벌 등에 관한 특례법」제6조제2항, 제7조제2항, 제8조, 제9조의 죄

④ 다음 각 호의 죄를 범한 경우에는 제1항과 제2항에도 불구하고「형사소송법」제249조
부터 제253조까지 및「군사법원법」제291조부터 제295조까지에 규정된 공소시효를 적용
하지 아니한다.

1.「형법」제301조의2(강간등 살인·치사)의 죄(강간등 살인에 한정한다)

2. 제10조제1항의 죄

3.「성폭력범죄의 처벌 등에 관한 특례법」제9조제1항의 죄

제21조(형벌과 수강명령 등의 병과) ① 법원은 아동·청소년대상 성범죄를 범한「소년법」
제2조의 소년에 대하여 형의 선고를 유예하는 경우에는 반드시 보호관찰을 명하여야 한
다.

② 법원은 아동·청소년대상 성범죄를 범한 자에 대하여 유죄판결을 선고하는 경우에는
500시간의 범위에서 재범예방에 필요한 수강명령 또는 성폭력 치료프로그램의 이수명령
(이하 "이수명령"이라 한다)을 병과(倂科)하여야 한다. 다만, 수강명령 또는 이수명령을
부과할 수 없는 특별한 사정이 있는 경우에는 그러하지 아니하다.

③ 아동·청소년대상 성범죄를 범한 자에 대하여 제2항의 수강명령은 형의 집행을 유예
할 경우에 그 집행유예기간 내에서 병과하고, 이수명령은 벌금 이상의 형을 선고할 경우
에 병과한다. 다만, 이수명령은 아동·청소년대상 성범죄자가「특정 범죄자에 대한 보호
관찰 및 전자장치 부착 등에 관한 법률」제9조의2제1항제4호에 따른 성폭력 치료 프로그
램의 이수명령을 부과받은 경우에는 병과하지 아니한다.

④ 법원이 아동·청소년대상 성범죄를 범한 사람에 대하여 형의 집행을 유예하는 경우에는 제2항에 따른 수강명령 외에 그 집행유예기간 내에서 보호관찰 또는 사회봉사 중 하나 이상의 처분을 병과할 수 있다.

⑤ 제2항에 따른 수강명령 또는 이수명령은 형의 집행을 유예할 경우에는 그 집행유예기간 내에, 벌금형을 선고할 경우에는 형 확정일부터 6개월 이내에, 징역형 이상의 실형(實刑)을 선고할 경우에는 형기 내에 각각 집행한다. 다만, 수강명령 또는 이수명령은 아동·청소년대상 성범죄를 범한 사람이 「성폭력범죄의 처벌 등에 관한 특례법」 제16조에 따른 수강명령 또는 이수명령을 부과받은 경우에는 병과하지 아니한다.

⑥ 제2항에 따른 수강명령 또는 이수명령이 형의 집행유예 또는 벌금형과 병과된 경우에는 보호관찰소의 장이 집행하고, 징역형 이상의 실형과 병과된 경우에는 교정시설의 장이 집행한다. 다만, 징역형 이상의 실형과 병과된 수강명령 또는 이수명령을 모두 이행하기 전에 석방 또는 가석방되거나 미결구금일수 산입 등의 사유로 형을 집행할 수 없게 된 경우에는 보호관찰소의 장이 남은 수강명령 또는 이수명령을 집행한다.

⑦ 제2항에 따른 수강명령 또는 이수명령은 다음 각 호의 내용으로 한다.

1. 일탈적 이상행동의 진단·상담

2. 성에 대한 건전한 이해를 위한 교육

3. 그 밖에 성범죄를 범한 사람의 재범예방을 위하여 필요한 사항

⑧ 보호관찰소의 장 또는 교정시설의 장은 제2항에 따른 수강명령 또는 이수명령 집행의 전부 또는 일부를 여성가족부장관에게 위탁할 수 있다.

⑨ 보호관찰, 사회봉사, 수강명령 및 이수명령에 관하여 이 법에 규정한 사항 외의 사항에 대하여는 「보호관찰 등에 관한 법률」을 준용한다.

제23조(친권상실청구 등) ① 아동·청소년대상 성범죄 사건을 수사하는 검사는 그 사건의 가해자가 피해아동·청소년의 친권자나 후견인인 경우에 법원에 「민법」 제924조의 친권상실선고 또는 같은 법 제940조의 후견인 변경 결정을 청구하여야 한다. 다만, 친권상실선고 또는 후견인 변경 결정을 하여서는 아니 될 특별한 사정이 있는 경우에는 그러하지 아니하다.

② 다음 각 호의 기관·시설 또는 단체의 장은 검사에게 제1항의 청구를 하도록 요청할 수 있다. 이 경우 청구를 요청받은 검사는 요청받은 날부터 30일 내에 해당 기관·시설 또는 단체의 장에게 그 처리 결과를 통보하여야 한다.

1. 「아동복지법」 제45조에 따른 아동보호전문기관

2. 「성폭력방지 및 피해자보호 등에 관한 법률」 제10조의 성폭력피해상담소 및 같은 법 제12조의 성폭력피해자보호시설

　3. 「청소년복지 지원법」 제29조제1항에 따른 청소년상담복지센터 및 같은 법 제31조제1호에 따른 청소년쉼터

　③ 제2항 각 호 외의 부분 후단에 따라 처리 결과를 통보받은 기관·시설 또는 단체의 장은 그 처리 결과에 대하여 이의가 있을 경우 통보받은 날부터 30일 내에 직접 법원에 제1항의 청구를 할 수 있다.

제24조(피해아동·청소년의 보호조치 결정) 법원은 아동·청소년대상 성범죄 사건의 가해자에게 「민법」 제924조에 따라 친권상실선고를 하는 경우에는 피해아동·청소년을 다른 친권자 또는 친족에게 인도하거나 제45조 또는 제46조의 기관·시설 또는 단체에 인도하는 등의 보호조치를 결정할 수 있다. 이 경우 그 아동·청소년의 의견을 존중하여야 한다.

제25조(수사 및 재판 절차에서의 배려) ① 수사기관과 법원 및 소송관계인은 아동·청소년대상 성범죄를 당한 피해자의 나이, 심리 상태 또는 후유장애의 유무 등을 신중하게 고려하여 조사 및 심리·재판 과정에서 피해자의 인격이나 명예가 손상되거나 사적인 비밀이 침해되지 아니하도록 주의하여야 한다.

　② 수사기관과 법원은 아동·청소년대상 성범죄의 피해자를 조사하거나 심리·재판할 때 피해자가 편안한 상태에서 진술할 수 있는 환경을 조성하여야 하며, 조사 및 심리·재판 횟수는 필요한 범위에서 최소한으로 하여야 한다.

제26조(영상물의 촬영·보존 등) ① 아동·청소년대상 성범죄 피해자의 진술내용과 조사과정은 비디오녹화기 등 영상물 녹화장치로 촬영·보존하여야 한다.

　② 제1항에 따른 영상물 녹화는 피해자 또는 법정대리인이 이를 원하지 아니하는 의사를 표시한 때에는 촬영을 하여서는 아니 된다. 다만, 가해자가 친권자 중 일방인 경우는 그러하지 아니하다.

　③ 제1항에 따른 영상물 녹화는 조사의 개시부터 종료까지의 전 과정 및 객관적 정황을 녹화하여야 하고, 녹화가 완료된 때에는 지체 없이 그 원본을 피해자 또는 변호사 앞에서 봉인하고 피해자로 하여금 기명날인 또는 서명하게 하여야 한다.

　④ 검사 또는 사법경찰관은 피해자가 제1항의 녹화장소에 도착한 시각, 녹화를 시작하고 마친 시각, 그 밖에 녹화과정의 진행경과를 확인하기 위하여 필요한 사항을 조서 또는 별도의 서면에 기록한 후 수사기록에 편철하여야 한다.

　⑤ 검사 또는 사법경찰관은 피해자 또는 법정대리인이 신청하는 경우에는 영상물 촬영과정에서 작성한 조서의 사본을 신청인에게 교부하거나 영상물을 재생하여 시청하게 하여야 한다.

　⑥ 제1항부터 제4항까지의 절차에 따라 촬영한 영상물에 수록된 피해자의 진술은 공판준비기일 또는 공판기일에 피해자 또는 조사과정에 동석하였던 신뢰관계에 있는 자의 진술

에 의하여 그 성립의 진정함이 인정된 때에는 증거로 할 수 있다.

⑦ 누구든지 제1항에 따라 촬영한 영상물을 수사 및 재판의 용도 외에 다른 목적으로 사용하여서는 아니 된다.

제27조(증거보전의 특례) ① 아동·청소년대상 성범죄의 피해자, 그 법정대리인 또는 경찰은 피해자가 공판기일에 출석하여 증언하는 것에 현저히 곤란한 사정이 있을 때에는 그 사유를 소명하여 제26조에 따라 촬영된 영상물 또는 그 밖의 다른 증거물에 대하여 해당 성범죄를 수사하는 검사에게 「형사소송법」 제184조제1항에 따른 증거보전의 청구를 할 것을 요청할 수 있다.

② 제1항의 요청을 받은 검사는 그 요청이 상당한 이유가 있다고 인정하는 때에는 증거보전의 청구를 하여야 한다.

제28조(신뢰관계에 있는 사람의 동석) ① 법원은 아동·청소년대상 성범죄의 피해자를 증인으로 신문하는 경우에 검사, 피해자 또는 법정대리인이 신청하는 경우에는 재판에 지장을 줄 우려가 있는 등 부득이한 경우가 아니면 피해자와 신뢰관계에 있는 사람을 동석하게 하여야 한다.

② 제1항은 수사기관이 제1항의 피해자를 조사하는 경우에 관하여 준용한다.

③ 제1항 및 제2항의 경우 법원과 수사기관은 피해자와 신뢰관계에 있는 사람이 피해자에게 불리하거나 피해자가 원하지 아니하는 경우에는 동석하게 하여서는 아니 된다.

제33조(내국인의 국외범 처벌) 국가는 국민이 대한민국 영역 외에서 아동·청소년대상 성범죄를 범하여 「형법」 제3조에 따라 형사처벌하여야 할 경우에는 외국으로부터 범죄정보를 신속히 입수하여 처벌하도록 노력하여야 한다.

제49조(등록정보의 공개) ① 법원은 다음 각 호의 어느 하나에 해당하는 자에 대하여 판결로 제3항의 공개정보를 「성폭력범죄의 처벌 등에 관한 특례법」 제45조제1항의 등록기간 동안 정보통신망을 이용하여 공개하도록 하는 명령(이하 "공개명령"이라 한다)을 등록대상 사건의 판결과 동시에 선고하여야 한다. 다만, 피고인이 아동·청소년인 경우, 그 밖에 신상정보를 공개하여서는 아니 될 특별한 사정이 있다고 판단하는 경우에는 그러하지 아니하다.

1. 아동·청소년대상 성폭력범죄를 저지른 자

2. 「성폭력범죄의 처벌 등에 관한 특례법」 제2조제1항제3호·제4호, 같은 조 제2항(제1항제3호·제4호에 한정한다), 제3조부터 제15조까지의 범죄를 저지른 자

3. 13세 미만의 아동·청소년을 대상으로 아동·청소년대상 성범죄를 저지른 자로서 13세 미만의 아동·청소년을 대상으로 아동·청소년대상 성범죄를 다시 범할 위험성이 있다고 인정되는 자

4. 제1호 또는 제2호의 죄를 범하였으나 「형법」 제10조제1항에 따라 처벌할 수 없는 자로서 제1호 또는 제2호의 죄를 다시 범할 위험성이 있다고 인정되는 자

② 제1항에 따른 등록정보의 공개기간(「형의 실효 등에 관한 법률」 제7조에 따른 기간을 초과하지 못한다)은 판결이 확정된 때부터 기산한다. 다만, 공개명령을 받은 자(이하 "공개대상자"라 한다)가 실형 또는 치료감호를 선고받은 경우에는 그 형 또는 치료감호의 전부 또는 일부의 집행을 종료하거나 집행이 면제된 때부터 기산한다.

③ 제1항에 따라 공개하도록 제공되는 등록정보(이하 "공개정보"라 한다)는 다음 각 호와 같다.

1. 성명

2. 나이

3. 주소 및 실제거주지(「도로명주소법」 제2조제5호의 도로명 및 같은 조 제7호의 건물번호까지로 한다)

4. 신체정보(키와 몸무게)

5. 사진

6. 등록대상 성범죄 요지(판결일자, 죄명, 선고형량을 포함한다)

7. 성폭력범죄 전과사실(죄명 및 횟수)

8. 「특정 범죄자에 대한 보호관찰 및 전자장치 부착 등에 관한 법률」에 따른 전자장치 부착 여부

④ 공개정보의 구체적인 형태와 내용에 관하여는 대통령령으로 정한다.

⑤ 공개정보를 정보통신망을 이용하여 열람하고자 하는 자는 실명인증 절차를 거쳐야 한다.

⑥ 실명인증, 공개정보 유출 방지를 위한 기술 및 관리에 관한 구체적인 방법과 절차는 대통령령으로 정한다.

제50조(등록정보의 고지) ① 법원은 공개대상자 중 다음 각 호의 어느 하나에 해당하는 자에 대하여 판결로 제49조에 따른 공개명령 기간 동안 제4항에 따른 고지정보를 제5항에 규정된 사람에 대하여 고지하도록 하는 명령(이하 "고지명령"이라 한다)을 등록대상 성범죄 사건의 판결과 동시에 선고하여야 한다. 다만, 피고인이 아동·청소년인 경우, 그 밖에 신상정보를 고지하여서는 아니 될 특별한 사정이 있다고 판단하는 경우에는 그러하지 아니하다.

1. 아동·청소년대상 성폭력범죄를 저지른 자

2. 「성폭력범죄의 처벌 등에 관한 특례법」 제2조제1항제3호·제4호, 같은 조 제2항(제1항제3호·제4호에 한정한다), 제3조부터 제15조까지의 범죄를 저지른 자

3. 제1호 또는 제2호의 죄를 범하였으나 「형법」 제10조제1항에 따라 처벌할 수 없는 자로서 제1호 또는 제2호의 죄를 다시 범할 위험성이 있다고 인정되는 자

② 고지명령을 선고받은 자(이하 "고지대상자"라 한다)는 공개명령을 선고받은 자로 본다.

③ 고지명령은 다음 각 호의 기간 내에 하여야 한다.

1. 집행유예를 선고받은 고지대상자는 신상정보 최초 등록일부터 1개월 이내

2. 금고 이상의 실형을 선고받은 고지대상자는 출소 후 거주할 지역에 전입한 날부터 1개월 이내

3. 고지대상자가 다른 지역으로 전출하는 경우에는 변경정보 등록일부터 1개월 이내

④ 제1항에 따라 고지하여야 하는 고지정보는 다음 각 호와 같다.

1. 고지대상자가 이미 거주하고 있거나 전입하는 경우에는 제49조제3항의 공개정보. 다만, 제49조제3항제3호에 따른 주소 및 실제거주지는 상세주소를 포함한다.

2. 고지대상자가 전출하는 경우에는 제1호의 고지정보와 그 대상자의 전출 정보

⑤ 제4항의 고지정보는 고지대상자가 거주하는 읍·면·동의 아동·청소년의 친권자 또는 법정대리인이 있는 가구, 「영유아보육법」에 따른 어린이집의 원장, 「유아교육법」에 따른 유치원의 장, 「초·중등교육법」 제2조에 따른 학교의 장, 읍·면사무소와 동 주민자치센터의 장(경계를 같이 하는 읍·면 또는 동을 포함한다), 「학원의 설립·운영 및 과외교습에 관한 법률」 제2조의2에 따른 학교교과교습학원의 장과 「아동복지법」 제52조제1항제8호에 따른 지역아동센터 및 「청소년활동진흥법」 제10조제1호에 따른 청소년수련시설의 장에게 고지한다.

제54조(비밀준수) 등록대상 성범죄자의 신상정보의 공개 및 고지 업무에 종사하거나 종사하였던 자는 직무상 알게 된 등록정보를 누설하여서는 아니 된다.

제55조(공개정보의 악용금지) ① 공개정보는 아동·청소년 등을 등록대상 성범죄로부터 보호하기 위하여 성범죄 우려가 있는 자를 확인할 목적으로만 사용되어야 한다.

② 공개정보를 확인한 자는 공개정보를 활용하여 다음 각 호의 행위를 하여서는 아니 된다.

1. 신문·잡지 등 출판물, 방송 또는 정보통신망을 이용한 공개

2. 공개정보의 수정 또는 삭제

③ 공개정보를 확인한 자는 공개정보를 등록대상 성범죄로부터 보호할 목적 외에 다음 각 호와 관련된 목적으로 사용하여 공개대상자를 차별하여서는 아니 된다.

1. 고용(제56조제1항의 아동·청소년 관련기관 등에의 고용은 제외한다)

2. 주택 또는 사회복지시설의 이용

3. 교육기관의 교육 및 직업훈련

제56조(아동·청소년 관련기관 등에의 취업제한 등) ① 아동·청소년대상 성범죄 또는 성인대상 성범죄(이하 "성범죄"라 한다)로 형 또는 치료감호를 선고받아 확정된 자(제11조제5항에 따라 벌금형을 선고받은 자는 제외한다)는 그 형 또는 치료감호의 전부 또는 일부의 집행을 종료하거나 집행이 유예·면제된 날부터 10년 동안 가정을 방문하여 아동·청소년에게 직접교육서비스를 제공하는 업무에 종사할 수 없으며 다음 각 호에 따른 시설·기관 또는 사업장(이하 "아동·청소년 관련기관 등"이라 한다)을 운영하거나 아동·청소년 관련기관 등에 취업 또는 사실상 노무를 제공할 수 없다. 다만, 제10호 및 제14호 경우에는 경비업무에 종사하는 사람, 제12호의 경우에는 「의료법」 제2조의 의료인에 한한다. <개정 2013.3.23>

1. 「유아교육법」 제2조제2호의 유치원

2. 「초·중등교육법」 제2조의 학교

3. 「학원의 설립·운영 및 과외교습에 관한 법률」 제2조제1호의 학원, 같은 조 제2호의 교습소 및 같은 조 제3호의 개인과외교습자(아동·청소년의 이용이 제한되지 아니하는 학원·교습소로서 교육부장관이 지정하는 학원·교습소 및 아동·청소년을 대상으로 하는 개인과외교습자를 말한다)

4. 「청소년 보호법」 제35조의 청소년 보호·재활센터

5. 「청소년활동진흥법」 제2조제2호의 청소년활동시설

6. 「청소년복지 지원법」 제29조제1항에 따른 청소년상담복지센터 및 같은 법 제31조제1호에 따른 청소년쉼터

7. 「영유아보육법」 제2조제3호의 어린이집

8. 「아동복지법」 제3조제10호의 아동복지시설

9. 「성매매방지 및 피해자보호 등에 관한 법률」 제5조제1항제2호의 청소년 지원시설과 같은 법 제10조의 성매매피해상담소

10. 「주택법」 제2조제2호의 공동주택의 관리사무소

11. 「체육시설의 설치·이용에 관한 법률」에 따라 설립된 체육시설 중 아동·청소년의 이용이 제한되지 아니하는 체육시설로서 문화체육관광부장관이 지정하는 체육시설

12. 「의료법」 제3조의 의료기관

13. 「게임산업진흥에 관한 법률」에 따른 다음 각 목의 영업을 하는 사업장

  가. 「게임산업진흥에 관한 법률」 제2조제7호의 인터넷컴퓨터게임시설제공업

  나. 「게임산업진흥에 관한 법률」 제2조제8호의 복합유통게임제공업

14. 「경비업법」 제2조제1호의 경비업을 행하는 법인

15. 영리의 목적으로 「청소년기본법」 제3조제3호의 청소년활동의 기획·주관·운영을 하는 사업장(이하 "청소년활동기획업소"라 한다)

16. 영리의 목적으로 연기·무용·연주·가창·낭독, 그 밖의 예능과 관련한 용역을 제공하는 자 또는 제공하려는 의사를 가진 자를 위하여 훈련·지도 또는 상담을 하는 사업장(이하 "대중문화예술기획업소"라 한다)

17. 아동·청소년의 고용 또는 출입이 허용되는 다음 각 목의 어느 하나에 해당하는 기관·시설 또는 사업장(이하 이 호에서 "시설등"이라 한다)으로서 대통령령으로 정하는 유형의 시설등

　가. 아동·청소년과 해당 시설등의 운영자·근로자 또는 사실상 노무 제공자 사이에 업무상 또는 사실상 위력 관계가 존재하거나 존재할 개연성이 있는 시설등

　나. 아동·청소년이 선호하거나 자주 출입하는 시설등으로서 해당 시설등의 운영 과정에서 운영자·근로자 또는 사실상 노무 제공자에 의한 아동·청소년대상 성범죄의 발생이 우려되는 시설등

② 제1항 각 호(제10호는 제외한다)의 아동·청소년 관련기관 등의 설치 또는 설립 인가·신고를 관할하는 지방자치단체의 장, 교육감 또는 교육장은 아동·청소년 관련기관 등을 운영하려는 자에 대한 성범죄 경력 조회를 관계 기관의 장에게 요청할 수 있다.

③ 아동·청소년 관련기관 등의 장은 그 기관에 취업 중이거나 사실상 노무를 제공 중인 자 또는 취업하려 하거나 사실상 노무를 제공하려는 자에 대하여 성범죄의 경력을 확인하여야 한다. 이 경우 본인의 동의를 받아 관계 기관의 장에게 성범죄의 경력 조회를 요청하여야 한다.

④ 제2항 및 제3항에 따른 성범죄경력 조회의 요청 절차·범위 등에 관하여 필요한 사항은 대통령령으로 정한다.

4. 특정 범죄자에 대한 보호관찰 및 전자장치 부착 등에 관한 법률 [법률 제12197호, 2014.1.7, 일부개정]

제1조(목적) 이 법은 특정범죄를 저지른 사람의 재범방지를 위하여 형기를 마친 뒤에 보호관찰 등을 통하여 지도하고 보살피며 도움으로써 건전한 사회복귀를 촉진하고 위치추적 전자장치를 신체에 부착하게 하는 부가적인 조치를 취함으로써 특정범죄로부터 국민을 보호함을 목적으로 한다.

제2조(정의) 이 법에서 사용하는 용어의 정의는 다음과 같다.

1. "특정범죄"란 성폭력범죄, 미성년자 대상 유괴범죄, 살인범죄 및 강도범죄를 말한다.

2. "성폭력범죄"란 다음 각 목의 범죄를 말한다.

　　가. 「형법」 제2편제32장 강간과 추행의 죄 중 제297조(강간)·제298조(강제추행)·제299조(준강간, 준강제추행)·제300조(미수범)·제301조(강간등 상해·치상)·제301조의2(강간등 살인·치사)·제302조(미성년자등에 대한 간음)·제303조(업무상위력등에 의한 간음)·제305조(미성년자에 대한 간음, 추행)·제305조의2(상습범), 제2편제38장 절도와 강도의 죄 중 제339조(강도강간)·제340조(해상강도)제3항(부녀를 강간한 죄만을 말한다) 및 제342조(미수범)의 죄(제339조 및 제340조제3항 중 부녀를 강간한 죄의 미수범만을 말한다)

　　나. 「성폭력범죄의 처벌 등에 관한 특례법」 제3조(특수강도강간 등)부터 제10조(업무상 위력 등에 의한 추행)까지의 죄 및 제15조(미수범)의 죄(제3조부터 제9조까지의 미수범만을 말한다)

　　다. 「아동·청소년의 성보호에 관한 법률」 제7조(아동·청소년에 대한 강간, 강제추행 등)의 죄

　　라. 가목부터 다목까지의 죄로서 다른 법률에 따라 가중 처벌되는 죄

3. "미성년자 대상 유괴범죄"란 다음 각 목의 범죄를 말한다.

　　가. 미성년자에 대한 「형법」 제287조부터 제292조까지, 제294조, 제296조, 제324조의2 및 제336조의 죄

　　나. 미성년자에 대한 「특정범죄가중처벌 등에 관한 법률」 제5조의2(약취·유인죄의 가중처벌)의 죄

　　다. 가목과 나목의 죄로서 다른 법률에 따라 가중 처벌되는 죄

3의2. "살인범죄"란 다음 각 목의 범죄를 말한다.

　　가. 「형법」 제2편제1장 내란의 죄 중 제88조(내란목적의 살인)·제89조(미수범)의 죄(제88조의 미수범만을 말한다), 제2편제24장 살인의 죄 중 제250조(살인, 존속살해)·제251조(영아살해)·제252조(촉탁, 승낙에 의한 살인등)·제253조(위계등에 의한 촉탁살인등)·제254조(미수범)·제255조(예비, 음모), 제2편제32장 강간과 추행의 죄 중 제301조의2(강간등 살인·치사) 전단, 제2편제37장 권리행사를 방해하는 죄 중 제324조의4(인질살해·치사) 전단·제324조의5(미수범)의 죄(제324조의4 전단의 미수범만을 말한다), 제2편제38장 절도와 강도의 죄 중 제338조(강도살인·치사) 전단·제340조(해상강도)제3항(사람을 살해한 죄만을 말한다) 및 제342조(미수범)의 죄(제338조 전단 및 제340조제3항 중 사람을 살해한 죄의 미수범만을 말한다)

　　나. 「성폭력범죄의 처벌 등에 관한 특례법」 제9조(강간 등 살인·치사)제1항의 죄 및 제15조(미수범)의 죄(제9조제1항의 미수범만을 말한다)

　　다. 「특정범죄 가중처벌 등에 관한 법률」 제5조의2(약취·유인죄의 가중처벌)제2항제2
　　　호의 죄 및 같은 조 제6항의 죄(같은 조 제2항제2호의 미수범만을 말한다)
　　라. 가목부터 다목까지의 죄로서 다른 법률에 따라 가중처벌되는 죄
　4. "위치추적 전자장치(이하 "전자장치"라 한다)"란 전자파를 발신하고 추적하는 원리를
　　이용하여 위치를 확인하거나 이동경로를 탐지하는 일련의 기계적 설비로서 대통령령으로
　　정하는 것을 말한다.

제3조(국가의 책무) 국가는 이 법의 집행과정에서 국민의 인권이 부당하게 침해되지 아니하
　도록 주의하여야 한다.

제4조(적용 범위) 만 19세 미만의 자에 대하여 부착명령을 선고한 때에는 19세에 이르기까지
　이 법에 따른 전자장치를 부착할 수 없다.

제5조(전자장치 부착명령의 청구) ①검사는 다음 각 호의 어느 하나에 해당하고, 성폭력범죄
　를 다시 범할 위험성이 있다고 인정되는 사람에 대하여 전자장치를 부착하도록 하는 명령
　(이하 "부착명령"이라 한다)을 법원에 청구할 수 있다.
　1. 성폭력범죄로 징역형의 실형을 선고받은 사람이 그 집행을 종료한 후 또는 집행이 면
　제된 후 10년 이내에 성폭력범죄를 저지른 때
　2. 성폭력범죄로 이 법에 따른 전자장치를 부착받은 전력이 있는 사람이 다시 성폭력범죄
　를 저지른 때
　3. 성폭력범죄를 2회 이상 범하여(유죄의 확정판결을 받은 경우를 포함한다) 그 습벽이 인
　정된 때
　4. 19세 미만의 사람에 대하여 성폭력범죄를 저지른 때
　5. 신체적 또는 정신적 장애가 있는 사람에 대하여 성폭력범죄를 저지른 때
　② 검사는 미성년자 대상 유괴범죄를 저지른 사람으로서 미성년자 대상 유괴범죄를 다시
　범할 위험성이 있다고 인정되는 사람에 대하여 부착명령을 법원에 청구할 수 있다. 다만,
　유괴범죄로 징역형의 실형 이상의 형을 선고받아 그 집행이 종료 또는 면제된 후 다시 유
　괴범죄를 저지른 경우에는 부착명령을 청구하여야 한다.
　③ 검사는 살인범죄를 저지른 사람으로서 살인범죄를 다시 범할 위험성이 있다고 인정되
　는 사람에 대하여 부착명령을 법원에 청구할 수 있다. 다만, 살인범죄로 징역형의 실형 이
　상의 형을 선고받아 그 집행이 종료 또는 면제된 후 다시 살인범죄를 저지른 경우에는 부
　착명령을 청구하여야 한다.
　④ 검사는 다음 각 호의 어느 하나에 해당하고 강도범죄를 다시 범할 위험성이 있다고 인
　정되는 사람에 대하여 부착명령을 법원에 청구할 수 있다.
　1. 강도범죄로 징역형의 실형을 선고받은 사람이 그 집행을 종료한 후 또는 집행이 면제

된 후 10년 이내에 다시 강도범죄를 저지른 때

2. 강도범죄로 이 법에 따른 전자장치를 부착하였던 전력이 있는 사람이 다시 강도범죄를 저지른 때

3. 강도범죄를 2회 이상 범하여(유죄의 확정판결을 받은 경우를 포함한다) 그 습벽이 인정된 때

⑤ 제1항부터 제4항까지의 규정에 따른 부착명령의 청구는 공소가 제기된 특정범죄사건의 항소심 변론종결 시까지 하여야 한다.

⑥ 법원은 공소가 제기된 특정범죄사건을 심리한 결과 부착명령을 선고할 필요가 있다고 인정하는 때에는 검사에게 부착명령의 청구를 요구할 수 있다.

⑦ 제1항부터 제4항까지의 규정에 따른 특정범죄사건에 대하여 판결의 확정 없이 공소가 제기된 때부터 15년이 경과한 경우에는 부착명령을 청구할 수 없다.

제9조의2(준수사항) ① 법원은 제9조제1항에 따라 부착명령을 선고하는 경우 부착기간의 범위에서 준수기간을 정하여 다음 각 호의 준수사항 중 하나 이상을 부과할 수 있다. 다만, 제4호의 준수사항은 500시간의 범위에서 그 기간을 정하여야 한다. <개정 2010.4.15>

1. 야간 등 특정 시간대의 외출제한

2. 특정지역·장소에의 출입금지

2의2. 주거지역의 제한

3. 피해자 등 특정인에의 접근금지

4. 특정범죄 치료 프로그램의 이수

5. 그 밖에 부착명령을 선고받는 사람의 재범방지와 성행교정을 위하여 필요한 사항

제14조(피부착자의 의무) ① 전자장치가 부착된 자(이하 "피부착자"라 한다)는 전자장치의 부착기간 중 전자장치를 신체에서 임의로 분리·손상, 전파 방해 또는 수신자료의 변조, 그 밖의 방법으로 그 효용을 해하여서는 아니 된다.

② 피부착자는 특정범죄사건에 대한 형의 집행이 종료되거나 면제·가석방되는 날부터 10일 이내에 주거지를 관할하는 보호관찰소에 출석하여 서면으로 신고하여야 한다. <신설 2010.4.15>

③ 피부착자는 주거를 이전하거나 7일 이상의 국내여행을 하거나 출국할 때에는 미리 보호관찰관의 허가를 받아야 한다. <개정 2010.4.15>

제14조의2(부착기간의 연장 등) ① 피부착자가 다음 각 호의 어느 하나에 해당하는 경우에는 법원은 보호관찰소의 장의 신청에 따른 검사의 청구로 1년의 범위에서 부착기간을 연장하거나 제9조의2제1항의 준수사항을 추가 또는 변경하는 결정을 할 수 있다.

1. 정당한 사유 없이 「보호관찰 등에 관한 법률」 제32조에 따른 준수사항을 위반한 경우

2. 정당한 사유 없이 제14조제2항을 위반하여 신고하지 아니한 경우

3. 정당한 사유 없이 제14조제3항을 위반하여 허가를 받지 아니하고 주거 이전·국내여행 또는 출국을 하거나, 거짓으로 허가를 받은 경우

② 제1항 각 호에 규정된 사항 외의 사정변경이 있는 경우에도 법원은 상당한 이유가 있다고 인정되면 보호관찰소의 장의 신청에 따른 검사의 청구로 제9조의2제1항의 준수사항을 추가, 변경 또는 삭제하는 결정을 할 수 있다.

제22조(가석방과 전자장치 부착) ① 제9조에 따른 부착명령 판결을 선고받지 아니한 특정범죄자로서 형의 집행 중 가석방되어 보호관찰을 받게 되는 자는 준수사항 이행 여부 확인 등을 위하여 가석방기간 동안 전자장치를 부착하여야 한다. 다만, 심사위원회가 전자장치 부착이 필요하지 아니하다고 결정한 경우에는 그러하지 아니하다.

제23조(가종료 등과 전자장치 부착) ① 「치료감호법」 제37조에 따른 치료감호심의위원회(이하 "치료감호심의위원회"라 한다)는 제9조에 따른 부착명령 판결을 선고받지 아니한 특정범죄자로서 치료감호의 집행 중 가종료 또는 치료위탁되는 피치료감호자나 보호감호의 집행 중 가출소되는 피보호감호자(이하 "가종료자등"이라 한다)에 대하여 「치료감호법」 또는 「사회보호법」(법률 제7656호로 폐지되기 전의 법률을 말한다)에 따른 준수사항 이행 여부 확인 등을 위하여 보호관찰기간의 범위에서 기간을 정하여 전자장치를 부착하게 할 수 있다.

제28조(형의 집행유예와 부착명령) ① 법원은 특정범죄를 범한 자에 대하여 형의 집행을 유예하면서 보호관찰을 받을 것을 명할 때에는 보호관찰기간의 범위 내에서 기간을 정하여 준수사항의 이행여부 확인 등을 위하여 전자장치를 부착할 것을 명할 수 있다.

제30조(부착명령 집행의 종료) 제28조의 부착명령은 다음 각 호의 어느 하나에 해당하는 때에 그 집행이 종료된다.

1. 부착명령기간이 경과한 때

2. 집행유예가 실효 또는 취소된 때

3. 집행유예된 형이 사면되어 형의 선고의 효력을 상실하게 된 때

5. 성폭력범죄자의 성충동 약물치료에 관한 법률
[법률 제11556호, 2012.12.18, 타법개정]

제1조(목적) 이 법은 사람에 대하여 성폭력범죄를 저지른 성도착증 환자로서 성폭력범죄를 다시 범할 위험성이 있다고 인정되는 사람에 대하여 성충동 약물치료를 실시하여 성폭력범죄의 재범을 방지하고 사회복귀를 촉진하는 것을 목적으로 한다.

제2조(정의) 이 법에서 사용하는 용어의 뜻은 다음과 같다.

1. "성도착증 환자"란 「치료감호법」 제2조제1항제3호에 해당하는 사람 및 정신건강의학과 전문의의 감정에 의하여 성적 이상 습벽으로 인하여 자신의 행위를 스스로 통제할 수 없다고 판명된 사람을 말한다.

2. "성폭력범죄"란 다음 각 목의 범죄를 말한다.

   가. 「아동·청소년의 성보호에 관한 법률」 제7조(아동·청소년에 대한 강간·강제추행 등)의 죄

   나. 「성폭력범죄의 처벌 등에 관한 특례법」 제3조(특수강도강간 등)부터 제13조(통신매체를 이용한 음란행위)까지의 죄 및 제15조(미수범)의 죄(제3조부터 제9조까지의 미수범만을 말한다)

   다. 「형법」 제297조(강간)·제298조(강제추행)·제299조(준강간, 준강제추행)·제300조(미수범)·제301조(강간등 상해·치상)·제301조의2(강간등 살인·치사)·제302조(미성년자등에 대한 간음)·제303조(업무상위력등에 의한 간음)·제305조(미성년자에 대한 간음, 추행)·제339조(강도강간) 및 제340조(해상강도)제3항(부녀를 강간한 죄만을 말한다)의 죄

   라. 가목부터 다목까지의 죄로서 다른 법률에 따라 가중 처벌되는 죄

3. "성충동 약물치료"(이하 "약물치료"라 한다)란 비정상적인 성적 충동이나 욕구를 억제하기 위한 조치로서 성도착증 환자에게 약물 투여 및 심리치료 등의 방법으로 도착적인 성기능을 일정기간 동안 약화 또는 정상화하는 치료를 말한다.

제3조(약물치료의 요건) 약물치료는 다음 각 호의 요건을 모두 갖추어야 한다.

1. 비정상적 성적 충동이나 욕구를 억제하거나 완화하기 위한 것으로서 의학적으로 알려진 것일 것

2. 과도한 신체적 부작용을 초래하지 아니할 것

3. 의학적으로 알려진 방법대로 시행될 것

제22조(성폭력 수형자에 대한 치료명령 청구) ① 검사는 사람에 대하여 성폭력범죄를 저질러 징역형 이상의 형이 확정되었으나 제8조제1항에 따른 치료명령이 선고되지 아니한 수형자(이하 "성폭력 수형자"라 한다) 중 성도착증 환자로서 성폭력범죄를 다시 범할 위험성이 있다고 인정되고 약물치료를 받는 것을 동의하는 사람에 대하여 그의 주거지 또는 현재지를 관할하는 지방법원(지원을 포함한다. 이하 같다)에 치료명령을 청구할 수 있다.

III. 방화범죄

형법 [법률 제11731호, 2013.4.5, 일부개정]

제164조(현주건조물등에의 방화) ① 불을 놓아 사람이 주거로 사용하거나 사람이 현존하는 건조물, 기차, 전차, 자동차, 선박, 항공기 또는 광갱을 소훼한 자는 무기 또는 3년 이상의 징역에 처한다.

② 제1항의 죄를 범하여 사람을 상해에 이르게 한 때에는 무기 또는 5년 이상의 징역에 처한다. 사망에 이르게 한 때에는 사형, 무기 또는 7년 이상의 징역에 처한다.

제165조(공용건조물 등에의 방화) 불을 놓아 공용 또는 공익에 공하는 건조물, 기차, 전차, 자동차, 선박, 항공기 또는 광갱을 소훼한 자는 무기 또는 3년 이상의 징역에 처한다.

제166조(일반건조물 등에의 방화) ① 불을 놓아 전2조에 기재한 이외의 건조물, 기차, 전차, 자동차, 선박, 항공기 또는 광갱을 소훼한 자는 2년 이상의 유기징역에 처한다.

② 자기소유에 속하는 제1항의 물건을 소훼하여 공공의 위험을 발생하게 한 자는 7년 이하의 징역 또는 1천만 원 이하의 벌금에 처한다.

제167조(일반물건에의 방화) ① 불을 놓아 전3조에 기재한 이외의 물건을 소훼하여 공공의 위험을 발생하게 한 자는 1년 이상 10년 이하의 징역에 처한다.

② 제1항의 물건이 자기의 소유에 속한 때에는 3년 이하의 징역 또는 700만 원 이하의 벌금에 처한다.

제168조(연소) ① 제166조제2항 또는 전조제2항의 죄를 범하여 제164조, 제165조 또는 제166조제1항에 기재한 물건에 연소한 때에는 1년 이상 10년 이하의 징역에 처한다.

② 전조제2항의 죄를 범하여 전조제1항에 기재한 물건에 연소한 때에는 5년 이하의 징역에 처한다.

제169조(진화방해) 화재에 있어서 진화용의 시설 또는 물건을 은닉 또는 손괴하거나 기타 방법으로 진화를 방해한 자는 10년 이하의 징역에 처한다.

제170조(실화) ① 과실로 인하여 제164조 또는 제165조에 기재한 물건 또는 타인의 소유에 속하는 제166조에 기재한 물건을 소훼한 자는 1천500만 원 이하의 벌금에 처한다.

② 과실로 인하여 자기의 소유에 속하는 제166조 또는 제167조에 기재한 물건을 소훼하여 공공의 위험을 발생하게 한 자도 전항의 형과 같다.

제171조(업무상실화, 중실화) 업무상과실 또는 중대한 과실로 인하여 제170조의 죄를 범한 자는 3년 이하의 금고 또는 2천만 원 이하의 벌금에 처한다.

제172조(폭발성물건파열) ① 보일러, 고압가스 기타 폭발성 있는 물건을 파열시켜 사람의 생

명, 신체 또는 재산에 대하여 위험을 발생시킨 자는 1년 이상의 유기징역에 처한다.

② 제1항의 죄를 범하여 사람을 상해에 이르게 한 때에는 무기 또는 3년 이상의 징역에 처한다. 사망에 이르게 한 때에는 무기 또는 5년 이상의 징역에 처한다.

제172조의2(가스·전기등 방류) ① 가스, 전기, 증기 또는 방사선이나 방사성 물질을 방출, 유출 또는 살포시켜 사람의 생명, 신체 또는 재산에 대하여 위험을 발생시킨 자는 1년 이상 10년 이하의 징역에 처한다.

② 제1항의 죄를 범하여 사람을 상해에 이르게 한 때에는 무기 또는 3년 이상의 징역에 처한다. 사망에 이르게 한 때에는 무기 또는 5년 이상의 징역에 처한다.

제173조(가스·전기등 공급방해) ① 가스, 전기 또는 증기의 공작물을 손괴 또는 제거하거나 기타 방법으로 가스, 전기 또는 증기의 공급이나 사용을 방해하여 공공의 위험을 발생하게 한 자는 1년 이상 10년 이하의 징역에 처한다.

② 공공용의 가스, 전기 또는 증기의 공작물을 손괴 또는 제거하거나 기타 방법으로 가스, 전기 또는 증기의 공급이나 사용을 방해한 자도 전항의 형과 같다.

③ 제1항 또는 제2항의 죄를 범하여 사람을 상해에 이르게 한 때에는 2년 이상의 유기징역에 처한다. 사망에 이르게 한 때에는 무기 또는 3년 이상의 징역에 처한다.

제173조의2(과실폭발성물건파열등) ① 과실로 제172조제1항, 제172조의2제1항, 제173조제1항과 제2항의 죄를 범한 자는 5년 이하의 금고 또는 1천500만 원 이하의 벌금에 처한다.

② 업무상과실 또는 중대한 과실로 제1항의 죄를 범한 자는 7년 이하의 금고 또는 2천만 원 이하의 벌금에 처한다.

제174조(미수범) 제164조제1항, 제165조, 제166조제1항, 제172조제1항, 제172조의2제1항, 제173조제1항과 제2항의 미수범은 처벌한다.

제175조(예비, 음모) 제164조제1항, 제165조, 제166조제1항, 제172조제1항, 제172조의2제1항, 제173조제1항과 제2항의 죄를 범할 목적으로 예비 또는 음모한 자는 5년 이하의 징역에 처한다. 단 그 목적한 죄의 실행에 이르기 전에 자수한 때에는 형을 감경 또는 면제한다.

제176조(타인의 권리대상이 된 자기의 물건) 자기의 소유에 속하는 물건이라도 압류 기타 강제처분을 받거나 타인의 권리 또는 보험의 목적물이 된 때에는 본장의 규정의 적용에 있어서 타인의 물건으로 간주한다.

IV. 마약범죄

1. 형법 [법률 제11731호, 2013.4.5, 일부개정]

제198조(아편 등의 제조 등) 아편, 몰핀 또는 그 화합물을 제조, 수입 또는 판매하거나 판매할 목적으로 소지한 자는 10년 이하의 징역에 처한다.

제199조(아편흡식기의 제조 등) 아편을 흡식하는 기구를 제조, 수입 또는 판매하거나 판매할 목적으로 소지한 자는 5년 이하의 징역에 처한다.

제200조(세관 공무원의 아편 등의 수입) 세관의 공무원이 아편, 몰핀이나 그 화합물 또는 아편흡식기구를 수입하거나 그 수입을 허용한 때에는 1년 이상의 유기징역에 처한다.

제201조(아편흡식 등, 동장소제공) ① 아편을 흡식하거나 몰핀을 주사한 자는 5년 이하의 징역에 처한다.

②아편흡식 또는 몰핀 주사의 장소를 제공하여 이익을 취한 자도 전항의 형과 같다.

제202조(미수범) 전4조의 미수범은 처벌한다.

제203조(상습범) 상습으로 전5조의 죄를 범한 때에는 각조에 정한 형의 2분의 1까지 가중한다.

제204조(자격정지 또는 벌금의 병과) 제198조 내지 제203조의 경우에는 10년 이하의 자격정지 또는 2천만 원 이하의 벌금을 병과할 수 있다.

제205조(아편 등의 소지) 아편, 몰핀이나 그 화합물 또는 아편흡식기구를 소지한 자는 1년 이하의 징역 또는 500만 원 이하의 벌금에 처한다.

제206조(몰수, 추징) 본장의 죄에 제공한 아편, 몰핀이나 그 화합물 또는 아편흡식기구는 몰수한다. 그를 몰수하기 불능한 때에는 그 가액을 추징한다.

2. 마약류 관리에 관한 법률 [법률 제11984호, 2013.7.30, 일부개정]

제1조(목적) 이 법은 마약·향정신성의약품(向精神性醫藥品)·대마(大麻) 및 원료물질의 취급·관리를 적정하게 함으로써 그 오용 또는 남용으로 인한 보건상의 위해(危害)를 방지하여 국민보건 향상에 이바지함을 목적으로 한다.

제2조(정의) 이 법에서 사용하는 용어의 뜻은 다음과 같다.

 1. "마약류"란 마약·향정신성의약품 및 대마를 말한다.

 2. "마약"이란 다음 각 목의 어느 하나에 해당하는 것을 말한다.

  가. 양귀비: 양귀비과(科)의 파파베르 솜니페룸 엘(Papaver somniferum L) 또는 파파베

르 세티게름 디 · 시(Papaver setigerum D · C)

나. 아편: 양귀비의 액즙(液汁)이 응결(凝結)된 것과 이를 가공한 것. 다만, 의약품으로 가공한 것은 제외한다.

다. 코카 잎[엽]: 코카 관목[(灌木): 에리드록시론속(屬)의 모든 식물을 말한다]의 잎. 다만, 엑고닌 · 코카인 및 엑고닌 알칼로이드 성분이 모두 제거된 잎은 제외한다.

라. 양귀비, 아편 또는 코카 잎에서 추출되는 모든 알카로이드로서 대통령령으로 정하는 것

마. 가목부터 라목까지에 열거된 것과 동일하게 남용되거나 해독(害毒) 작용을 일으킬 우려가 있는 화학적 합성품으로서 대통령령으로 정하는 것

바. 가목부터 마목까지에 열거된 것을 함유하는 혼합물질 또는 혼합제제. 다만, 다른 약물이나 물질과 혼합되어 가목부터 마목까지에 열거된 것으로 다시 제조하거나 제제(製劑)할 수 없고, 그것에 의하여 신체적 또는 정신적 의존성을 일으키지 아니하는 것으로서 총리령으로 정하는 것[이하 "한외마약"(限外麻藥)이라 한다]은 제의한다.

3. "향정신성의약품"이란 인간의 중추신경계에 작용하는 것으로서 이를 오용하거나 남용할 경우 인체에 심각한 위해가 있다고 인정되는 다음 각 목의 어느 하나에 해당하는 것으로서 대통령령으로 정하는 것을 말한다.

가. 오용하거나 남용할 우려가 심하고 의료용으로 쓰이지 아니하며 안전성이 결여되어 있는 것으로서 이를 오용하거나 남용할 경우 심한 신체적 또는 정신적 의존성을 일으키는 약물 또는 이를 함유하는 물질

나. 오용하거나 남용할 우려가 심하고 매우 제한된 의료용으로만 쓰이는 것으로서 이를 오용하거나 남용할 경우 심한 신체적 또는 정신적 의존성을 일으키는 약물 또는 이를 함유하는 물질

다. 가목과 나목에 규정된 것보다 오용하거나 남용할 우려가 상대적으로 적고 의료용으로 쓰이는 것으로서 이를 오용하거나 남용할 경우 그리 심하지 아니한 신체적 의존성을 일으키거나 심한 정신적 의존성을 일으키는 약물 또는 이를 함유하는 물질

라. 다목에 규정된 것보다 오용하거나 남용할 우려가 상대적으로 적고 의료용으로 쓰이는 것으로서 이를 오용하거나 남용할 경우 다목에 규정된 것보다 신체적 또는 정신적 의존성을 일으킬 우려가 적은 약물 또는 이를 함유하는 물질

마. 가목부터 라목까지에 열거된 것을 함유하는 혼합물질 또는 혼합제제. 다만, 다른 약물 또는 물질과 혼합되어 가목부터 라목까지에 열거된 것으로 다시 제조하거나 제제할 수 없고, 그것에 의하여 신체적 또는 정신적 의존성을 일으키지 아니하는 것으로서 총리령으로 정하는 것은 제외한다.

4. "대마"란 대마초[칸나비스 사티바 엘(Cannabis sativa L)]와 그 수지(樹脂) 및 대마초 또는 그 수지를 원료로 하여 제조된 모든 제품을 말한다. 다만, 대마초의 종자(種子)·뿌리 및 성숙한 대마초의 줄기와 그 제품은 제외한다.

5. "마약류취급자"란 다음 가목부터 사목까지의 어느 하나에 해당하는 자로서 이 법에 따라 허가 또는 지정을 받은 자와 아목 및 자목에 해당하는 자를 말한다.

  가. 마약류수출입업자: 마약 또는 향정신성의약품의 수출입을 업(業)으로 하는 자

  나. 마약류제조업자: 마약 또는 향정신성의약품의 제조[제제 및 소분(小分)을 포함한다. 이하 같다]를 업으로 하는 자

  다. 마약류원료사용자: 한외마약 또는 의약품을 제조할 때 마약 또는 향정신성의약품을 원료로 사용하는 자

  라. 대마재배자: 섬유 또는 종자를 채취할 목적으로 대마초를 재배하는 자

  마. 마약류도매업자: 마약류소매업자, 마약류취급의료업자, 마약류관리자 또는 마약류취급학술연구자에게 마약 또는 향정신성의약품을 판매하는 것을 업으로 하는 자

  바. 마약류관리자: 「의료법」에 따른 의료기관(이하 "의료기관"이라 한다)에 종사하는 약사로서 그 의료기관에서 환자에게 투약하거나 투약하기 위하여 제공하는 마약 또는 향정신성의약품을 조제·수수(授受)하고 관리하는 책임을 진 자

  사. 마약류취급학술연구자: 학술연구를 위하여 마약 또는 향정신성의약품을 사용하거나, 대마초를 재배하거나 대마를 수입하여 사용하는 자

  아. 마약류소매업자: 「약사법」에 따라 등록한 약국개설자로서 마약류취급의료업자의 처방전에 따라 마약 또는 향정신성의약품을 조제하여 판매하는 것을 업으로 하는 자

  자. 마약류취급의료업자: 의료기관에서 의료에 종사하는 의사·치과의사·한의사 또는 「수의사법」에 따라 동물 진료에 종사하는 수의사로서 의료나 동물 진료를 목적으로 마약 또는 향정신성의약품을 투약하거나 투약하기 위하여 제공하거나 마약 또는 향정신성의약품을 기재한 처방전을 발급하는 자

6. "원료물질"이란 마약류가 아닌 물질 중 마약 또는 향정신성의약품의 제조에 사용되는 물질로서 대통령령으로 정하는 것을 말한다.

7. "원료물질취급자"란 원료물질의 제조·수출입·매매에 종사하거나 이를 사용하는 자를 말한다.

8. "군수용마약류"란 국방부 및 그 직할 기관과 육군·해군·공군에서 관리하는 마약류를 말한다.

9. "치료보호"란 마약류 중독자의 마약류에 대한 정신적·신체적 의존성을 극복시키고 재발을 예방하여 건강한 사회인으로 복귀시키기 위한 입원 치료와 통원(通院) 치료를 말한

다.

제3조(일반 행위의 금지) 누구든지 다음 각 호의 어느 하나에 해당하는 행위를 하여서는 아니 된다.

　1. 이 법에 따르지 아니한 마약류의 사용

　2. 마약의 원료가 되는 식물을 재배하거나 그 성분을 함유하는 원료·종자·종묘(種苗)를 소지, 소유, 관리, 수출입, 수수, 매매 또는 매매의 알선을 하거나 그 성분을 추출하는 행위. 다만, 대통령령으로 정하는 바에 따라 식품의약품안전처장의 승인을 받은 경우는 제외한다.

　3. 헤로인, 그 염류(鹽類) 또는 이를 함유하는 것을 소지, 소유, 관리, 수입, 제조, 매매, 매매의 알선, 수수, 운반, 사용, 투약하거나 투약하기 위하여 제공하는 행위. 다만, 대통령령으로 정하는 바에 따라 식품의약품안전처장의 승인을 받은 경우는 제외한다.

　4. 마약 또는 향정신성의약품을 제조할 목적으로 원료물질을 제조, 수출입, 매매, 매매의 알선, 수수, 소지, 소유 또는 사용하는 행위. 다만, 대통령령으로 정하는 바에 따라 식품의약품안전처장의 승인을 받은 경우는 제외한다.

　5. 제2조제3호가목의 향정신성의약품 또는 이를 함유하는 향정신성의약품을 소지, 소유, 사용, 관리, 수출입, 제조, 매매, 매매의 알선 또는 수수하는 행위. 다만, 대통령령으로 정하는 바에 따라 식품의약품안전처장의 승인을 받은 경우는 제외한다.

　6. 제2조제3호가목의 향정신성의약품의 원료가 되는 식물에서 그 성분을 추출하거나 그 식물을 수출입, 매매, 매매의 알선, 수수, 흡연 또는 섭취하거나 흡연 또는 섭취할 목적으로 그 식물을 소지·소유하는 행위. 다만, 대통령령으로 정하는 바에 따라 식품의약품안전처장의 승인을 받은 경우는 제외한다.

　7. 대마를 수입하거나 수출하는 행위. 다만, 마약류취급학술연구자가 대통령령으로 정하는 바에 따라 식품의약품안전처장의 승인을 받아 수입하는 경우는 제외한다.

　8. 대마(대마초는 제외한다)를 제조하는 행위. 다만, 마약류취급학술연구자가 대통령령으로 정하는 바에 따라 식품의약품안전처장의 승인을 받아 제조하는 경우는 제외한다.

　9. 대마를 매매하거나 매매를 알선하는 행위

　10. 다음 각 목의 어느 하나에 해당하는 행위

　가. 대마 또는 대마초 종자의 껍질을 흡연 또는 섭취하는 행위

　나. 가목의 행위를 할 목적으로 대마, 대마초 종자 또는 대마초 종자의 껍질을 소지하는 행위

　다. 가목 또는 나목의 행위를 하려 한다는 정(情)을 알면서 대마초 종자나 대마초 종자의 껍질을 매매하거나 매매를 알선하는 행위

11. 제4조제1항 또는 제1호부터 제10호까지의 규정에서 금지한 행위를 하기 위한 장소·시설·장비·자금 또는 운반 수단을 타인에게 제공하는 행위

제4조(마약류취급자가 아닌 자의 마약류 취급 금지) ① 마약류취급자가 아니면 다음 각 호의 어느 하나에 해당하는 행위를 하여서는 아니 된다.

1. 마약 또는 향정신성의약품을 소지, 소유, 사용, 운반, 관리, 수입, 수출, 제조, 조제, 투약, 수수, 매매, 매매의 알선 또는 제공하는 행위

2. 대마를 재배·소지·소유·수수·운반·보관 또는 사용하는 행위

3. 마약 또는 향정신성의약품을 기재한 처방전을 발급하는 행위

4. 한외마약을 제조하는 행위

② 제1항에도 불구하고 다음 각 호의 어느 하나에 해당하는 경우에는 마약류취급자가 아닌 자도 마약류를 취급할 수 있다.

1. 이 법에 따라 마약 또는 향정신성의약품을 마약류취급의료업자로부터 투약받아 소지하는 경우

2. 이 법에 따라 마약 또는 향정신성의약품을 마약류소매업자로부터 구입하거나 양수(讓受)하여 소지하는 경우

3. 이 법에 따라 마약류취급자를 위하여 마약류를 운반·보관·소지 또는 관리하는 경우

4. 공무상(公務上) 마약류를 압류·수거 또는 몰수하여 관리하는 경우

5. 제13조에 따라 마약류 취급 자격 상실자 등이 마약류취급자에게 그 마약류를 인계하기 전까지 소지하는 경우

6. 그 밖에 총리령으로 정하는 바에 따라 식품의약품안전처장의 승인을 받은 경우

제39조(마약 사용의 금지) 마약류취급의료업자는 마약 중독자에게 그 중독 증상을 완화시키거나 치료하기 위하여 다음 각 호의 어느 하나에 해당하는 행위를 하여서는 아니 된다. 다만, 제40조에 따른 치료보호기관에서 보건복지부장관 또는 시·도지사의 허가를 받은 경우에는 그러하지 아니하다.

1. 마약을 투약하는 행위

2. 마약을 투약하기 위하여 제공하는 행위

3. 마약을 기재한 처방전을 발급하는 행위

제40조(마약류 중독자의 치료보호) ① 보건복지부장관 또는 시·도지사는 마약류 사용자의 마약류 중독 여부를 판별하거나 마약류 중독자로 판명된 사람을 치료보호하기 위하여 치료보호기관을 설치·운영하거나 지정할 수 있다.

② 보건복지부장관 또는 시·도지사는 마약류 사용자에 대하여 제1항에 따른 치료보호기관에서 마약류 중독 여부의 판별검사를 받게 하거나 마약류 중독자로 판명된 사람에 대하

여 치료보호를 받게 할 수 있다. 이 경우 판별검사 기간은 1개월 이내로 하고, 치료보호 기간은 12개월 이내로 한다.

③ 보건복지부장관 또는 시·도지사는 제2항에 따른 판별검사 또는 치료보호를 하려면 치료보호심사위원회의 심의를 거쳐야 한다.

④ 제3항에 따른 판별검사 및 치료보호에 관한 사항을 심의하기 위하여 보건복지브, 특별시, 광역시, 도 및 특별자치도에 치료보호심사위원회를 둔다.

⑤ 제1항부터 제4항까지의 규정에 따른 치료보호기관의 설치·운영 및 지정, 판별검사 및 치료보호, 치료보호심사위원회의 구성·운영·직무 등에 관하여 필요한 사항은 대통령령으로 정한다.

제51조의2(한국마약퇴치운동본부의 설립) ① 마약류에 대한 다음 각 호의 사업을 수행하기 위하여 한국마약퇴치운동본부를 둔다.

1. 마약류의 폐해(弊害)에 대한 대국민 홍보·계몽 및 교육 사업

2. 마약류 중독자의 사회복귀를 위한 사회복지 사업

3. 그 밖에 식품의약품안전처장이 필요하다고 인정하는 불법 마약류 및 약물 오용·남용 퇴치와 관련된 사업

② 한국마약퇴치운동본부는 법인으로 한다.

③ 한국마약퇴치운동본부에 관하여 이 법에서 규정한 것을 제외하고는 「민법」 중 재단법인에 관한 규정을 준용한다.

④ 정부는 한국마약퇴치운동본부가 제1항의 사업을 하는 데에 필요하다고 인정하는 경우 재정적 지원을 할 수 있다.

⑤ 한국마약퇴치운동본부의 운영 등에 필요한 사항은 대통령령으로 정한다.

V. 조직폭력범죄

1. 형법 [법률 제11731호, 2013.4.5, 일부개정]

제114조(범죄단체 등의 조직) 사형, 무기 또는 장기 4년 이상의 징역에 해당하는 범죄를 목적으로 하는 단체 또는 집단을 조직하거나 이에 가입 또는 그 구성원으로 활동한 사람은 그 목적한 죄에 정한 형으로 처벌한다. 다만, 형을 감경할 수 있다.

2. 폭력행위 등 처벌에 관한 법률
[법률 제7891호, 2006.3.24, 일부개정]

제4조 (단체등의 구성·활동) ① 이 법에 규정된 범죄를 목적으로 한 단체 또는 집단을 구성하거나 그러한 단체 또는 집단에 가입하거나 그 구성원으로 활동한 자는 다음의 구별에 의하여 처벌한다.

1. 수괴는 사형, 무기 또는 10년 이상의 징역에 처한다.

2. 간부는 무기 또는 7년 이상의 징역에 처한다.

3. 그외의 자는 2년 이상의 유기징역에 처한다.

② 제1항의 단체 또는 집단을 구성하거나 그러한 단체 또는 집단에 가입한 자가 단체 또는 집단의 위력을 과시하거나 단체 또는 집단의 존속·유지를 위하여 다음 각호의 1의 행위를 한 때에는 그 죄에 대한 형의 장기 및 단기의 2분의 1까지 가중한다.

1. 「형법」 제8장 공무방해에 관한 죄중 제136조(公務執行妨害)·제141조(공용서류등의 무효·공용물의 파괴)의 죄, 동법 제24장 살인의 죄중 제250조제1항(殺人)·제252조(촉탁, 승낙에 의한 살인등)·제253조(위계등에 의한 촉탁살인등)·제255조(豫備, 陰謀)의 죄, 동법 제34장 신용, 업무와 경매에 관한 죄중 제314조(業務妨害)·제315조(경매, 입찰의 방해)의 죄, 동법 제38장 절도와 강도의 죄중 제333조(强盜)·제334조(特殊强盜)·제335조(準强盜)·제336조(略取强盜)·제337조(强盜傷害, 致傷)·제339조(强盜强姦)·제340조제1항(海上强盜) 및 제2항(海上强盜傷害, 致傷)·제341조(常習犯)·제343조(豫備, 陰謀)의 죄를 범한 자

2. 이 법 제2조 또는 제3조의 죄를 범한 자

③ 타인에게 제1항의 단체 또는 집단에 가입할 것을 강요하거나 권유한 자는 2년 이상의 유기징역에 처한다.

④ 제1항의 단체 또는 집단을 구성하거나 그러한 단체 또는 집단에 가입하여 단체 또는 집단의 존속·유지를 위하여 금품을 모집한 자는 3년 이상의 유기징역에 처한다.

제5조 (단체등의 이용·지원) ① 제4조제1항의 단체나 집단을 이용하여 이 법 또는 기타 형벌법규에 규정된 죄를 범하게 한 자는 그 죄에 대한 형의 장기 및 단기의 2분의 1까지 가중한다.

② 제4조제1항의 단체 또는 집단을 구성하거나 그러한 단체 또는 집단에 가입하지 아니한 자로서 그러한 단체 또는 집단의 구성·유지를 위하여 자금을 제공한 자는 3년 이상의 유기징역에 처한다.

3. 특정강력범죄의 처벌에 관한 특례법
[법률 제12198호, 2014.1.7, 일부개정]

제2조(적용 범위) ① 이 법에서 "특정강력범죄"란 다음 각 호의 어느 하나에 해당하는 죄를
말한다.

　6.「폭력행위 등 처벌에 관한 법률」제4조(단체등의 구성·활동) 및「특정범죄가중처벌
등에 관한 법률」제5조의8(단체등의 조직)의 죄

제7조(증인에 대한 신변안전조치) ① 검사는 특정강력범죄사건의 증인이 피고인 또는 그 밖
의 사람으로부터 생명·신체에 해를 입거나 입을 염려가 있다고 인정될 때에는 관할 경찰
서장에게 증인의 신변안전을 위하여 필요한 조치를 할 것을 요청하여야 한다.

　② 증인은 검사에게 제1항의 조치를 하도록 청구할 수 있다.

　③ 재판장은 검사에게 제1항의 조치를 하도록 요청할 수 있다.

　④ 제1항의 요청을 받은 관할 경찰서장은 즉시 증인의 신변안전을 위하여 필요한 조치를
하고 그 사실을 검사에게 통보하여야 한다.

제8조(출판물 게재 등으로부터의 피해자 보호) 특정강력범죄 중 제2조제1항제2호부터 제6호
까지 및 같은 조 제2항(제1항제1호는 제외한다)에 규정된 범죄로 수사 또는 심리(審理) 중
에 있는 사건의 피해자나 특정강력범죄로 수사 또는 심리 중에 있는 사건을 신고하거나
고발한 사람에 대하여는 성명, 나이, 주소, 직업, 용모 등에 의하여 그가 피해자이거나 신
고 또는 고발한 사람임을 미루어 알 수 있는 정도의 사실이나 사진을 신문 또는 그 밖의
출판물에 싣거나 방송 또는 유선방송하지 못한다. 다만, 피해자, 신고하거나 고발한 사람
또는 그 법정대리인(피해자, 신고 또는 고발한 사람이 사망한 경우에는 그 배우자, 직계친
족 또는 형제자매)이 명시적으로 동의한 경우에는 그러하지 아니하다.

VI. 소년범죄자

소년법 [법률 제12192호, 2014.1.7, 일부개정]

제1조(목적) 이 법은 반사회성(反社會性)이 있는 소년의 환경 조정과 품행 교정(矯正)을 위
한 보호처분 등의 필요한 조치를 하고, 형사처분에 관한 특별조치를 함으로써 소년이 건
전하게 성장하도록 돕는 것을 목적으로 한다.

제2조(소년 및 보호자) 이 법에서 "소년"이란 19세 미만인 자를 말하며, "보호자"란 법률상
감호교육(監護敎育)을 할 의무가 있는 자 또는 현재 감호하는 자를 말한다.

제4조(보호의 대상과 송치 및 통고) ① 다음 각 호의 어느 하나에 해당하는 소년은 소년부의 보호사건으로 심리한다.

　1. 죄를 범한 소년

　2. 형벌 법령에 저촉되는 행위를 한 10세 이상 14세 미만인 소년

　3. 다음 각 목에 해당하는 사유가 있고 그의 성격이나 환경에 비추어 앞으로 형벌 법령에 저촉되는 행위를 할 우려가 있는 10세 이상인 소년

　　가. 집단적으로 몰려다니며 주위 사람들에게 불안감을 조성하는 성벽(性癖)이 있는 것

　　나. 정당한 이유 없이 가출하는 것

　　다. 술을 마시고 소란을 피우거나 유해환경에 접하는 성벽이 있는 것

② 제1항제2호 및 제3호에 해당하는 소년이 있을 때에는 경찰서장은 직접 관할 소년부에 송치(送致)하여야 한다.

③ 제1항 각 호의 어느 하나에 해당하는 소년을 발견한 보호자 또는 학교·사회복리시설·보호관찰소(보호관찰지소를 포함한다. 이하 같다)의 장은 이를 관할 소년부에 통고할 수 있다.

제6조(이송) ① 보호사건을 송치받은 소년부는 보호의 적정을 기하기 위하여 필요하다고 인정하면 결정(決定)으로써 사건을 다른 관할 소년부에 이송할 수 있다.

② 소년부는 사건이 그 관할에 속하지 아니한다고 인정하면 결정으로써 그 사건을 관할 소년부에 이송하여야 한다.

제7조(형사처분 등을 위한 관할 검찰청으로의 송치) ① 소년부는 조사 또는 심리한 결과 금고 이상의 형에 해당하는 범죄 사실이 발견된 경우 그 동기와 죄질이 형사처분을 할 필요가 있다고 인정하면 결정으로써 사건을 관할 지방법원에 대응한 검찰청 검사에게 송치하여야 한다.

② 소년부는 조사 또는 심리한 결과 사건의 본인이 19세 이상인 것으로 밝혀진 경우에는 결정으로써 사건을 관할 지방법원에 대응하는 검찰청 검사에게 송치하여야 한다. 다만, 제51조에 따라 법원에 이송하여야 할 경우에는 그러하지 아니하다.

제9조(조사 방침) 조사는 의학·심리학·교육학·사회학이나 그 밖의 전문적인 지식을 활용하여 소년과 보호자 또는 참고인의 품행, 경력, 가정 상황, 그 밖의 환경 등을 밝히도록 노력하여야 한다.

제10조(진술거부권의 고지) 소년부 또는 조사관이 범죄 사실에 관하여 소년을 조사할 때에는 미리 소년에게 불리한 진술을 거부할 수 있음을 알려야 한다.

제11조(조사명령) ① 소년부 판사는 조사관에게 사건 본인, 보호자 또는 참고인의 심문이나 그 밖에 필요한 사항을 조사하도록 명할 수 있다.

② 소년부는 제4조제3항에 따라 통고된 소년을 심리할 필요가 있다고 인정하면 그 사건을 조사하여야 한다.

제12조(전문가의 진단) 소년부는 조사 또는 심리를 할 때에 정신건강의학과의사·심리학자·사회사업가·교육자나 그 밖의 전문가의 진단, 소년 분류심사원의 분류심사 결과와 의견, 보호관찰소의 조사결과와 의견 등을 고려하여야 한다.

제17조(보조인 선임) ① 사건 본인이나 보호자는 소년부 판사의 허가를 받아 보조인을 선임할 수 있다.

② 보호자나 변호사를 보조인으로 선임하는 경우에는 제1항의 허가를 받지 아니하여도 된다.

③ 보조인을 선임함에 있어서는 보조인과 연명날인한 서면을 제출하여야 한다. 이 경우 변호사가 아닌 사람을 보조인으로 선임할 경우에는 위 서면에 소년과 보조인과의 관계를 기재하여야 한다.

④ 소년부 판사는 보조인이 심리절차를 고의로 지연시키는 등 심리진행을 방해하거나 소년의 이익에 반하는 행위를 할 우려가 있다고 판단하는 경우에는 보조인 선임의 허가를 취소할 수 있다.

⑤ 보조인의 선임은 심급마다 하여야 한다.

⑥ 「형사소송법」 중 변호인의 권리의무에 관한 규정은 소년 보호사건의 성질에 위배되지 아니하는 한 보조인에 대하여 준용한다.

제17조의2(국선보조인) ① 소년이 소년분류심사원에 위탁된 경우 보조인이 없을 때에는 법원은 변호사 등 적정한 자를 보조인으로 선정하여야 한다.

② 소년이 소년분류심사원에 위탁되지 아니하였을 때에도 다음의 경우 법원은 직권에 의하거나 소년 또는 보호자의 신청에 따라 보조인을 선정할 수 있다.

1. 소년에게 신체적·정신적 장애가 의심되는 경우

2. 빈곤이나 그 밖의 사유로 보조인을 선임할 수 없는 경우

3. 그 밖에 소년부 판사가 보조인이 필요하다고 인정하는 경우

③ 제1항과 제2항에 따라 선정된 보조인에게 지급하는 비용에 대하여는 「형사소송비용 등에 관한 법률」을 준용한다.

제18조(임시조치) ① 소년부 판사는 사건을 조사 또는 심리하는 데에 필요하다고 인정하면 소년의 감호에 관하여 결정으로써 다음 각 호의 어느 하나에 해당하는 조치를 할 수 있다.

1. 보호자, 소년을 보호할 수 있는 적당한 자 또는 시설에 위탁

2. 병원이나 그 밖의 요양소에 위탁

3. 소년분류심사원에 위탁

② 동행된 소년 또는 제52조제1항에 따라 인도된 소년에 대하여는 도착한 때로부터 24시간 이내에 제1항의 조치를 하여야 한다.

③ 제1항제1호 및 제2호의 위탁기간은 3개월을, 제1항제3호의 위탁기간은 1개월을 초과하지 못한다. 다만, 특별히 계속 조치할 필요가 있을 때에는 한 번에 한하여 결정으로써 연장할 수 있다.

④ 제1항제1호 및 제2호의 조치를 할 때에는 보호자 또는 위탁받은 자에게 소년의 감호에 관한 필요 사항을 지시할 수 있다.

⑤ 소년부 판사는 제1항의 결정을 하였을 때에는 소년부 법원서기관·법원사무관·법원주사·법원주사보, 소년분류심사원 소속 공무원, 교도소 또는 구치소 소속 공무원, 보호관찰관 또는 사법경찰관리에게 그 결정을 집행하게 할 수 있다.

⑥ 제1항의 조치는 언제든지 결정으로써 취소하거나 변경할 수 있다.

제25조의3(화해권고) ① 소년부 판사는 소년의 품행을 교정하고 피해자를 보호하기 위하여 필요하다고 인정하면 소년에게 피해 변상 등 피해자와의 화해를 권고할 수 있다.

② 소년부 판사는 제1항의 화해를 위하여 필요하다고 인정하면 기일을 지정하여 소년, 보호자 또는 참고인을 소환할 수 있다.

③ 소년부 판사는 소년이 제1항의 권고에 따라 피해자와 화해하였을 경우에는 보호처분을 결정할 때 이를 고려할 수 있다.

제32조(보호처분의 결정) ① 소년부 판사는 심리 결과 보호처분을 할 필요가 있다고 인정하면 결정으로써 다음 각 호의 어느 하나에 해당하는 처분을 하여야 한다.

1. 보호자 또는 보호자를 대신하여 소년을 보호할 수 있는 자에게 감호 위탁

2. 수강명령

3. 사회봉사명령

4. 보호관찰관의 단기(短期) 보호관찰

5. 보호관찰관의 장기(長期) 보호관찰

6. 「아동복지법」에 따른 아동복지시설이나 그 밖의 소년보호시설에 감호 위탁

7. 병원, 요양소 또는 「보호소년 등의 처우에 관한 법률」에 따른 소년의료보호시설에 위탁

8. 1개월 이내의 소년원 송치

9. 단기 소년원 송치

10. 장기 소년원 송치

② 다음 각 호 안의 처분 상호 간에는 그 전부 또는 일부를 병합할 수 있다.

1. 제1항제1호·제2호·제3호·제4호 처분

  2. 제1항제1호 · 제2호 · 제3호 · 제5호 처분

  3. 제1항제4호 · 제6호 처분

  4. 제1항제5호 · 제6호 처분

  5. 제1항제5호 · 제8호 처분

③ 제1항제3호의 처분은 14세 이상의 소년에게만 할 수 있다.

④ 제1항제2호 및 제10호의 처분은 12세 이상의 소년에게만 할 수 있다.

⑤ 제1항 각 호의 어느 하나에 해당하는 처분을 한 경우 소년부는 소년을 인도하면서 소년의 교정에 필요한 참고자료를 위탁받는 자나 처분을 집행하는 자에게 넘겨야 한다.

⑥ 소년의 보호처분은 그 소년의 장래 신상에 어떠한 영향도 미치지 아니한다.

제67조의2(비행 예방정책) 법무부장관은 제4조제1항에 해당하는 자(이하 "비행소년"이라 한다)가 건전하게 성장하도록 돕기 위하여 다음 각 호의 사항에 대한 필요한 조치를 취하여야 한다.

  1. 비행소년이 건전하게 성장하도록 돕기 위한 조사 · 연구 · 교육 · 홍보 및 관련 정책의 수립 · 시행

  2. 비행소년의 선도 · 교육과 관련된 중앙행정기관 · 공공기관 및 사회단체와의 협조체계의 구축 및 운영

제68조(보도 금지) ① 이 법에 따라 조사 또는 심리 중에 있는 보호사건이나 형사사건에 대하여는 성명 · 연령 · 직업 · 용모 등으로 비추어 볼 때 그 자가 당해 사건의 당사자라고 미루어 짐작할 수 있는 정도의 사실이나 사진을 신문이나 그 밖의 출판물에 싣거나 방송할 수 없다.

② 제1항을 위반한 다음 각 호의 자는 1년 이하의 징역 또는 1천만 원 이하의 벌금에 처한다.

  1. 신문: 편집인 및 발행인

  2. 그 밖의 출판물: 저작자 및 발행자

  3. 방송: 방송편집인 및 방송인

제69조(나이의 거짓 진술) 성인(成人)이 고의로 나이를 거짓으로 진술하여 보호처분이나 소년 형사처분을 받은 경우에는 1년 이하의 징역에 처한다.

제70조(조회 응답) ① 소년 보호사건과 관계있는 기관은 그 사건 내용에 관하여 재판, 수사 또는 군사상 필요한 경우 외의 어떠한 조회에도 응하여서는 아니 된다.

② 제1항을 위반한 자는 1년 이하의 징역 또는 1천만 원 이하의 벌금에 처한다.

제71조(소환의 불응 및 보호자 특별교육명령 불응) 다음 각 호의 어느 하나에 해당하는 자에게는 100만 원 이하의 과태료를 부과한다.

1. 제13조제1항에 따른 소환에 정당한 이유 없이 응하지 아니한 자
2. 제32조의2제3항의 특별교육명령에 정당한 이유 없이 응하지 아니한 자

참고문헌

1. 국내문헌

(1) 단행본

권목상, 정신건강론, 유풍출판사, 1998.

김보환, 범죄생물학, 동국대학교출판부, 2004.

김용우·최재천, 형사정책, 박영사, 1998.

권문택, 형법학연구, 박영사, 1985, 5면.

배종대, 형사정책, 홍문사, 2008.

송광섭, 형사정책, 대왕사, 1996.

신진규, 범죄학 겸 형사정책, 박영사, 1988.

오영근, 형법총론, 박영사, 2005.

유지광, 大義大南 : 정치주먹 柳志光(I), 한국매일출판사, 1989.

윤덕중, 범죄사회학, 박영사, 1982.

이상현, 범죄심리학, 박영사, 1997.

이상현, 범죄심리학 제3판, 박영사, 2005.

이수정, 최신범죄심리학, 북카페, 2008.

이윤호, 형사정책, 박영사, 1997.

이윤호, 교정학, 박영사, 2007.

이재상, 형법총론, 박영사, 2008.

이종기, VIP중앙대백과, 중앙일보사, 1998.

이형국, 형법총론 I , 법문사, 1984.

임 웅, 형법총론, 법문사, 2002

정성근·박광민, 형법총론, 삼지원, 2001.

진계호, 신고 형법총론, 전정판, 대왕사, 1993.

진계호·이존걸, 형법총론, 대왕사, 2007.

장병림, 범죄심리학, 박영사, 1981.

전대양, 현대사회와 범죄, 형설출판사, 2003.

정영석, 형사정책, 법문사, 1988.

조선호, 세계의 조직범죄, 청목, 1993.

홍대식, 심리학개론, 박영사, 1985.

정신장애의 진단 및 통계연람 제4판(DSM-Ⅳ, 한국어 번역판), American Psychiatric
        Association, 하나의학사.

한국형사정책연구원, 형사정책소식지 제1호, 1990. 7.

(2) 논 문

강영실, 노인범죄예방을 위한 지역사회기관과의 연계방안, 교정복지연구 창간호, 한국
        교정복지학회. 2005.

권창국, 다중 인격장애자에 의한 범죄행위의 형사면책 기준, 형사정책 제14권 1호,
        2002.

권태동, 해방 50년 지하세계사(1), 월간중앙, 1995. 2.

김보환, 교정에의 새로운 접근방법, 교정, 1988. 5.

김상균, 연쇄살인범의 범죄심리학적 분석, 한국범죄심리연구, 2005. 12.

김상희·이태원, 살인범죄의 실태에 관한 연구, 한국형사정책연구원 연구보고서, 한국
        형사정책연구원, 1992.

김은경, 성폭력범죄의 사회적 의미, 형사정책연구소식 1999. 11·12호, 한국형사정책
        연구원.

김주성, 월경에 관한 연구, 아세아 여성문제연구, 제6집, 1962.

박광섭, 한국 여성범죄의 실태 및 연구동향, 교정연구 제8호, 한국교정학회, 1998.

박순진, 범죄자와 피해자의 상호작용에 관한 연구, 형사정책연구보고서, 한국형사정책
        연구원, 1999.

심영희, 상대적 박탈감과 비행에 관한 연구, 형사정책 제2호.

_____, 여성범죄와 여성범죄자의 특성, 제18회 교정교화 세미나 자료, 1993.

심영희 등, 성폭력의 실태 및 대책에 관한 연구, 한국형사정책연구원, 1991.

이수정 외, 유영철에 관한 몇가지 의문점, 한국법심리학회 추계학술대회자료집, 한국

법심리학회, 2004.

이영란, 여성과 범죄연구, 현대 형사법론, 1996.

이웅혁, 연쇄살인범에 대한 범죄심리학적 분석, 경찰학 연구 제8호, 2005.

이장현·우룡·조혜경, 청소년범죄의 동향과 대처방안에 관한 연구, 한국청소년정책
　　　연구원, 한국청소년개발원 연구보고서 04-R21, 2004. 12.

이준석·남정현, 다중인격장애 1례, 정신건강연구 제14집, 한양대학교 정신건강연구
　　　소, 1995.

이진문, 주요요인 암살의 동기 및 대책에 관한 연구, 경호경비연구 제2호, 1999.

장규원, 범죄피해자의 특성과 그 유책성, 형사정책연구 제9권 제2호, 한국형사정책연
　　　구원, 1998.

＿＿＿, 범죄피해자지원제도: 스위스의 연방피해자원조법, 형사정책연구소식, 제47호,
　　　한국형사정책연구원, 1998.

장동원, 정신질환자의 범죄성에 관한 연구, 한국형사정책연구원, 1991.

장영민·정진수, 언론보도에 의한 인권침해와 그 규제에 관한 연구, 한국형사정책연
　　　구원, 1995.

전대양, 연쇄강간범의 범죄심리학적 특성, 한국범죄심리학연구, 2006.

＿＿＿, IMF시대의 범죄양상과 경찰의 대응방안, 민생치안 제8권 제1호, 민생치안연구
　　　소, 1999.

정진연, 여성범죄에 관한 연구, 형사정책 제8호, 한국형사정책학회, 1996.

조성권, 한국 조직범죄의 기원과 특성, 형사정책연구 제8권 제3호, 1997, 가을호.

최인섭, 여성범죄의 실태에 관한 연구, 한국형사정책연구원 보고서, 1993.

최인섭·김성언, 성폭력 실태와 원인에 관한 연구, 한국형사정책연구원, 1997.

최종태, 방화범죄의 실태와 그 대책, 한국경호경비학회, 경호경비연구 창간호, 1997.

(3) 번역서

김성태 역/S. Freud, 정신분석 입문, 삼성출판사, 1982.

황동문 역/Colin Wilson, 살인의 철학, 대운당, 1978.

정최실 역/K. Lovell, 인간발달과 교육, 배영사, 1981.

李奉鍵 역/Gerald C. Davidson and John M. Neale, 이상심리, 성원사, 1988.

이영란 역/Frances M. Heidensohn, 여성과 범죄(Women and Crime: The Life of the Female Offender, New York University Press, 1985), 나남출판, 1994.

이봉건 역/G. Davison & J. M. Neale, Abnormal Psychology-이상심리학-, 시그마프레스, 2000.

이종숙·변은희 역/Camille B. Wortman & Elizabeth F. Loftus, 심리학, 법문사, 1981.

장규원 역/Joacim Herrmann, 체제통일 및 변화에 따른 형사정책의 방향, 형사정책연구 제4권 제2호, 한국형사정책연구, 1993.

_____ /宮澤浩一, 피해자학입문, 길안사, 1999.

황동문 역/Colin Wilson, 살인의 심리, 선영사, 1999.

(4) 간행물

마약류범죄백서, 대검찰청, 2013.

청소년 백서, 국가청소년위원회, 2013.

범죄백서, 법무연수원, 2013.

범죄분석, 대검찰청, 2013.

경찰백서, 경찰청, 2013.

2. 일본문헌

(1) 단행본

岡崎文規, 殺人の硏究, 日本評論新社, 1963.

宮澤浩一, 犯罪と被害者, 弟1卷, 成文堂, 1971.

宮澤浩一, 犯罪と被害者, 弟2卷 成文堂, 1974.

宮澤浩一, 被害者學の基礎理論, 世界書院, 1966.

宮澤浩一·田口守一·高嬌則夫 編, 犯罪被害者の硏究, 成文堂, 1996.

宮澤浩一·藤本哲也·加藤久雄, 犯罪學, 靑林法學叢書, 1995.

宮澤浩一·加藤久雄, 增補 犯罪學二五講, 慶應通信, 1982.

吉益脩夫, 犯罪學槪論, 1958.

森武夫, 犯罪心理學入門, 大成出版社, 1980.

副田義也, 老年社會學Ⅱ-老人問題論, 恒內出版, 1981.

山根淸道, 犯罪心理學, 新曜社, 1981.

安香宏・麥島文夫, 犯罪心理學: 犯罪行動の現代的 理解, 有斐閣, 1975.

淺香昭雄, 性染色體異常-ⅩⅩⅩⅩⅩ個體とⅩⅩⅩⅩ個體, 神經研究の進步, 1962.

中谷瑾子, 女性犯罪, 立化書房, 1987.

坂本英雄, 被害者學槪說, 高文堂, 1979.

井上泰宏 역/E. Wuffen, 犯罪と性, 下出書房新社.

高橋三郎・大野裕・染谷俊幸 譯, 「DSM-Ⅳ 精神疾患の診斷・統計マニュアル」,
　　　　醫學書院, 1996.

(2) 논 문

唐木伸, 殺人動機と被害者の行爲, 犯罪心理學研究, 1967.

宮澤浩一, 被害者の法的地位-西ドイツの動向を中心として, 法學研究, 第59卷 第
　　　　12号, 1986.

宮澤浩一, ‘被害者學の現況’, 被害者學研究 創刊號, 日本被害者學會, 1992.

金吉晴 編, 心的トラウマの理解とケア, じぼう, 2001.

諸澤英道, 被害者の權利と被害者學-新しい被害者學の試み, 法學研究, 第49卷 1号,
　　　　1976.

3. 영미문헌

R. Actchley, Social Force in Later life, CA, USA: Wadsword Publishing Co, 1998.

F. Adler, Sisters in Crime, McGraw-Hill, New York, 1975.

August Aichorn, Wayward Youth, Viking, New York, 1963.

Menachem Amir, Patterns in Forcible Rape, Chicago: University of Chicago Press,
　　　　1971.

J. R. Anderson and Gordon H. Bower, Human Associative Memory, Winston and
　　　　Sons, Washington, D.C., 1973.

Sandra J. Ball-Rokeach, Values and Violence: A Test of the Subculture of Violence

Thesis, American Sociological Review, (38)1973.

A. Bandura, Aggregation: A social Learning Analysis(N.J): Prentice-Hall, 1973.

Albert Bandura, Principles of Behavior Modification. Holt, Rinehart and Winston, New York, 1979.

Harry Elmer Barnes and Negley K. Teeters, New Horizons in Criminology, Prentice-Hall, New York, 1945.

Curt R. Bartol, Criminal Behavior: A Psychosocial Approach, Prentice-Hall, Englewood Cliffs, N. J., 1980.

Clemens Bartollas, Introduction to corrections, Harper and Row, 1981.

A. T. Beck, Depression : Causes and treatment, Philadelphia, University of Pennsylvania Press, 1967.

L. Berkowitz, Is criminal violence normative behavior? Hostile and instrumental aggression in violent incidents, Journal of Research in Crime and Delinquency, 1962(15).

Eric E. Berne, Games People Play, Grove Press, New York, 1964; Thomas A. Harris. I'm OK-You're OK, Harper and Row, New York 1967.

Robert L. Bonn, Criminology, New York, McGraw-Hill Inc, 1984.

Carol Bohmer, Judicial attitudes toward rape victims, Judicature, (57)1974.

Carol Bohmer and Audrey Blumberg, Twice traumatized: The rape victim and the court, Judicature, (58)1975.

Gordon H. Bower and Ernest R. Hilgard, Theories of Learning, Prentice-Hall, Englewood Cliffs, N.J., 1981.

John Bowlby, Child Care and the Growth of Love, Penguin, Baltimore, 1953.

E. M. Brecher and The Editors of Consumer Reports, Licit and Ilicit Drugs, N. Y.: Consumer Union, 1972.

Stanley L. Brodsky, Psychologists in the Criminal Justice System, University of Illinois Press, Urbana, Ill., 1973.

Susan Brownmiller, Against Our Will: Men, Women, and Rape, New York: Bantam, 1976.

R. Cavan, Criminology, 3rd ed., 1962.

William J. Chambliss, Crime and the Legal Process, New York: McGraw-Hill, 1969.

Jane Robert Chapman, Economic Realities and the Female Offender, Lexington, MA: D. C. Health, 1980.

Daniel S. Claster, Bad Guys and Good Guys: Moral Polarization and Crime, Westport, CN: Greenwood Press, 1993.

Hervey Cleckley, The Mask of Sanity, Mosby, St. Louis, 1976.

Albert K. Cohen, Deviance and Control, New Jersey : Prentice-Hall, Inc, 1966.

Lawrence E. Cohen, James R. Kluegel, and Kenneth C. Land, Social Inequality and Predatory Criminal Victimization: An Exposition and Test of a Formal Theory, American Sociology Review, (46)1981.

Lawrence E. Cohen and Marcus Felson, Social Change and Crime Rate Trends: A Routine Activity Approach, American Sociological Review, (44)1979.

J. Cowie, V. Cowie & E. Slater, Delinquency in Girls, Heinemann, 1968.

Todd Clear and George Cole, American Correction, 2nd ed., Pacific Grove, CA: Brooks/Cole Publishing Co., 1990.

Donald R. Cressey, Other People's Money, The Free Press, Glencoe, Ill., 1953.

Donald R. Cressey, Culture Conflict, Differential Association, and Normative Conflict, in Marvin E. Wolfgang, ed., Crime and Culture, Wiley, New York, 1968.

Lee J. Cronbach, Essentials of Psychological Testing, 3rd ed., Harper & Row, New york, 1970.

Lynn A. Curtis, Criminal Violence, Lexington, MA: Lexington Books/Heath, 1974.

Lynn A. Curtis, Violence, Race, and Culture, Heath, Lexington, Mass., 1975.

Edward Donnerstein, Daniel Linz, and Steven Penrod, The Question of Pcrnogra phy. New York: Free Press, 1987.

John Dollard, Neal E. Miller, Leonard W. Doob, O. H. Mowrer, and Robert R. Sears, Frustration and Aggression, New Haven: Yale University Press, 1939.

Richard L. Dugdale, The Jukes : A Study in Crime, Pauperism and Heredity, Putnam, New York, 1877.

H. Ebinghaus, Memory, Teachers College, New York, 1913; reprinted by Dover,

New York, 1964.

H. Ellenberger, Relations Psychologiques entre le Criminal et la Victime, Revue internationale de Criminologie et police technique 8: 121, 1954.

A. Ellis, Rational-emotive Therapy, in Corsini(ed.), Current Psychotherapies, Rev. ed., Illinois, Peacock, 1978.

A. Ellis and A. Brancale, Psychology of Sex Offender, Springfield Ⅲ: Charles C. Thomas, 1956.

Kai T. Erikson, Everything in its Path, Simon and Schuster, New York, 1976.

Howard S. Erlanger, The Empirical Status of the Subculture of Violence Thesis, Social Problems, 1974.

Barbara Findlay, Cultural Context of Rape, Women Lawyers Journal, No.60, 1974.

Seymour Fisher and Roger P. Greenberg, The Scientific Credibility of Freud's Theories and Therapy, Basic Books, New York, 1977.

M. Fishman, Crime Wave as Ideology, Social Problems 25, 1977.

Sigmund Freud, Civilization and Its Discontents, trand. and ed. by James Strachey, New York: Norton, 1961.

Sigmund Freud, Criminals from a Sense of Guilt, in The Standard Edition of the complete Psychological Works of Sigmund Freud, Hograph Press, London, Vol. 14.

Gilbert Geis and Robley Geis, Rape Reform: Is Permissiveness Relevant?, Paper presented at the Annual Meeting of the Pacific Sociological Association, Anaheim, California, 1979.

Daniel Glaser, Crime in Our Changing Society, Holt, Rinehart and Winston, New York, 1978.

S. Glueck, Theory and Fact in Criminology, British J. of Delinquency, 1956. 7.

Sheldon Glueck and Eleanor Glueck, Unraveling Juvenile Delinquency, Commonwealth Fund, New York, 1950.

H. H. Goddard, Feeblemindedness : Its Causes and Consequences, Macmillan, New York, 1914.

H. H. Goddard, The Kallikak Family, A Study in the Heredity of

Feeble-Mindedness, Macmillan, New York, 1912.

H. H. Goddard, Feeblemindedness and Delinquency, Journal of Psycho-Asthenics 25, 1921.

H. H. Goddard, Feeblemindedness: A Question of Definition, Journal of Psycho-Asthenics 33, 1928.

Stephen Jay Gould, The Mismeasure of Man, Norton, New York, 1981.

Martin Gold, Suicide, Homicide, and the Socialization of Aggression, American Journal of Sociology, 1958(43).

Walter R. Gove, the Labelling of Deviance: Evaluating a Perspective, Halsted-Wiley, New York, 1975.

David F. Greenberg., Crime and Capitalism, Mayfield, Palo Alto, Cal., 1981.

J. C. Gunn, The prevalence of epilepsy among prisoners, Proceedings of the Royal Society of Med 62, 1969.

Samuel B. Guze, Criminality and Psychiatric Disorders, Oxford University Press, New York, 1976.

J. E. Hall-Williams, Criminology and Criminal Justice, Butterworths, London, 1982.

S. R. Hathaway and P. E. Meehl, An Atlas for the Clinical Use of the MMPI, University of Minnesota Press, Minneapolis, 1951.

Andrew F. Henry and James F. Short, Suicide and Homicide, New York: Free Press, 1954.

H. Hentig, The Criminal and His Victim, Studies in the Sociology of Crime, New Haven: Yale Univ. Press, 1948.

Travis Hirschi and Michael Gottfredson, eds., Understanding Crime: Current Theory and Research, Sage, Beverly Hills, Cal., 1980.

Travis Hirschi and Micheal J. Hindelang, Intelligence and Delinquency: A Revisionist Review, American Sociological Review 42, 1977.

M. L. Hoffman, Power Assertion by the Parent and Its Impact on the Child, Child Development, Vol. 31, 1960.

Karen E. Holt, Nine Months to Life-the law and the pregnant inmate, Journal of Family Law, (20)1982.

Michael Hough, Offenders' Choice of Tagets: Findings from Victim Surveys, Journal of Quantitative Criminology, (3)1987.

Stewart H. Hulse, Howard Egeth, and James Deese, The Psychology of Learning, 5th ed., McGraw-Hill, New York, 1980.

Y. Israel and Mardones(eds.), Biological Basis of Alcoholism, New York: Wiley, 1971.

Patricia A. Jacobs, M. Brunton, and M. M. Melville, Aggressive Behavior, Mental Subnormality and the XYY Male, Nature, 1965.

R. Jeffery, The structure of American Criminological Thinking, Journal of Criminal Law, Criminology and Police Science 46, Jan~Feb. 1956.

E. M. Jellinek, Phases of Alcohol Addition, in G. D. Shean(ed.), Studies in Abnormal Behavior, 1971.

A. R. Jensen, How Much Can We Boost IQ and Scholastic Achievement?, Harvard Educational Review 39, 1969.

G. Kaiser, Kriminologie, 8.Aufl., 1988.

Andrew Karmen, Crime Victims: An Introduction to Victimology, 2nd ed., Pacific Grove, CA: Brooks/Cole, 1990.

Herbert C. Kelman, Privacy and Research with Human Beings, Journal of Social Issues 33(3), 1977.

Hazel B. Kerper, Introduction to the Criminal Justice System, West, St. Paul, 1972.

Leslie Kennedy and David Forde, Routine activity and crime: An analysis of victimization in Canada, Criminology, (28)1990.

D. Klein, The Etiology of Female Crime, A Review of the Literature, Issues in Criminology, 1973.

Harry L. Kozel, Richard J. Boucher, and Ralph F. Garofalo, The Diagnosis and Treatment of Dangerousness, Crime and Delinquency 18, 1972.

D. Lester and G. Lester, Crime of Passion, Chicago: Nelson Hall, 1975.

C. Lombroso and W. Ferrero, The Female Offender, with an introduction by W. D. Morrison, T. Fisher Unwin, London, 1895.

David F. Luckenbill, Criminal Homicides as a Situated Transaction, Social

Problems, 1977.

John Laub, Urbanism, Race, and Crime, Journal of Research in Crime and Delinquency, July 1983.

M.J. Lemer, D.T. Miller, & J. G. Holmes, "Deserving and the Emergence of Forms of Justice", Advances in experimental Psychology 9, 1976.

N. D. C. Lewis, A Short History of Psychiatric Achievement, Norton, New York, 1941.

See Janet Malcolm, In the Freud Archives, Knopf, New York, 1984.

Alan A. Malinchak, Crime and Gerontology, Englewood Cliffs: Prentice-Hall. 1980.

Coramae Richey Mann, Female Crime and Delinquency, University, AL: University of Alabama Press, 1984.

Hermann Mannheim, Comparative Criminology, Houghton Mifflin, Boston, 1965.

Henry W. Mannle and J. David Hirschel, Fundamentals of Criminology, 2nd ed., Englewood Cliffs, NJ: Prentice-Hall, 1988.

Jane Mercer, IQ: The Lethal Label, Psychology Today, Sept. 1972.

Jerome Michael and Mortimer J. Adler, Crime, Law and Social Science, Patterson Smith, Montclair, N.J., 1971.

Terrance D. Miethe and Robert F. Mierer, Criminal Opportunity and Victimization Rates: A Structural-Choice Theory of Criminal Victimization, Journal of Research in Crime and Delinquency, 1990.

Walter B. Miller, Lower Class Culture as a Generating Milieu of Gang Delinquency, Journal of Social Issues 14(3): 1958.

N. E. Miller, Theory and experiment relating psychoanalytic displacement to stimulus- response generalization, Journal of Abnormal and Social Psychology, 1948(43).

John Monahan, Predicting Violent Behavior, Sage, Beverly Hills, Cal., 1981.

Normal Morris, The Future of Imprisonment, University of Chicago Press, Chicago, 1974.

Norval Morris and Gordon Hawkins, The Honest Politician's Guide to Crime Control, University of Chicago Press, Chicago, 1970.

Donald J. Mulvihill and Melivin M. Tumin and Lynn A. Curtis, Crimes of Violence, Staff Report to the National Commission on Causes and Prevention of Violence, vol.11., Washington, D.C.: U.S. Government Printing Office, 1969.

Carl Murchison, Criminal Intelligence, Clark University Press, Worcester, Mass., 1926, Ch. 4.

Robert F. Murphy, Social Structure and Sex Antagonism, Southwestern Journal of Anthropology, No.15, 1959.

A. Oakley, Sex, Gender and Society, London: Temple Smith, 1972.

F. M. Ochberg, "Post traumatic theraphy and victims of violence", Brunner-Routledge, 1998.

S. A. Palmer, the Psychology of Murder, New York : Thomas Y. Crowell, 1962.

O. Pollak, Criminality of Woman, The University Pennsylvania Press, 1950.

Theodore R. Sarbin, The Dangerous Individual, British Journal of Criminology 22, 1967.

Saleem A. Shah, Crime and Mental Illness: Some Problems in Defining and Labeling Deviant Behavior, Mental Hygiene 53(1), Jan. 1969.

W. H. Nagel, Structural Victimisation, International Journal of Criminology and Penology 2, 1974.

Gwynn Nettler, Explaining Crime, 3rd ed., McGraw-Hill, New York, 1984.

Graeme Newman, The Punishment Response, Lippincott, Philadelphia, 1978.

Richard C. Nicholson, Transactional Analysis: A New Method for Helping Offenders, Federal Probation 34(3): Sept. 1970.

O. Pollak, The Criminality of Women, A. S. Barnes, New York, 1961.

Judith Godwin Rabkin, The Epidemiology of Forcible Rape, American Journal of Orthopsychiatry, Vol.49, No.4.

W. C. Reckless, The Crime Problem, 4th ed., 1968.

Fritz Redl and David Wineman, Children Who Hate, The Free Press, New York, 1951.

Fritz Redl and David Wineman, Controls from Within, Free Press, New York, 1952.

P. Reich and R. B. Hepps, Homicide during a Psychosis Inducted by LSD, Journal of the American Medical Association, 1972.

D. C. Rimm and J. W. Sommervill, Abnormal Psychology, New York: Academic Press, 1977.

Blackburn, Ronald, The Psychology of Criminal Conduct-Theory, Research, Practice. John Willy & Sons, Ltd, 2003.

T. R. Sarbin and J. E. Miller, Demonism Revisited: The X Y Y Chromosomal Anomaly, Issues in Criminology, 1970. 5(2).

Karl F. Schuessler and Donald R. Cressey, Personality Characteristics of Criminals, American Journal of Sociology 55, Mar. 1950.

James Selkin, Protecting Personal Space: Victim and Resister Reactions to Assaultive Rape, Journal of Community Psychology, Vol.6, No.3, 1978.

Thorsten Sellin, Culture Conflict and Crime, Social Science Research Council, New York, 1938.

W. H. Sheldom, Varieties of Delinquent Youth, New York: Harper & Bros, 1949.

W. Shockley, A Try Simplest Cases' Approach to the Heredity-Poverty- Crime Problem, Proceedings of the National Academy of Sciences 57(6), June 15. 1967.

James F. Short, Jr., and Fred L. Stodtbeck, Group Process and Gang Delinquency, University of Chicago Press, Chicago, 1974.

Larry J. Siegel, Criminology, 2nd ed., St. Paul, MN: West Publishing Co., 1986.

Ronald L. Simons, The Meaning of the IQ-Delinquency Relationship, American Sociological Review 43, April. 1978.

H. J. Steadman, The Psychiatrist as a Conservative Agent of Social Control, Social Problems 20(2), 1972.

John Stott and Nick Miller, eds., Crime and the Responsible Community, Hodder and Stoughton, London, 1980.

E. H. Sutherland, White Collar Criminality, American Sociological Review 5(1), Feb. 1940.

E. H. Sutherland, White Collar Crime, Dryden, New York, 1949.

E. H. Sutherland, Criminology, 4th ed., Lippincott, Philadelphia, 1947.

E. H. Sutherland, White Collar Criminality, American Sociological Review 5: Feb. 1940.

Kaare Svalastoga, Homicide and Social Contact in Denmark, American Journal of Sociology, vol. 62, 1956.

P. Taylor, Schizophrenia and Violence in Abnormal Offenders, Delinquency and The Criminal Justice System, 1982.

Alex Thio, Deviant Behavior, 2nd ed., Boston, MA: Houghton Mifflin Co., 1983.

Hans Toch, Psychology of Crime and Criminal Justice(Ⅲ), Waveland Press Inc., 1986.

E. L. Thorndike, Animal Intelligence, Psychological Review Monograph Supplement 2(8), 1898.

Simon H. Tulchin, Intelligence and Crime, University of Chicago Press, Chicago, 1974.

M. Vincent and M. R. Pickering, Multiple Personality Disorder in Childhood, Canadian Journal of Psychiatry 33, 1988.

George B. Vold and Thomas J. Bernard, Theoretical Criminology, 3rd ed., Oxford Uni. Press, New York, 1986.

J. Wolfenden, Report of the Committee on Homosexual Offence and Prostitution, London, Her Majesty's Stationary Office, 1957.

Marvin E. Wolfgang, Patterns in Criminal Homicide, Montclair, N.J.: Patterson Smith, 1975.

M. E. Wolfgang and Franco Ferracuti, The Subculture of Violence: Towards an Integrated Theory in Criminology, London: Tavistock, 1967.

M. E. Wolfgang and Franco Ferracuti, The Subculture of Violence, Sage, Beverly Hills, Cal., 1981.

J. S. Wulach, Mania and Crime: a study of 100 manic defendants, Bulletin of the AAPL 11, 1983.

Whitman, T. & D. Akutagawa, "Riddles in serial murder: A synthesis", Aggression and Violent Behavior, No. 9, 2004.

Lewis Yablonsky, The Violent Gang, Penguin, New York, 1970.

4. 독일문헌

Paul Johann Anselm von Feuerbach, Lehrbuch des gemeinen in Deutschland geltenden peinlichen Rechts, 11.Aufl., 1832.

H. Häfner and W. Böker, Mentally Disordered Violent Offender, Social Psychiaty 8, 1973.

Hans von Hentig, Das Verbrechen II, 1962.

Hans von Hentig, Remarks on the Interaction of Perpetrator and Victim, in: Journal of Criminal Law and Criminology(31) 1941.

Hans-Heinrich Jescheck, Lehrbuch des Strafrechts, Allgemeiner Teil, 4.Aufl., 1988.

Günther Kaiser, Kriminologie, 8.Aufl., 1989.

Franz von Listzt and Eberhard Schmidt, Lehrbuch des deutschen Strafrechts, Band 1, 26.Aufl.

Reinhart Maurach and Heinz Zipf, Strafrecht, Allgemeiner Teil, 5.Aufl., 1978.

Max Ernst Mayer, Der Allgemeiner Teil des Deutschen Strafrechts, 1915.

B. Mendelsohn, Une nouvelle branche de la science bio-psycho-sociole La victimologie, Revue internationale de Criminologie et police technique, 1956.

A. Mergen, Kriminologie, 2.Aufl., 1978.

Fritx R. Paasch, Grundplobleme der Victimologie, 1965.

Bernd-Rüdiger Sonnen, Kriminalität und Strafgewalt, 1978.

Peter Noll, Strafrecht, Allgemeiner Teil 1, 1981.

Heinz Zipf, Kriminalpolitik, 1980.

Heinz Zipf, Die Bedentung der Victimologie fur die Strafrechtspflege, Monatsschrift fur Krimimologie and Strafrechtsreform 53, 1973.

색 인

ㅎ

저자약력

- 원광대학교 법과대학 졸업
- 중앙대학교 대학원 석사과정 졸업(법학석사)
- 원광대학교 대학원 박사과정 졸업(법학박사)
- 미국 UC Berkeley 연구교수
- 현재 대진대학교 법학과 교수

주요 논문 및 저서
- 자백법칙에 관한 연구(1990)
- 형사절차상 범죄피해자 권리보호에 관한 연구(2004)
- 사이버명예훼손죄와 위법성조각사유로서의 공익성(2005)
- 피해자학과 범죄피해자 보호대책(2006)
- 과실범에 있어서 객관적 주의의무의 제한원리(2008)
- 회복적 사법에서 형사조정의 의미(2009)
- 출산억제정책으로서 모자보건법과 낙태에 대한 반성적 고찰(2010)
- 전자장치부착제도의 법적 문제점 고찰(2011)
- 미국에서의 아동성범죄에 대한 형사법적 대응(2013)
- 생활법률(대진대학교 출판부, 1998)
- 자백법칙(도서출판 동인, 1999)
- 법학개론(도서출판 경인, 1999)
- 범죄심리학(도서출판 동인, 2001, 2009)
- 과학기술과 법(도서출판 동인, 2008, 2011)

범죄심리학

3판 1쇄 • 2014년 3월 3일
3판 2쇄 • 2020년 8월 18일

저　자 • 김성진
발행인 • 이성모 / 발행처 • 도서출판 동인
서울시 종로구 혜화로3길 5 118호 / 등록 • 제1-1599호
TEL • (02) 765-7145, 55 / FAX • (02) 765-7165
E-mail • dongin60@chol.com
ISBN　978-89-5506-386-8

정가　28,000원